KB069475

Analytical Psychology and Christian

분석심리학과 기독교 ^{2판}

| 김성민 저 |

학지사

사랑하는 아내 상숙과 유빈, 현빈에게

우리나라에서 심리치료(psychotherapy)에 대한 요청은 점점 더 증가하고 있다. 많은 사람은 지금 불안과 우울에 시달리거나 사는 것이 무의미한 듯해서 심리치료를 받고 싶어 하는 것이다. 이런 현상은 국민소득이 증가된 것에도 원인이 있지만, 우리나라가 세계 역사상 유례가 없을 정도로 급속하게 사회경제적으로 발달한 부작용 때문인 점도 없지 않다. 우리나라는 그동안 반세기 만에 정치적으로 민주화를 이루었고, 경제적으로는 산업화도 이루었다. 그러나 그 부작용으로 자살률이 OECD 국가 중 최고이고 신생아 출산율이 세계에서 가장 낮는 등 다른 면에서도 세계 기록을 세우고 있다. 이 세상에서 모든 것이 알맞은 속도로 진행되지 않으면 거기에는 반드시 문제가 생기기 때문이다. 세상사에는 밝은 면이 있으면 반드시 그 그늘인 어두운 면도 있다.

요즘 우리나라에서 사회문제로까지 제기된 학교폭력과 왕따 문제도 같은 맥락에서 생각할 수 있다. 우리나라는 그동안 정신적 가치보다 경제적 발전만 우선시하는 바탕 위에 21세기에 들어와 세계화가 주창되고 신자유주의 풍조가 생겨서 경쟁이 강화되는 바람에 긴장이 더욱 고조되고 있다. 학교폭력과 왕따 같은 현상은 아직 정신적으로 성숙하지 못한 청소년들에게서 병리현상으로 먼저 나타난 하나의 경보(alarm)인 것이다. 많은 청소년이 '높은 성적' '좋은 대학'이라는 강요를 받아서 생긴 스트레스를 자기보다 약한 또래에게 분출하는 것이다. 또한 청소년기에는 성장하는 과정에서 으레 일탈하고 싶은 욕구도 있고 호기심도 많은데, 어른들이 그런 것을 참고 기다려 주지 않으니까 비명을 지르는 것이다. 요컨대, 지금 우리 사회의 어른들과 청소년들은 모두 정신적으로 병들어 가고 있는 것이다.

그러나 지금 우리나라에서는 제대로 된 심리치료가 거의 이루어지지 않고 있다. 현재 미술치료, 놀이치료, 상담치료 등이 행해지고 있지만 질적인 관리가 제대로 되지 않는 경우가 많고, 정신과 의사들은 심리치료보다 약물치료에 더 많은 관심을 기울이고 있는 실정이다. 이는 심리치료보다 약물치료가 경제적으로 더 유리하며, 정신분석치료 훈련에 시간과 노력이 많이 들어서 훈련 과정을 받은 이들이 많지 않기 때문이다. 그러나 많은 경우 정신적인 문제 때문에 고통받는 사람들은 그들의 이야기를 들어줄 사람을 필요로 하고, 영혼의 고통을 함께 나눌 사람을 필요로 한다. 많은 사람은, 스위스의 분석심리학자 C. G. 융이 말했듯이 정신과 치료와 함께 심리치료를 원한다. 그들은 그들의 병이 약만으로 다스려지지 않는다는 것을 잘 알고 있기 때문이다. 더구나 후기 프로이트학파와 후기 융학파의 연구는 기존에 있었던 프로이트와 융의 이론과 더불어 심리치료에서 많은 발달을 가져왔다. 심층심리학의 두 거장의 연구를 토대로 임상적 자료들을 덧붙여서 실질적인 치료 효과를 가져온 것이다. 따라서 삶을 좀 더 의미 있고 해방된 모습으로 살려는 사람들은 정신적으로 더 발달하려고 한다.

영혼을 돌보고 치료하는 일(*cura animarum*)은 본래 교회(또는 종교)의 일이었다. *cura animarum*(care of souls)이라는 단어가 말하듯이, 현대의 정신치료는 본래 교회의 일이었지만 인간의 의식이 발달하면서 복잡해진 현대인의 문제를 교회가 감당하지 못하여 세속의 영역에서 정신분석학, 분석심리학이 생겨난 것이다. 따라서 정신적인 문제 때문에 고통받는 사람들은 지금까지 자신의 삶을 다시 돌아보면서, 그들의 영혼에서 정말 원하는 것이 무엇인지 살펴볼 필요가 있다. 그런 의미에서 C. G. 융의 분석심리학은 두 영역의 중간 지점에서 영혼의 고통을 받는 사람들에게 다가갈 수 있는 좋은 도구가 된다. 융은 인간의 정신을 너무 결정론적으로만 보지 않고, 내면에 있는 건강한 핵(核)인 자기(self)에 초점을 맞추면서 그것을 활성화하려고 하는데, 그것은 마치 우리 안에서 하느님의-이미지(God-within-us)가 활성화되도록 하는 종교적인 방법과 비슷하다. 융이 정신의학자와 사제가 협력해야 한다고 강조했던 것은 이 때문이다. 그러므로 이제 두 분야는 정신적으로 궁핍해진 우리 사회에서 협력해야 한다. 그리하여 현대인의 영혼의 고통에 귀를 기울이고, 영혼을 돌보는 일에 힘써야 한다.

　　지난 2000년 『분석심리학과 기독교』를 처음 펴낸 이래 12년이 지났다. 그 동안 개정판을 내야겠다고 몇 번 생각했지만 여러 가지 일 때문에 손을 대지 못했다. 그러다가 지난 학기 안식년을 맞아서 개정 작업을 시작하였는데 아직도 흡족하지 못한 부분이 많다. 그러나 지금으로서는 융이 말한 '삶의 최적성(optimum of life)'을 따른 것이고, 때가 된 것인 듯하다. 더 이상 미루어 보아야 더 좋은 것이 나올 수 없고, 미룰 수도 없는 듯하다. 그래서 이번 개정판을 내게 되었다.

　　이번 개정판에서 전체의 반쯤은 새로운 원고들로 대체되었다. 처음의 3개의 장은 부분적으로 수정하였고, 4, 7, 8, 12, 14, 15, 16장들은 이번 개정에서 새로이 작성하였다. 특히 이번에는 우리나라 민담인 『흥부전』과 『심청전』에 대한 분석심리학적 고찰을 새로 넣었고, 성경에서 의인(義人)의 고난이라고 일컫는 『욥기』에 대해 융이 쓴 『욥에의 응답』을 인간의 신관(神觀)의 발달과 함께 조명한 새로운 글을 수록하였다. 이는 종교와 신앙을 가지기 어려워진 현대인의 정신적 고뇌에 대한 작은 응답이 될 수 있도록 하기 위해서였다. 융은 자신의 말년에 연금술과 정신치료의 관계에 대해 연구하였는데, 이 개정판에는 연금술과 분석심리학이 어떤 관계에 있는가에 대한 글도 덧붙였다.

　　여전히 미진한 것이 많이 눈에 띄지만, 다음에 다시 개정하기로 하고 일단 내놓는다. 완전한 것은 무의식에나 있을 것이기 때문이다. 아무쪼록 이 책이 심리치료에 관심을 가진 사람들, 영혼을 돌보려는 사람들에게 도움이 되었으면 한다. 융의 책을 보면 볼수록, 그처럼 인간의 영혼에 진지한 관심을 기울인 사람도 없는 것 같다.

2012년 6월

月汀

　근래 들어서 우리나라에서는 S. 프로이트, C. G. 융, J. 라캉 등 정신분석학자나 분석심리학자들에 관한 연구논문, 저서, 번역서 들이 많이 출판되고 있으며, 그들에 대한 논의도 활발하게 이루어지고 있다. 지난 1990년대 초반부터 각 대학이나 대학원에서 심층심리학에 대한 강좌가 늘어나고 심층심리학 전문출판사가 생길 정도로 관심이 높아지고 있는데, 이때부터 갑자기 우리 사회에서 심층심리학에 대한 관심이 높아지는 이유는 과연 무엇일까? 여기에 대해서는 많은 사람은 서로 다른 이유를 댈 수 있을 테지만, 공통적으로 지적할 수 있는 것은 우리나라에 심층심리학을 연구하는 사람들의 숫자가 늘어나 그들의 사상을 소개하기 위함일 뿐만 아니라, 무엇보다도 먼저 우리 사회에서의 삶이 과거처럼 단순하지 않고, 인간의 무의식까지 들여다보아야 할 정도로 복잡해졌기 때문이라는 점이다.

　C. G. 융은 원시인은 그들의 무의식을 그들의 몸으로 살았기 때문에 무의식을 의식화할 필요가 거의 없었지만, 현대인은 문명을 건설하면서 의식의 명확하고 분석적인 방향을 따라서 살기 때문에 때때로 무의식을 들여다보면서 의식의 일방성(一方性)을 완화시켜야 한다고 주장하였다. 그래서 의식과 상보적(相補的)인 관계에 있는 무의식은 의식이 너무 한 방향으로만 나아갈 경우 그것을 바로잡으려고 끊임없이 우리 의식에 상징적인 신호를 보낸다. 우리 삶이 어느 한 방향으로만 나아갈 경우 우리 삶에는 전체성이 깨지고 커다란 문제가 생기기 때문이다. 그러나 현대인은 자신이 쌓아 놓은 물질적이고 현상적인 것에 도취되어 우리 눈에 보이지 않는 세계는 없다고 주장하면서 무의식의 경고를 억압하고 있다. 바빌로니아의 왕 느부갓네살이 자신이

이루어 놓은 일들에 도취되어 겸손하지 않으면 미치게 될 것이라는 하느님의 말씀을 무시하고 교만하게 굴다가 드디어 미쳐 버린 것처럼, 현대인 역시 너무 합리적이고 실용적인 것만 중요시하다가 정신적인 파멸을 불러오지나 않을까 하는 걱정이 된다.

현대 사회에서 기독교를 비롯한 제도적인 종교의 영향력이 약화되어 가는 이유는 현대 사회의 이런 세속화 경향에 많은 이유가 있을 것이다. 그러나 융은 그에 못지않게 기독교가 이런 현대 사회의 흐름에 너무 안이하게 대처한 데 더 큰 책임이 있다고 강조하였다. 한편으로 기독교는 현대 사회의 이런 변화를 깊이 인식하지 못하고 유목민 사회에서 만들어진 성서 상징을 그대로 현대인에게 제시하려고 하거나, 다른 한편으로는 현대의 합리적인 사회에 과잉 대응하느라고 인간의 내면 깊은 곳에 있는 신화의 세계, 종교의 세계에 눈을 돌리지 못하게 하였다는 것이다. 그러는 사이에 현대 사회에서 기독교인들은 정신적인 고뇌를 겪으며 어둠 속을 헤매게 된 것이다.

융의 영향을 많이 받은 루마니아 출신의 종교학자 M. 엘리아데는 '검은 돛배'의 신화를 가지고 살았던 어떤 원시부족의 이야기를 소개한 적이 있다. 그들에게는 어려운 일이 생길 때마다 어느 날 아주 캄캄한 밤에 조상신들이 탄 검은 돛배가 해안에 다가와 그들에게 필요한 물자를 던져 줘서 그들이 마지막 고비를 넘기고 다시 살 수 있게 했다는 신화를 믿고 살았다. 기근이 몹시 들거나 전염병 때문에 이제 더 이상 못 견디겠다고 생각할 때면, 그들의 조상신이 탄 검은 돛배가 나타나 그들에게 곡식이나 약초를 던져 줘서 구원할 것이라는 신화를 믿으면서 마지막 고비를 넘기면 어느새 햇곡식이 나오고, 전염병이 물러가 다시 살게 되었다는 것이다. 그러나 그 부족에게 서양 선교사들이 찾아와 흉년이 들면 곡식을 가져다주고, 전염병이 창궐하면 약을 가져다 주면서 '검은 돛배'를 대신하게 되자 그들은 자기 부족의 신화를 잊어버리게 되었고, 문명화된 도시 속으로 들어가 뿔뿔이 흩어져 완전히 해체되었다. 이 이야기는 현대 기독교인들에게도 많은 것을 시사한다. 우리가 현대 사회의 현란한 문명을 따라가느라고 우리 내면 깊숙이 들어 있는 신전(神殿)을 돌보지 않는다면 우리의 존재조차 사라질 것이라는 사실을 말해 주기 때문이다.

다행스럽게도 현대 기독교 신학은 지난 1960년대 중반 이후 합리와 비합리, 의식과 무의식 사이의 조화를 이루려고 하면서 새로운 신학 운동을 전개하고 있다. 해석학, 기호학, 종교현상학, 심층심리학 등을 신학 연구 전반에 받아들이면서 현대인에게 새로운 언어로 기독교 진리를 설명하려는 것이다. 이 책에서도 우리는 C. G. 융의 분석심리학을 바탕으로 해서 현대 기독교가 당면하고 있는 고뇌를 같이 나누려고 하였다. 현대 사회의 합리적인 사유 방식을 통해서 인간의 내면에 있는 거룩한 공간에 어떻게 다가갈 것인가 하는 문제들을 다룬 것이다. 그러나 이 책은 기독교 신학만을 다룬 책이 아니라, 융의 사상과 기독교가 만나는 부분을 다룬다. 융은 본래 신화나 설화, 종교에 관심이 많았고, 여러 가지 기독교 상징에 관해 새로운 해석을 하려고 하는 등 그의 사상에는 종교적인 색채가 많다. 이 책에서도 우리는 그의 시도를 따라서 기독교를 현대인에게 어떻게 하면 새롭게 해석할 수 있는가 하는 문제에 관해서 탐구하였다. 인간의 영혼(靈魂)에 관해 깊은 관심을 가지고 돌보려고 했던 융의 관심을 함께 나누려고 했던 것이다.

이 책은 본래 서로 다른 목적으로 쓴 논문을 중심으로 해서 하나의 책으로 묶은 것이다. 따라서 일부 논문 가운데는 내용이 중복되는 부분도 있을 것이다. 하지만 책의 전체적인 구도를 위해서 각 논문들을 조금씩 수정하였고, 융의 심리학을 전반적으로 다룬 'C. G. 융과 분석심리학'을 새로 써서 덧붙였다. 그러므로 융의 심리학에 관한 이해가 깊지 못한 독자도 'C. G. 융과 분석심리학'을 먼저 읽으면 다른 부분을 쉽게 이해할 수 있을 것이며, 각각의 논문에서 그 주제에 맞게 융의 심리학을 소개하는 부분을 읽으면 전체적인 것을 이해할 수 있을 것이다. 이 책을 편집하면서 제1부에는 분석심리학에 대한 이론적인 부분, 제2부에는 그것을 응용하는 부분을 중심으로 해서 묶었다. 특히 제2부에서는 분석심리학의 핵심이라고 할 수 있는 '꿈의 해석'에 대한 전반적인 이론을 설명했고, 분석심리학의 꿈 해석이론을 가지고 민담 해석이나 신화 해석을 어떻게 할 것인가를 살펴보아 독자가 자신의 꿈 해석은 물론,

신화와 설화 해석을 할 수 있는 길잡이가 되도록 하였다.

현대 사회에서는 많은 학문 분야에서 정신분석학이나 분석심리학 등 심층 심리학을 도구 언어(meta language)로 사용하면서 교차학문적인 연구를 하는 경향이 점차 많아지고 있다. 심층심리학으로 정치학, 사회학, 경영학 등을 연구하거나 시, 소설 등을 해석하려는 것이다. 심층심리학이 인간의 무의식적인 욕망을 탐구하는 가장 좋은 방편이 되기 때문이다. 아무쪼록 한국 교회도 맹목적인 신앙을 강요하기보다는 현대 기독교인의 내면적인 욕망을 헤아리고 삶의 새로운 의미를 찾게 하는 데 이 책이 작은 도움이 되었으면 한다. 이 책의 출판을 흔쾌히 허락한 학지사 김진환 사장님과 편집과 교정을 위해서 애쓴 편집부 여러분께 감사의 말씀을 드린다.

2000년 5월 20일

修裕堂에서 月汀

제1부 분석심리학 이론과 기독교

 분석심리학과 C. G. 융──────────── 21

04 분석심리학과 현대인에의 응답 ──────── 93

05 심리학적 유형론과 열등기능의 통합 ──────── 131

14 악의 문제와 그 극복에 관한 고찰 ——————— 339

15 여성의 개성화와 『심청전』에 대한 분석심리학적 해석 시론 375

제**1**부 분석심리학 이론과 기독교

01

분석심리학과 C. G. 융

1. 무의식의 발견과 C. G. 융

20세기에 들어와서 인간이 발견한 중요한 사실 가운데 하나가 무의식의 발견일 것이다. 사람들은 자기가 지금 보고, 듣고, 생각하고, 느끼는 것을 중심으로 해서 이 세상을 파악하고 행동하는 줄 알았는데, 사실은 그런 것이 아니라 인간의 정신 속에는 그보다 훨씬 더 큰 세계가 존재하며, 인간의 삶은 그 세계를 중심으로 해서 이루어진다는 사실을 알게 된 것이다. S. 프로이트는 그것을 무의식이라고 부르면서 처음으로 인간 정신의 신비에 대해서 파고 들어갔다. 그러면 무의식이란 무엇이며, 어떻게 작용하고 있는가?

무의식이란 글자 그대로 의식이 아닌 것, 즉 의식에 속해 있지 않은 것이다. 의식(意識)이 우리 자아가 외부 환경과 접촉하면서 우리 내면에 어떤 정신적인 내용을 형성하여 우리로 하여금 그 환경에 적응하게 하는 것인데 반해서 무의식(無意識)은 아직 의식화되지 않은 정신적인 요소이나, 한번 의식되었지만 어떤 이유에서인지 의식에서 축출된 정신적 요소들인 것이다. 무의식이 인간의 정신을 구성하는 하나의 요소인 한, 무의식은 우리 삶에 영향을 끼치지 않을 수 없다. 나도 모르게 어떤 사람에게 이끌리거나 기분이 울적해지는 것은 우리에게 무의식이 작용했기 때문이다. 심층심리학에서는 모든 신경증이나 정신병의 증상뿐만 아니라 정신질환이라고까지 부를 수는 없지만 우리 삶에서 발견되는 여러 가지 잘못, 예를 들면 갑자기 말을 더듬는다거나, 누구의 이름이 생각나지 않는다거나, 아주 중요하지만 부담스러운 회합을 까맣게 잊어버려 참석하지 못하는 것들은 무의식이 작용했기 때문이라고 주장한다. 그러나 벨기에의 분석심리학자 제프 드힝(J. Dehing)은 무의식은 손이나 발처럼 하나의 기관으로 존재하는 것이 아니라, 하나의 가설일 뿐이라는 사실을 강조하였다. 무의식은 하나의 물질처럼 존재하면서 우리 삶에 여러 가지 작용을 하게 하는 것이 아니라, 사람들이 아직까지 명확하게 파악하지 못하고 있는 어떤 정신적인 요소라는 것이다.[1] 그만큼 인간의 삶에는 알지 못하는 부분이 많고, 인간은 여전히 신비한 존재라는 것이다.

취리히를 무대로 활동했던 분석심리학자 C. G. 융도 인간의 무의식에 관해서 깊은 흥미를 가지고 연구했던 초창기 연구자 가운데 한 사람이었다. 그는 자신의 삶을 통해서 의식의 영역에 속해 있지 않아서 무엇이라고 명확하게 알 수 없지만, 작용하고 있음에 틀림없는 어떤 요소가 있음을 여러 번 체험하였다. 그가 정신과를 전공으로 선택하려던 무렵에 일어났던 일련의 사건 이외에도, 꿈에 나타난 현상이 현실에서 그대로 재현되거나, 어떤 문제에 대해서 골똘히 생각하고 있는데 그것과 비슷한 책이나 편지를 받는 일들이 많이 생겼던 것이다.[2] 이런 일들을 통해서 융은 인간의 삶이란 사람들이 의지적으로 무엇인가를 하는 것이 아니라, 어떤 보이지 않는 흐름에 이끌리는 것이 아닌가 하는 생각을 하게 되었다. 그래서 그가 죽기 4년 전부터 집필하기 시작

---

1) Jef Dehing, "La Fonction transcendante, une réévaluation critique", *Cahiers Jungiens de Psychanalyse,* 77(Paris: Cahiers Jungiens de Psychanalyse, 1993), p. 14.
2) cf. C. G. Jung, 『융의 생애와 사상: 기억과 꿈과 회상들』, A. Jaffe 엮음, 김성민 외 역(서울: 현대사상사, 1995), pp. 163-217.

한 그의 자서전에서 "나의 삶은 스스로 실현되려고 하는 무의식의 이야기다.
무의식에 있는 모든 것은 밖으로 드러나 스스로를 표출하려고 한다. 인간의
성격 역시 그에게 주어져 있는 무의식적 조건들 속에서 벗어나 스스로를 드
러내 보이려고 하며, 스스로를 하나의 전체로 체험하려고 한다."[3]라고 고백
하였고, 자신의 삶 전체를 무의식을 탐구하는 데 바쳤다.

2. C. G. 융의 삶과 무의식 체험

  융의 삶은, 그가 고백했던 대로, 스스로를 실현시키려고 했던 무의식의 이
야기였다. 특히 그는 1913년 프로이트와 결별한 다음 자신의 내면에서 그 전
까지 자신의 삶을 지탱해 주었던 하나의 세계가 무너지고 새로운 세계가 형
성되는 과정에서 수많은 무의식의 이미지들을 체험하면서 그 자신은 물론 인
간의 본성에 대해서 알게 되었고, 그것을 분석심리학 이론으로 정리하였던
것이다. 그러나 19세기 말로서는 흔하지 않았던 정신과 의사로서의 삶을 그
가 선택하게 된 것은 이때의 체험 이외에 자신의 삶 전체를 통해서 그가 무의
식적인 현상들과 깊이 접촉하였기 때문이었다. 그의 삶에서 그의 심리학 사
상의 형성과 밀접한 관계에 있는 무의식 체험 몇 가지를 꼽는다면, 그것은 그
가 세 살에서 네 살 사이에 꾸었던 꿈, 열두 살 무렵 바젤 성당 지붕에서 보았
던 무시무시한 환상, 프로이트와 헤어진 다음 1913년부터 1918년까지 겪었
던 무의식 체험, 그리고 1927년 중국학자 리처드 빌헬름으로부터 중국 연금
술서에 대한 해제를 부탁받고 연금술에 관해서 연구하게 된 것들이다. 이 네
가지 체험 가운데서 처음 두 가지가 융의 삶이 어떻게 해서 그렇게 되었는가
하는 점을 관찰할 수 있게 하는 체험이라면, 뒤의 두 가지는 그가 분석심리학
자로서 자기 자신을 확립하게 되는 모습을 관찰하게 하는 체험이다.

----

3) *Ibid.*, p. 29.

융은 1875년 스위스의 동북부 케스빌(Kesswil)에서 개신교 목사였던 요한 P. A. 융(Johann Paul Achilles Jung)과 그의 아내 에밀리(Emilie Preiswerk Jung) 사이에서 장남으로 태어났다. 그의 아버지와 어머니 집안은 대대로 학자, 의사, 목사를 많이 배출한 매우 지적인 가정이었다. 그러나 좀 소극적이고 회의적이며 약한 성격의 아버지와 적극적이고 고집스러우며 강한 성격을 가진 어머니의 다툼이 심하여 집안 분위기는 별로 밝지 못했고, 이는 융의 성격 형성에 좋지 않은 영향을 미쳤다. 그래서 융은 자신의 어린 시절을 떠올리면서 어린아이는 자신에게 실제로 일어났던 사건보다 가정의 분위기에 더 많은 영향을 받는다고 말하였다. 그가 자신에게 구체적으로 일어난 어떤 사건들보다는 무엇인지 명확하게 알지 못하지만 그의 가정에 드리웠던 어두운 분위기 때문에 외롭고 사색적인 성향을 쌓아 갔다는 것이다.[4]

부모의 불화는 융의 성장 과정에 여러 가지로 부정적인 영향을 미쳤다. 첫째, 그는 가정을 제대로 이끌지 못하는 아버지를 이상적인 존재로 생각하여 동일시할 수 없었다. 어린 시절 사내아이들은 보통 자기 아버지로부터 강력한 힘을 발견하고, 자기를 아버지와 동일시하면서 남성성을 확립한다. 그런데 융에게서는 동일시의 대상이 되는 아버지상이 강력하지 못해서 그의 내면에 있는 남성성 역시 강력하게 형성되지 못했던 것이다. 그래서 그는 자존감이 부족한 성격이 되었고, 그의 밖에서 강력한 아버지를 찾으려고 하였다. 나중에 그가 취리히 대학병원 시절의 스승인 브로일러(E. Bleuler)와 프로이트에게 애착을 가졌던 것은 어린 시절 부족했던 아버지상을 그들에게서 찾으려고 했기 때문이다. 융의 그런 태도는 기독교에 대한 그의 태도에도 많은 영향을 끼쳤다. 융은 그의 아버지로 대표되는 기독교를 결코 긍정적으로 바라볼 수 없었던 것이다. 그에게서 기독교는 언제나 죽음, 장례식의 울음소리, 강력하지 못한 하느님상(像) 등 부정적인 색조를 지니고 있었던 것이다. 따라서 융은 언제나 나약한 아버지상을 극복하려고 했으며, 그의 아버지가 믿었던

---

4) cf. 김성민, 『융의 심리학과 종교』, (서울: 동명사, 1998), pp. 17-43.

기독교의 하느님 대신 강력한 하느님을 추구하려고 했으며, 이는 그가 나중에 브로일러와 프로이트 곁을 떠나는 심리적인 밑바탕이 되었다. 그는 언제나 나약한 아버지를 부정하며, 능가하려고 했던 것이다.

둘째, 그가 세 살이 되던 무렵 그의 어머니는 아버지와의 불화 때문에 생긴 병으로 몇 달 동안 병원에 입원하였는데, 이 사건 역시 어머니의 손길을 가장 필요로 하는 시기에 어머니가 갑자기 사라져서 그에게는 커다란 충격으로 다가왔다. 그는 어머니가 없는 동안 내내 고열에 시달렸고, 밤마다 불면증이 찾아와 많은 괴로움을 당했다. 그렇지 않아도 어두운 가정 분위기 때문에 감수성이 예민해진 융은 어머니의 장기간의 부재를 이해할 수도, 받아들일 수도 없었던 것이다. 그래서 그는 자신에게 갑자기 닥친 불행에 대해 분노하였다. 이유도 모르는 채 어머니를 빼앗기자, 그는 여성적인 것과 따뜻한 것에 대해 온통 실망했던 것이다. 그의 심리학에서 남성에게는 여성적인 것이 궁극적으로 구원을 가져다준다고 주장하는 이유는 그 자신이 어머니의 부재로 생긴 부정적인 여성상 때문에 고통받았다가, 나중에 그가 자신의 아내 엠마(E. Jung)와 제자 토니 볼프(T. Wolff)로부터 긍정적인 여성상을 발견하여 치유되었던 체험에 기인하는 것이다.[5]

셋째, 이러한 가정환경은 자연히 융을 외롭고 내성적인 성격으로 만들어 갔다. 더구나 그의 아버지와 어머니의 오랜 별거는 그에게 다른 형제자매를 갖지 못하게 하였으므로 그는 언제나 혼자 놀았고, 무서운 일이 있어도 혼자 감당해야만 하였다. 따라서 그에게는 자신만이 알고 있는 비밀이 많았으며, 그 비밀들은 아무에게도 말해서는 안 되는 것이었다. 그가 이때 많이 했던 놀이는 주로 불장난과 돌 장난이었는데, 그는 자신만의 성스러운 불을 꺼뜨리지 않으려고 노력했고, 라인 강가에서 주은 돌을 보물처럼 다루었다. 그가 나중에 사람들의 마음속에 있는 불을 다루고, 마음속에 있는 보물인 자기(Self)

---

5) cf. C. G. Jung, *Letters*, ed. by G. Adler & A. Jaffe, trad. R. F. C. Hull(Princeton: Princeton Univ. Press, 1973), vol, I, p. xi.

를 찾게 된 단초는 이 놀이들과 연결된다. 그는 성장한 다음에도 대외적인 활동보다는 혼자서 연구하고, 환자를 돌보거나 제자들을 가르치고, 돌이나 나무를 조각하는 것을 더 좋아하였다.

1) 남근에 관한 꿈

그는 세 살에서 네 살이 될 무렵에 아주 이상한 꿈을 꾸었는데, 그 꿈은 매우 의미심장하고, 그의 삶 전체에 커다란 영향을 미치게 되는 것이었다. 그는 어느 날 밤 꿈속에서 정사각형 모양을 한 커다란 구멍 하나를 보았다. 그 속을 들여다보니, 그 구멍 밑바닥에는 녹색의 커튼이 쳐진 방이 하나 있었고 그 가운데 황금빛 보좌가 있었다. 그 보좌 위에는 거대한 물체 하나가 불쑥 솟아 있었다. 처음 보기에는 커다란 나무기둥 같았는데, 사실은 거대한 남근(phallus)이었다. 그때 그의 귓가에서는 어머니가 "그래, 그걸 잘 봐 두어라. 그것은 사람을 잡아먹는 괴물이다."라고 외치는 것 같았다. 그 소리를 듣는 순간 그는 소스라치게 놀라서 온몸에 땀이 흠뻑 젖어 깨어났다. 아직 나이가 어렸던 융은 이 꿈의 의미를 전혀 이해하지 못했지만 잊을 수가 없었다. 그가 이 꿈의 의미를 이해하게 된 것은 정신치료자가 된 다음이었는데, 이때 꿈에 나타났던 남근은 무의식 속에 있는 힘이며, 지하 세계의 신이었다고 해석하였다.[6] 인간의 내면에 있으면서, 강력한 힘을 가지고 인간의 삶 전체에 강력한 영향을 끼치는 요소, 프로이트가 성(性)으로, 아들러가 권력 의지로 해석했던 것을 융은 지하 세계의 신으로 해석했던 것이다. 이 신은 기독교에서 말하는 사랑의 하느님과는 전혀 다른 신으로 누미노제적인[7] 신이다. 그의 강력한 힘을 가지고 사람들에게 한없는 두려움을 주면서 동시에 한없이 매혹하는 신인 것

6) C. G. Jung, 『융의 생애와 사상』, p. 55.

7) 루돌프 오토는 사람들이 거룩성을 체험할 때 신적인 존재를 만나서 두렵고 떨리면서도 매혹감을 느끼게 된다고 주장했는데, 그때의 감정적인 상태를 누미노제라고 한다. R. Otto, 『성스러움의 의미』, 길희성 역(왜관: 분도출판사, 1991), pp. 37-96.

이다. 융은 인간의 내면에는 그런 신적인 요소가 있다고 주장하였다. 하지만 그 요소는 양가적인 특성을 가지고 있다. 사람들에게 무조건적으로 복만 내려 주는 것이 아니라, 사람들이 그 힘을 분화시키지 않고 원시적인 모습 그대로 남겨 두어 그 힘에 잘못 휩쓸릴 때, 그의 삶 전체를 삼켜 버리는 신이었던 것이다. 융은 나중에 그런 신이 우리 삶에 어떻게 작용하고 있는가를 찾아 나서게 되는데, 이때의 꿈은 그가 평생했던 작업을 예시해 주는 꿈(initial dream)이었다.

2) 신성 모독적인 환상과 하느님 체험

융은 열두 살 무렵 또 하나의 매우 중요한 체험을 하였다. 그는 어느 날 학교에서 돌아오는 길에 바젤 성당 옆을 지나게 되었다. 그때 하늘은 몹시 푸르고, 새로 수리한 성당 지붕은 햇살에 반짝이고 있었다. 그 광경을 보자 머릿속에서는 아름다운 생각들이 떠올랐다. 그러나 그에게는 갑자기 그 생각들을 더 이상 이어갈 수 없게 하는 환상이 떠올라서 무서웠다. 그래서 그 환상을 이어가지 않으려고 애를 썼는데, 그 이유는 그것이 너무 신성 모독적인 것이었기 때문이었다. 그래서 그는 3일 동안이나 그 환상과 싸우느라고 밥도 제대로 먹지 못하였다. 그러다가 결국 그 환상도 천지만물을 만드신 하느님이 주시는 것이니까 그 환상이 이끄는 대로 나아가 보자는 생각이 들었다. 그러니까 그의 눈앞에서는 하느님의 옥좌로부터 새로 수리한 성당의 지붕 위에 똥 덩어리가 내려와 지붕을 모두 깨뜨리고 교회 벽까지 무너뜨리는 것이 보였다. 그러나 그 환상이 이끄는 대로 따라가자 말로 다할 수 없는 해방감을 느꼈다. 그런 환상을 주신 분은 하느님이라는 확신이 있었기 때문이다. 그러면서 그에게는 그가 하느님과 완전히 하나가 되었다는 느낌 때문에 하느님의 은혜를 체험했다는 생각이 강렬해졌다. 나중에 그는 그 환상은 하느님이 그에게 겉만 번지르르 하고, 죄와 처벌만 강조하는 기존의 기독교를 부정하고, 사람들에게 참된 구원을 가져다주는 하느님을 찾으라는 계시라고 해석했으며, 평생

동안 그런 하느님을 찾으려고 하였다.

3) 프로이트와의 결별과 내면적인 체험

융과 프로이트의 만남은 융이 1900년에 프로이트의 『꿈의 해석』을 읽은 것에서 시작한다. 하지만 그는 이때 프로이트의 책을 모두 이해하지 못했고, 프로이트는 그에게서 잊혀졌다. 그러다가 브로일러와 함께 정신과 환자들을 치료하는 과정에서 그는 인간의 정신 속에는 어떤 알지 못하는 요소가 있으며, 그것들은 독립적으로 작용한다는 사실을 발견하고 그 요소들에 관해서 연구하기 시작하였다. 그러다가 융은 1902년, 1903년 인간 정신 속에 있는 콤플렉스의 존재를 발견하였고, 프로이트가 그보다 먼저 그것에 관해 연구한 것을 알게 되었다. 그래서 그는 1906년 프로이트에게 편지를 보냈고, 1907년 빈(Wien)으로 찾아가 프로이트를 만났다. 프로이트를 처음 만났을 때 융은 프로이트에게서 강력한 힘을 가진 아버지의 이미지를 발견하였고, 자신의 내면에 결핍되어 있는 아버지상을 프로이트에게 보상받으려 하였다. 프로이트는 그보다 나이도 열아홉 살이나 많았고, 당시로서는 처음 시작되는 인간의 무의식에 대한 탐구에서 자기보다 훨씬 앞서 나가고 있었기 때문이었다. 사내아이들이 자기 아버지에게서 찾게 되는 미래, 희망 그리고 약속의 이미지를 프로이트에게서 발견하였던 것이다. 그럼에도 불구하고 융은 프로이트에게서 성(性)은 인간의 내면에 있는 누미노제적인 실체라는 느낌을 받았고, 그 점에 대해서는 완전히 승복할 수 없었다. 그러다가 1909년 프로이트와 함께 미국의 클라크 대학교에 초대받아 7주간이나 함께 프로이트와 지내면서 서로의 꿈을 해석해 주는 기회를 가지게 되었다. 하지만 개성이 너무 강했던 두 사람은 이렇게 오랫동안 같이 지내면서 서로의 다른 점을 알게 되었고, 어느 정도 거리가 생기게 되었다. 그러다가 융은 1912년 『리비도의 변환과 상징』이라는 책을 출판하면서 리비도와 근친상간에 대한 그 자신의 독자적인 사상을 개진하면서 결정적으로 프로이트와 멀어지게 되었다.[8]

이 책에서 융이 프로이트의 성욕론을 반대하였기 때문이다. 그 후 프로이트는 융에게 다시 그의 생각들을 철회하기를 종용하였지만, 융이 그 제안을 거부하여 1913년 두 사람은 결정적으로 헤어지게 되었다.

　프로이트와 헤어진 다음 융에게는 정신적으로 커다란 위기가 다가왔다. 프로이트는 그에게서 단순한 동료나 선배 이상이었기 때문이다. 프로이트는 아직 초보 단계에 있었던 심층심리학 연구에서 그가 동일시하면서 따라가야 할 아버지였으며, 그에게 희망과 미래를 약속하는 가나안 복지의 인도자였기 때문이다.[9] 프로이트와 헤어진 다음에 그는 수많은 꿈과 환상과 비전을 보았고, 심한 정신적인 위기를 겪었다. 프로이트로 표상되는 과거의 세계를 무너뜨리고 자기의 독창적인 새 세계를 건설해야 했는데, 그에게는 아직 준비가 되어 있지 않았고, 그런 세계를 건설하는 데 필요한 아버지상이 미약했기 때문이다. 자연히 그는 이 시기에 시체와 죽은 사람들에 관한 꿈을 많이 꾸었다. 그러면서 그에게 필요한 창조성을 일깨우기 위해서 그가 가장 창조적이었던 어린 시절에 즐겨 놀았던 돌멩이 놀이를 하기로 하였다. 그래서 그는 라인 강에서 주워 온 돌멩이로 마을을 만들고 그 마을에 있는 집과 개울과 산을 만들면서 자신의 무의식에서 떠오르는 이미지들을 그대로 재현해 보았다. 그가 나중에 적극적 상상(active imagination)이라고 부른 작업을 실행한 것이다. 이 작업은 38세의 정신과 의사로서는 유치하기 짝이 없는 일이었지만, 그에게 무의식의 흐름을 따라가게 해 주었으며, 무의식이 가진 치유의 힘을 체험하게 해 주었다. 더구나 융은 이 작업을 통해 사람들은 자신들을 정동(émotion) 상태에 빠뜨리는 사건 뒤에 숨은 이미지(image)의 의미를 깨달을 때 치유의 힘을 얻게 된다는 사실을 알게 되었다.[10] 이렇게 그는 이상한 꿈과 환상들을 보고 그

---

8) C. G. Jung, *Métamorphose de l'Ame et ses Symboles*(Genève: Librairie de L'Université Georg & Cie S. A., 1983).

9) 이 당시의 심경에 대해서 융은 자서전에서 다음과 같이 말하고 있다. "프로이트와 헤어진 다음 나는 내면적인 불확실성 속에 사로잡히게 되었다. 아니 그보다 내가 어디로 가야 할지 모르게 되었다는 표현이 더 적합할 것이다." C. G. Jung, 『융의 생애와 사상』, p. 309.

것들이 어떻게 진행되는지 살펴보면서 그것들을 형상화하다가 1918년 말부터 그 긴 어둠에서 벗어나게 되었다.

4) 무의식의 초월적 기능과 만다라, 그리고 연금술

융은 1917년부터 그 의미도 모르면서 만다라(mandala)를 그렸다. 만다라는 본래 티베트 불교에서 승려들이 수행 과정에서 사용하는, 원과 사각형을 중심으로 이루어진 마법의 원(magic circle)이다. 융은 자신이나 다른 환자들의 꿈에서 만다라상은 그들의 내면적인 통합이 문제시되거나 통합이 이루어질 무렵 특히 많이 나타난다는 사실을 발견하고, 그 원인에 관해서 연구하였다. 그 결과, 그는 인간의 무의식에는 서로 반대되는 힘들을 통합하려는 조정 기능이 있으며, 그 힘이 작용할 때 그 상과 관계된 꿈을 많이 꾼다는 사실을 알게 되었다. 그래서 1916년 「초월적인 기능(la fonction transcendante)」이라는 논문을 발표하면서 이 기능에 관해 연구하고, 이 기능이 정신치료에서 매우 중요한 작용을 한다고 주장하였다. 초월적 기능이란 우리 정신에서 서로 반대되는 두 가지 정신 요소(의식과 무의식적 욕구 등)가 팽팽하게 맞설 때, 무의식에서 하나의 상징을 만들어 내면서 그 두 요소를 통합한다는 것이다. 이 기능이 작용할 때, 우리 내면에서 생겼던 갈등은 해소되고 정신은 다시 안정을 찾게 된다. 그 예로서 그는 예수님이 광야에서 악마의 시험을 물리친 것을 들었다. 예수님은 광야에서 세 가지 시험을 받았는데, 그 내용은 모두 그의 신적인 능력을 발휘하라는 것이었다. 심리학적으로 말하자면, 예수님은 그의 내면에 있던 하느님을 향한 영적 의지와 권력 의지 사이에서 심한 갈등을 겪고 있었는데, 그 갈등을 하느님의 나라라는 제3의 이미지를 통해서 통합할 수 있었다는 것이다. 예수님은 하느님의 나라라는 이미지 안에서 영적인 의지와 권력 의지를

---

10) "내 마음속에서 일고 있는 정동들을 내가 형상화할 수 있게 되었을 때, 다시 말해서 내 정동 속에 숨어 있던 이미지들을 내가 찾아내게 되었을 때, 내 마음속에는 내적인 평화가 찾아오게 되었다." C. G. Jung, 『융의 생애와 사상』, p. 321.

모두 담으면서, 그 나라의 건설을 향해서 나아가게 되었다는 것이다.[11]

　무의식에는 이렇게 인간의 정신에서 발견되는 수많은 대극적(對極的)인 요소들을 제3의 자리에서 통합하는 내적 요소가 있다. 그러므로 우리 내면에서 두 가지 의지가 서로 싸울 때, 그것을 괴로워하거나 부정적인 의지를 없애 버리려고 할 것이 아니다. 예를 들어 말하자면, 나는 좀 더 경건하고 따뜻한 사람이 되고 싶은데 그것을 방해하는 요소가 나도 모르는 사이에 튀어나온다면, 그 반대되는 성향을 없애려고 하거나 죄책감을 가진 것만이 아니라 그것을 통합하려는 제3의 요소가 어떻게 나타날 것인지 기다려야 한다는 것이다. 그래서 융은 정신치료자의 역할은 내담자들이 대극의 갈등 사이에서 잃어버린 평상심(平常心)을 찾게 하여, 그들이 자신의 내면세계를 살펴보도록 하는 것이라고 주장하였다. 대극의 갈등 사이에서 생기는 긴장을 이기지 못해서 그 긴장에서 벗어나기 위하여 우리 정신을 더 혼란한 상태로 이끌거나, 그 긴장에 무너져서 무의식의 부정적인 세력에 사로잡히지 않고, 무의식의 조정력이 자연스럽게 흘러나오도록 도와주라는 것이다.

　융이 자신의 체험을 통하여 무의식의 초월적인 기능을 확인하고 그 문제에 관심을 집중시키고 있던 무렵, 그는 1927년 어느 날 중국 학자인 리처드 빌헬름에게서 『태을금화종지』라는 중국 도교의 연금술서에 관한 책 원고를 받고 깜짝 놀랐다. 왜냐하면 그 속에는 그가 그동안 그리고 있었던 만다라상과 비슷한 그림들이 많이 있었으며, 오랜 세월 동안 사람들은 그런 상징을 찾아왔다는 사실을 발견하였기 때문이다. 이로써 그는 만다라상에 대해서 생각하고 있던 자신의 견해가 잘못된 것이 아니라는 확신을 가지게 되었다. 그래서 처음에는 동양의 연금술(鍊金術)에 관해 연구하다가, 그에게 더 익숙한 서양의 연금술에 대해 연구하였다. 황당무계해 보이는 연금술에 대한 연구는 처음 융에게 무의미하게 생각되기도 하였다. 그러나 7년 동안이나 연금술에 관해서 연구한 결과, 연금술이란 쓸데없는 돌로 금을 만들려는 것이 아니라, 인간

11) C. G. Jung, *Correspondance 1906~1940*(Paris: Albin Michel, 1992), pp. 338-340.

의 육체에서 정신의 진수(眞髓)를 추출하려는 정신과학이라는 사실을 알게 되었다. 물질적인 것들의 내면에 숨어 있는 통합의 배아(胚芽)를 찾아서 정신의 변환을 이루려는 영성(靈性) 추구와 다르지 않다는 사실을 발견했던 것이다. 연금술의 비의에 대한 깨달음은 그의 심리학에 일대 전기를 마련해 주었다.[12] 그의 연구는 이제 정신치료, 연금술, 종교 분야에 대해 집중되며, 연금술 연구는 그가 그동안 관심을 기울여 왔던 무의식에 대한 탐구의 역사적 기반을 마련해 주고, 정신치료와 종교에 대한 연구를 통합해 주었던 것이다: "무의식이 하나의 정신적인 과정이며, 자아가 무의식과 만날 때 우리 정신에서는 진화가 이루어지고, 진정한 변화가 생겨난다는 사실을 내가 뚜렷하게 인식하게 된 것은 연금술을 알고 나서부터였다."[13]

3. 인간의 무의식과 콤플렉스

융의 심리학 사상 가운데서 가장 중요한 개념은 콤플렉스와 원형이다. 융이 처음에 자신의 심리학을 콤플렉스 심리학(complex psychology)이라고 부르다가 그 개념이 일반화되면서 변질되자 분석심리학이라고 부를 정도로 콤플렉스는 그의 심리학에서 중요한 개념인 것이다.[14] 심층심리학에서 콤플렉스에

---

12) A.Stevens, *Jung: L'Oeuvre-Vie* (Paris : Dufélin, 1994), p. 222.

13) C. G. Jung, 『융의 생애와 사상』, p. 369.

14) 인간의 정신, 특히 무의식에 관해서 연구하는 학문을 정신분석학으로 통칭하는 것은 잘못이다. 인간의 심층심리에 관해서 연구했던 S. 프로이트, A. 아들러, C. G. 융, 이렇게 세 사람의 선구자들 가운데서 정신분석학이라는 말은 인간의 무의식을 주로 억압된 성욕으로 보는 프로이트의 심리학을 지칭하기 때문이다. 프로이트와 같이 초창기 정신분석학 운동을 시작했던 아들러는 프로이트의 범성욕설에 반대하면서 인간에게는 열등감이 가장 문제시 되며 사람들은 그것을 극복하기 위해서 권력의지를 가지게 된다고 주장하였고, 그의 심리학을 개인심리학(individual psychology)이라고 불렀다. 융 역시 집단적 무의식의 원형과 자기(Self) 등 프로이트와 다른 개념을 제시하면서 그의 심리학을 분석심리학(analytical psychology)이라고 불렀다. 이들 세 심리학 사상을 아우르는 말은 심층심리학(depth psychology)이다.

대한 연구는 먼저 프로이트에 의해서 시작되었다. 그러나 프로이트는 그것을 '오이디푸스 콤플렉스'나 '부성-콤플렉스' 등 다른 현상과 같이 연구했던 반면, 융은 그것이 무의식을 구성하는 핵심 요소라는 생각에서 콤플렉스 자체에 파고들어 1928년 『정신 에너지의 발생론(L'Energétique psychique)』을 발표하면서 콤플렉스론을 확립하였다.

우리는 보통 콤플렉스를 열등감과 동일시하는데, 융에 따르면 콤플렉스는 열등감처럼 우리 무의식을 구성하고, 때때로 우리를 난처하게 할 수도 있는 정신 요소이지 열등감만은 아니다. 그에 따르면 콤플렉스의 가장 큰 특징은, 첫째로 어떤 정신적인 내용이 하나의 핵(核)을 형성하고, 둘째로 거기에 정동적인(émotionnel) 요소가 착색되어 있으며, 셋째로 그 핵은 그것과 비슷한 특성을 지닌 정신 내용들을 흡수하며, 넷째로 자율성을 띠고 있는 것이다.

먼저, 콤플렉스의 가장 큰 특징은 그것이 인간의 정신에서 정서적인 내용으로 가득 찬 하나의 핵(核)을 이루고 있다는 것이다. 그래서 콤플렉스가 출현할 때, 즉 자기에게 있는 콤플렉스와 관계되는 상황이 연출되거나 말이 나오면 사람들은 괜히 숨이 가빠지거나, 얼굴이 붉어지거나, 당황해하는 등 정서적인 반응을 보이게 된다. 열등감이 콤플렉스와 동의어로 쓰이게 된 것도 사람들이 열등감에서 콤플렉스를 가장 인상적으로 체험하기 때문일 것이다.

다음으로, 콤플렉스는 하나의 핵(核)을 중심으로 해서 마치 자석의 자장 같은 것을 형성해 놓고, 그 안에 들어오는 그와 비슷한 특성을 지닌 정신 내용을 흡수하여 더 큰 핵으로 만든다. 그래서 사람들은 자기에게 있는 콤플렉스와 관계되는 상황이 연출되면 잠시 머뭇거리거나 까맣게 잊어버리는 경우도 있다. 그 핵에서 정신적인 에너지를 흡수해 버렸기 때문이다. 누구의 이름이 갑자기 생각나지 않거나, 부담스러운 약속을 까맣게 잊어버리는 것이다. 마지막으로, 콤플렉스는 사람의 자아와 무관하게 작용하는 자율성이 있다. 자신의 콤플렉스를 자극하는 것이 나오면 사람은 자아가 통제할 겨를도 없이 자기도 모르는 사이에 실언이나 실수, 실책을 하게 되는 것이다. 융이 콤플렉스에서 가장 주목했던 것은 콤플렉스의 자율성이었다. 왜냐하면 신경증이나 정신병의 증상들은 모두 콤플렉스의 자율성에서 비롯되기 때문이다. 그래서 그는 콤플렉스를 부분인격이라고 부르기도 하였다. 콤플렉스가 때때로 자아를 대체하거나 자아를 약화시키며 자아 대신 작용하기 때문이다.[15]

그러나 융은 콤플렉스에 부정적인 특성만 있는 것이 아니고, 그것은 인간의 정신 전체, 특히 무의식을 구성하는 요소라고 강조하였다. 콤플렉스는 무의식에서 같은 내용으로 된 하나의 핵을 형성하고, 그 핵을 중심으로 하여 여러 가지 정신작용이 이루어진다는 것이다. 따라서 콤플렉스가 없으면, 인간의 정신활동도 불가능하다.

그러면 콤플렉스는 어떻게 해서 형성되는가? 그것은 첫째로 사람이 어떤 경험, 특히 충격적인 경험을 한 다음에 그것이 무의식에 하나의 핵을 형성하고, 그 핵을 중심으로 다른 요소들이 결합될 때 생긴다. 어린 시절 어머니가 돌아가신 사람에게 그것은 커다란 충격이며, 그에게는 '어머니'라는 내용을 중심으로 해서 콤플렉스가 형성되고, 그것이 그다음의 삶에 영향을 미치는 것이다. 둘째로 융은 타고나는 요소를 말하였다. 사람은 태어나면서부터 어떤 정신적인 성향(disposition)을 타고나는데, 그것이 무의식에 하나의 핵을 만들고, 그것이 발달하여 콤플렉스가 된다는 것이다.[16] 예를 들어 말하자면, 어떤 사람은 태어나면서부터 매우 종교적이거나 예술적인 경우가 있는데, 이런 요소들은 그의 정신에서 응집력을 지닌 핵을 형성하고 여러 가지 작용을 하는 것이다. 사람이 타고나는 요소 가운데서 가장 중요한 것은 융이 '원형(l'archétype)'이라고 부른 것이다. 사람은 태어날 때 아무런 정신적인 내용도 지니지 않은 '백지(tabla rasa)'가 아니라 태어나면서부터 어떤 정신적 요소를 지니고 있는데, 그것이 성장 과정에서 삶의 경험과 함께 작용하여 그만의 독

---

15) cf. "(콤플렉스는) 정신적 상황이 정지되어 있는 생생하고 정동적인 이미지이며, 평상적인 의식 상황이나 태도와 양립할 수 없는 이미지다. 이 이미지에는 매우 강한 내적 응집력이 있어서…… 자율성을 지니게 되기까지 한다." C. G. Jung, *L'Homme à la découverte de son ame*(Paris: Albin Michel, 1987), p. 198.

16) C. G. Jung, *L'Energétique psychique*(Paris: Buchet/Chastel, 1956), p. 18.

특한 인격을 형성한다는 것이다.

4. 인간의 정신구조: 의식, 무의식, 원형

프로이트와 융의 사상 가운데서 가장 두드러진 차이점은 인간의 무의식에 대한 그들의 견해일 것이다. 프로이트가 무의식을 대부분 억압의 산물로, 인간의 삶에 많은 문제와 불편을 야기하는 부정적인 것으로 보았다면, 융은 인간의 무의식에는 그런 부분도 있지만 그것과 전혀 다른 긍정적인 측면 역시 무시할 수 없다고 보았던 것이다. 무의식에는 인간 정신의 중심이며, 여러 가지 다른 정신 요소를 통합하는 요인도 있으므로 정신치료란 그 요소가 제대로 활동하게 돕는 것이라고 주장하였던 것이다. 두 사람 사이에서 이런 차이가 생기게 된 것은 아마 그들이 겪었던 정신적인 문제와 그 극복 과정이 다르기 때문일 것이다. 프로이트가 공황장애 때문에 고통을 받았고, 그 원인을 찾는 과정에서 사람들에게 신경증을 일으키는 요인이 대부분 무의식에 억압해 놓은 정신 요소 때문이라고 생각했던 반면, 융은 프로이트와 헤어진 다음 자신의 정신 전체가 해체되는 듯한 고통 속에서 무의식에 있는 초월적 기능 덕분에 정신을 다시 통합하여 자연히 무의식에서 긍정적인 요인을 찾게 되었기 때문이다.

1) 의식과 무의식

프로이트와 융은 의식과 무의식의 기원도 서로 다르게 생각하였다. 프로이트는 인간에게 의식이 먼저 생기고 무의식은 의식에서 파생되는 것이라고 생각한 반면, 융은 인간에게는 무의식이 먼저 생겼고, 그다음에 의식이 무의식에서 파생된다고 생각하였던 것이다. 프로이트에 따르면, 무의식은 어떤 정신 내용이 의식된 다음 여러 가지 이유 때문에 의식에서 사라진 것들로 이루어진다. 즉, 어떤 내용이 너무 공격적이거나 외설적이라서 자아의 안전을 위협하거나, 자아가 도저히 용납할 수 없을 정도로 초라하고 열등한 요소들은 무시, 억제, 억압 등을 통해 무의식으로 들어간다는 것이다. 우리 머릿속에서 떠오르는 어떤 사람에 대한 미움과 분노 등은 우리가 현실에 적응하는 데 위협이 되기 때문에 무의식화하는 것이다. 그 외에도 우리 앞에서 전개되기는 했지만 우리가 충분히 많은 정신 에너지를 쏟지 못했던 내용들이나 우리가 망각해 버린 것들은 무의식 영역에 속하게 된다. 이런 정신적 내용 가운데서 가장 문제가 되는 것은 억압이다. 왜냐하면 그것은 틀림없이 우리 존재를 구성하는 정신 내용임에도 불구하고 자신은 전혀 그렇지 않다고 부정하여 우리 정신에 공백을 만들기 때문이다. 자신을 학대하는 남편에 대한 분노를 억압하는 아내에게 신경증이나 정신·신체적 질병이 생기는 것과 같은 것이다.[17]

그러면 의식과 무의식은 어떤 작용을 하는가? 먼저, 융은 의식의 중요한 작용에는 인식, 분화 및 통합이 있다고 주장하였다. 의식은 사람이 외부적 상황을 인식(認識)하고, 그 상황에 적응하게 하는 데 중요한 역할을 한다. 이것은 무엇이고, 저것은 무엇이라는 것을 파악하여 그때그때 알맞은 반응을 하게 하는 것이다. 이에 덧붙여서 의식은 그것이 아직 분명하지 않은 무의식의 내용들까지 인식하여 정신적인 발달을 돕는다. 다음으로, 의식은 분화(分化)시키는 역할을 한다. 어떤 것이 인식되려면 그것은 다른 것과 구별되어야 한다. 이것과 저것의 차이점이 부각되어야 우리에게 뚜렷이 인식될 수 있는 것이다. 의식의 분화에서 더욱 중요한 것은 의식이 우리의 정신 내용을 분화시키는 것이다. 많은 경우 우리의 정신 내용은 여러 가지 것이 뒤엉켜 있기 마련이다. 어떤 사람이 갑자기 미워지거나 짜증이 날 때, 우리는 그런 감정에 지배받아 헤어나지 못하는 경우가 있다. 그러나 그때 자신의 감정이 왜 그런지 찬찬히 들여다보면, 이것저것에 대해 알게 되면서 그런 감정에서 벗어날 수 있다. 이것은 분화되었기 때문이다. 의식은 이렇게 우리의 정신 내용을 분화시

17) C. G. Jung, 『인간과 무의식의 상징』, 이부영 외 역(서울: 집문당, 1983), pp. 28-52.

키면서 인격 발달에 중요한 역할을 한다. 마지막으로, 의식은 인식과 분화를 통해 우리에게 주어지는 모든 것을 통합하여 상황에 더 잘 적응하게 한다. 하나하나 개별적으로 주어지는 외부 상황뿐만 아니라 무의식의 여러 가지 내용들까지 통합하여 우리 활동 영역은 물론 정신세계까지 확장시키는 것이다. 그래서 융은 정신의 발달에서 의식은 매우 중요한 역할을 한다고 주장하였다.[18]

한편 무의식의 가장 큰 작용은 첫째로 투사다. 우리가 어떤 정신적인 내용이 우리 내면에 들어 있다는 사실을 깨닫지 못할 때, 그것을 다른 사람에게 쏟아 붓고 그 사람에게서 그런 특성을 찾는 것이다. 예를 들어 말하자면, 자신에게 독선적인 부분이 있다는 사실을 모르거나 거부할 때, 그것을 다른 사람에게 투사시키고 그 사람이 독선적이라고 비판하는 것이다. 그러므로 어떤 사람이 주는 것 없이 싫거나 참을 수 없이 미울 때, 그 사람의 특성 중 자신이 제일 미워하는 특성이 내 안에 없는지 살펴보아야 한다. 둘째로, 무의식은 앞서도 말했듯이 우리 자아를 위협하는 요소를 의식에서 몰아낸다. 성욕, 공격욕, 가까운 사람에 대한 미움 등을 의식에서 몰아내는 것이다. 셋째로, 무의식은 의식이 어느 한 요소에만 과도하게 정신적 에너지를 투여할 때, 정신의 전체적인 균형을 유지하기 위해서 그와 반대되는 요소를 강화하는 보상작용(compensate)을 한다.[19] 마지막으로, 무의식은 자율적으로 작용한다. 우리가 어떤 정신 내용에 대해서 무의식적이면 무의식적일수록, 그것은 우리 의식에서 분리되어 의식과 무관하게 작용한다. 마치 몽유병 환자가 밤에 돌아다니듯이, 정신분열병 환자들은 환상을 보거나 환청을 듣는데, 그 내용들은 그의 무의식을 구성하는 요소들인 것이다.[20]

---

18) C. G. Jung, *Psychologie et alchimie*(Paris: Buchet/Chastel, 1975), pp. 427-428.
19) C. G. Jung, *Psychologie de l'âme moderne*(Paris: Buchet/Chastel, 1966), p. 180.
20) C. G. *Jung, Les Racines de la conscience*(Paris: Buchet/Chastel, 1975), p. 77.

2) 집단적 무의식과 원형

융은 프로이트가 말한 무의식 개념을 어느 정도 받아들여 한 개인의 경험 세계에서 나오는 무의식을 개인무의식이라고 불렀다. 그러나 그에 따르면 사람에게는 한 개인의 경험 세계를 뛰어넘어 인류의 경험 세계에서 나오는 무의식도 존재한다. 한 생명체가 개체 발생과 계통 발생을 통해 발달하듯이, 인간의 정신 역시 한 개인의 경험 세계와 인류 전체의 경험 세계가 동시에 작용하여 형성되는 것이다. 융은 무의식에 있는 이 층을 집단적 무의식이라고 불렀는데, 이 층은 개인무의식보다 훨씬 더 넓고 풍부하며, 지금까지 인류가 그에게 주어지는 외부 환경이나 내부 환경에 적응하는 과정에서 형성되었기 때문에 한층 더 역동적이다.

융은 집단적 무의식은 유전적으로 전승된다고 주장하였다. 어머니나 아버지에 대한 모든 사람의 느낌과 반응은 문화의 차이를 떠나서 동일하며, 신의 이름이나 속성 등은 민족이나 부족에 따라서 조금씩 다르지만 그 신에 대한 사람들의 느낌과 반응은 대동소이하다. 그 밖에도 사람에게는 본능처럼 생리적인 영역에 속해 있지는 않지만, 그에게 다가오는 여러 가지 상황 속에서 그 상황에 알맞게 적응하게 하는 정신적 양식(樣式)이 공통적으로 존재한다. 융은 이 양식들이 들어 있는 영역을 집단적 무의식이라고 부르면서, 이 부분은 인류가 원시시대 이래 동일한 대상에 대해 같은 방식으로 대응해 왔던 것이 유전을 통해 전승된 것이라고 주장하였다.

물론 신체 기관의 유전은 가능하지만 정신적인 내용의 유전이 어떻게 가능한가에 대해 비판이 제기되기도 한다. 그러나 융은 인류가 태곳적부터 반응해 왔던 정신 내용 자체가 유전되는 것이 아니라, 그들이 반응해 왔던 방식이 뇌에 흔적을 남기고 오랜 세월 같은 방식으로 대응하였던 뇌가 유전되면서 그다음에도 같은 방식으로 대응하게 한다고 주장하였다. 그러면서 그는 신화소(神話素)를 통해서 집단적 무의식의 존재를 설명하였다. 이 세상에는 서로 다른 여러 부족 사이에서 비슷한 신화적 주제가 발견되는데, 그 부족들 사이에 문화적

이고 인종적인 교류가 없었음에도 불구하고 비슷한 신화소가 발견된다면 그것
은 인류가 같은 조상을 통해 같은 방식으로 대응해 왔던 것이 유전되었다는 이
유 이외에 달리 설명할 수 없다는 것이다.[21] 즉, 어느 나라 신화나 설화에서 영
웅들은 모두 어려운 환경에서 태어나 고난을 당하고, 그 고난을 극복하는 과정
에서 외부적인 도움을 받게 된다. 그래서 신화적 영웅인 오이디푸스나 바리데
기 공주가 버려진 곳은 산 속이나 숲 속이었다. 사람들이 많이 오가는 길바닥
이나 장바닥이 아니라 육체적 탄생 이후 다시 신화적 영웅으로 탄생할 수 있도
록 자궁을 상징하는 곳에 버려지는 것이다. 이렇게 사람들의 무의식은 깊은 층
속에 같은 정신 내용을 가지고 있으며, 그것이 집단적으로 전승되는 것이다.
융은 집단적 무의식이란 어느 한 사람에게만 있는 것이 아니기 때문에 객관적
으로 존재하는 객관적 정신(objective psyche)이라고 부르기도 하였다.[22]

집단적 무의식의 구성 요소로서 사람들에게 같은 방식으로 생각하고 행동
하게 하는 정신적 요인을 융은 원형(archetype)이라고 불렀다. 원형(原型)이란
글자 그대로 인류가 그동안 경험해 왔던 것들이 침전되어 만든 원시적이고 고
태적인 특성을 띤 틀이다. 사실 사람들은 여러 가지 상황들 속에서 그것이 일
상적인 상황일수록 어떻게 행동할까 생각하지 않고 즉각적으로 행동한다. 그
이유는 우리가 태곳적부터 어떻게 행동해 왔던 행동 양식(patterns of behavior)
인 원형이 들어 있기 때문이다. 그런데 원형 개념에서 중요한 것은 그것이 하
나의 틀이지, 그 내용까지 갖추어져 있는 것은 아니라는 사실이다. 다시 말해
서, 집단적 무의식에 전해지는 것은 행동의 틀뿐이지 세세한 내용은 시대와
사람에 따라 다르게 나타난다는 것이다. 예를 들어 말하자면, 영웅 원형은 테
세우스나 바리데기 공주나 홍길동 등 문화와 시대에 따라서 여러 가지 다른
모습으로 전개되는 것이다. 그래서 융은 원형과 그의 표현인 원형상을 엄격히

---

21) C. G. Jung, *La Dialectique du moi et de l'inconscient* (Paris: Gallimard, 1967), pp. 63–64.
22) 1919년 융이 원형이라는 단어를 처음으로 쓰기 전 '원초적 이미지'나 '물려받은 통로 또는 침전
    물(inherited pathways or deposits)'이라고 불렀다. C. G. Jung, *The Structure and Dynamics of
    the Psyche*(Princeton: Princeton Univ. Press, 1978), p. 132.

구분하였다.[23] 이렇게 생각할 때, 우리는 우리 내면에 있는 원형을 토대로 해서 우리 자신의 삶을 만들어 가는 것이라는 사실을 알 수 있다.

원형의 가장 중요한 특성은 그것이 하나의 이미지(image)와 정동(emotion)으로 나타난다는 점이다. 사람들에게는 어떤 정신적인 내용이나 행동 양식이 이미지의 형태로 저장되어 있고, 그것은 과거에 그것이 형성되었던 상황과 비슷한 상황에서 이미지의 형태로 떠오른다는 것이다. 그래서 융은 원형이라는 단어를 사용하기 전에 원초적인 이미지(primordial image)라는 말을 먼저 사용하였다. 이것은 우리가 '어머니'라는 원형을 생각할 때, 우리의 머릿속에 어머니와 얽혀 있는 정동(情動)과 함께 어머니상이 떠오르는 것을 통해 알 수 있다. 원형에 짙은 정동이 담겨 있는 것은 그것이 고대로부터 침전되어 그 안에 많은 정신적 에너지가 농축되어 있으며, 어떤 강력한 체험을 한 다음 그것이 그에게 강력한 이미지를 각인(刻印)시켰기 때문이다. 그 예로, 융은 아침에 바다에서 장엄하게 떠오르는 태양을 본 사람들은 그 강렬한 체험이 그의 뇌리에 각인되고, 그것을 통해 태양신의 부활이라는 원형이 자리 잡게 된다고 주장하였다.

집단적 무의식의 구성 요소로서 원형은 우리 삶에 많은 영향을 끼친다. 우리의 정신 활동에 중요한 작용을 할 뿐만 아니라, 우리 정신이 흐트러져 있을 때 즉각적으로 나타나 이상한 환상을 보게 하거나 고태적인 유형의 꿈을 꾸게 한다. 원형은 정신을 구성하는 중요한 요소들인 그림자, 페르조나, 아니마/아니무스 등을 형성할 뿐만 아니라 우리의 개인적인 정신에서 분리되어 강력한 힘을 가지고 자율적으로 활동하여 하나의 콤플렉스처럼 우리 정신을 온통 뒤흔들어 놓는다. 그래서 융은 정신건강을 위해서는 집단적 무의식을 개인의 정신과 분화시키는 것이 무엇보다도 중요하다고 강조하였다.[24]

---

23) cf. C. G. Jung, *Psychologie de l'inconscient* (Paris: Buchet/Chastel, 1983), pp. 160-161.
24) *Ibid.*, p. 118.

3) 자아와 그림자

자아는 인간의 모든 정신 활동을 집행하는 주체로서 정신의 가장 중요한 구성 요소인데, 사람들이 '나는 어떤 사람이다.'라고 생각하는 내용이 하나의 핵으로 작용하여 그와 관계되는 요소들을 그 둘레에 불러 모아 형성한 일종의 콤플렉스다: "나는 자아라는 말에서 의식 영역의 중심을 이루는 하나의 콤플렉스를 기대하고 있다. 자아는 내가 보기에 자기 자신에 대해 높은 수준의 계속성과 정체성을 지니고 있다."[25] 따라서 한 사람이 이 세상에서 '나'로 존재할 수 있는 것은 자아가 있기 때문이다. 자아의 중요한 작용으로 사람들이 그들에게 주어지는 환경에 적응하게 하고, 인격 발달의 주체가 되며, 그의 내면에 있는 콤플렉스와 원형이 의인화되어 나타나는 무대 역할을 하는 것이다. 그러나 자아의 활동은 어디까지나 의식의 범위를 벗어나지 못하며, 의식의 대부분을 차지한다. 그래서 융은 자아를 의식과 동일시하여 자아-의식(ego-consciousness)이라고 부르기도 하였고, 자아를 정신 전체의 중심이라고 생각하는 것을 경계하였다.

자아는 대체로 긍정적인 요소들로 이루어져 있다. 자아 이상(ego-ideal)과 페르조나 때문에 사람들이 자아가 가지고 있는 정신 내용 가운데서 열등하고 부정적인 요소를 자아에서 몰아냈기 때문이다. 따라서 한 사람의 정신을 이루고 있지만 자아에 포함되지 못한 내용들은 그림자라는 또 다른 중요한 구성 요소를 만들게 된다. 자연히 그림자는 사람들에게 불쾌하고 비난받을 만한 생각이나 감정을 불러일으키고, 우리 삶에 여러 가지 문제를 야기한다. 스티븐슨의 『지킬 박사와 하이드 씨』의 경우와 같이 어떤 사람이 자기에게 있는 열등하고, 부정적인 요소를 자신의 인격의 일부로 받아들이지 않을 경우, 그 내용들은 그림자를 만들게 되고 무의식의 자율성을 따라서 자아가 통제하

25) C. G. Jung, *Types psychologiques* (Genève: Librairie de l'Université de Georg & cie, S. A., 1983), p. 456.

지 못할 정도로 작용하게 되기도 한다. 그림자에도 집단적인 측면이 있는데, 그것은 인류에게 공통적으로 있는 어둠이 한 사람에게 그림자를 만드는 것이다. 그러나 그림자는 그 자체로 부정적인 것만은 아니다. 그것이 열등하고 부정적이라면, 그것은 자아가 그것을 배척했기 때문이다. 따라서 그림자는 미워하고 싫어할 것만이 아니라 그 존재를 인정하고 받아들여야 한다. 그때 그림자에서 부정적인 특성은 엷어지고, 우리 인격은 그만큼 폭넓어질 수 있다.

4) 페르조나와 아니마/아니무스

인간의 정신을 구성하는 것으로는 그 밖에도 자아와 외부 세계의 접촉을 중재해 주는 페르조나가 있다. 페르조나란 본래 배우들이 공연할 때 쓰는 가면이나 탈을 의미하는데, 한 사람이 사회생활을 할 때, 사회에서 그에게 그렇게 하기를 바라는 기대, 역할 등을 의미한다. "페르조나란…… 한 개인이 세상에 적응하기 위해 사용하는 체계 또는 그가 사용하고 있다고 생각되는 태도를 가리킨다."[26] '얼굴을 들 수 없다.' 혹은 '낯 뜨겁다.' 하는 말들은 어떤 사람이 그에게 기대되는 페르조나와 어울리지 않는 행동을 했을 때 하는 말이다. 학생, 교수, 목사 등 여러 가지 직책에 따라서 각각의 페르조나가 있으며, 사회생활을 하려면 어느 정도 페르조나를 따라야 한다. 그러나 페르조나는 한 개인의 본성을 따른 것이 아니라 사회와의 타협이기 때문에 페르조나와의 과도한 동일시는 그에게 활력을 저하시키고, 형식적인 행동을 하게 한다.

페르조나가 자아와 외부 세계의 접촉을 중재해 주는 요소라면, 자아와 내면세계의 접촉을 중재해 주는 것은 아니마/아니무스다. 아니마/아니무스는 우리 정신 안에서 자아를 집단적 무의식의 이미지와 연결시켜 자아가 좁은 의식 세계에만 몰두하지 않고, 정신의 전체적인 통합을 지향해 나아가게 하

---

26) C. G. Jung, 『융의 생애와 사상』, p. 649.

고, 그것을 바탕으로 하여 역동적인 삶을 살게 한다. 융은 이런 요소가 남성에게는 여성적인 형태로, 여성에게는 남성적인 형태로 의인화하여 존재한다고 주장하였다. 그러면서 남성 안에 존재하는 여성적 요소를 아니마, 여성 안에 존재하는 남성적 요소를 아니무스라고 불렀다. 이 요소는 우리 내면의 이미지를 나타내고, 우리가 이성을 이해하고 이성과 관계를 원활하게 맺게 하는 기능을 한다. 아니마/아니무스는 인류가 여태까지 이성과 관계를 맺은 흔적들이 침전되어 기본형을 이루고, 그 위에 한 개인이 성장하면서 이성 부모 및 사회에서 접촉하는 이성에 관계된 내용을 통해서 형성된다. 이 요소는 곧 잘 투사되어 사람들이 누구에게 '첫눈에 반하는 것'은 그의 아니마/아니무스가 투사되었기 때문이다. 그러나 아니마/아니무스는 무의식의 내용이기 때문에 현실에 존재하는 것이 아니라, 우리 마음속에 존재하는 것이다. 그러므로 아니마/아니무스만 잡으려다가는 실패할 수밖에 없다. 마음속에서 바라는 이상형은 현실 세계에 존재하지 않는다. 아니마/아니무스는 신화나 설화에 나오는 선녀나 요정, 인어공주, 지하의 신 하데스 등으로 표현되고, 꿈에서 이성의 모습으로 나타난다. 즉, 남성의 꿈에 보이는 여성, 여성의 꿈에 보이는 남성은 그의 아니마나 아니무스가 의인화되어 나타난 모습인 것이다. 또한 아니마/아니무스는 남성이 변덕이 심하다거나 우울하다는 등 감정이 왜곡되어 나타날 때, 여성이 어떤 것을 논리적으로 심하게 따지거나 자기주장을 강하게 하는 등 논리가 왜곡되어 나타날 때 표출된다.

5. 인간의 심리학적 유형

앞에서 살펴본 인간의 정신구조 이외에도 융은 인간을 더 잘 이해하기 위해서 또 다른 척도를 생각하였다. 왜냐하면 사람들이 사물을 파악하고 행동하는 방식에는 커다란 차이를 보이기 때문이다. 가장 대표적인 예로, 그는 자기와 프로이트가 너무 다르고, 히스테리 환자와 정신분열병 환자의 증상이 너무 다르게 나타난다는 사실을 발견하였다. 그 차이에 대해 생각하다가 그는 먼저 사람들에게는 관심의 방향이 어디를 향하는가 하는 것에 따라서 정신적인 태도가 다르게 나타나며, 정신적인 에너지가 주로 자신의 내면과 주체를 향해서 흐르는 내성적인 사람과 자신의 외부 및 대상을 향해 흐르는 외향적인 사람이 있다고 주장하였다. 이런 생각을 가지고 살펴본 결과, 그는 인류 역사상 수많은 논쟁을 해 왔던 실재론(實在論)과 명목론(名目論) 사이의 논쟁이나 아폴로형과 디오니소스형 사이의 분쟁은 그들의 정신적 태도의 차이 때문임을 알게 되었다. 내성적인 사람은 다른 사람이 좋아하는 것보다 자기 자신과 내면에서 좋게 생각되는 것을 향해서 나아가고, 다른 사람에게 평판을 얻는 것보다 자기가 자기를 평가하는 것을 더 좋아한다. 반면에 외향적인 사람은 다른 사람이 좋아하는 것을 자기도 얻으려고 하며, 다른 사람이 자기를 평가해 주어야만 안심이 되어 다른 사람의 평판을 얻으려고 애쓰는 것이다. 융에 의하면, 정신적인 태도는 어느 정도 타고나는 것이다. 그래서 한 살 반 정도 되면 아이들에게서 내향성이나 외향성의 태도가 나타난다고 주장하였다.

융은 정신적인 태도 이외에 성격의 차이를 나타내는 요인으로 정신 기능의 차이를 발견하였다. 즉, 사람들에게 있는 사고, 감정, 직관, 감각의 기능은 사람들에 따라서 그 발달 정도가 다르고, 그것이 다른 만큼 서로 다르게 반응하는 것을 알게 된 것이다. 사고는 '이것은 무엇이다.' 라고 판단하는 기능, 감정은 '이것은 좋다, 나쁘다.' 라고 가치 판단을 하는 기능, 직관은 '이것은 어떻게 될 것이다.' 라고 미래를 짐작하는 기능, 감각은 '이것은 어떻다.' 라고 현상을 지각하는 기능이다. 정신적인 태도와 마찬가지로 정신기능 역시 어느 한 가지를 우월하게 타고나는데, 사람은 자기가 타고난 기능을 가장 잘 발달시키기 마련이다. 따라서 사고 기능이 발달한 사람은 어떤 상황 앞에서 자꾸 생각만 한다면, 감정 기능이 발달한 사람은 자꾸 느끼기만 할 것이다. 그 상황에 대한 반응 양상이 다르게 나타나는 것이다.

정신적인 태도와 기능은 서로 조합을 이루어 여덟 가지 심리학적 유형을 만들어 내는데, 심리학적 유형 가운데서 가장 문제가 되는 것은 열등기능이다. 사람들은 그에게 발달한 기능만 사용하여 그 기능은 더욱더 발달하는데, 그 반대편에 있는 기능은 무의식화하여 열등하게 되어 정신의 전체적인 통합에 지장을 초래한다. 그래서 융은 어느 한 기능만 발달시킬 것이 아니라 모든 기능을 발달시켜야 한다고 주장하였으며, 특히 인생의 후반기에는 이것이 더욱더 중요하다고 주장하였다.[27]

6. 자기와 개성화

융 심리학의 가장 큰 특징은 그가 집단적 무의식의 원형 가운데 하나인 자기(Self)의 존재를 주장했다는 점이다. 융은 인간의 정신에는 그것이 지닌 자율성 때문에 의식에서 분리될 수 있는 무의식적 내용을 의식에 통합시키고, 정신의 전체적인 통합을 이루게 하는 초월적인 정신 요소가 있다고 하였으며, 그것을 '자기(Self)'라고 불렀다. 따라서 자기는 우리 정신의 중심이고, 정신을 통합하는 내적 지도 요인(inner guiding factor)이다.[28] 자기는 특히 우리 의식이 어떤 것에 몰두하여 정신적인 균형이 깨어졌을 때, 의식의 일방성을 보상하기 위해 꿈이나 환상 등을 통해 그와 반대되는 것을 보여 주어 정신적인 균형을 되찾게 한다. 앞서 말한 초월적인 기능을 가능하게 하는 것도 자기다. 이렇게 생각하면 무의식이란 의식에서 추방된 요소가 모인 폐품창고가 아니라 태곳적부터 사람들이 환경에 적응하는 과정에서 형성된 수많은 정신요소가 들어 있는 삶의 원천이다.

자기는 끊임없이 실현되려고 한다. 태어나는 순간 타고났던 통합성이 성장과정에서 이 세상에서의 적응을 위하여 분화되었던 것을 더 큰 차원에서 다

---

27) C. G. Jung, *Types psychologiques*, pp. 333-408.
28) 여기서 말하는 자기는 일상용어로 쓰이는 자기가 아니라, 심리학 용어로서의 자기다. C. G. Jung, *Les Racines de la conscience*, p. 302 참조.

시 통합하려는 것이다.[29] 융은 인간 정신의 궁극적인 목표를 사람들이 자기를 실현하는 것이라고 주장하였다. 자아가 페르조나와의 동일시에서 벗어나고, 우리 정신에 있는 그림자를 통합하며, 아니마/아니무스에 있는 부정적인 요소를 분화시켜서, 태어나는 순간부터 우리에게 주어진 자기를 발견하여 자기가 자아를 통하여 그대로 드러나는 것이 궁극적인 목표라고 주장한 것이다. 그는 이 과정을 '개성화 과정(the process of individuation)'이라고 불렀다. 사람은 이 과정을 통해서 더 이상 분열되지 않는(in-divide) 자신의 고유한 특성을 찾을 수 있기 때문이다. 그에 따르면, 모든 사람은 태어나면서부터 고유한 그 사람으로 태어난다. 그러나 이 세상을 살면서 어려운 삶의 환경 때문에 거칠어지고, 집단의식에 감염되어 다른 사람들이 추구하는 것이 나에게도 필요한 것으로 착각하며 같은 것을 추구하느라고 서로 싸우고, 나의 연약한 자아를 지키려고 방어하느라고 처음의 모습은 없어지고 만다. 그리하여 우리는 "내가 예전에는 이러지 않았는데……."라고 말하면서, 낯선 땅에 사는 듯한 느낌을 가지며, 나의 진정한 모습을 찾아서 헤매게 된다. 과거 신화 속에서 영웅들이 괴물을 만나거나 시련을 겪으면서 결국에는 보물을 얻거나, 성지(聖地)에 도달하는 것처럼, 우리도 정신의 궁극적 목표인 개성화를 향해서 나아가고, 그것이 이루어지지 못했을 경우 많은 어려움을 겪게 된다.

융은 이러한 개성화 과정이 인생의 후반기인 중년 이후에 더욱더 필요한 것이라고 주장하였다. 인생의 전반기에 우리가 삶에 적응하기 위해서 우리 내면을 돌아볼 겨를이 없었더라도, 삶에 어느 정도 적응한 인생의 후반기에 지나간 삶을 돌이켜 보며 삶에서 무리했던 것과 모자라는 것을 채워 넣고, 머지않아 닥칠 죽음에 대비하여 삶을 통합해야 하기 때문이다. 이때 우리가 우리 내면의 욕구에 눈을 감고, 계속해서 밖의 일에만 관심을 기울이고, 바

---

29) 에딘저는 어린아이들이 그리는 그림을 보면, 나이가 어릴수록 사람을 원에 가까운 존재로 그리고, 나이를 먹어 감에 따라 팔다리가 구분된 모습으로 그리게 되는데, 그 이유는 어릴수록 더 통합되어 있기 때문이라고 주장하였다. E. Edinger, *Ego and Archetype*(Boston: Shambhala, 1972), p. 9.

같에서의 성취에만 몰두할 때, 우리에게는 내면을 살펴보라는 신호가 찾아온다. 사는 것이 무의미하게 느껴지고, 우울해지거나 권태감에 사로잡히는 것이다. 모든 것이 잘 되고 있는데도 사는 것이 사는 것 같지 않은 것이다. 외부적인 삶과 내면적인 삶의 균형이 깨졌기 때문이다. 그래서 융은 개성화는 정신치료의 목표만이 아니라 인간 정신의 궁극적 목표라고 주장하였다.

7. 융 심리학의 특성

이러한 융 심리학은 현대 사회에서 새롭게 주목받고 있다. 과학기술이 발달하고 현상적이며 의식적인 것이 중요시되는 뒷편에서, 현대 사회에 그림자가 짙게 드리우고 있기 때문이다. 근래 들어서 세계적으로 강력 범죄가 증가하고, 종말론적인 신흥종교 신도들의 집단자살 사건들이 잇달아 일어나는 것은 현대 사회의 숨 막히는 변화를 미처 따라가지 못하는 사람들의 집단적 무의식 속에 있던 악이 의식의 표층을 뚫고 나와 그들을 사로잡는 현상들이다. 현대 사회에 만연해 있는 이런 문제들은 물론 무의미와 권태감에 의한 신경증의 병리구조를 치유하고자 하는 융 심리학의 특성은 다음과 같다.

첫째, 융이 프로이트와 달리 무의식의 긍정적인 측면을 강조하였다는 점이다. 무의식은 억압(抑壓)된 것들로만 구성된 것이 아니라, 의식의 일방성을 보상(compensation)하려는 것으로 항상 전체적인 균형을 위해서 작용한다는 것이다. 그러므로 사람을 괴롭히고, 무의미해 보이는 증상들도 사실은 어떤 요소의 보상으로써, 우리가 그 의미를 발견할 때 다시 정신적인 통합을 이룰 수 있다는 것이다. 대표적인 것으로 자기(Self)는 무의식에서 항상 인간 정신을 통합하려고 작용하며, 무의식의 초월적인 기능은 상징을 만들어 내며, 제3의 자리에서 대극적인 요소를 통합하는 것이다.[30] 무의식에 대한 긍

---

30) 인간 정신에 있는 이러한 특성은 유기체에 있는 항상성(homeostasis) 원리의 정신적인 표현이다.

정적인 태도는 그의 모든 생각에 영향을 미쳐서 융은 사람들을 괴롭히는 그림자나 열등성 등도 결국은 더 큰 통합을 위한 것이라고 주장하였다.

둘째, 그는 막연하고 광범위한 듯이 보이는 인간의 무의식을 콤플렉스와 원형 개념을 가지고 설명하고, 더 세분화시켜서 그림자, 페르조나, 아니마/아니무스 등으로 설명하여, 인간의 무의식을 역동적이며 깊이 있게 파헤쳤다. 따라서 분석심리학은 인간의 정신과 그 작용에 관해 섬세하게 연구할 수 있게 되었다.

셋째, 그는 집단적 무의식은 어느 한 사람의 머릿속에서만 주관적으로 존재하는 것이 아니라 모든 사람이 똑같이 생각하는 객관적인 정신이라고 주장하면서 신, 제의, 종교 등 환상만이 아니라 객관적인 실재(objective reality)라고 주장하여 신화, 설화, 민담 등을 통한 인간 정신에의 탐구를 가능하게 하였고, 분석심리학과 종교학 및 신학 연구의 협력 가능성을 열어 놓았다.[31]

넷째, 그는 인간의 내면에 있는 집단적 무의식의 원형인 아니마/아니무스 개념을 제시하면서 인간의 성(性)이 성격 발달에 미치는 영향에 관해서 주목하면서 여성학과 남성학 연구의 기초를 마련하였다. 물론 많은 여성학자는 남성과 여성은 같은 인간으로 서로 다른 점이 없다는 전제 아래, 그의 연구가 여성을 종래 가부장제 아래에서 형성된 이미지에 고정시킨다고 비판하지만, 근래 들어서는 양성의 차이를 인정하는 바탕 위에서 연구되어야 한다는 주장이 더 설득력 있게 제시되고 있다.[32]

마지막으로, 그의 심리학은 정신치료에만 관심을 기울이지 않았고 인간의 정신이 궁극적으로 지향해야 할 목표인 개성화를 제시하였다. 프로이트나 아들러처럼 인간의 정신병리를 중점적으로 연구한 것이 아니라 건강한 정신

A. Stevens, *Jung: L'Oeuvre-Vie*, pp. 52-54 참조.

31) *Ibid.*, pp. 251-254.

32) A. Ulanov, *The Femine*(Evanston: Northwestern Univ. Press, 1971)과 A. Steven, *op. cit.*, pp. 251-254 참조.

이 나아가야 할 목표를 제시하여 심리학의 지평을 넓힌 것이다. 특히 그는 개성화를 인생의 후반기를 맞은 사람들의 과제라고 주장하면서, 인간의 삶은 계속적인 통합 과정에 있으며, 어떤 목적이 있는 것이라고 역설하여 삶에 대한 새로운 태도를 가능하게 하였다.

그러나 그의 심리학에도 좀 더 발달시켜야 할 부분이 있으며, 그는 언제나 개방적인 태도로 외부 비판이 타당할 경우 받아들였다. 그의 이론에서 좀 더 보완되어야 할 것은 다음과 같다.

첫째, 그가 주장한 집단적 무의식의 유전적 전달에 대해서는 아직 구체적인 증거가 없으며, 어떻게 정신적인 이미지가 유전적으로 전달될 수 있는가 하는 문제에 대해 좀 더 깊이 있게 밝혀져야 한다.[33] 왜냐하면 집단적 무의식은 그의 심리학 이론에서 핵심적인 부분인데, 그것이 하나의 가설이기 때문이다.

둘째, 그가 무의식의 긍정적인 특성에 대해 주장하고 개성화의 중요성에 관해서 주장했지만, 그것이 모든 사람에게 가능한 것인가 하는 문제가 남아 있다. 그는 정신적인 혼란 가운데서도 타고난 자질과 직업적인 훈련 등을 통해 그것을 극복할 수 있었지만, 다른 사람들에게도 무의식의 초월적인 기능이 작용하여 치유가 가능한 것인가 하는 문제인 것이다. 더구나 정신분석을 통한 치료는 시간이 많이 소요되고, 경제적인 부담 역시 문제이며, 문화적으로도 어느 정도 수준에 도달해 있어야 가능한 것이라는 문제도 있다.[34] 종교 체험처럼 이론적으로는 모든 사람에게서 일어날 수 있지만 반드시 모든 사람에게 일어나지 않는 것이라면, 굳이 그런 방법을 택해야 할 것인가 하는 문제인 것이다.

셋째, 그의 태도는 너무 주관주의적인 특성이 있다. 한 사람의 삶이 자신의 내면에서만 이루어지지 않고, 다른 사람들과의 관계 속에서 이루어지고 그

---

33) A. Stevens, *Jung: L' Oeuvre-Vie*, pp. 41-45.
34) *Ibid.*, pp. 254-255.

안에서 의미와 보람을 찾을 수 있는 것인데 반해, 그의 작업은 중세의 연금술사가 작업실에서 도가니만 들여다보았듯이 꿈이나 신화 등 너무 내면적이고 주관적인 것만 강조했다는 점이다. 물론 그가 개성화된 사람의 사회적인 역할에 관해 주장하기는 했지만, 그의 심리학에서 무게의 추는 주관적이고 내면적인 것에 주어져 있는 것이다.[35]

넷째, 그가 신이나 그리스도의 문제를 다룰 때, 신과 무의식 사이의 관계는 때때로 모호하게 나타난다. 어떤 때는 집단적 무의식의 투사상으로서의 하느님의 이미지에 관해 말하다가, 다른 때는 사람들의 밖에 있으며 심리적인 실재로 경험되는 하느님에 대해 말을 하는 것이다. 그러나 한 사람의 투사상과 객관적인 정신으로서의 하느님 이미지가 어떻게 동일할 수 있으며, 그것이 다르다면 어떻게 다른 것인지에 대한 설명도 없이 어떤 때는 전자를 말하고 다른 때는 후자를 말하는 등, 그 자신도 혼동하면서 쓰는 듯한 부분이 종종 발견된다. 따라서 그가 아무리 경험과학인 심리학 연구에 몰두하려고 했을지라도 그에게서는 종종 심리학적 진술과 신학적 진술 사이를 넘나들고 있는 경우가 많다.[36]

이렇게 융의 심리학에는 아직도 해결해야 할 과제가 많이 있지만, 그의 심리학은 1980년대 이후 더 많은 사람에게 주목받고 있다. 그 이유는 그의 심리학이 현대 사회의 여러 가지 분열적인 상황에서 비롯된 내면적인 분열을 통합하려는 현대인의 욕구에 더 많은 대답을 해 주기 때문이다. 이런 경향을 융

---

35) 프랑스의 정신분석가 프랑스와즈 돌토는 정신의 건강과 삶의 궁극적인 의미는 자기 안에 웅크리고 있는 것이 아니라 타인을 발견하고, 타인과의 나눔을 통해 얻는다고 강조하였다. F. Dolto, 『인간의 욕망과 기독교복음: 라캉의 정신분석학으로 성서읽기』, 김성민 역(서울: 한국심리치료연구소, 2000) 참조.

36) 융은 실제로 이렇게 말하면서, 그에게서 하느님과 자기 원형 사이를 구분하기 어렵다고 주장하고 있다: "하느님이 우리에게 행동하신다고 생각을 할 수 있는 것은 오직 우리 정신을 통해서다. 그러나 우리는 이 행동들이 하느님으로부터 오는 것인지, 무의식으로부터 오는 것인지 구분할 수가 없다. 우리는 하느님과 무의식이 두 개의 다른 실체인지 말할 수가 없다." C. G. Jung, *Ma Vie: Souvenirs, rêves, pensées*, p. 395.

시하면서 프랑스의 대표적인 분석심리학자 엘리 웜베르는 융 심리학은 "무엇이 일어나는지 그대로 오게 하라." "그 현상을 지켜보라." "그것에 직면하라."는 세 가지 동사로 요약할 수 있다고 주장하였다. 그러므로 우리는 우리 내면에서 복잡하고, 괴로운 상황들이 조성되면 그것을 어떻게 극복하려고 이런 저런 일들을 통해서 의식적이고 의지적인 노력만 할 것이 아니라, 무의식이 그대로 진행되어 나아가도록 해야 한다. 우리 정신이 그렇게 어려운 상황에 봉착한 것은 우리 의식이 어떻게 하려다가 그런 것이니까, 다시 무의식의 조정력에 맡겨야 하는 것이다. 무의식을 억압하지 말고, 무의식의 가공할 만한 힘에 압도당하지도 말며, 무의식의 초월적 기능에 맡기고 무의식에서 제3의 이미지가 떠오르는 것을 지켜보아야 하는 것이다.[37]

---

37) E. Humbert, *Jung*(Paris: Edition universitaires, 1983).

02
현대 사회의
정신적인 문제와 신화 그리고 상징

1. 신화와 상징을 잃어버린 현대 사회

현대 사회에서 지나간 시대의 유물처럼 생각되는 신화나 상징에 관해 이야기하는 것이 조금은 엉뚱한 것처럼 생각될지도 모른다. 왜냐하면 현대인은 신화를 거짓말이나 꾸며 낸 이야기 정도로 생각할 뿐 그 속에 우리 삶의 진실이 담겨 있다고는 거의 생각하지 않기 때문이다. 상징 역시 현대 사회에서 그 의미를 상실해 가고 있다. 과거 사회에서 사람들에게 누미노즘[1]을 불러일으켰던 신상들이나 귀신들을 쫓아내던 부적들은 이제 더 이상 옛날과 같은 신통력을 발휘하지 못하고 관광객의 흥미나 불러일으키는 유물로 전락하고 만 것이다. 신화나 상징이 아무리 인간 무의식의 심층에서 나오는 것이라고 할지라도 그것들이 본래 만들어졌던 시대의 종교적이며 문화적인 상황을 벗어

---

[1] 루돌프 오토는 사람들이 거룩성을 체험할 때 신적인 존재를 만나서 두렵고 떨리면서도 매혹감을 느끼게 된다고 주장했는데, 그때의 감정적인 상태를 누미노즘이라고 하였다. R.Otto, 『성스러움의 의미』, 길희성 역(왜관: 분도출판사, 1991).

나면 의미 있게 존재할 수 없다. 왜냐하면 그것들은 본래 인간의 마음속 깊이 담겨 있는 정신적인 실재를 일상적인 표현 수단을 통해 드러내는 것인데, 본래 그것들을 만들어 냈던 내면적인 긴장이 사라질 경우 처음의 일상적인 의미 이외에 다른 어느 것도 드러내지 못하기 때문이다.

현대 사회에서 신화와 상징이 존재 의미를 잃어 버렸다면 그것은 현대 사회가 너무 피상적이고, 세속적으로 되고, 종교적인 영역이 약화되었기 때문이다. 과거처럼 신들이 우리 삶의 영역에 찾아와서 여러 가지 제도와 규칙을 만들어 주고, 사람들이 신들과 같이 살 수 없게 되었기 때문인 것이다.[2] 이런 시대에는 차가운 논리와 계산만 존재할 뿐 우리 삶을 영원에 이어 주고 의미 있게 해 주는 것을 아무것도 찾아볼 수 없다. 그래서 취리히의 분석심리학자 칼 구스타프 융은 현대인이 자신의 내면을 들여다보지 않고, 바깥 세상만 바라볼 때 그들이 바깥에서 어떤 외형적인 것을 얻을 수 있을지는 몰라도 그들의 내면은 더욱더 비어 갈 뿐이라고 현대 사회의 피상성을 경계하였다. 그러므로 우리는 우리 내면의 이야기를 말해 주는 신화와 그 표현 양식인 상징에 관해 관심을 기울여야 한다.

2. 상징의 특성

1) 상징의 의미와 형성

상징이란 하나의 이미지 속에서 겉으로 드러난 그 이미지의 의미를 넘어서는 또 다른 실재를 드러내는 인간의 표현 수단이다. 따라서 상징은 아직 드러나지 않은 무의식적인 내용을 표현하고, 깨닫게 하는 데 가장 좋은 수단이 된다. 이

---

2) M. Eliade, 『성과 속』, 이동하 역(서울: 학민사, 1983), pp. 73-77 참조. 엘리아데는 신은 사람들에게 일상생활의 모든 행동 양식, 생활 태도 등을 만들어 주었다고 주장하였다.

러한 상징의 특성을 살펴보려면 상징과 기호의 차이를 비교해 보면 된다.

기호와 상징은 모두 직접 제시되지 않은 어떤 것을 지칭하는 형식인데, 기호가 그 대상을 단순하게 가리키는 데 불과한 것이라면, 상징은 그 대상을 가리키는 데 그치지 않고 그것을 현존하게 하며 사람들로 하여금 그 대상에 참여하게 한다.[3] 예를 들어 말하자면, 수학 공식에서 볼 수 있는 많은 기호가 단순히 하나의 약속에 의해 그것이 의미하는 바를 미리 정해 놓고 그것만을 표현한다면, 십자가상은 두 개의 나무 막대기를 얽어 놓은 것에 불과한 것이 아니라 십자가상이 드러내고자 하는 의미를 깨달은 사람들에게 예수 그리스도의 고난과 부활에 직접 참여하게 하는 것이다. 이러한 사실을 가리켜서 프랑스의 신학자 장 라드리에르는 "상징은 두 가지 의미를 표출하고 있다. 하나의 의미가 해당되는 그 단어가 이미 그 용례(用例)에 따라서 나타내는 주된 의미라면, 두 번째 의미는 그 주된 의미에서 암시되고 있는 또 다른 의미다."[4]라고 하였다. 그런데 상징이 표상하는 일차적인 의미와 그것에서 표상되는 이차적인 의미 사이에 아무런 연관성도 없이 무작정 두 개의 의미가 결합해서 상징이 되는 것은 아니다. 이 두 의미 사이에는 반드시 어떤 관련성이 있어야 한다. 십자가 상징의 경우 지상에 있는 인간의 삶이라는 수평적인 차원을 가리키는 막대기와 초월적인 하느님이라는 수직적인 차원을 가리키는 막대기가 서로 교차되고, 십자가 형틀과 부활한 하느님의 아들이라는 이미지가 사람들의 상상력을 무한하게 자극하여 기독교의 중심적인 상징이 된 것이다. 이렇듯이 모든 상징에는 일차적인 의미와 이차적인 의미 사이에 어떤 유비적인 (analogical) 관계가 있어야 하는 것이다. 이 사실을 가리켜서 프랑스 신학자 로저 멜은 "상징이 되기 위해서는 시니피앙이 시니피에에 참여하여야 한다. …… 또한 시니피에는 시니피앙 속에 드러나 있어야 한다."[5]라고 주장하였다.

3) L. K. Dupré, 『종교에서의 상징과 신화』, 권수경 역(서울: 서광사, 1996), pp. 39-42 참조.
4) J. Ladrière, "Discours théologique et Symbole", *Le Symbole*(Strasbourg: Université des Sciences Humaines de Strasbourg, 1982), p. 119.
5) R. Mehl, "Symbole et Théologie", *Le Symbole*, p. 4.

상징과 두 가지 차원의 의미

상징에 두 가지 차원의 의미가 동시에 담겨 있다는 사실은 대단히 중요한 일이다. 그 때문에 상징은 기호와 달리 그것이 지칭하는 일차적인 의미를 초월하여 독립적으로 존재할 수 있으며, 역동적으로 작용하기 때문이다. 먼저 상징의 독립적인 성격을 살펴보면, 모든 상징은 그 이미지가 표상하는 의미 이외에 그보다 더 깊은 실재를 드러내려고 하며, 언제나 그 이미지와 전혀 다른 어떤 것을 나타내고 있다. 가로지르는 두 개의 나무 막대기는 그리스도의 사건을 표상하고 있으며, 모세가 보았던 불타는 떨기나무는 하느님의 불가사의한 능력을 나타내는 상징인 것이다. 여기에서 볼 수 있는 것은 상징이 사람들에게 낯익은 이미지를 통하여 그것과 전혀 다른 실재를 나타낸다는 사실이다. 그래서 상징은 사람들에게 생각을 불러일으키며 그 함축된 의미를 해석하게 한다.[6] 그러면 상징이 낯익은 이미지를 빌려서 나타내려고 하는 것은 무엇인가? 그것은 우리 마음속에 깃들어 있는 정신적인 내용이다. 무의식의 심층에 깃들어 있어서 아직 명확하게 드러나지는 않았지만 상징의 일차적인 의미와 연관되어 드러나려고 하는 어떤 내용인 것이다. 그렇기 때문에 상징은 언제나 그것의 일차적인 의미를 초월하여 독립적으로 존재한다.

다른 한편 상징은 사람들을 사로잡으며, 그들에게 정동적인 반응을 일으키게 한다. 회심체험 시 사람들은 종교적인 상징을 통하여 깊은 정동체험을 하며, 그 결과 삶의 방향까지 전환하게 되는 것이다. 상징에 관한 최근의 연구도 상징이 지니고 있는 이 변형의 능력과 정동적인 특성에 관해 주목하고 있다. 그러면 상징이 가진 이 특성은 어디에서 비롯되는 것일까? 이에 대해 장 라드리에르는 상징에는 그것에 본래 주어져 있는 의미에서 비롯되는 에너지와 상징으로 하여금 본래의 의미 영역에서 벗어나 다른 것을 가리키게 하는 에너지가 동시에 담겨 있기 때문에 상징 내부에 긴장 상태가 조성되어 있으며, 이에 따라서 상징 전체가 역동적인 체제가 된다고 주장하였다. 상징이 가

---

6) L. K. Dupré, *op. cit*., pp. 118–119 참조.

진 의미의 이중 구조에서 상징의 정동적인 요소와 힘의 요소가 비롯된다는 것이다.

상징의 형성

그러면 상징은 어떻게 해서 생겨나는 것일까? 상징의 형성에 관해서는 대체로 사람들이 가지고 있는 상상력의 산물이라는 데 견해가 일치되어 있다. 융은 인간의 사고에는 그에게 주어진 상황에 적응하는 데 목적을 둔 정향적 사고(la pensée dirigée)와 무의식에서 비롯되어 주관적인 동기를 나타내는 상상적 사고(la pensée imaginative)가 있는데, 상상적 사고는 상징을 만들어서 인간 정신의 깊은 층과 인간의 의식 사이를 이어준다고 주장하였다.[7] 사실 모든 정신적인 내용에는 의식적인 것만 포함되어 있지 않고 무의식적인 것까지 내포되어 있기 때문에 상상력(imagination)은 이미지(image)를 산출하면서 정신의 내용 가운데서 아직 드러나지 않은 의미들까지 그 속에 담아 전체적으로 표상하며, 사람들에게 주어진 상황을 초월하게 해 주기 때문이다.[8]

그런데 융은 신화나 상징의 의미가 이 세상의 모든 시간과 공간을 통해 비슷하게 나타나며, 꿈에도 이와 비슷한 요소가 있음을 발견하고 흥미 있게 생각하였다. 그러면서 모든 사람에게는 그것을 산출해 내는 무의식적이며 집단적인 어떤 공통적인 성향(disposition)이 있는데, 그것을 가리켜서 원형이라고 주장하였다. 원형이란 모든 사람에게 공통적으로 들어 있는 선험적인 표현의 가능성인데, 이것 때문에 사람은 언제나 같은 유형의 꿈이나 신화나 상징을

----

7) 이 문제에 관해서 융은 다음과 같이 말하고 있다: "먼 옛날에서부터 의식의 문턱 아래 깊이 잠겨 있는 인간 정신의 가장 깊은 층과 정향적 사고 사이를 연결해 왔던 것은 상상에 의한 사고다." C. G. Jung, *Types psychologiques*, p. 83 참조.

8) 그래서 융은 "상상력이란 살아 있는 힘, 즉 정신적인 힘은 물론 물리적인 힘이 압축되어 있는 정수"라고 하였다. C. G. Jung, *Psychologie et alchimie*, p. 359. 또한 프랑스의 종교학자 미셸 멜랑은 상징은 사물의 물질적인 외관을 초월할 수 있는 인간의 능력에서 나오는 것이라고 주장하면서, 인간의 사고 가운데서 그것들이 생명의 질서에 속해 있기 때문에 신화나 상징을 통해서 밖에 표현할 수 없는 것이 있다고 말하였다. M. Meslin, *Pour une science des religions*(Paris: Seuil, 1973), p. 210.

만들어 내게 된다. 상징이란 원형이 의식으로 드러난 것이다.[9]

상징이 사람들의 어떤 공통적이며 집단적인 토대 위에서 생겨나는 것이기 때문에 상징은 결코 한 개인의 고안물이 될 수 없고, 언제나 한 문화나 종교와 밀접한 관계를 맺으면서 나타난다. 그래서 어떤 상징이 처음 어떤 문화적이며 종교적인 상황 가운데서 생겨났는데, 이제 그 상황이 변화되어 더 이상 그 상징을 필요로 하지 않는다면 그것은 더 이상 상징으로 존속하지 못하고 한낱 기호나 평범한 사물로 전락하고 만다.

이제 사람들은 다른 상징을 통해서 그들의 내면적인 필요를 표상한다. 그런데 상징이 아무리 인간의 공통적이며 집단적인 토대에 기반을 두고 있을지라도 종교적 상징의 해석에는 반드시 그 종교에 대한 이해가 필요하다. 그것이 없을 경우 상징은 아무것도 전해 주지 못하는 경우가 많다. 자연 상징과 달리 종교적 상징은 과거에 발생한 구체적인 사건에 토대를 두고 있어서 그에 대한 이해가 없을 경우 그 상징은 다른 평범한 사물과 다를 것이 없기 때문이다. 그래서 멜랑은 "상징은 사람보다 먼저 존재하는 것이 아니라, 인간의 본성을 문화에 연결하는 것이다."라고 주장하였다.[10]

2) 상징의 기능

이와 같은 특성을 지니고 있는 상징은 인간의 삶에 커다란 영향을 끼치고 있다. 상징은 사람들에게 여태까지 알지 못하던 삶의 진리를 알게 하여 그 진리와 그들의 삶을 하나로 통합시키며, 그들의 정신적인 발달을 도와준다. 상징이 이런 일을 할 수 있는 것은 상징에는 다음과 같은 특성이 있기 때문이다.

첫째, 상징의 기능 가운데서 가장 중요한 것은 상징이 지칭되는 대상을 단순하게 가리키는 것이 아니라 그 대상에 참여하게 하는 기능이다. 앞에서도

---

9) M. Meslin, *op. cit.*, p. 247.
10) *Ibid.*

살펴보았듯이 상징은 상징 자체의 감각적 외양을 넘어서 있는 실재를 드러내고 현존화하기 때문에 사람을 언제나 상징이 가리키는 실재에 직접 참여하게 한다. 더구나 상징 안에 내포되어 있는 정동적인 요소와 거기에서 분출되는 힘은 그 대상에 직접 참여하여 그 대상과 하나가 되게 하는 것이다. 그래서 융은 상징이란 단순하게 어떤 사실을 언급하는 것이 아니라, 살아 있는 실재라고 주장하였다.[11] 상징이 가진 모든 능력은 전적으로 상징의 참여적인 기능에 달려 있는 것이다.

둘째, 상징은 두 개의 실재 사이를 이어 주고 그 둘을 궁극적으로 통합하는 기능을 수행한다. 상징은 본질적으로 하나의 다리다. 의식과 무의식, 상상계와 실재계, 일상계와 태초, 사람과 사회, 사람과 우주 사이를 이어 주는 다리인 것이다. 왜냐하면 상징은 무의식에 머물러 있던 내용을 상징적인 이미지를 통해 드러냄으로써 그 의미를 의식에 전달하려고 하며, 상상 속에 머물러 있던 정신적인 내용을 하나의 이미지를 통하여 이 세상에 실재하게 하며, 신화를 통해서 태초에 일어났던 우주창생의 이야기가 지금도 계속되고 있다는 사실을 알려 줌으로써 일상계 속에서 거룩한 것의 의미를 드러내고, 종교적인 제의나 여러 가지 통과제의를 통해 사람들이 이 세상에서 의미 없이 독립적으로 존재하는 것이 아니라 이 사회나 우주와 깊은 의미를 맺으면서 존재한다는 사실을 전해 주는 것이다. 상징이 이렇게 서로 대립되어 있는 듯이 보이는 두 실재를 이어 주는 것은 상징이 본래 사람이 체험할 수는 있지만 명확하게 인식할 수 없는 무의식의 어떤 것을 표현하려는 도구이기 때문이다. 따라서 사람은 상징을 통해 이성적인 과정으로서는 도저히 얻을 수 없는 정신적인 통일의 도식을 찾아내어 그들의 내면적인 통합을 기할 수 있는 것이다.[12] 사실 의식과 무의식 사이의 내면적인 갈등은 상징을 통해서밖에 해결되지 않는다. 상징만이 그 안에 서로 대립되어 있는 두 요소를 포용하고 있으며, 그것을

11) C. G. Jung, *Psychologie et alchimie*, p. 166.
12) M. Meslin, *op. cit.*, p. 199.

하나의 이미지로 나타내기 때문이다. 따라서 상징에는 서로 분열되어 있던 두 요소를 하나로 통합하여 전체성에 이르게 하는 치유의 효과, 구원의 효과가 담겨 있다. 이렇게 내면적인 분열이 통합되면 그에게는 새로운 삶이 전개될 수 있다. 새로운 미래가 기다리는 것이다. 그래서 전체성을 나타내는 상징을 체험할 때 사람들은 종교체험에서와 같은 누미노즘을 체험한다고 융은 주장하였다.

셋째, 상징은 사람들에게 계시를 전달해 준다. 심리학적인 의미에서 계시란 인간 정신의 심층에 깊숙히 숨어 있던 진리가 의식 세계로 표출되는 것을 의미한다. 그런데 사람은 상징을 보면서 종종 사람의 삶에 담겨 있는 어떤 진리를 깨닫게 되는 경우가 많다. 특히 종교적인 상징을 보면서 사람은 그 안에서 신적인 현존을 직관적으로 발견하여 깊은 감동에 사로잡히게 된다. 그래서 융은 상징이 무의식에서 비롯된 것이기 때문에 사람을 영적인 세계로 이끌어 간다고 주장하였다. 상징은 이렇게 우리 영혼을 각성케 하는 원형적 이미지를 드러내고 내면적이며 무의식적인 실재를 표현하기 때문에 우리 삶의 실존적인 가치를 드러내 주며, 우리 삶의 진실을 계시해 주는 것이다.

마지막으로, 상징은 무엇이든지 그것을 그것과 다른 어떤 것으로 변형시키는 기능이 있다. 괴테가 말했듯이, 상징은 어떤 행동이나 말이나 형상을 그것과 다른 것으로 변형시키면서 그 전보다 더 높고 광범위하며 인간을 초월하는 어떤 실재를 나타내는 도구가 되게 하는 것이다.[13] "상징은 어떤 하나의 형상을 관념으로 변형시키고, 관념을 이미지로 변형시킨다. 그리하여 관념은 언제나 이미지 속에 머물러 있으며, 이미지 속에서 작동하고 있는 셈이다. 관념이란 본래 그 자체로서는 접근이 쉬운 것이 아니지만 무한하게 생동적으로 작동하게 된다."[14] 그런데 상징의 변형 기능 가운데서 가장 중요한

---

13) *Ibid.*, p. 199.

14) W. von Goethe, "Maximen und Reflectionen", *Werke*(Weimar, 1887~1930), I, p. 4. M. Meslin, *op. cit.*, p. 199에서 재인용.

것은 상징이 정신 에너지를 변환시키는 것이다. 융에 의하면, 상징이 만들어 지면, 상징은 실제의 대상에서 리비도를 벗겨 내며, 실제의 대상에서 회수된 리비도는 상징으로 넘겨지게 된다.[15] 따라서 상징에는 많은 양의 리비도가 담기게 된다.

다른 한편 사람의 내면에 있는 정신 에너지는 언제나 흐르려고 한다. 이때 그 에너지는 반드시 그 본래적인 대상으로 흐르지 않을 수도 있다. 왜냐하면 정신 에너지는 본능적인 대상과 유사한 어떤 것이 있으면, 그곳으로 흐를 수 도 있기 때문이다. 이때 상징은 매우 유용하게 작용할 수 있다. 상징에는 본 래 많은 리비도가 담겨 있으며, 본능적인 에너지의 대상과 유사한 대상을 만 들어 낼 수 있기 때문이다. 그리하여 상징이 이에 해당되는 것을 만들어 내면 리비도는 승화되어 분출되면서 사람의 정신적인 균형을 되찾아 줄 수 있는 것이다. 이를 가리켜서 융은 "우리는 상징의 형성이 ……에너지 과정의 본능 적인 흐름에서 생겨난다는 사실을 알 수 있다."라고 하였다.[16] 이에 관한 예 를 융은 오스트레일리아의 바찬디(Watschandie) 족의 제의를 통해 설명하였 다: "그들은 땅에 구멍을 파고, 그 주위에 잎이 달린 나뭇가지들을 둘러놓아 서 마치 여성의 성기처럼 만든다. 그다음에 그들은 그 구멍을 둥글게 둘러싸 고 창을 높이 치켜들고 밤새도록 춤을 추면서 돈다. 앞에 치켜든 창은 마치 발기된 남근을 연상시킨다. ……이 봄의 행렬은 일종의 거룩한 성교와 같은 것이다. 치켜든 창은 남근, 땅에 파놓은 구멍은 여성의 성기를 의미한다."[17] 이 의례에서 우리는 성적 리비도가 상징적인 제의를 통해 변환되는 훌륭한 예를 볼 수 있다. 그래서 융은 상징을 가리켜서 정신 에너지를 변형시키는 기 계라고 불렀다.[18]

15) C. G. Jung, *Types psychologiques*, p. 232.
16) C. G. Jung, *Métamorphose de l'âme et ses symboles*, pp. 70-71.
17) *Ibid.*, pp. 265-266.
18) C. G. Jung, *L'Energetique psychichique*, p. 69.

3. 신화의 특성

1) 신화의 의미

신화는 신이나 반신적인 존재에 관해 이야기하는 것으로서, 인간의 삶에 담긴 진실을 이야기하는 진리 표출 양식이다. 신화가 신이나 반신적 존재를 빌려서 말하는 것은 그것이 너무 중요한 진실이기 때문이다. 그런데 신화가 말하고자 하는 진실은 인간의 합리적이며 반성적인 사고가 규명해 낸 진실이 아니다. 오히려 사람들이 합리적이며 반성적인 사고로만 살아가기 때문에 상실된 인간과 신, 인간과 자연 사이의 원초적인 동일성에 관한 진실이다. 신화 속에서 살았던 원시인은 그들과 신이나 자연이 본래 하나라는 것을 느끼면서 하나가 되어서 살았다. 그러나 현대인은 그 둘이 하나가 될 수 없다는 사실을 알고 그 둘을 분리시키며 산다. 그러면 신화는 어디에서 생겨나는 것일까? 신화는 상징과 마찬가지로 인간의 상상력에 기반을 두고 있으며, 무의식의 집단적인 층에서 생겨나는 것으로서, 논리적이며 반성적인 사고와는 전혀 다른 층에서 생겨난다. 그래서 우리 삶의 진실을 논리적이며 반성적으로 파악하는 것이 아니라 직관적이며 즉각적으로 파악하고 있다. 이를 가리켜서 프랑스의 종교학자 미셸 멜랑은 "신화는 공상에서 나온 것이 아니라 사람들에게 직관적으로 지각되는 실재에 대한 즉각적인 표현"[19]이라고 말하였다. 신화는 사람들에게 그를 둘러싸고 있는 근본적인 의미를 계시하면서 그의 존재의 깊은 체험을 드러낸다는 것이다.

이와 같은 성격을 가지고 있는 신화에서 우리는 다음과 같은 세 가지 중요한 특성을 찾아볼 수 있다.[20]

---

19) M. Meslin, *op. cit.*, p. 222.
20) M. Eliade, 『성과 속』, 이동하 역(서울: 학민사, 1982), pp. 27-85.

첫째, 신화는 거룩한 것을 드러내고 있다. 신화는 항상 신이나 반신적 존재 또는 태초에 관해 이야기함으로써 우리의 일상적이고 세속적인 삶과는 다른 어떤 영원하고 근본적인 것에 대해 이야기한다. 시간이 생기기 이전의 시간을 말하며, 사건이 생기기 이전의 사건에 관해 이야기함으로써 거룩한 것을 드러내는 것이다. 신화가 거룩한 것에 대해 이야기하는 이유는 무엇일까? 그것은 우리가 사는 공간은 무질서하고 아무 의미도 없는 공간이 아니라 질서 있고 신이나 반신적인 존재에 의해 거룩해진 공간이며, 우리가 사는 시간 역시 일관성 없는 우연한 일들만 연속적으로 일어나는 무의미한 시간이 아니라 그 속에서 우리보다 무한히 능력 있고 의미 있는 존재들이 살아 움직였던 시간이라는 사실을 깨우쳐 주기 위함이다.[21] 사람은 단조롭고 무의미하기만 한 삶은 견디지 못한다. 이때 신화는 신이나 반신적인 존재들이 그들이 사는 시간과 공간 안에서 행했던 사건들을 이야기함으로써 그들이 사는 시간과 공간 역시 거룩한 것이라는 사실을 일깨워 준다. 그래서 사람은 신화를 통해 그들의 일상 세계가 신화의 세계와 겹쳐 있음을 발견하고 일상 세계 속에 드러나 있는 초자연적인 것에 관해서 알 수 있는 것이다. 그래서 멜랑은 신화란 아무 의미 없이 흐르는 연대기적인 시간이나 평범한 실존을 벗어나기 위한 시도라고 주장하였다.[22] 정말이지, 신화는 언제나 어떤 사물이나 사건에 관해 이야기할지라도 그것을 영원의 영역으로 이끌어 가면서 이야기함으로써 그것을 거룩한 것으로 인식되게 하며, 우리 삶의 거룩함을 일깨우고 있다.

둘째, 신화는 언제나 단일한 것, 전체적인 것에 관해 이야기한다. 신화 속에서 조상신들은 신과 친구 사이에 있었으며, 곰과 호랑이는 같은 굴에서 살 수 있었다. 인간과 신, 곰과 호랑이는 결코 적대적인 존재가 아니라, 하나의 커다란 우주 속에서 밀접하게 연결되어 있는 존재였던 것이다. 우주창생의 신화 역시 우주를 구성하고 있는 모든 요소 사이의 연계성을 말하고 있으며,

21) *Ibid.*, pp. 73-77.
22) *Ibid.*, pp. 241-242.

그 안에서 사람들 역시 밀접하게 연결되어 있음을 이야기하고 있다. 신화가 이렇게 이야기할 수 있는 것은 신화적인 사고방식에서는 자아와 세계가 주체와 객체 사이의 엄격한 대립관계에 있는 것이 아니라, 고도로 인격화된 비전 속에서 하나로 통합되어 있기 때문이다. 그래서 신화는 거짓말이나 허구를 말하는 것이 아니라, 합리적이며 비판적인 성찰로는 담아 낼 수 없는 우리 삶의 또 다른 진실을 말하고 있는 것이다. 사실 신화 속에서는 모든 것이 하나다. 사람과 신, 사람과 우주, 사람과 사회 등은 뗄래야 뗄 수 없는 관계에 놓여 있는 것이다. 신화가 이렇게 사람과 사람을 둘러싸고 있는 모든 것 사이의 연계성 또는 전체성을 말하는 것은 사람의 삶에서 이런 연계성이 깨어질 때 사람의 삶은 무의미성에 노출되어 질식할 수밖에 없기 때문에 다시 그 본래적인 상태로 돌아가라고 촉구하기 위해서다. 그래서 루이 뒤프레는 신화에서 우리는 상호 대립적인 것을 통합하려는 거룩한 것의 가공할 만한 힘을 느낄 수 있다고 주장하였다.[23] 신화가 이야기되는 모든 곳에서는 분열되었던 것이 통합되고, 치유의 역사가 일어날 수 있는 것이다.

셋째, 신화는 사람으로 하여금 신화적인 사건에 참여하고 행동을 촉구하는 특성이 있다. 신화는 본래 제의 수행에 동반되는 언어로서 제의 행위의 전 과정에 줄거리를 제공하는 것이었다. 따라서 신화는 사람에게 거룩한 실재에 관해서 가르치기만 하려고 하는 것이 아니라, 거룩한 실재에 직접 참여하게 하려는 것이었다. 미셸 멜랑은 신화가 항상 어떤 특정한 시간과 장소에서 일어난 사건을 말하려는 것도 사람들로 하여금 실제로 그 속에 들어가서 그처럼 행하게 하려는 의도에서라고 지적하였다. 즉, 신화는 항상 어떤 상황을 만들어 내고 사람들에게 행동을 촉구한다는 것이다.[24] 사실 신화는 지나간 사건에 관해 이야기한다. 그러나 신화가 진정으로 말하고자 하는 것은 이미 지나가 버린 사건이 아니라, 사람의 마음속에서 그 사건을 일으키게 했던 정신

23) L. K. Dupré, *op. cit.*, p. 179.
24) M. Meslin, *op. cit.*, p. 227.

적인 실재다. 따라서 신화는 과거에 일어났던 사건들이 우리 삶에서 언제나 똑같이 생겨날 수 있다고 이야기한다. 융 심리학적으로 말하자면, 사람들의 집단적 무의식 속에 깃들어 있는 원형을 드러내는 것이다. 그래서 신화가 아무리 과거에 관해 이야기하고 있을지라도 신화는 우리를 과거로 이끌어 가는 것이 아니라, 미래로 나아가게 한다.[25] 또한 신화가 이야기하는 것은 언제나 힘이 있고, 의미 있으며, 살아 움직이는 실재들이다. 따라서 신화가 이야기되는 것을 듣거나 읽을 때 우리는 살아 움직이는 것들과 하나가 되고 그들과 같이 행동하는 것을 느끼게 된다. 신화가 우리를 살아 있는 자연과 하나가 되게 하여 행동을 촉구하는 것이다.

2) 신화의 기능

이와 같은 특성을 가진 신화는 사람들의 삶에 어떤 작용을 하는가? 이 문제에 관해 융학파의 신화학자인 조셉 켐벨은 다음과 같이 네 가지로 설명하였다.[26]

첫째, 신화에는 신비적인 기능이 있다. 신화는 사람을 존재의 신비 앞에 서게 하며, 그 신비 앞에서 외경심을 자아내게 하는 것이다. 신화는 신이나 반신적인 존재들의 행적에 관해 이야기함으로써 사람에게 신비의 차원을 보여 주고 인간 존재의 신비를 깨닫게 해 준다. 신화가 태초에 일어났던 사건을 현재라는 시간성과 대비시켜 보여 주어 실재를 거룩한 영역과 세속적인 영역으로 구분함으로써 거룩성을 드러내며, 우리 삶의 신비를 보여 주는 것이다.

둘째, 신화에는 우주론적인 기능이 있다. 신화가 말하는 이야기는 그것이 우주창생의 이야기가 되었든지 영웅신의 투쟁 이야기가 되었든지 간에 우주적인 차원에서 일어나는 일들을 이야기하고 있다. 따라서 신화는 사람들에게

25) *Ibid.*, p. 227.
26) J. Campbell, 『신화의 힘』, 이윤기 역(서울: 고려원, 1992), pp. 80-82.

우주에 대한 이미지를 가르쳐 주고, 우주 전체와 인간의 삶이 결코 무관한 것이 아님을 일깨워 준다. 그래서 사람은 신화를 들음으로써 그 전까지 자기중심적이고 좁은 안목으로 살던 삶에서 벗어나 자기 자신을 우주와 연결시킬 수 있는 것이다. 신화는 사람의 의식을 일깨워 주며, 그전에 아무 목적도 없이 그저 살았던 삶을 반성하게 해 주는 것이다. 신화를 통해 새로운 우주관과 세계관을 얻어서 좀 더 높은 단계의 삶을 살 수 있게 되는 것이다.

셋째, 신화에는 사회적인 기능이 있다. 이 기능은 종교사회학자들과 레비-스트로스 등 구조주의적 인류학자들이 가장 주목했던 기능이다. 그들에 따르면, 신화에는 한 사람을 그와 같은 신화를 공유하는 집단과 연계시키고, 한 사회의 질서를 형성시키며, 그 질서를 정당화하는 기능이 있다. 왜냐하면 신화에서 이야기하는 것은 언제나 신이나 반신적인 존재들이 실제로 행했던 이야기들인데, 어떤 신화가 어떤 규범이나 질서의 유래를 그 존재들과 결부시켜서 이야기한다면 그것들은 이미 거룩한 것이 되기 때문에 그것들을 위반할 경우 그들의 삶이 위태로워져서 결국 신화는 한 사회의 존속을 보장해 줄 수 있게 되는 것이다. 또한 사람들이 같은 제의를 행하고, 같은 규범을 따를 때 그것을 같이 수행하는 사람들은 서로 동일시할 수 있게 되어서 사회의 결속이 유지될 수 있게 된다. 그래서 융은 "어느 종족의 신화는 그 종족의 살아 있는 종교다. 그 신화가 사라져 버리면 어느 곳에서나 심지어 현대 사회에서도 도덕적 혼란이 야기된다."[27]라고 말하였다.

마지막으로, 신화에는 교육적 기능이 있다. 이 기능은 신화가 가지고 있는 심리학적인 기능으로서 신화학자인 J. 켐벨이 가장 중요하게 생각했지만 현대 사회가 가장 많이 잃어버린 기능이다. 현대 사회에서 사람은 문화적인 상대성 속에서 삶의 의미와 목적을 잃고서 거대한 사회구조 속에 하나의 미립자로 녹아 들어간다. 그런데 신화는 사람들에게 그가 누구이며, 이 세계와 어떤 관계를 맺어야 할 것인가를 가르쳐 준다. 신화는 태초를 말하면서 그들의

---

27) C. G. Jung, *Collected Works*, IX(I), p. 154.

조상신과 신의 관계를 말하고, 그들의 조상신들이 행했던 위대한 업적을 말함으로써 그들이 지금 행해야 하는 것이 무엇인지 말해 주기 때문이다. 이렇게 신화는 사람들에게 정체성을 심어 주고, 그들 자신의 개인적인 중요성을 일깨워 주면서 그들의 정신적인 발달에 기여하는 것이다. 현대인은 이 세상에서 일상적이며 우연성 속에서 이루어지는 듯한 현실에 파묻혀 삶의 공허와 무의미를 느끼며 살아간다. 그러나 신화는 그들에게 이런 평범한 것을 극복할 수 있는 역동적인 이야기를 전해 줌으로써 그들에게 새로운 길을 열어 주는 것이다.

4. 우리 삶의 구원과 거룩한 차원의 회복

지금까지 살펴보았듯이, 신화와 상징은 사람의 정신적인 삶에 대단히 중요한 기능을 수행하고 있다. 그것들은 모두 우리 내면의 깊은 차원에서 나온 것으로서 우리 정신의 본래적인 전일성을 나타내고 있기 때문이다. 따라서 신화와 상징은 어떤 사람의 내면이 분열되어 있거나, 그가 신이나 자연 또는 사회와 대립되어 있을 경우 그에게 통합의 모델을 제시하여 그 분열을 치유할 수 있다. 실제로 우리는 신화와 상징이 원시종교에서는 물론 현대 종교에서도 사람들에게 구원을 가져다주는 것을 많이 보고 있다. 융은 『심리학과 종교』에서 어떤 환자가 꿈에서 우주 시계로 상징되는 전일상(全一像)을 보고서 종교체험과 같은 체험을 하면서 치유가 이루어지는 모습을 그리고 있다.[28] 상징이 가진 놀라운 통합의 기능과 변형의 능력을 증언하는 것이다. 신화와 상징이 이렇게 할 수 있는 것은 그것들이 집단적 무의식 속에 들어 있는 원형에서 비롯된 것으로써 사람의 내면에 있는 잠재적인 가능성을 표현하기 때문이다. 여태까지는 그 가능성들이 실현되지 못했지만 신화와 상징을 통해 정

---

28) C. G. Jung, *Psychologie et religion*, pp. 140-142.

신 속에 있는 이 요소가 활동을 시작하여 분열된 것이 통합되고, 사람들로 하여금 그들의 삶에 온전히 참여하게 하는 것이다. 신화와 상징이 우리 내면의 가능성을 이미지의 형태로 나타내는 것이라는 사실에서 우리는 또 하나의 중요한 사실을 발견하게 된다. 그것은 신화와 상징이 사람들을 미래로 나아가게 한다는 사실이다.

사람의 내면에 깃들어 있는 무의식적인 것은 언제나 실현되려고 한다. 그런데 신화와 상징이 그것들을 보여 준다면 우리는 신화와 상징 속에서 아직 드러나지 않았지만 언젠가 실현될 모습을 미리 볼 수 있다. 따라서 신화와 상징은 사람들의 과거 체험의 산물이지만 우리를 과거로 이끌고 가는 것이 아니라, 앞에서 잡아당기는 것이다. 더구나 신화와 상징에는 강력한 정동적인 힘이 담겨 있기 때문에 우리가 그 의미를 올바르게 인식할 때, 그 속에 담겨 있는 맹목적일 수도 있는 힘에 휩쓸리지 않고 내면을 통합하고, 우리보다 더 큰 의미의 실재와 하나가 되는 방식으로 나아갈 수 있는 것이다. 그래서 켐벨은 "신화는 우리가 궁극적으로 지향해야 하는 것, 우리 안에서 우리가 찾아야 할 것을 가르쳐 준다. 우리 내면으로 돌아가야 하는 길을 가르쳐 주는 것이다. 우리가 너무 외적인 가치에만 집착해서 움직이는 바람에 가장 중요한 내적 가치, 즉 살아 있음과 밀접한 관계에 있는 삶의 황홀을 잃어버렸을 때 신화는 우리에게 대단히 중요하게 다가온다."라고 말하였다.[29]

그러나 현대 사회에 들어와서 신화와 상징은 이제 더 이상 의미 있는 것으로 여겨지지 않는다. 신화는 이제 거짓되거나 꾸며 낸 이야기로 취급받고 있으며, 종교 상징들 역시 그것이 본래 드러내고자 하는 이차적인 의미가 망각되고 단순한 기호로 여기게 된 것이다. 사정이 이렇게 된 것에는 현대 사회가 내면을 향하려고 하기보다는 외적인 세계를 더 지향하여 신화와 상징이 보여 주는 의미를 궁구하려고 하지 않으며, 그전까지 신의 영역에 있는 것처럼 생각되던 것을 인간이 정복해 가는 과정에서 초월적인 존재, 거룩한 존재를 부

29) J. Campbell, 『신화의 힘』, 이윤기 역(서울: 고려원, 1992), pp. 36-54.

정하려고 하기 때문이다. 그러나 신화나 종교 상징이 드러내고자 하는 것은 우리 내면에 있는 전체적인 것이며, 그것이 가지고 있는 강력한 힘 때문에 우리가 신이라고 부를 수밖에 없는 어떤 원형적인 것이다. 따라서 신화나 상징을 통해 이 요소를 체험하지 못할 경우 이 요소가 가진 강력한 에너지는 분출구를 얻지 못해서 우리 내면에서 수많은 문제를 일으키게 된다. 현대 사회에 만연되어 있는 무의미감, 권태, 무력감, 우울증 등이나 감정의 폭발적인 발작, 정신분열 등은 본래 그것들을 통합시켜 주었던 종교적 상징과 신화가 소멸되어 버렸기 때문에 생겨난 현상이다. 융은 현대 사회에서 발견되는 이런 비참한 모습을 그에게 찾아오는 환자들의 꿈속에서 찾아내었다. 즉, 그의 환자들이 꾸곤 하는 만다라의 한가운데가 비어 버린 꿈들을 발견했던 것이다. 그 중심에 과거에는 신들이 있었지만 이제는 아무것도 들어 있지 않고, 그 결과 그들은 병에 걸렸던 것이다. 거룩한 차원, 초월적인 차원을 상실한 결과 현대인은 그들의 삶에 중심이 없어지고, 방향이 없어져 어디로 나아갈지를 알지 못하게 되고, 아무런 목적도 없이 하루하루를 지내면서 무의미와 권태에 빠지게 된 것이다. 그래서 현대인은 더욱더 현세적이 되지만 처음도 끝도 없는 일상성은 그에게 아무런 의미도 줄 수 없는 것이다. 이러한 모습은 현대 예술에서 신의 부재나 침묵, 거기에서 파생되는 하염없는 기다림, 권태 등을 통해 표현되기도 한다.

그런데 현대 사회에서 진정한 신화와 상징이 의미를 잃게 되자 사람들은 그것을 대신하려고 현대의 신화와 상징을 만들어서 사정을 더욱더 어렵게 하고 있다. 현대인은 이제 신이나 반신적인 존재 대신에 영화나 스포츠의 스타들과 성공한 기업가들의 신화를 만들어서 그들을 숭배하고, 그들과 자신을 동일시하려고 하는 것이다. 그러나 이 신화들은 결코 현대인에게 구원을 가져다줄 수 없다. 왜냐하면 진정한 신화가 본래 무의식의 심층에 근거하여 우리 삶의 진실을 이야기하며, 우리를 삶에 적극적으로 참여하게 하는 것인 데 반해서 현대의 신화는 외면적인 삶에서 성공하고자 하는 현대인의 욕망을 투사시킨 것으로서 환상에 근거하여 우리로 하여금 진정한 삶으로부터 도피하게 하기 때문이다. 현대 사회에서 제시되고 있는 성(性)의 상징 역시 마찬가지다. 원시종교에서 성기를 숭배한 것은 성기가 가진 생명력 때문이었지 성적인 쾌락을 누리려는 것이 아니었다. 그러나 현대 사회에서는 승화되지 못한 성욕이나 상업적인 이유 때문에 성을 드러내어 사람들을 풍성한 생명으로 이끌고 가지 못하고 죽음으로 이끌어 간다.

그러면 현대 사회에서 제시되는 이 문제 앞에서 우리는 어떻게 해야 하는가? 이 문제에 관해서 멜랑은 현대인이 외부 세계에만 사로잡혀 살아갈 것이 아니라, 우리 내면에서 나오는 좀 더 깊은 이미지에 주의를 기울여야 한다고 강조하였다.[30] 우리 내면에서는 언제나 삶의 진실을 말해 주는 이미지가 떠오르기 때문이다. 우리가 너무 분주하게 살기 때문에 그것을 보지도 못하는 것이지, 그것이 없기 때문은 아닌 것이다. 우리가 바깥에 기울였던 정신적인 에너지를 내면으로 향하고 내면을 응시하면 거기서는 언제나 우리 삶을 통합하고, 우리 삶을 좀 더 높은 경지로 이끌어 가는 이미지가 떠오르는 것이다. 그러므로 우리는 우리를 구성하고 있는 부분적인 욕망이나 부분적인 정신 요소에 사로잡히지 말고, 신화나 종교 상징들이 전해 주는 내면의 전체성에 사로잡혀 생명과 의미의 실재에 참여해야 한다.

---

30) M. Meslin, *op. cit.*, p. 210.

03

분석심리학과
기독교 신앙에 대한 새로운 해석

1. 현대 사회의 종교적 상황과 가운데가 빈 만다라

　사회문화적으로는 물론 종교적인 전통과도 단절된 채 살아가는 현대인들의 불안과 고뇌에 관해서 스위스의 분석심리학자 C. G. 융만큼 깊은 관심과 애정을 가지고 지켜본 사람도 많지 않다. 그는 현대인이 산업혁명과 제1차 세계대전을 거치면서 급속하게 의식화되어 과거 자신들의 삶을 지탱해 주던 전통적인 사고와 가치에서 벗어나 변화된 삶의 환경에 적응하느라고 많은 어려움을 겪는 모습을 지켜보면서 같이 아파했다. 이 점은 종교적인 측면에서도 마찬가지다. 현대인은 과거보다 훨씬 더 의식이 각성되면서, 그전 시대 사람들과 다른 방식으로 하느님을 이해하고 체험하면서, 때때로 침묵하시는 하느님 앞에서 무의미감에 사로잡히곤 한다. 그전처럼 교회에서 제시하는 하느님을 무조건 믿고 따르지 못하고, 하느님에 대해서는 물론 자기 자신에 대해서도 더 깊이 알고 더 깊이 체험하려고 하지만 그렇게 하지 못해서 안타까워하는 것이다.

융은 종교란 단지 어떤 신조(crédo)나 믿음 체계만이 아니라 인간 정신에 있는 어떤 독특한 태도로서, 사람이 신적인 것이라고 느끼는 강력한 것을 체험한 다음에 변화된 정신적 태도라고 주장하였다. 사람이 자신의 삶에서 자기의 모든 존재를 온통 사로잡고 뒤흔드는 역동적인 요인을 체험하고 변화되어 그것들이 그다음에 언제, 어떻게 또 다시 나타날 것인가를 '신중한 고려와 관찰의 태도를 보이면서' 살펴보며 사는 독특한 태도라고 주장한 것이다.[1] 사람의 삶에는 그들의 존재 전체를 사로잡고 뒤흔드는 요인이 있으며, 그 요인을 체험할 때 사람은 무시무시한 두려움과 동시에 신비한 매혹감을 느끼면서 무한한 의미 체험을 하게 된다. 모세가 호렙 산에서 하느님의 음성을 듣고 신발을 벗을 수밖에 없을 정도로 두려워한 것이나, 베드로가 게네사렛 호수에서 예수님 말씀을 듣고 엄청나게 많은 고기를 잡은 다음 두려워서 "주님, 나에게서 떠나 주십시오. 나는 죄인입니다."라고 말했던 것은 모두 그들의 전 존재를 사로잡고, 그들을 무한한 의미의 원천으로 이끌었던 강력한 힘을 가진 요인과 만났기 때문이다. 그들은 그 요인을 만나면서 그 전과 전혀 다른 사람이 되었다. 그 전처럼 일상적인 삶에 파묻혀 살지 않고, 그들에게 한없는 의미를 가져다주는 새로운 중심에 사로잡혀서 그 전과 전혀 다른 삶을 살았던 것이다. 종교에는 이렇게 사람들을 변화시키고 사로잡는 강력한 힘이 있으며, 그 힘은 사람들에게 무한한 의미를 가져다준다.

그러나 현대 사회에서 종교는 과연 어떻게 존재하고 있는가? 현대인의 삶을 뒤흔들게 하고, 의미를 찾게 하며, 그 의미를 향해서 나아가게 하는 '역동적인 요인들을' 발견하게 하는가, 아니면 과거의 교의(dogme)만 무의미하게 선포하고, 믿기를 강요하고 있는가? 현대 사회에서 가장 심각한 문제가 되고 있는 무의미성과 권태(ennui)의 원인 가운데서 많은 부분은 현대인의 의식과 종교 사이의 부조화에서 찾을 수 있을 것이다. 전통 사회에서 종교는 당시대인들에게 하느님을 체험하게 하고, 하느님과의 관련 아래서 의미 있는 삶을 살

1) C. G. Jung, *Psychologie et religion*(Paris: Buchet/chastel, 1958), pp. 18-19.

게 해 주었던 데 반해, 현대 종교는 당시대인들에게 하느님을 제대로 전달하지 못하고 체험하지 못하게 해서 현대인은 자신의 삶을 헌신할 대상을 찾지 못하여 무의미와 무료함 가운데서 고통받고 있는 것이다. 융은 현대인의 이런 고뇌를 그에게 찾아오는 많은 신경증 환자들에게서 발견하였다: "나에게 찾아오는 상당히 많은 사람은 신경증 때문이 아니라, 오늘날의 철학이나 종교에서 그들의 삶의 의미를 찾지 못해서 찾아오는 사람들이다. 오늘날 사람들은 그들이 그리스도의 죽음을 통해서 구원받았다고 느끼지 못하고 있다. 그들이 아무리 그 사실을 믿고 있는 사람들을 부러워할지라도 그 사실을 믿을 수 없는 것이다."[2] 그러면서 융은 그에게 찾아오는 환자 가운데서 1/3 정도는 임상적으로 신경증 때문이 아니라 삶의 공허와 무의미 때문이라고 주장하였다.

그는 현대인이 직면하고 있는 무의미성의 문제를 현대인의 꿈이나 환상 속에서도 찾아내었다. 즉, 사람들이 꾸는 만다라(mandala) 형상의 꿈에서 그 전에는 신적인 존재가 차지했던 자리가 현대인의 꿈에서는 비어 있거나, 하느님 대신에 "별이나, 해나, 꽃이나 ……십자가 또는 보석, 물이나 포도주가 가득한 잔이나 ……사람이 차지하고 있지, 하느님은 찾아볼 수 없었던 것이다."[3] 만다라는 본래 인도와 티베트 불교에서 승려들이 명상을 할 때 보거나 깨우친 다음에 그리는 원과 사각형으로 구성된 마법의 원(magic circle)인데, 사람의 꿈과 환상에서도 같은 주제가 여러 가지 변형된 형태로 나타나는 종교 상징으로, 사람을 신적인 세계로 인도해 주는 이미지다. 그런데 융은 신경증을 앓는 수많은 현대인들의 꿈에서 그 전에 신적인 존재가 차지했던 자리가 비어 있거나, 신(神) 아닌 다른 형상이나 사람이 차지하고 있는 것을 발견하였던 것이다. 이 사실은 그들에게 하느님은 이미 존재하지 않거나, 그들의 신관이 변화하고 있음을 의미한다. 그들은 현대 교회에서 제시하는 하느님상(像)에 동의하지 못하고, 새로운 하느님을 찾고 있거나, 자기 자신을 신격화시키고 있는

것이다.[4]

2. 올바른 종교와 종교 상징의 해석

이런 의식을 가지고 사는 현대인이 교회를 멀리하는 것은 어쩌면 당연한 현상인지도 모른다. 의식이 각성되어 자기 자신에 관해서는 물론 하느님에 관해서도 더 깊이 알고 더 직접적으로 체험하려는 사람들에게 과거의 신조만 강조하고 믿음만 강요하니 현대인은 교회를 떠날 수밖에 없는 것이다.[5] 현대인도 하느님을 믿고, 믿음 속에서 의미와 기쁨을 누리려고 하지만, 그럴 수가 없어서 교회를 떠나고 있는 것이다. 이런 환경 속에서 사는 현대인을 융은 다음과 같이 세 가지 종류의 사람들로 나누어서 설명하였다.

첫째, 기독교의 전통적인 교리에 아무런 의문도 품지 않고 잘 믿는 사람들이다. 이들은 전통적인 교리를 그대로 믿고, 거기서 의미를 발견하여 사는 사람들이다.

둘째, 매우 의식화되었고 합리적인 성격을 가진 사람들이다. 이들은 현대 과학과 사회에 잘 적응하고 있지만, 현대 교회에서 제시하는 기독교 교리에 관해서는 도무지 이해할 수도 없고 믿지도 못해서 교회에 흥미를 잃고, 교회를 떠나 버렸다.

셋째, 현대 과학과 사회에 잘 적응하고 있으며, 교회에도 많은 가치를 두고

---

4) 융은 현대 사회에서 제기되는 '신 죽음'의 문제의 연원도 여기에서 찾고 있다. 또한 이런 정신 상태에 처해 있는 현대인들은 자아가 팽창되어 자기 자신은 물론 인간을 신격화하려는 교만에 빠지거나, 정신분열을 일으켜서 수많은 문제 속으로 빠져들게 된다고 주장하였다. *Ibid.*, pp. 158-161. cf. A. Agnel, "Le Centre vide du Mandala", *Cahiers Jungiens de Psychanalyse.* Printemps 1999(Paris: Cahiers Jungiens de Psychanalyse, 1999), pp. 88-90.

5) 융은 현대 교회가 비어 가는 것에 관해서 다음과 같이 말하고 있다: "유럽의 개신교 국가들 사이에서 지금 풍미하고 있는 심리학에 대한 관심은 결코 물러설 것 같지 않다. 그 추세는 교회로부터 사람들이 이탈하는 것과 더불어서 더 커질 것이다." C. G. Jung, *Modern Man in Search of a Soul,* p. 263.

있는 사람들이다. 그러나 이들은 기독교의 근본적인 진리와 의미에 관해서는 동의하지만, 글자 그대로의 교의는 믿을 수 없고, 전통적이고 문자주의적인 의미 이외에 새로운 의미를 해석해 주기를 바라고 있다.

융이 관심을 기울였던 사람들은 자연히 두 번째와 세 번째 종류의 사람들이었다. 그 자신이 기독교를 믿으려고 했지만 믿지 못했고, 서구의 종교적인 전통에서 분리된 채 살아가는 사람들 중에서 삶의 의미를 발견하지 못해서 고통받는 사람들이 많았기 때문이다.

사람에게 종교나 종교적인 태도는 매우 중요하다. 왜냐하면 종교는 사람이 가장 높고 가장 강력하다고 생각하는 가치와 관계를 맺게 해 주며, "모든 종교는 종교적인 상징체계를 통하여 하느님과 인간을 맺어 줌으로써, 모든 사람이 삶의 각 단계에서 직면하는 각각의 주기를 넘기는 데 필요한 체계를 마련해 놓고 있기"[6] 때문이다. 그러므로 종교에 흥미를 잃고 종교를 떠난 사람은 삶에서 직면하는 여러 가지 문제 앞에서 자기 혼자 그 모든 것을 감당하느라 많은 고통을 당하고 있다. 융에 따르면, 종교는 인간의 무의식적인 욕구를 표상하는 매우 정교한 상징체계로 되어 있다. 종교는 사람들이 커다란 가치를 부여하고 있는 신, 진리, 사랑 등에 관한 신화를 제시하고, 그 가치들을 체험하게 하는 제의들을 마련해 주고 있는 것이다.

또한 종교는 사람이 삶의 여러 가지 상황 속에서 좌절하고 절망하거나 죄를 짓고 고통당할 때, 거기에 알맞은 여러 가지 교의와 의례를 제공하면서 그들이 그 고난을 딛고 일어서게 해 준다. 그리하여 사람은 종교를 통해서 자신의 내면을 통합하고, 이 세상에 더욱더 깊이 뿌리박고 살 수 있다: "그런 통합은 올바른 종교가 살아 있지 않는 한 불가능하다. 그리고 그 종교가 무한하게 풍부한 상징들을 통해서 ……올바른 종교들이 교의와 의례를 통하여 올바른 사상을 담아내야 하는 것이다."[7]

---

6) C. G. Jung, *Psychologie et l'inconscient*, p. 176.
7) *Ibid.*, p. 174.

과거의 종교들은 이러한 역할을 훌륭하게 수행하였다. 그래서 사람들은 그들이 믿는 신의 도움을 받으며, 그 신과 하나가 되어서 가혹한 자연의 도전들을 성공적으로 물리치면서 살 수 있었다. 그러나 현대 사회에 들어와서 종교는 더 이상 이런 역할을 제대로 수행하는 것 같지 않다. 많은 사람이 무의미성과 정신적인 불안과 고뇌에 시달리고, '신은 죽었다.' 라는 소리가 나오는 것은 이 때문이다. 하지만 융은 현대 사회에서 종교의 세력이 약화된 것은 특별히 하느님의 활동이 그쳤기 때문이 아니라, 현대인이 과거에 하느님에 관해서 설명했던 교의를 이해하지 못하기 때문이라고 주장하였다. 그러면서 그는 종교의 교의에서 발견되는 의미는 모두 상징적인 것으로서, 그것들을 문자 그대로 해석할 것이 아니라, 그 속에 담겨 있는 상징적인 의미를 해석하고, 그 내면적인 의미를 현대인에게 설명해야 한다고 주장하였다.

3. 기독교 신학과 융의 심리학

이러한 융의 주장은 현재 신학 연구가 교의학적·조직적 접근에서 해석학적·심리학적 접근으로 이행하는 과정에 접어든 신학계에 많은 공헌을 하고 있다. 사실 20세기 초까지 신학 연구는 하느님의 초월성에 초점을 맞춘 신정통주의 신학이 주종을 이루고 있었다. 그러나 하느님의 초월성을 너무 강조하는 신정통주의 신학은 인간의 종교체험을 중요시하지 않는다. 사람은 초월적이기만 한 하느님을 직접적으로 체험할 수 없고, 그런 하느님은 오직 당신의 은혜와 말씀을 통해서만 사람과 관계를 맺기 때문이다.[8] 이런 신학적인 배

---

8) 프랑스의 신학자 앙리 클라비에는 여러 종교의 신 이해와 종교체험 사이에 관한 연구를 통해서 신 개념이 초월적일수록 그 종교에서 종교체험은 많이 일어나지 않는다고 주장하였다. 대표적인 예로, 이슬람교에서는 알라를 너무 초월적인 존재로 생각하기 때문에 수피즘을 제외하고 대부분의 이슬람교파에서 종교체험에 대한 보고는 거의 이루어지지 않는다는 것이다. H. Clavier, *Expérience du Divin*(Paris: Fischbacher, 1982), pp. 274-293.

경에서 나타나게 된 것이 한편으로는 신 죽음의 신학, 종교 없는 기독교, 세속신학 등이었다. 이 신학들에서는 초월적인 하느님은 인간과 직접적인 관계를 맺지 못하기 때문에 그리스도인이 좀 더 성숙하여 다른 사람들에게 하느님을 드러내 주어야 한다고 강조하였다. 다른 한편으로 이런 흐름에 반대하면서 인간의 직접적인 체험을 강조하고, 인간의 문화 속에서 하느님을 찾으려는 신학이 등장하였다.[9]

융의 심리학은 현대 신학의 이런 흐름에 많은 도움을 주고 있다. 특히 그는 집단적 무의식과 원형 개념 등을 가지고 하느님의 내재적이고 내면적인 모습을 강조하였다. 그러면서 그는 사람들이 하느님을 밖에 있는 존재만이 아니라 자신의 내면에도 있는 존재라는 사실을 깨달을 때, 하느님을 체험할 수 있고 변화될 수 있다고 강조하였다. 그러나 융은 하느님을 이렇게 내면적이고 심리적인 존재로만 생각하지 않았다. 융에게 있어서 하느님은 사람의 유한한 자아의식을 벗어나 있으며, 의식 작용과 무관하게 자동적으로 다가오는 객관적이고 초월적인 측면을 동시에 지니고 있는 존재였다. 다시 말해서 하느님은 한 사람의 무의식 속에서만 작용하는 심리적인 존재가 아니라, 그의 의지와 관계없이 그에게 다가오는 초월적이고 객관적인 존재였던 것이다. 여기서 우리는 융에게서 하느님의 초월성과 내재성이 통합되는 모습을 살펴볼 수 있다.

융은 이렇게 인간 정신의 깊은 층에서 종교적인 기반을 찾아내고, 그것이 구체적인 종교 사상이나 제의에서 어떻게 나타났는가를 탐구하려고 하였다. 그리하여 이집트, 인도, 중국의 신화는 물론 기독교, 영지주의, 연금술 등에서 발견되는 여러 종교의 교리 속에서 원형적인 하부 구조를 찾아내고, 그 하부 구조가 지니고 있는 종교적이고 심리학적인 의미를 탐구하였다.[10] 다시 말해서 그는 여러 가지 종교의 교리나 교의 속에서 인간의 무의식적인 욕구를 담고 있는 종교적 상징을 찾아내어, 그것이 가지고 있는 의미를 인간의 본

9) P. Homans, "Psychology and Hermeneutics: Jung's Contribution", ed. by R. Moore & D. J. Meckel, *Jung and Christianity in Dialogue* (New York: Paulist Press, 1990), p. 174.
10) *Ibid.*

성과 결부시켜 설명하려고 하였던 것이다. 이러한 작업을 통해서 그는 인간에게서 종교는 본성적인 것이며, 수많은 종교 상징은 인간의 무의식적인 욕구를 드러내는 표상이라고 주장하였다. 그러나 그에게 있어서 중요한 사실은 이 교의들은 그것을 만들 당시 사람들의 무의식적인 욕구를 담은 상징적 이미지이지, 신(神) 자체는 아니라는 사실이다. 따라서 사람들의 인식이 시대가 변함에 따라 변하면서 수많은 다른 표상으로 나타날 수 있으며, 지나간 시대의 이미지는 후대 사람들에게 더 이상 의미를 줄 수 없어서 폐기될 수밖에 없다는 것이다. 과거 시대의 신상(神像)이 그 당시 사람들에게는 의미를 줄 수 있었는지 모르지만, 후대의 사람들에게는 아무런 감흥도 불러일으키지 못하는 것은 이 때문이다. 그래서 그는 우리가 종교에 접근할 때, 그 교의가 말하는 문자적인 의미를 떠나서 그 교의에서 종교적 상징을 찾아내고, 그것이 말하고자 하는 심층적인 의미를 파악해야 한다고 강조하였다. 도그마(dogma)에서 떠나 해석학으로 이행해야 한다는 주장이다.[11]

이러한 융의 주장에 대한 기독교 신학자들의 반응은 다음과 같이 세 가지 양상을 보이고 있다고 호만스는 주장하였다.

첫째, 콕스(D. Cox), 세어(H. Schaer), 화이트(V. White) 등은 융이 기독교 신앙에서 강조하는 기본적인 교리를 심리학적으로 재언급하였고, 기독교 신앙 체험에 대한 심리학적인 이해를 증진시켜 주면서 기독교에 공헌했다고 긍정적으로 평가하였다.

둘째, 호스티(R. Hostie), 필립(H. L. Philip), 리프(p. Rieff) 등은 융의 작업은 어디까지나 정신치료를 위한 것이었지 신학적인 것이 아니었으며, 형식적으로는 종교와 비슷하지만 내용에 있어서는 전혀 다른 것으로 기독교 신앙에서 말하는 것을 단순히 심리학화 하고 세속화하였다고 주장하였다.

셋째, 호만스(p. Homans), 헌트(S. Hunt), 보커스(F. M. Bockus) 등은, 융은

---

11) cf. P. Homans, "C. G. Jung: Christian or Post-Christian Psychologist?", *Jung and Christianity in Dialogue*, p. 21 참조.

신학적 교리, 종교적 신화 등에서 나타나는 종교적 이미지를 인간 정신의 자기-실현 과정에서 나타나는 원형적 이미지들과 비교하여 상호 관계를 규명하려고 하였다고 하여 융의 작업에서 긍정적인 측면과 부정적인 측면을 동시에 살펴보고 있다.

콕스와 셰어 등이 융에게는 신학적인 관심이 전혀 없었고, 단지 정신치료자로 그의 작업에 임했으며, 그 자신이 기독교 신앙에 회의적이다는 사실을 간과하고 융에게 너무 가까이 다가갔다는 한계가 있다면, 호스티와 필립 등은 융이 말하는 정신치료 과정인 개성화 과정과 기독교 신앙 체험이 형식적인 측면에서는 물론 내용에 있어서도 얼마나 유사하며, 융이 말하는 분석심리학 개념이 기독교에서 말하는 하느님, 그리스도, 교회 등의 개념을 현대인이 새로운 방식으로 이해하는 데 얼마나 도움이 되는지를 간과하고 있다.[12]

그래서 호만스는 융 심리학은, 첫째 초월적이기 만한 하느님을 설명하는 데 도움을 주었던 프로이트 심리학과 달리 내재적인 하느님을 설명할 수 있는 사상적 기반을 제공해 주었고, 둘째 프로이트의 정신분석학이나 행동주의 심리학이 부정하였던 인간의 고차원적 정신 과정을 인정하고 그 과정을 탐색하는 데 중요한 방법론을 제공해 주었으며, 셋째 종교현상과 종교체험을 중요시하면서 종교구조에 대한 심리학을 발전시켰고, 기독교 신학 연구에 새로운 차원을 열었다고 융 심리학의 신학 해석 작업에 있어서의 가치를 인정하였다.[13]

4. 기독교 신학에 대한 융 심리학의 공헌

'신의 죽음'이 선포되고, 종교의 위상이 약화되며, 교회가 비어 가는 현대

---

12) P. Homans, "C. G. Jung: Christian or Post-Christian Psychologist?", *Jung and Christianity in Dialogue*, p. 23.
13) P. Homans, "Psychology and Hermeneutics: Jung's Contribution", *Jung and Christianity in Dialogue*, p. 170.

사회에서 융의 심리학이 기독교 신학에 공헌할 수 있는 것이 있다면, 그것은 그가 인간을 종교적인 존재(homo religiosus)로 보았고, 인간의 정신에서 종교의 존재론적인 기반을 찾아냈다는 사실이다. 융에 따르면, 인간은 본성적으로 종교적인 존재다. 인간 정신의 심층에는 사람들이 눈에 보이는 현상적인 것에서 벗어나 초월적인 존재와 하나가 되려는 무의식적이고 자동적인 성향이 있으며, 그 성향이 인간의 모든 정신 활동을 지배하고 있다는 것이다. 사람들이 하느님에 대해서 생각하거나, 종교를 만들어 내고, 하느님과 만나서 신비감을 느끼고, 삶의 기쁨과 의미를 느낄 수 있는 것도 이 성향 때문이다.

융은 인간의 무의식을 부정적인 것으로 보았던 프로이트와 달리 인간의 무의식에는 인간의 정신을 통합하고, 모든 창조성과 가능성의 원천이 되는 층이 있다고 주장하면서, 무의식의 이 층을 집단적 무의식(l'inconscient collectif)이라고 불렀다. 융의 종교 사상은 모두 집단적 무의식을 중심으로 해서 이루어진다. 그러므로 여기서는 융의 집단적 무의식을 중심으로 해서 융의 심리학이 기독교 신학의 해석 작업에 어떤 도움을 줄 수 있는가 하는 사실을 살펴보고자 한다.

1) 집단적 무의식과 원형

집단적 무의식은 융의 독특한 사상으로, 인간의 가능성과 무의식의 긍정적인 특성을 주장하는 융의 생각이 가장 잘 나타나 있는 개념이다.[14] 융은 집단적 무의식에는 다음과 같은 세 가지 특성이 있다고 주장하였다.

첫째, 집단적 무의식은 인간의 본성과 밀접한 관계를 가진 것으로, 인간의 삶을 규정하고 인간이 이 세상에 반응하는 모든 방식의 살아 있는 원천이 된

---

14) 집단적 무의식에 대한 융의 생각과 같은 맥락의 생각은 프랑스의 철학자 앙리 베르그송과 가톨릭 신부이며 고생물학자였던 테야르 드 샤르댕에게서도 발견된다. H. Bergson, *Les deux sources de la morale et de la religion*(Paris: PUF, 1984), pp. 980-1250과 P. T. de Chardin, *La place de l'homme dans la nature*(Paris: Seuil, 1956), pp. 124-133 참조.

다. 둘째, 집단적 무의식은 유전적으로 전해진다. 개인무의식이 한 개인의 경
험 세계에서 생기는 것이라면, 집단적 무의식은 지극히 먼 옛날부터 있어 왔
던 인류의 체험이 침전되어 생긴 것으로 사람들에게 선험적으로 주어진다.
셋째, 집단적 무의식은 보편적인 특성을 보인다. 집단적 무의식이 사람들에
게 유전적으로 전해지며, 인간의 본성과 관계된 것이기 때문에 그것은 모든
사람이나 모든 민족에게 보편적으로 존재하고 있다.

　종교가 만들어지는 것은 집단적 무의식을 통해서다. 사람은 먼 옛날부터
그들의 삶에서 가장 완전하고 가치 있으며 강력한 실체를 체험하고, 그것들
이 집단적 무의식에 어떤 정신 요소를 형성하고, 거기에 또다시 영향을 끼쳐
서 그에 관한 신화를 만들고, 그것을 체험할 수 있는 제의를 만들었던 것이다.
태양신과 올림포스의 여러 신, 우리나라의 산신, 귀신, 도깨비 들을 만들었으
며, 그에 관한 제의를 만든 것도 집단적 무의식이었다. 그래서 집단적 무의식
은 우리 안에 있는 만신전(萬神殿)이며, 그 먼 옛날부터 우리 안에서 수많은
신을 만들었던 모태였다. 이런 모태가 우리 안에 있기 때문에 융은 인간을 가
리켜서 종교적인 존재라고 주장하였다.

　집단적 무의식을 구성하는 요소들은 원형(archetype)이다: "원형이란 그 자
체로는 비어 있고, 형식적인 요소다. 그것은 기껏해야 사람들에게 선험적으
로 주어져 있는 어떤 내용을 만들어 내는 그릇이다. 사람들에게 유전되는 것
은 표현물이 아니라 틀이다. 이 틀은 육체적인 본능처럼 사람에게 커다란 틀
로만 전수된다."[15] 다시 말해서 사람들이 여러 시대 동안 고난을 당할 때, 구
세주를 머릿속에 떠올리는 것은 그들에게 그들을 구원해 주었던 구세주라는
커다란 틀이 무의식 속에 이미 들어 있기 때문인데, 그 구세주의 구체적인
모습은 각각의 시대에 따라서 서로 다르게 나타난다. 그래서 융은 틀인 원형
(l'archetype)과 내용물인 원형상(l'image d'archetype)을 엄격하게 구분하였다.
원형은 집단적인 무의식에 속한 것이지만 원형상은 각각의 시대에 따라서 결

----

15) C. G. Jung, *Les Racines de la conscience*, p. 95.

정된다는 것이다.[16] 그러므로 모든 시대의 교의는 원형 안에 그 시대에 맞는 원형상을 채워 넣어야 한다. 그러지 못할 경우 사람은 그 원형상과 유리되어 그것이 가진 부정적인 힘에 희생을 당하게 된다. 오늘날 현대인이 현대 교회에서 제공하는 하느님상을 제대로 체험하지 못한다면, 그것은 현대인이 무의식적으로 체험하는 하느님과 교회에서 제공하는 하느님의 상이 서로 조화를 이루지 못하기 때문이다. 따라서 현대 교회는 과거 교회에서 설정한 교의만 강조할 것이 아니라, 현대인의 영혼 깊은 곳에서 만들어지는 하느님의 상을 찾아서 그들이 그 하느님을 체험할 수 있게 해 주어야 한다: "(사람들의) 의식이 원형의 의미를 제대로 해석할 때, 지속적인 변환이 생겨난다."[17]

2) 자기와 개성화

집단적 무의식의 원형 가운데서 가장 중요한 것은 자기(le Soi) 원형이다. 융은 자기란 인간 정신의 중심(le centre)이고, 의식과 무의식을 통합한 전체성(la totalité)을 이루며, 의식과 무의식 등 모든 정신 내용을 초월(la transcendance)하여 우리 정신에서 모든 대극적인 요소—의식과 무의식, 우리 인격의 밝고 긍정적인 측면과 어둡고 부정적인 측면, 남성적인 요소와 여성적인 요소—를 통합하게 하는 자기-조절 요인(self-regulating factor)이 된다고 주장하였다. 인간 정신의 모든 흐름은 자기를 향해서 나아가며, 자기는 모든 것을 통합한 가장 전일적인 요소라는 의미에서 인간 정신의 깊은 곳에 있는 신적 본성이다: "무의식에는 신적인 인간이 있는데, 그것은 인간이 아닌 모습으로 인간 정신의 가장 깊은 곳에 유폐되어 있고, 감추어져 있으며, 잘 보호되어 있으면서 추상적인 상징으로 나타난다."[18] 따라서 자기는 그 안에 강력한 에너

---

16) C. G. Jung, *Psychologie et l'inconscient*, p. 129.

17) *Ibid.*, p. 394.

18) C. G. Jung, *Psychologie et religion*, p. 187.

지를 품고 있으며, 우리가 자기의 투사상을 만날 때 루돌프 오토가 말한 누멘체험, 즉 사람을 온통 사로잡고 뒤흔드는 체험을 하게 된다.

융은 사람이 하느님이나 그리스도, 부처 등을 생각할 수 있는 것도 우리 안에 이렇게 강력한 에너지를 품은 정신 요소가 내재해 있기 때문이라고 주장하였다. 그래서 그는 "사람은 엄청난 에너지를 품고 있는 정신적인 요소에 의해서 매혹되거나 무의식적으로 사로잡힐 수 있다. ……사람들 속에서 가장 강력한 힘을 가지고 있는 정신적 요소는 신(神)으로 표상된다."[19] 라고 말하는가 하면, "그리스도 상징은 심리학에서 가장 중요한 상징이다. 그 상징은 부처 상징과 더불어서 자기를 나타내는 상징 가운데서 가장 발달되어 있고, 가장 분화되어 있는 상징이다."[20]라고 말하였다.

인간 정신의 목표는 자기를 실현하는 것이다. 인격 전체가 그의 정신 안에 있는 가장 온전한 요소인 이 중심을 찾아서 그의 의식적인 요소는 물론 무의식적인 요소까지 모두 통합하여 자신만의 독특한 개성을 형성해야 하는 것이다: "모든 사람이 자신의 내면에 타고난 삶의 법칙을 가지고 있기 때문에 그들은 모두 이 법칙에 복종할 수밖에 없으며 자신의 인격, 즉 전체성에 도달할 수 있는 것이다."[21] 사람들이 집단적 무의식 속에 있는 원형인 자기를 실현할 때, 그들은 하느님이 그들에게 내려 주신 그들의 가장 그들다운 모습을 실현하게 된다. 융은 자기를 실현하는 것을 다른 말로 개성화(l'individuation)라고 불렀다: "개성화에 이르는 길은 우리 내면 가장 깊은 곳에 자리 잡고 있으며, 다른 어떤 것으로도 환원시킬 수 없는 개성에 도달하는 것, 진정으로 자기 자신으로 되는 것이다."[22]

개성화에는 근본적으로 다른 두 가지 측면이 내포되어 있다. 한편으로 그것이 사람의 내면에 있는 주관적인 통합을 이루는 것이라면, 다른 한편으로

19) *Ibid.*, p. 161.
20) C. G. Jung, *Psychologie et alchimie*, p. 26.
21) C. G. Jung, *La Dialectique du moi et de l'inconscient*, p. 261.
22) C. G. Jung, *Ma Vie: Souvenirs, rêves, pensées*, p. 457.

그것은 객관적으로 볼 때 전체적인 인간, 지혜 있는 인간이 되는 것이다: "내면적인 통합을 이루는 것은 개인적이거나 이기적인 것이 결코 아니다. 오히려, 그 영역에 있는 어떤 최고의 실재를 실현하는 것이다."[23] 그래서 개성화는 고대로부터 사람들이 땅의 몸(le corps de la terre)에서 벗어나 하늘의 몸(le corps du ciel)을 입고, 겉 사람이 죽고 속 사람으로 태어나는 상징으로 이해되어 왔다. 기독교에서는 개성화를 우리 안에 있는 하느님의 형상, 우리 안에 있는 그리스도를 실현시키는 것이라고 말했다. 그래서 어거스틴은 "사람이 하느님의 이미지로 되어 있기 때문에, 그는 그에게 동물에게 있는 것보다 좀 나은 어떤 것이 들어있다는 사실을 알고 있다. ……우리의 끝은 우리가 완전하게 되는 것이며, 우리의 완전은 그리스도다."[24]라고 주장하였다.

3) 예수 그리스도에 대한 이해

우리 안에 있는 하느님의 형상인 자기 원형의 속성을 가장 잘 살펴볼 수 있는 것은 예수 그리스도의 삶을 통해서다. 예수 그리스도의 삶은 모든 사람 안에 잠재성의 형태로 들어 있는 자기 원형이 구체적인 삶 속에서 완전히 드러난 원형상인 것이다. 그래서 그리스도 교회에서는 초대 교회 이래 예수 그리스도는 하느님이 인간 안에서 그의 참된 신성과 인간성을 모순됨 없이 가장 잘 통합한 모습으로 드러내셨고, 그의 삶은 모든 사람이 따라갈 수 있는 실제적인 모범이 된다고 주장하였다: "예수 그리스도의 삶은 구체적이고 개인적이며 독특한 삶이었다. 그러나 그의 삶은 하나의 원형적인 삶으로서, 어떤 본질적인 삶이라는 특성을 가지고 있는 것이다."[25]

신학에서는 그동안 예수 그리스도의 본성, 역사성, 구속의 능력에 관해서

23) C. G. Jung, *Psychologie et alchimie*, p. 269.
24) Saint Augustin, *Enarrationes in Psalmos, LIV*, 3(col. 629) et 1(col. 628). C. G. Jung, *Aïon*(Paris: Albin Michel, 1983), p. 52에서 재인용.
25) C. G. Jung, *Psychologie et religion*, p. 219.

여러 각도에서 수없이 논의해 왔다. 이런 논의에 대해서 융은 우리에게 분석
심리학적인 관점에서 또 다른 답변을 주고 있다. 즉, 예수 그리스도는 모든
사람의 내면에 보편적으로 깃들어 있는 신-인을 나타내는 자기 원형이 특정
하게, 개인적으로, 시간 속에서 실현된 모습으로 나타났다는 것이다. 이것은
기독교만이 아니라 이 세상에 있는 모든 종교에서도 마찬가지다. 언제나 사
람은 자신의 정신을 구성하고 있는 수 많은 대극적인 요소가 분열되어 어려
움에 빠지는 것을 극복하고 통합하려는 상징을 가지고 있는데, 그것이 만다
라 이미지나 그리스도나 부처 등으로 나타나는 것이다. 예수 그리스도는 그
의 내면에 깃들어 있는 강력한 자기 원형을 따라서 자신의 모든 무의식적인
요소를 의식화하고 분화시키며 통합하여 인간 정신의 대극적인 요소들이 만
들어 낼 수도 있는 고통을 극복하고, 역동적이며 의미 있는 삶을 살았다.[26]
그러므로 우리가 예수 그리스도를 따라 살 때, 그처럼 온전한 삶을 살면서 의
미 있는 삶을 살 수 있게 된다: "그리스도는 ……참으로 하느님의 이미지를
보여 준다. 그런데 우리 안에 있는 '속 사람'은 하느님의 이미지를 토대로 하
여 창조된 것으로서, 우리 눈에 보이지 않고, 형체도 없으며, 썩지 않고 불멸
하는 것이라는 특성을 지니고 있다."[27] 그런 의미에서 융은 예수 그리스도는
우리의 구원자이며, 구속자라고 주장하였다.

　그는 자신의 이런 주장을 입증하기 위해서 수많은 종교 경전들과 제의를
살펴보았다. 그러다가 그는 겉으로 보기에 현자의 돌이나 귀중한 금속을 만
들려는 듯이 보이는 연금술 속에도 사실은 물질 속에 깃들어 있는 신(神)을 찾
아내려는 시도가 들어있다는 사실을 발견하였다. 연금술사들의 본래적인 의
도는 어떤 물질적인 것을 얻으려는 것이 아니라, 물질에서 신을 추출하고, 물
질 속에 갇혀 있는 신을 해방시키려고 했다는 것이다. 사실이 그렇다면 연금

---

26) cf. F. M. Bockus, "The Archetypal Self: Theological Values in Jung's Psychology", *Jung and Christianity in Dialogue*, p. 53.
27) C. G. Jung, *Aïon*, pp. 52-53.

술이란 자연과학적인 작업이 아니라 고도로 정신적인 작업이며, 인간의 육체라는 물질 속에 갇힌 신을 의식화하고 실현시키려는 종교와 다를 바 없는 것이다. 우리 안에 있는 하느님의 형상을 깨닫고, 그것을 실현시키려는 기독교의 영성 과정과 다를 바 없는 것이다. 이렇게 해서 각성되고, 고양된 의식은 무의식이나 물질로부터 해방된 신 또는 자아−의식에 성육된 하느님으로 이해된다.[28)]

4) 그림자, 아니마/아니무스

융은 또한 인간의 집단적 무의식 안에 있는 그림자, 아니마/아니무스, 페르조나 등의 개념을 주장하면서 기독교에서 말하는 죄, 악, 사탄 및 하느님의 부성적(父性的)/모성적(母性的) 특성 등을 심층심리학적인 관점에서 고찰하였다. 그는 인간의 무의식에는 인간 정신의 발달 과정에서 의식에서 배척되어 발달하지 못하고 미분화되어 원시적인 성향을 보이는 요소가 있는데, 그것은 사람들에게 미숙하고, 사회적으로 비난받을 만큼 위험하고, 부정적인 생각이나 행동을 불러일으키는데, 그런 요소들을 가리켜서 그림자라고 불렀다. 이 그림자는 기독교에서 죄나 악 또는 집단적으로 사탄이라고 부르는 것들을 이해하는 데 커다란 도움을 준다. 또한 인간의 삶이나 성품, 행동 등에는 남성적인 것이라고 생각되는 특성(논리, 분석, 미래, 원리)들과 여성적인 것이라고 생각되는 특성(감정, 통합, 현실, 관계 맺음)들이 있다. 이것들은 인간의 구체적인 삶은 물론 종교 생활에도 커다란 영향을 미치는데, 그것들은 모두 인간의 정신 속에 있는 원형(原型)들 때문이다. 이 원형들은 여러 종교에서 아버지인 하느님이나 여신 등의 모습으로 나타나면서 우리 정신 생활에 커다란 영향을 끼친다.

---

28) C. G. Jung, *Psychologie et alchimie*. J. P. Dourley, "Jung, Tillich, and Aspects of Western Christian Development.", *Jung and Christianity in Dialogue*, p. 69 참조.

융이 말하는 개성화란 우리 정신에 있는 그림자, 아니마/아니무스 등을 인식하고 분화시키며 통합하는 것이다. 우리 정신에서 아직 발달하지 못했고, 분화되지 못해서 여러 가지 부정적인 특성을 띠고 나타나는 수많은 정신 요소를 인식하고 나의 일부로 받아들여야 하는 것이다. 그렇게 하지 못할 경우, 그 요소들은 자율성을 지니고 있기 때문에 우리가 전혀 기대하지 않았던 순간에 미숙하고 열등하며 위험한 방식으로 나타나 우리 삶을 난처하고 어렵게 만든다. 융에 의하면, 종교 제의와 상징은 우리로 하여금 이런 정신적인 내용들을 드러내 주고, 통합하게 해 주는 가장 좋은 방편이 된다. 특히 종교 상징 가운데서도 만다라, 그리스도, 부처 등은 이런 모든 무의식적인 요소를 통합하는 데 매우 유용하다. 그래서 융은 이 세상에 있는 위대한 종교들은 모두 인간 정신의 치료를 위한 가장 좋은 상징 체계라고 강조하였다.[29]

5) 융 심리학의 공과

이러한 융의 심리학은 오늘날 기독교 신학에 많은 도움을 주고 있다. 조직신학은 물론 성서신학, 역사신학, 실천신학 등 신학의 모든 분야에서 심리학의 독특한 안목을 통해서 인간을 관찰하고, 인간의 욕구와 두려움, 불안 등을 꿰뚫어 보면서 새로운 지평을 열어 가게 하는 것이다. 특히 성서신학에서는 1970년대부터 타이센(G. Theissen), 킬레(A. Kille), 롤린스(W. G. Rollins) 등은 심층심리학적인 관점에서 성서를 새롭게 해석하려고 하며, 홀(J. A. Hall), 샌포드(J. Sanford), 켐프(B. Kaempf) 등은 융의 심층심리학을 목회상담, 예배, 설교학 등에 접목시켜서 좀 더 다양한 방법으로 목회적 실천에 임하고 있다.[30]

29) Swanee Hunt, "The Antholopology of Carl Jung: Implications for Pastoral Care.", *Jung and Christianity in Dialogue* ed., by R. Moore & D. J. Meckel(New York: Paulist Press, 1990), pp. 236-237.
30) 심층심리학적 관점에서 성서를 해석하는 연구는 프랑스의 정신분석가 돌토(F. Dolto), 스타인(D. Stein), 디엘(p. Diel) 등에게서도 행해지는데, 이들은 프로이트와 라캉의 이론을 가지고 성서를 해석하고 있다. 한편 홀은 종교적인 깊이를 상실한 현대인에게는 목회상담보다 종교적 상담이 먼저

융의 심리학이 비록 기독교 신학과 교회에 많은 도움을 주고 있지만, 우리는 그의 심리학 역시 몇 가지 중요한 한계를 가진 하나의 이론이라는 사실을 인식하고, 그의 심리학에 접근하여야 한다. 왜냐하면 그는 어디까지나 정신의학자였고, 그런 입장을 잃지 않으려고 노력하여 신학적인 관점에서 볼 때는 아무래도 서로 다른 입장을 보이기 때문이다. 우리는 그의 심리학에서 발견되는 문제점을 다음과 같이 세 가지로 정리할 수가 있다.

첫째, 그의 사상에서는 무의식과 하느님, 심리학과 신학 사이의 경계가 분명하지 않다. 그는 어떤 때는 집단적 무의식의 원형으로서 하느님의 이미지에 관해서 말하다가, 또 다른 때는 사람들의 밖에 있으며 심리적인 실재로 경험되는 하느님을 말하는 등 혼동될 때가 많았다. 또한 그는 하느님이란 결코 우리가 투사하는 것과 동일시될 수 없다고 주장하면서도, 다른 한편으로 자기 원형과 동일시될 수 있다고 주장하기도 하는데, 투사와 자기 원형과의 동일시가 어떻게 다른지 구체적으로 설명하지 않고 있다. 그것은 아마 그 자신에게서 하느님과 자기 원형을 구분할 수 없었기 때문이라고 생각된다. 따라서 그에게서는 어디까지가 심리학적 진술이고, 어디까지가 신학적 진술인지 구분할 수 없는 경우가 많이 있다.[31]

둘째, 융이 말하는 하느님과 개성화 과정은 너무 주관적이고 내향적인 특성을 띠고 있다. 그에 따르면 사람들이 하느님을 체험할 수 있는 것은 오직 자신의 내면을 살펴보고, 거기에서 발견되는 여러 가지 원형적인 이미지들과 콤플렉스들을 통합해야 가능하다. 그가 비록 하느님의 이미지에 대한 체험이

실시되어야 한다고 주장하면서 융 심리학의 효용성을 강조하였다. 그들에게 더욱더 절실한 것은 먼저 하느님에 대한 체험이기 때문이다. J. A. Hall, "Jungian Concepts in Religious Counseling", *Jung and Christianity in Dialogue*, pp. 222-233 참조.

31) 융은 실제로 이렇게 말하면서, 그에게서 하느님과 자기 원형 사이를 구분하기 어렵다고 주장하고 있다: "하느님이 우리에게 행동하신다고 생각할 수 있는 것은 오직 우리 정신을 통해서다. 그러나 우리는 이 행동들이 하느님으로부터 오는 것인지, 무의식에서 오는 것인지 구분할 수가 없다. 우리는 하느님과 무의식이 두 개의 다른 실체인지 말할 수가 없다." C. G. Jung, *Ma Vie: Souvenirs, rêves, pensées*, p. 395.

우리의 자아-의식을 뛰어넘는 객관적이고, 초월적인 것이라고 강조하지만, 그것 역시 내향적인 작업을 통해야 가능한 것이다. 그러나 기독교 전통에서 말하는 하느님은 스스로의 의지를 가지고, 역사 속에서 활동하며, 역사를 구원하시는 좀 더 커다란 차원의 하느님이다. 또한 이런 하느님을 체험해서 생기는 개성화 과정 역시, 융이 말하듯이 너무 내향적인 것만이 아니라 좀 더 적극적으로 사회의 변화를 위해서 나아가는 것이다. 물론 내향적이고 관조적인 태도에서 융이 말하는 지혜의 모습이 발견되기도 하지만, 성서에서 말하는 하느님은 이런 모습 이외에 좀 더 역동적이고, 초월적인 모습도 가지고 있는 존재인 것이다.

셋째, 융이 말하는 하느님에게서는 도덕성이 문제시되고, 절대선의 모습을 찾아볼 수 없다. 융이 하느님의 이미지를 자기-원형의 투사로 말했기 때문에 그에게서 하느님은 선과 악을 모두 통합한 전체적이고 누멘적인 양가성을 가진 존재일 수밖에 없다. 따라서 그런 하느님은 도덕적인 악을 물리치고, 선을 세우려는 그 어떤 시도도 할 수 없다. 하지만 그런 하느님은 기독교에서 말하는 정의와 사랑의 하느님이 될 수 없고, 기독교에서 강조하는 도덕적 명령 역시 설 자리가 없게 된다. 따라서 우리는 이런 하느님 앞에서 우리 존재의 의미를 부여해 줄 수 있는 궁극적인 가치의 원천을 찾을 수가 없다. 기독교의 하느님은 이런 하느님이기보다 이 세상 전체를 선과 의로 이끌어가는 하느님인 것이다. 융의 이런 생각은 그가 절대적인 하느님의 사랑을 체험해 보지 못했기 때문에 나온 생각일 것이다.[32]

5. 융의 심리학과 현대 교회의 과제

현대 사회의 정신적인 상황은 계몽주의와 20세기에 들어와서 벌어진 두 차

---

32) 김성민, 『융의 심리학과 종교』 (서울: 동명사, 1998), pp. 331-339 참조.

레의 세계대전 이래 급속하게 달라졌으며, 현대인은 하느님에 대해서도 과거처럼 단순하게 믿지 못하고 있다. 그러나 현대 교회는 이러한 변화에 제대로 대응하지 못하여 현대인에게 하느님을 새롭게 체험하게 하는 새로운 상징이나 제의를 제시하지 못하고 있다: "어쨌든 기독교 메시지는 변해 버린 시대정신에 부응하기 위해서 새로운 각도에서 바라볼 필요가 있다. 그렇지 못하기 때문에 기독교 메시지는 시대의 변두리로 쫓겨나 버렸고 사람들은 자신의 전일성을 찾지 못하고 있다."[33] 따라서 현대인은 그 전에 하느님 앞에서 느꼈던 두렵고 떨리는 마음을 암이나 불치병 혹은 삶의 고난에 대한 두려움으로 대치시키고, 하느님께 사로잡히고 매혹당했던 마음을 세상에 있는 물질이나 권력에 대한 집착으로 대치시키면서 세상에 사로잡혀 고통받고 있다. 사람이 자신의 내면에 강력하고 가치 있는 어떤 것이 들어 있다는 사실을 깨닫지 못하여 그것을 체험하지 못하면서 고통받고 있는 것이다. 그래서 융은 현대인이 기독교 교의에서 말하는 여러 가지 상징에 투사시켰던 하느님의 모습을 자신의 내면에서 찾아야 한다고 주장하였다. 이렇게 해야 "리비도는 이제 그 대상에서 분리되어 무의식적인 이미지들을 활동시키며 주체의 내면으로 옮겨지는 것이다."[34]

그러나 현대인은 지금 그렇게 하지 못하고 있다. 현대 교회로부터 도움을 받을 만한 아무런 종교 상징이나 제의도 제공받지 못하기 때문이다. 투사란 일종의 분열 현상이다. 사람이 자신의 내면에 있는 정신적인 내용을 인식하지 못하고, 자기 밖에서 찾으면서 그것과 떨어져 살기 때문이다. 따라서 투사가 일어나면 사람은 자신의 정신적인 심층과 분리되어 그것을 동화시키지 못하고 소외된 가운데서 살게 된다. 예수님은 모든 사람에게 들어 있는 신-인 원형을 그의 삶으로 구체적으로 구현하였으며, 모든 사람에게 이 원형이 들

---

33) C. G. Jung, *Ma Vie: Souvenirs, rêves, pensées*, p. 244. "하느님에게서 더 이상 절대성이 느껴지지 않는다면, 그는 다만 단순한 이름에 불과한 존재가 되고 만다. 그의 본질은 죽어 버린 것이다. 그래서 그에게는 아무런 능력도 남지 않게 되었다." C. G. Jung, *Psychologie et religion*, p. 161 참조.

34) C. G. Jung, *Types psychologique*, p. 230.

어 있다는 사실을 깨우쳐 주었다. 그러므로 우리는 이 원형을 바깥에 투사하지 말고 자신의 내면에서 찾아내 실현시켜야 한다. 이 원형은 모든 사람에게서 영원 전부터 체험되기를 바라고 있기 때문이다. 하느님이 천지를 창조하고 동식물은 물론 사람을 창조한 것은 당신 자신을 이 세상에 드러내고, 당신의 사랑을 이 세상에서 실현하려는 의도에서였다. 더구나 하느님은 당신의 형상대로 지으신 인간을 통해서 당신이 이 세상과 인간을 향하여 펼치고 싶은 사랑과 정의를 실현하려고 하신다: "천지를 창조하실 때 하느님이 자연 속에서 자기 자신을 일반적인 방식으로 드러내셨다면, 지금 하느님은 인간이 되셔서 좀 더 특별한 방식으로 자기 자신을 드러내려고 하신다. ……사람이 자신의 삶에서 하느님의 이미지가 나타난다는 사실을 깨닫고 그것과 만날 때 그들은 인간이 되려는 야훼 하느님의 결단을 알 수 있고, 그것을 인격 발달을 위한 상징으로 받아들일 수 있을 것이다."[35]

융에 따르면, 사람 속에 있는 하느님의 형상은 죄와 타락 때문에 완전히 파괴되지 않았고 훼손되었을 뿐이다. 그러므로 우리가 하느님의 은혜를 받을 수 있다면, 그것은 다시 회복되고 온전하게 된다. 이렇게 변환되고 새로워지는 것은 단순한 변화에 그치는 것이 아니라 우리가 본래적인 상태를 회복하는 것으로써 죄와 타락에서 벗어나 근본적인 변환을 이루는 것이다. 이러한 변환은 사람이 자신의 내면에 존재하는 전체성의 원형을 발견하고 그것을 실현시킬 때 생겨난다.[36] 수많은 민족에게서 발견되는 신화와 설화는 이렇게 새로워진 영웅의 모습을 보여 주며, 우리 삶의 과제는 우리 내면에 있는 자기-원형을 찾아내어 실현시키는 것이다: "그 신화는 결코 허구가 될 수 없다. 그 신화에는 끊임없이 반복되고, 언제나 새롭게 변화하는 어떤 것이 담겨 있다. 그것은 신화적인 삶을 사는 사람들에게 생겨나고, 그의 안에서 스스로 이루어진다. 따라서 사람들은 고대 그리스 신화에 나오는 영웅들처럼 신화적인

35) C. G. Jung, *Réponse à Job*(Paris: Buchet /Chastel, 1964), p. 67, p. 211.
36) C. G. Jung, *Aïon*. para. 54-55.

운명을 타고 나는 것이다."[37]

　그러므로 융이 현대 교회에 주는 메시지는 명확하다. 우리가 우리 그림자나 아니마/아니무스에 사로잡히고, 현실적인 생활이나 본능적인 충동에 사로잡혀서 괴로워할 때 고통당하는 것은 우리만이 아니라 하느님도 우리와 함께 고통당한다는 사실이다. 그러므로 우리는 이런 사실을 깨닫고, 우리 밖에 투사시켰던 것을 거두어들이고 우리 안에 있는 하느님의 형상이 실현되도록 애써야 한다. 그러므로 우리는 융이 이렇게 강조하는 말에 귀를 기울여야 한다: "지금 영의 바람이 부는 것을 느끼고 있다. 지금은 새로운 정신의 시대다. 그것은 여러 가지 운동을 통해서 엄청나게 번지고 있다."[38]

37) C. G. Jung, *Réponse à Job*, p. 67, p. 112.
38) C. G. Jung, *Aïon*, para. 97.

04

분석심리학과 현대인에의 응답
─C. G. 융의 『욥에의 응답』을 중심으로

1. C. G. 융과 기독교

 스위스의 분석심리학자 C. G. 융은 종교적인 문제에 매우 깊은 관심을 가지고 있었다. 그 이유는 그의 환자들 가운데 그 전까지 그들의 삶을 지탱해 주던 신앙을 잃어버려서 삶에서 아무 의미도 느끼지 못하여 고통받는 이들이 많았는데, 그것은 그 자신은 물론 그의 아버지 역시 해결하려고 애썼던 문제였기 때문이다. 그것은 그가 생애 마지막 시기에 저술한 책들이 그리스도의 문제와 악의 통합 문제를 다룬 『아이온』(1951)과 『욥에의 응답』(1952)인 사실에서 잘 드러난다. 그는 그 책들 속에서 분석심리학자로서의 그의 삶을 결산하면서, 때때로 인간의 삶을 고통에 빠뜨리게 하는 대극(the opposites) 통합의 문제가 서양 연금술과 기독교 사상에서 어떻게 다루어져 왔는지 살펴보았던 것이다. 이 장에서는 이와 같은 융의 생각을 『아이온』과 『욥에의 응답』을 중심으로 하여 살펴보고자 한다.
 융은 『욥에의 응답』을 쓸 무렵 무엇엔가 사로잡힌 듯이 열에 들떠 있었고,

그 책을 다 쓰고 나자 병에서 나았다. 그 무렵 그는 그의 제자 A. 야페(A. Jaffe)에게 다음과 같은 편지를 보냈다: "이 세상에 사람들의 목덜미를 움켜잡는 영이 있다고 한다면, 그것은 이 책이 나타나게 된 방식일 것이다."[1] 이와 같은 융의 말은 그가 열두 살 무렵 바젤 성당 앞을 지날 때 보았던 환영(vision)을 떠올리게 한다. 그때 그는 바젤 성당의 새로 만든 지붕 위로 갑자기 똥 덩어리들이 떨어지려는 광경을 보았는데, 처음에는 그 장면이 너무 신성모독적인 것 같아서 그것들이 머리에 떠오르려는 것을 무진 애를 쓰면서 막았다. 그러나 그렇게 하면 할수록 더욱더 힘들어져서 며칠을 고통스럽게 지내다가 그것도 신의 뜻이라고 생각하면서 그 환영을 머릿속에서 전개시켰다. 그러자 그는 갑자기 마음이 편안해지면서 그 전에 알지 못했던 행복감이 밀려오는 것을 느꼈다. 막혔던 정신 에너지가 풀려나면서 말할 수 없는 해방감이 찾아왔던 것이다. 그래서 그는 모든 생명 에너지의 원천인 신(神)은 그것이 어떤 종류의 일이든지 사람들에게 수행하게 하며, 그것을 통하여 그 스스로를 실현시키려고 한다는 사실을 알게 되었다. 그것은 이번 경우에도 마찬가지였다. 왜냐하면 그는 『욥에의 응답』을 쓴 다음 그 병에서 나았기 때문이다. 그런데 그는 그 책에서 전통적인 기독교 교의에서 말하는 신과 다른 신의 이미지를 제시하고, 그것이 현대 기독교의 문제와 신앙인들의 갈등을 치료해 줄 수 있을 것이라고 강조하고 있다.[2]

『욥에의 응답』을 쓰기 전 융은 이상한 꿈을 꾸었다. 그 꿈에서 그는 18세기 건축 양식으로 지은 커다란 건물의 관리인이며 학자인 그의 아버지와 정신과 의사인 Y 박사 및 그의 아들인 다른 정신과 의사와 함께 있었는데, 그의 아버지는 물고기 가죽으로 된 성경책을 들고 무엇인가를 열심히 설명하였다. 그러나 융을 비롯한 다른 사람들은 아버지의 말을 이해하지 못하였고, Y 박사의

1) C. G. Jung, *Letters*, 1951~1961, ed. A. Jaffe & G. Adler, tr. R. F. C. Hull(London: Routledge & Kegan Paul, 1975), p. 20.

2) C. G. Jung, ed. A. Jaffe, *Ma vie: Souvenirs rêves et pensées*, tr, R. Cahen & Y. Le Lay(Paris: Gallimard, 1966), p. 60.

아들은 그 말에 비웃기까지 하였다. 그런 다음 장면이 바뀌면서 융의 아버지는 그를 데리고 술탄 아크바르의 장엄한 회의실에 가서 마룻바닥에 이마를 대고 경배하였다. 그도 아버지처럼 해야 할 것 같아서 머리를 숙이고 경배했는데, 그는 마룻바닥에 완전히 머리를 대지는 않고, 조금 뗀 채로 경배하였다. 그때 그의 아버지는 그에게 그 방보다 더 높은 곳에 다윗의 장군이었던 우리아(Urie)가 살고 있다고 말해 주었다.[3]

이 꿈은 융에게 매우 인상적이었고, 그에게 『욥에의 응답』을 쓰게 하는데 결정적인 계기가 되었다. 왜냐하면 돌아가신 아버지가 꿈에 나타나 그에게 중요한 성경 내용을 말해 주는데 그를 비롯한 정신과 의사들은 그것을 다 이해하지 못하였으며, 그가 세계의 지배자인 아크바르에게 완전히 복종하지 못한 채 경배하였고, 다윗에게 억울하게 죽임을 당한 우리아가 아크바르보다 더 높이 있다는 사실에 무엇인가 중요한 의미가 담겨 있다고 생각했기 때문이다. 그래서 그는 그 꿈의 의미를 곰곰이 생각해 보다가, 물고기 가죽으로 된 성경이 나타내는 것은 성경에는 종교적인 내용뿐만 아니라 무의식적인 내용이 많이 담겨 있다는 의미인데, 정신과 의사인 그의 그림자 부분을 나타내는 Y 박사와 그의 아들은 지극히 편협한 의학적인 관점을 가지고 무의식의 진리를 받아들이려고 하지 않는 것이 아닌가 하고 생각하였다. 또한 그가 지극히 높으신 이 앞에서 마룻바닥에 완전히 이마를 대지 못한 것은 그의 마음속에는 그로 하여금 지극히 높으신 이에게 완전히 굴복하지 못하게 하는 어떤 것이 있는 것이 아닌가 하는 생각이 들었다. 그런데 그 지극히 높으신 이보다 더 위에 억울하게 희생당한 우리아가 산다는 것은 또 무엇을 의미하는지 확실히 알 수 없었다. 그런데 그는 얼마 후 우리아처럼 아무 죄도 없이 고통을 당했던 욥을 떠올렸고, 십자가 위에서 "하느님, 나의 하느님 어찌하여 나를 버리시나이까?"라고 외치면서 돌아가신 예수 그리스도가 떠올랐다. 그래서 그는 그들의 고통의 의미를 생각하면서 『욥에의 응답』을 쓰게 되었다.[4]

---

3) *Ibid.*, pp. 253-255.

2. 현대인의 영적인 문제와 믿음만 강조하는 기독교

융이 아직 다 풀지 못하였던 종교적 갈등은 목사였던 그의 아버지를 괴롭혔고, 현대 그리스도인이 지금 고통당하는 문제이기도 하였다. 융은 그 문제의 밑바닥에는 이제 더 이상 현대인을 설득하지 못하는 신의 이미지(image of God)가 있다고 생각했던 것이다. 신의 이미지는 태초 이래 인류가 신적인 존재와 접촉하면서 발달해 왔는데, 현대의 제도적인 종교에서 제시하는 신의 이미지와 현대인이 무의식에서 요청하는 이미지가 서로 달라서 현대인은 그 신을 믿지 못하게 되었다는 것이다. 그래서 그는 지극히 높으신 이의 보좌 앞에서 마룻바닥에 이마를 완전히 대지 않았으며, 현대인 역시 현대 교회에서 제시하는 신에게 회의의 눈초리를 보낸다는 것이다. 그래서 현대인은 그 신을 믿지 못하여 다른 신을 찾거나 신에게서 아예 떠나기도 한다. 그 결과 지금까지 인류가 여러 가지 이름으로 숭배하던 신(神)에게 부었던 에너지는 갈 곳을 잃고 표류하게 되었다. 그래서 현대인의 삶은 지극히 표피적으로 되었고, 영원과도 단절되었다. 현대인이 삶에서 궁극적으로 중요한 것이 없어진 채, 현실만 추구하는 것은 그 때문이다.

융은 현대인의 이런 정신적 상황을 그에게 찾아온 신경증 환자들의 꿈에서 그 전까지 신적인 것이 자리 잡았던 만다라(mandala)의 중심이 비어 있거나 다른 것으로 채워진 것에서 확인하였다.[5] 현대인은 지금 무신성(無神性) 때문에 고통받고 있다는 것이다. 융은 현대 사회에 만연된 무신론적 풍조와 물질주의, 이념의 과잉과 신경증의 만연 등은 신의 이미지에 대한 의혹에서 나오는 문제라고 주장하였다. 현대인이 교회에서 제시하는 신을 확신하지 못하니

---

4) *Ibid.*, pp. 255-257. cf. 성경책이 물고기 가죽으로 되어 있다는 말은, 물고기가 무의식을 의미하는 물에 사는 생물이므로 성경에는 종교적인 의미뿐만 아니라 무의식의 역동적인 내용도 많이 담겨 있다는 의미가 된다.

5) C. G. Jung, *Psychologie et religion* (Paris: Buchet/Chastel, 1958), p. 160.

까 현대인은 물질의 소유로 확실성을 보장받으려고 하거나, 그들이 주장하는 이념으로 그들의 왕국을 세우려고 한다는 것이다. 그러나 "이 대용물은 무의식에서 제기하는 진정한 질문을 억압하고, ……역사적 전승과의 연속성을 끊어 버리고 만다."[6]

융은 이런 문제들 앞에서 현대 교회의 책임을 강조하였다. 현대 교회는 현대인이 왜 신앙을 잃어버렸고 어떻게 되찾을 것인지 진지하게 묻고, 현대인이 무의식에서 찾는 진정한 신의 이미지를 제시해야 한다고 주장했던 것이다. 그래서 그는 W. 우사델 목사에게 보낸 편지에서 "그(현대 지식인)들은 '무엇을 해야 한다.'고 명령만 하는 교회와 신앙을 아주 낯설어 한다. ……영혼의 자율적인 활동에서 나오는 체험만이 그들을 설득할 수 있을 것이다."라고 하였다.[7] 현대 교회에서 교인들에게 종교적인 교의와 가르침을 믿으라고 강요하지만, 현대인은 그것들을 문자 그대로 믿을 수 없게 되었고, 그들의 내면에서 진정한 체험을 원한다는 것이다. 의식의 발달로 합리적으로 된 현대 교인들은 기독교 교의가 그들의 삶에 무엇인가 중요한 사실을 말해 주는 것은 알지만 고대인들처럼 문자 그대로 받아들이지 못하여 전적인 헌신을 하지 못한다는 것이다: "이제 설교단에서 울리는 말씀을 이해할 수 없어서 설명을 요구한다. 어느 누구도 구속(redemption)되었다고 느끼지 못하는데 그리스도의 죽음이 어떻게 사람들을 구속시킬 수 있겠는가?"[8]

융은 기독교 교의에서 말하는 신-인(god-man), 동정녀 탄생, 대속사상 등은 그것이 처음 선포되었을 당시에는 의미가 있었지만 현대인에게는 그렇지

----

6) C. G. Jung, *Aïon*(Paris: Albin Michel, 1983), para. 170. cf. 그래서 융은 프랑스의 분석심리학자 키네에게 쓴 편지에서 다음과 같이 말하였다: "많은 사람이 교회를 떠나는 것은 심각한 사실이다. 신경증 환자의 증가는 사람들에게서 종교적인 삶이 약화되는 것과 관계가 있는 듯하다. ……교회는 그 사람들에게, 교회에서 평화를 찾지 못하고 신앙을 가질 수 없는 사람들에게 무엇을 해 줄 수 있겠는가?" H. Kiener, "Le problème religieux dans l'oeuvre de Jung", M. Cazenave, *Cahier de l'Herne*(Paris: Edition de l'Herne, 1984), p. 340.

7) C. C. Jung, *Le divin dans l'homme*(Paris: Albin Michel, 1999), pp. 333-334.

8) C. G. Jung, *Aïon*(1983), para. 66.

않다고 주장하였다. 왜냐하면 현대인의 의식은 무의식으로부터 멀리 떠나 있으며, 기술적 이성(la raison technique)은 현대인의 종교적 기반을 뒤흔들어 놓았기 때문이다. 그래서 융은 "오늘날 바울이 런던에 있는 하이드 파크의 한 모퉁이에서 현대 지성인과 말을 한다면, 그는 이제 그리스 문헌을 인용하거나 유대교 역사를 근거로 해서 말하기보다 현대 영국인의 지적 수준에 맞추어 대화를 해야 한다."[9]라고 주장하였다. 또한 그는 현대인에게 믿음만 강조하는 것은 그들의 지성을 포기하게 하고 맹목성을 강요하는 일이라고 주장하였다. 그가 영지주의와 연금술에 관심을 가졌던 것도 현대인들이 교회에서 말하는 교의를 단순히 믿으려고 하기보다 그들이 실제로 믿을 수 있는 것을 알고, 체험하려고 했기 때문에 그들에게 교의에 대한 새로운 해석을 제공하려는 생각에서였다.

융에 따르면, 예수 그리스도는 그 당시 사람들에게 그들의 죄를 대속해 준 대속자로 고백되기에 충분한 존재였다. 왜냐하면 그는 그 당시 사람들을 괴롭히던 실존적인 문제를 해결하였고, 그것을 그의 몸으로 직접 살았기 때문이다. 그 당시 사람들은 첫째로 그들의 내면에 있는 본능적 충동을 두려워하면서 그것을 제한하여 더 나은 상태로 나아가려고 하였고, 둘째로 바빌론 포로시대 이래 야훼의 자의성(恣意性) 때문에 야훼를 두려워했는데 예수 그리스도는 야훼가 아버지라고 주장하면서 야훼와 하나가 된 삶을 살았으며, 야훼의 사랑을 그의 몸으로 드러냈기 때문이다. 챔벌린에 따르면, 그 당시 로마 사회에서는 퇴폐문화가 만연하였고, 사람들은 극단적인 야만성에 빠져서 혼란스러워하였다. 그들은 한편으로는 사람과 동물 및 사람과 사람을 싸우게 하면서 그들이 죽어 가는 것을 보며 즐거워하였지만, 다른 한편으로는 그런 풍조 때문에 염증을 느끼고 자살하는 경우도 많았는데, 그리스도인은 그와 전혀 다른 차원의 삶을 보여 주었던 것이다.[10] 예수 그리스도와 그를 따랐던 제

---

9) *Ibid.*, para. 275.

10) Chamberlain, *Die Grundlagen des 19*, Jahrhunderts. C. G. Jung, 『상징과 리비도』, 한국융연구원 C. G. 융 저작번역위원회 역(서울: 솔출판사, 2005), p. 126, 주 5에서 재인용.

자들은 사람들이 무의식의 충동에 휩쓸려 '영혼이 상실되어(loss of soul)' 그 자신도 모르게 격노하거나 일탈된 행동으로 치닫지 않을 수 있는 새로운 삶의 가능성을 제시하였던 것이다. 그 당시 사람들의 그러한 열망은 신-인 (god-man)에 대한 열망으로 나타났는데 예수 그리스도는 그것을 성육신하였던 것이다. 그래서 융은 "그리스도는 그가 사람들의 내면에서 살아 움직이는 어떤 것을 드러내지 않았다면 그를 믿는 사람들에게 아무것도 하지 않았을 것이다. 이런 생각이 사람들의 내면에서 그와 비슷한 심리적 성향과 만나지 않았다면 기독교는 고대 세계에서 놀라우리 만치 그렇게 빨리 확산되지 않았을 것이다."[11]라고 말하였다. 그리스도는 그 당시 사람들의 무의식에 있던 신-인을 육화시킨 모습이었던 것이다.

다음으로 예수 그리스도는 야훼의 선성을 확신하였고, 그의 인격으로 야훼의 사랑을 전해 주었다. 융에 따르면, 고대인들은 기원 전 6세기경부터 그 전까지 야훼의 선성을 순진하게 믿던 것에서 벗어나 야훼를 두려워하게 되었다. 왜냐하면 야훼는 다윗에게 그의 왕국이 영원할 것이라고 했던 약속(시편 89편)을 어기고 기원전 586년 예루살렘이 멸망하였고, 기원전 2세기 시리아 왕 안티오쿠스 에피파네스의 가혹한 통치는 유대인에게 야훼의 선성에 절대적인 회의를 불러일으켰기 때문이다. 그래서 그들은 야훼의 자의성이 언제 다시 폭발할지 몰라서 전전긍긍하였다. 그러나 예수 그리스도의 선포는 처음부터 끝까지 야훼의 선성과 사랑이었다. 그는 야훼를 사랑의 신이라고 강조하면서, 그들이 더 이상 야훼를 두려워하지 않아도 된다고 안심시켰다. 그러면서 그는 야훼의 사랑을 그의 몸으로 입증하였다: "그리스도는 신을 인간과 화해시켰고, 인간이 그를 위협하는 운명, 즉 신의 분노와 영원한 저주에서 해방시켰다."[12] 예수 그리스도는 그 당시 사람들이 무의식 속에서 고대하던 구

---

11) C. G. Jung, *Réponse à Job*(Paris: Buchet/Chastel, 1984), p. 180.

12) *Ibid.*, p. 125. cf.융은 예수 그리스도가 중보자인 것은 첫째 그가 사람들을 신에게 인도하였고, 둘째 그가 신 앞에서 피조물들이 느끼는 불안을 완화시켜 주었기 때문이라고 주장하였다. *Ibid.*, p. 157.

원자의 원형상을 그대로 구현하여 사람들은 그에게 열광하였다는 것이다.

그러나 오늘날 이런 믿음은 흔들리고 있으며, 현대인들은 다시 그 앞에서 속수무책인 듯하다. 오늘날 많은 신앙인들은 그리스도의 대속의 교리가 그들의 삶에 어떤 의미를 주는지 알지 못하고 있으며, 고통스러운 일과 엄청난 사건을 하도 많이 겪어서 신의 선성(善性)을 온전히 신뢰하지 못하는 것이다. 또한 과학 기술의 발달은 사람들이 그 전까지 신의 영역에 맡겨 두었던 일을 할 수 있게 하여 사람들은 그 전보다 신을 덜 필요로 하게 되었다.[13] 그 반면에 현대인은 그런 풍조의 뒤편에서 영적인 공허를 느끼면서 고통받고 있으며, 현대 사회가 어떠한 파국을 맞을지 불안해하고 있다. 그래서 융은 현대 교회에서는 기독교 교의를 선포만 하지 말고 직접 체험하게 해야 한다고 강조하였다. 현대 교회가 현대인의 정신과 동떨어진 도그마(dogma)만 선포하고, 그들에게 진정한 생명을 주는 에너지(life giving energies)를 체험하지 못하게 하는 것이 안타까웠기 때문이다.[14]

3. 기독교 도그마의 문제와 융의 새로운 해석 방법론

융은 기독교 교의와 신앙이 제대로 기능한다면 인간의 삶에 매우 유용하게 작용하며, 그것은 종교사를 통해서 잘 드러났다고 주장하였다. 기독교 교의는 창세 전부터 있었던 신의 활동과 인간 존재의 의미, 인간을 구원하려는 신의 역사를 말해 주면서 사람들을 집단적 무의식의 세계로 이끌어 가기 때문이다. "기독교 교리는 초월적인 정신 요소, 즉 신의 이미지와 그의 속성들을 나타내는 매우 분화된 상징이다. ……그것은 인간 내면의 체험 영역에 있는

---

13) 융은 오늘날 지고선으로서 신에 대한 믿음은 반성을 하는 의식을 가진 이들에게는 불가능하게 되었으며, 생각하는 사람들은 그리스도가 그들에게 누구인지 끊임없이 질문한다고 주장하였다. C. G. Jung, *Réponse à Job*, p. 133.

14) J. Dourley, *A Stratrgy for a Loss of Faith* (Toronto: Inner City Books, 1992), pp. 7-18 참조.

정신 요소들이 나타내는 것을 확증해 주는 모든 것을 포함하고 있다."[15] 기독교 교의는 인간의 내면에는 찰나적인 현상계와 다른 영원한 세계가 있으며, 허무할 수도 있는 일상성과 다른 거룩한 영역이 있다는 사실을 보여 준다는 것이다. 사람은 그 세계와 접촉할 때마다 삶의 에너지가 새로워질 수 있었고, 신비가들은 그 세계 속에서 영원한 현재를 살 수 있었던 것이다.

기독교 교의가 아무리 내면적인 체험을 나타내고 객관적 정신인 집단적 무의식을 나타내지만, 그것들은 상징으로 되어 있어서 잘 알 수 없으며, 너무 합리적으로 된 현대인은 그 의미를 제대로 파악하지도 못한다: "도그마는 그 어떤 것을 만들거나 드러내지 못하게 되었다. 그것은 이제 그 어떤 중요한 체험도 하지 못하게 하는 하나의 물질(matière)로 되어 버렸다."[16] 과거에 무의식의 원형적인 에너지를 전해 주던 상징이 현대인의 달라진 정신 상황 속에서 그 뿌리로부터 단절되어 화석화된 것이다. 그래서 융은 "구원자의 상과 무의식의 내용 사이에 서로 끌어당기는 것(aimant)이 하나도 없다면, 사람들은 그리스도 안에서 아무 빛도 보지 못할 것이며, 그것을 열정적으로 받아들이지도 않을 것이다."[17]라고 하였다.

융은 신앙은 사람들에게 그들의 내면에는 그들이 접근할 수 없는 무한한 신적 본성이 있다는 사실을 느끼게 해 주고, 기독교의 위대한 신비가들은 신앙을 통해서 신에게 다가갔고, 신을 깊이 체험하였다고 강조하였다. 그러나 현대 교회는 사람들에게 살아 있는 에너지를 체험하지 못하게 하고 믿음만 강조한다: "오늘날 형이상학적인 생각들이 옛날처럼 우리를 매혹시키지 못한다면 ……그것은 과거의 상징들이 무의식에서 올라오는 것들을 더 이상 나타내지 못하기 때문일 것이다."[18] 그런 생각에서 융은 "현대 사회에서 영혼의 교사들에게 주어진 가장 중요한 임무는 바울이 한 것과 같은 체험을 가장 순

---

15) C. G. Jung, *Aïon*, para. 270.
16) *Ibid.*, para. 276.
17) *Ibid.*, para. 283.
18) *Ibid.*, para. 67.

수하게 하는 길을 보여 주는 것이다." [19]라고 강조하였다. 그것만이 현대인을 영혼의 고통에서 벗어나게 하는 길이기 때문이다. 그래서 융은 기독교 교리에 담긴 근본적인 의미를 밝혀내려고 삼위일체 교리, 미사의 상징, 욥기에 대한 심리학적 의미에 관해서 살펴보았다. 기독교가 그전처럼 역동적으로 작용하기를 바랐기 때문이다. 피터 호만스는 융의 이런 작업을 살펴보면서, 그의 방법론은 그가 기독교 교리에서 종교적 구조를 찾아내어 거기에 담긴 심리학적인 의미를 살펴본 다음 그것을 인간의 실제적인 삶에 적용하려는 것이었다고 주장하였다.[20]

융은 기독교 신비가들을 연구하면서 그들이 만난 신에 깊은 감명을 받았다. 그 신은 기독교에서 말하는 신과 달리 그들의 삶을 온통 뒤흔들고, 근본적으로 바꾸게 하는 역동적인 신이었기 때문이다. 그래서 그는 진정한 신은 인간의 영혼이 그 안에서 탄생하고, 그다음에도 계속적으로 깊은 관계를 맺으면서 인간의 삶을 변화시키는 요인이라고 주장하였다: "신은 영원히 작용하는 어떤 역동성일 수도 있고, 끊임없이 흐르는 흐름일 수도 있으며, 무한하게 변화되는 형상일 수도 있고, 영원히 움직이지 않고 변화되지 않는 존재일 수도 있다." [21] 그런 생각에서 그는 신을 인간이 도저히 접촉할 수 없는 초월적인 존재로 그리거나, 신의 역사(役事)를 현실과 전혀 동떨어진 과거에만 있었던 사건으로 설명하는 것을 비판하였다. 사람은 그런 신으로부터 아무 에너지도 얻을 수 없고, 섬기기만 해야 하기 때문이다.

그런데 현대 교회에서 선포하는 신은 인간의 삶에서 멀리 떨어져 있고, 인간의 영혼에 아무 활력도 부어 주지 못하는 외재적이고 초월적인 신이다. 그 신은 인간의 영혼과 거의 접촉할 수 없으며, 인간의 바깥에서 투사의 대상만 될 뿐이다. 현대 교회에서 믿음만 강조하는 것은 그 때문이다. 사람이 체험할

19) C. C. Jung, *Le Divin dans l'homme* (1999), p. 334.

20) P. Homans, "C. G. Jung: Christian or Post-Christian Psychologist?", R. L. Moore & D. J. Meckel, *Jung and Christianity in Dialogue* (New York: Paulist Press, 1990), pp. 21-22.

21) C. G. Jung, *Réponse à Job*, p. 16.

수 있는 신이라면 굳이 믿기를 강요하지 않을 텐데, 믿을 수 없는 신이기 때문에 믿기를 강요한다는 것이다. 융이 현대 교회의 시급한 과제는 인간의 정신을 넘어서 있는 신성을 선포하기보다 인간성 속에 있는 신성에 초점을 맞추어야 한다고 강조한 것은 그 때문이다. 인간의 내면에는 어느 누구도 부정할 수 없을 정도로 종교체험을 요청하는 욕구가 내재해 있기 때문이다.[22]

　융은 이러한 방법론을 가지고 예수 그리스도에 대해서 살펴보았는데, 그가 가장 궁금하게 생각했던 것은 예수 그리스도의 인격이었다. 그는 어떻게 해서 사람들에게 신의 아들이며 구원자로 고백될 수 있었는가 하는 점이었다. 그가 예수에게 주목했던 것은 예수가 구약의 묵시문학에 영향을 많이 받았고, 종말론적인 삶을 살았던 존재라는 사실과 그 당시 사람들이 가지고 있던 신-인(homme-dieu)의 투사를 받은 존재였다는 점이었다. 그래서 그는 우리가 예수를 단순한 교육자 정도로 보면 그에 대한 메시아 기대를 이해하지 못하게 되고, 역사에 미친 그의 영향을 이해하지 못하게 된다고 주장하였다. 그는 고대 문명에서 가장 필요로 했던 안트로포스의 상징이며, 신-인의 상징이었던 것이다.[23] 그가 그렇게 고백될 수 있었던 것은 예수 그리스도가 인간의 관습이나 전통적인 율법에 전혀 묶이지 않았고, 인간의 본성 속에 있는 신적 실재를 그대로 드러냈기 때문이다: "그리스도는 그때까지 신적인 존재에 투사되었던 무의식적인 원형이 변환되어 나타난 존재인 것이다. ……이렇게 역사적인 인간의 몸을 취하게 되자 그는 좀 더 쉽게 의식에 접근할 수 있게 되었다."[24]

22) cf. J. Dourlry, *A Stratrgy for a Loss of Faith* (1992), pp. 55-76 참조. 융은 문자주의에 대해서 이렇게 비판하였다: "나는 나를 비판하는 사람들의 잘못은 그 의미도 알지 못하면서 문자만 믿으며, 그 문자 속에 신의 실재가 담겨 있다고 믿는 데 있다." C. C. Jung, *Le Divin dans l'homme* (1999), p. 192.

23) *Ibid.*, p. 305. cf. 신-인(神-人)이란 인간의 모습을 하고 있지만 신적인 속성을 가장 잘 실현시킨 신적인 존재를 의미한다. 그럼으로써 인간에게 구원자의 역할을 하게 된다.

24) *Ibid.*, p. 305. cf. 예수에 대해서 확실한 사실은, 첫째 그는 위대한 지혜의 소유자였으며, 둘째 권력욕을 가졌던 주변 사람들과 달리 강하고 역동적인 인격의 소유자로서 영적인 나라를 건설하려고 하였고, 셋째 인간이 된 신으로서 그는 이 세상을 살았으며, 그의 주위에 사람들을 모았다고 주장하였다. *Ibid.*, p. 273.

융은 인간 예수가 신격화될 수 있었던 것은 인간의 본성에 있는 그 어떤 성향 때문이라고 주장하였다. 그는 이집트 신화에서 말하는 신-인이고, 유대인들이 기다리던 '사람의 아들'이라는 것이다. 분석심리학적으로 말하자면, 자기 원형의 실현상이었던 것이다. 융에 따르면 원형은 어디에나 존재하고, 어디에서나 그것이 나타날 만하면 나타나는데, 그때 예수 그리스도라는 위대한 인격을 통하여 나타났다는 것이다: "그리스도가 우리의 모든 자의성을 넘어서 살아 있는 인간으로 거기 있다는 사실은 모든 사람이 그렇게 기다렸던 일이다. ……고대인들에게 그리스도는 신화에서 말하던 '옛적부터 있던 이'의 성육신이었다."[25] 예수 그리스도는 그야말로 인간의 전체성을 그대로 실현시킨 신적인 존재였다는 것이다. 그는 우리 삶에서 서로 갈등을 일으키는 이 세상을 향한 욕망과 하느님 나라를 향한 욕망, 사랑하려는 의지와 권력을 쟁취하려는 의지 사이의 갈등, 선을 향한 욕망과 악에 굴복하려는 유혹 사이의 갈등을 모두 통합하였던 것이다. 그러나 그는 그 과정에서 인간에게 있을 수밖에 없는 원죄의 흔적을 전혀 드러내지 않았다. 그는 그의 내면에 있는 부정적인 속성을 그의 밝은 성품에 모두 통합시켜서 그 성향들이 거꾸로 용솟음치지 않게 하였던 것이다. 그래서 사람들은 그가 죄를 하나도 짓지 않은 동정녀로부터 성령이 작용하여 잉태되었다고 고백하게 하였다. 사람들이 그에게서 신-인의 탄생을 보게 된 것은 무리가 아니었다: "원형은 한 사람의 삶에서 모두 실현될 뿐만 아니라 그의 밖에서도 객관적으로 이루어진다. 그것은 그리스도에게서도 마찬가지였다. 그리스도의 삶은 신의 삶뿐만 아니라 인간의 삶이 그렇게 되어야 하는 방식으로 살았던 삶이다."[26]

---

25) *Ibid.*, pp. 349-350.
26) C. G. Jung, *Réponse à Job*(1984), p. 113.

4. 자기와 대극의 통합

분석심리학이 정신분석학과 근본적으로 다른 점은 융이 인간의 무의식에는 정신의 전체성을 나타내는 정신 요소인 자기(self)가 있으며, 자기는 인간의 정신을 전체적으로 조절한다고 주장한 사실에 있다. 자기는 자아가 외부 상황에 적응하느라 정신의 요소 가운데서 어느 한 요소만 발달시켜 정신의 균형이 깨어질 때 무의식에서 그와 반대되는 요소를 작용하게 하여 정신의 전체성을 이루게 하는데, 자기가 작용하는 방식은 대단히 다양하다. 자기는 꿈을 만들거나, 환상을 보게 하거나, 정신질환의 증상을 일으켜 자아-의식이 무의식의 기반에서 떨어져 있음을 알려 준다. 그때 사람들은 자기의 신호를 감지하고 자아-의식의 일방성을 바로 잡아야 한다. 그렇지 않으면 대극의 역전(enantiodromie) 때문에 고통을 당하게 된다. 그래서 융은 사람은 언제나 무의식을 '주의 깊게 관찰하고, 신중하게 고려하는 태도'를 가져야 한다고 강조하였다. 자기는 인간의 정신 속에 있는 내적 지도 요인(inner guiding factor)이며, 자기 조절 요인(self-regulating factor)이기 때문이다.

1) 자기의 특성과 기능

이러한 자기의 특성은 다음과 같다.

첫째, 정신의 전체성을 나타낸다. 자기는 의식과 무의식, 자아와 그림자, 외적 인격과 내적 인격 등 인간의 정신을 구성하는 모든 대극적인 요소를 통합한 전체(totality)인 것이다: "다른 모든 원형과 마찬가지로 자기 원형은 모순적이고 이율배반적이다. 자기는 남성적이고 여성적이며, 노인이고 아이이며, 강하고 무력하며, 크지만 작다. 자기는 정말로 대극의 복합체인 것이다."[27]

---

27) C. G. Jung, *Aïon*, para. 355.

그래서 자기는 사람에게 서로 다른 두 가지 정신 요소가 통합되지 못하여 긴장 관계에 있을 때 그것들을 통합한다. 그래서 융은 자기는 의식의 중심인 자아와 달리 인격 전체의 중심이고 정신의 전체성을 나타내며, 인간 정신이 궁극적으로 도달해야 하는 목표라고 주장하였다: "자기는 의식적인 자아를 뛰어넘는 총체(總體)다. 자기는 의식은 물론 무의식적인 정신까지 담고 있으며, 그렇기 때문에 우리가 '나는 어떻다.'고 하는 인격 전체를 말해 준다."[28] 그런데 자기에 이르는 것은 의식적 노력으로만 이루어지는 것이 아니라 본능적인 것이다: "개성화는 ……그가 원하든지 원하지 않든지 간에 그의 전체성과 개성을 실현하는 것이다. 그 과정은 본능적인데, 본능은 그가 동의하든지 동의하지 않든지 개인적인 삶을 이루는 모든 것에 관여한다."[29]

전체성을 나타내는 자기가 신 또는 신의 이미지를 나타내는 것은 그 때문이다: "전체성을 나타내는 원형 자체가 특별히 신의 이미지와 가까운 중심적인 위치를 차지하고 있는 것이 나에게는 불가능한 일이 아니라고 생각한다. 이 유사성은 이 원형이 언제나 신성의 성격을 특징짓고, 신성을 나타낸다는 사실에 의해 강조되어 왔다."[30] 왜냐하면 신의 이미지는 최고의 가치로서 자기와 직접적인 관계가 있기 때문이다. 그래서 융은 인간의 종교성과 정신의 통합 사이에 밀접한 관계가 있다고 주장하였다. 신앙은 사람들에게 그들의 내면에 신적인 전체성이 들어 있다는 사실을 알려 주고 사람들을 종교 생활로 이끈다: "종교적 욕구는 전체성을 동경하고, 요청한다. 그 욕구는 무의식이 제공하고 의식과 전혀 무관한 채 영혼의 본성 깊은 곳에서 올라오는 전체성의 이미지를 취한다."[31] 융은 이런 전체성을 이루려는 욕망은 신성한 특성을 띠고 있으며, 사람을 역동적으로 만든다고 주장하였다.[32]

---

28) C. G. Jung, *Two Essays on Analytical Psychology* (Princeton, N. J.: Princeton University Press, 1972). para. 274.

29) C. G. Jung, *Réponse à Job* (1984), p. 219.

30) *Ibid.*, p. 237.

31) *Ibid.*, p. 238.

32) 같은 맥락에서 융은 현대 사회에서 사람들이 교회에서 제시하는 신의 이미지에 대해서 의혹을 가

　둘째, 자기는 정신의 초월성을 나타내는 요소다. 하지만 여기서 말하는 초월성이란 형이상학적인 의미에서의 초월성이 아니라, 정신의 서로 다른 두 요소를 제3의 자리에서 통합하는 의미에서의 초월성이다: "의식과 무의식이 단순한 방법으로는 통합되지 못하기 때문에 그 둘을 만나게 할 수 있는 제3의 더 높은 요소가 필요하다. 상징이 의식은 물론 무의식에서 나오기 때문에 상징은 그 이미지를 통해서 그 둘 사이의 개념적 대극성을 화해시키고, 그 신성력을 통해서 서로 다른 정동을 화해시키면서 의식과 무의식을 통합할 수 있다."[33] 융은 자기가 가진 초월적 기능을 매우 중요하게 생각하였다. 왜냐하면 자기는 의식과 무의식 사이에 긴장이 생길 때 두 요소를 모두 포괄하고 있어서 그 둘을 통합할 수 있기 때문이다: "그것은 더 높이 있는 것을 의식화하는 것으로 서로 떨어져 있는 개인을 의식하고 그를 뛰어넘는 전체성의 상징을 의식하여 그 사이에 관계를 맺는 작업이다."[34] 자기는 의식과 무의식 사이에 혼돈된 상태가 조성될 때, 그것을 조절한다는 것이다: "심리학적으로 말해서 자기는 의식과 무의식의 내용 전체를 나타내는 초월적인 개념이기 때문에 역설적으로밖에 묘사될 수 없다. 다시 말해서 앞에서 말한 자기의 속성은 대극에 의해서 보충되어야 하는 것이다."[35]

　그래서 프랑스의 분석심리학자 윔베르는 자기는 사람들이 어떻게 살아야 할지 잘 알지 못할 때, 그들의 깊은 내면에서 들려오는 목소리라고 주장하였다.[36] 자기는 이성이나 의지의 통제를 벗어나 자율적으로 작용하는 무의식적 인식의 표출이고, 자아보다 위에 있는 정신의 중요한 차원이라는 것이다. 내면의 목소리는 정신의 성숙을 위해서 사람이 무엇을 해야 하는지 알려 주는데, 그 지시를 따르려면 사람은 자신의 주관적이고 자아중심적인 주장을 회

지고 있기 때문에 정신적인 문제에 봉착하는 경우가 많다고 진단하였다. C. G. Jung, *Aïon*, para. 170.

33) *Ibid.*, para. 280.

34) C. G. Jung, *Les Racines de la conscience*(Paris: Buchet/Chastel, 1971), p. 306.

35) C. G. Jung, *Aïon*, para. 115.

36) E. Humbert, *Ecrits sur Jung*(Paris: Retz Jathan, 1993), pp. 33–34.

생시켜야 한다. 그래야 그들은 변환의 역동성과 체계 속으로 들어가기 때문이다. 그러나 그것은 여간 어려운 일이 아니다. 왜냐하면 사람의 자아는 언제나 눈에 보이는 현실적인 세계에 붙들려 있고, 그들에게 익숙해 있는 삶의 태도와 집단의식을 따르려고 하기 때문이다. 그러나 융은 이와 정반대로 사람이 무의식의 영감을 맹목적으로 따르는 것도 위험하다고 주장하였다. 왜냐하면 무의식의 발달되지 않은 요소는 사람을 혼돈으로 이끌기 때문이다. 그래서 그는 의식과 무의식의 대화를 통해서 무의식에서 떠오르는 지혜를 따라야 한다고 강조하였다.[37]

셋째, 자기는 정신의 중심이며, 중심화 작업의 주체다: "자기는 의식은 물론 무의식까지 포용하고 있는 중심이며 동시에 원주(圓周)다. 자아가 의식의 중심인 것처럼 자기는 전체성의 중심인 것이다."[38] 자기는 사람들 속에서 대극을 통합하여 정신의 균형을 이루게 하고 질서를 잡아 주는 내적 조절 원리인 것이다. 그래서 융은 자기를 성경에서는 속사람이라고 불렀고, 연금술사들은 세계의 혼(anima mundi)라고 했으며, 그리스에서는 안트로포스(anthropos)로 불렀다고 하였다. 자기는 인간의 내면에 있는 중심이며 질서의 원형이라는 것이다. 그래서 무의식 작업을 통하여 자기가 정신에 자리 잡으면 사람의 인격은 성숙하게 되고, 삶의 곤경 앞에서 의연하게 대처할 수 있게 된다. 그의 내면에 새로운 중심이 생겼기 때문이다: "변화하는 것들을 다시 통합하고 혼돈 속에 있는 것들에 질서를 부여함으로써 부조화 상태에 있는 것들과 중심의 둘레에 배열되어 있던 것들은 통일을 이룰 수 있다. ……의식은 이제 무의식과 다시 이어지고, 무의식적으로 살던 사람은 그의 중심과 다시 이어지게 된다. 그런데 그 중심은 동시에 만유의 중심이기도 하다."[39]

---

37) 융은 자기를 '상위표상'이라고 부르기도 하였다: "내가 우리의 윤리적인 행동을 결정하는 '상위표상(représentation superieures)'에 관해서 자세하게 고찰하려고 76년 동안이나 기다려 온 것에는 다 그런 이유가 있었다. 이 상위표상들은 우리 실존의 건강이나 질병이 달린 도덕적 결단을 결정하는 원리에 관한 것들이다." C. G. Jung, *Réponse à Job*, p. 209.
38) C. G. Jung, *Two Essays on Analytical Psychology*. para. 274.
39) C. G. Jung, *Les Racines de la conscience*, pp. 321-322.

이러한 특성을 가진 자기는 앞으로 나아가는 특성이 있기 때문에 사람들의 삶을 앞으로 이끌어간다. 그래서 윔베르는 자기는, 첫째 사람에게 성장의 축으로 작용하고, 둘째 사람을 외부 상황에 더 잘 적응하게 한다고 주장하였다. 자아와 자기가 올바른 관계를 맺으면 사람들은 그들의 내면에 중심축이 생겨서 세상과 더 좋은 관계 속에서 살게 되는 것이다.[40] 그런데 포댐, 윔베르, 에딘저 등은 인간의 발달 과정에서 이 중심은 여러 차례 바뀐다고 주장하였다. 사람들은 사춘기나 인생의 후반기 등 삶의 중요한 순간에 달라진 삶의 상황 앞에서 그전과 근본적으로 다른 생활 태도를 보여야 하는 것이다. 그때 그들은 이미 형성되어 있던 정신 구조와 갈등에 빠지고, 삶의 새로운 요청에 응답해야 한다. 그것은 민담에서 막내아들이 '늙고 병든 왕'을 대체하여 왕위에 오르는 것으로 상징적으로 표상된다. '늙고 병든 왕'으로 표상되는 과거의 자아-자기의 축이 막내아들로 표상되는 새로운 자아-자기의 축으로 대체되는 것을 그리고 있는 것이다.[41]

2) 정신치료에서 자기 상징의 역할과 기독교 신앙

융은 이렇게 전체성을 지닌 자기가 정신의 중심에서 의식과 무의식을 통합하는 것을 자기-실현(self-actualization) 또는 개성화(individuation)라고 부르면서, 개성화가 이루어질 때 정신치료가 이루어진다고 주장하였다. 왜냐하면 개성화된 사람은 그때까지 자신을 괴롭히던 대극의 갈등에서 벗어나 온전한 인격을 이루면서 살기 때문이다. 그는 이제 인격의 지극히 작은 부분인 자아-중심적으로 살지 않고, 그보다 훨씬 크고 통전적 요소인 자기-중심적으로 살게 된다. 그때 그의 자아와 자기 사이에서는 계속적인 대화가 이루어져서 인격의 전체적인 상이 이끄는 대로 살게 되는 것이다. 그 결과 그는 외적인 삶과

---

40) E. Humbert, *L'Homme aux prises avec l'inconscient* (Paris: A. Michel, 1992), p. 74.
41) 에딘저는 인간의 발달에서 이루어지는 이 변환을 자아-자기 축의 발달로 설명하였다. E. Edinger, *Ego and Archetype* (Boston: Shambhala, 1992), pp. 5-70.

내적인 삶 사이에 조화가 이루어져, 그가 그전에 살던 것보다 더 큰 세계와 연결되어 있다는 느낌을 가지게 된다. 그리하여 그는 이제 더 이상 그의 내면과 충돌하지 않고, 다른 사람들은 물론 이 세상과도 조화를 이루게 된다: "나의 경험에 의하면, 개성화 과정은 인간의 정신을 가장 높은 수준으로 발달시킬 수 있는 과정이다. 그것이 사람들의 정신을 치료하는 데 가장 좋은 효과를 나타낸다는 사실에서 더욱 그러하다." [42]

에딘저는 이런 체험은 개인으로 하여금 자신이 자기 삶의 주인이 아니라 자신의 내면에 자아보다 훨씬 더 큰 타자(他者)가 들어 있다는 사실을 깨닫게 한다고 주장하였다. 그들의 내면에 자아와 다른 인격의 중심이 있으며, 그 중심을 따라갈 때 그들의 삶이 그 자신은 물론 이 세상과도 조화를 이루게 된다는 것이다. [43] 그래서 윔베르는 자신의 무의식에 자율성을 가지고 역동적으로 작용하는 어떤 정신 요소가 있다는 사실에 대한 깨달음은 사람들에게 커다란 의지처를 발견했다는 위안을 준다고 주장하였다. 그들은 이제 그들이 그들의 자아보다 더 큰 세계와 연계되어 있다는 사실을 알게 되기 때문이다. [44]

융은 종교에서 신 또는 신적인 것이라고 부르는 것은 분석심리학적으로 볼 때 자기를 나타내는 표상이라고 주장하였다. 왜냐하면 신은 사람이 가장 강력하고, 의미 있으며, 가장 선하고 사랑이 많은 존재라고 생각하기 때문이다: "사람은 엄청난 에너지를 품고 있는 정신 요소에 매혹당하거나 무의식적으로 사로잡힐 수 있는데 ……사람들 속에서 가장 강력한 힘을 지닌 정신 요소는 '신'으로 표상된다." [45] 따라서 종교에서 신이라고 부르는 상징 또는 기독교에서 그리스도라고 부르는 표상은 무의식의 심층에 있는 자기를 드러내고, 자기와 관계를 맺게 하며, 종교 교의는 이 초월적인 정신 요소를 설명하는 지적 체계다. 그래서 융은 "그리스도는 사람 속에 있는 신적인 것들을 그에게로

42) C. G. Jung, *Les Racines de la conscience*, p. 525.
43) E. Edinger, *Ego and Archetype*(Boston: Shambhala, 1992), p. 97.
44) E. Humbert, *Ecrits sur Jung*, p. 37.
45) C. G. Jung, *Psychologie et religion*, p. 161.

이끌어서 그것들을 하늘로까지 다다르게 한다."[46]라고 주장하였다. 사람은 종교에서 제시하는 신이나 교의를 통해서 자기와 관계를 맺고, 자기를 통해서 존재의 심층을 체험하며, 대극을 통합시킬 수 있다는 것이다. 여기에서 우리는 융이 세계의 위대한 종교는 모두 정신치료를 위한 훌륭한 상징체계이며, 정신치료에 신앙이 중요하다고 주장했던 이유를 알게 된다: "자기의 상징과 신의 상징은 비슷하다. ……개성화는 종교적 태도를 요구하는데, 종교적 태도는 자아를 신의 의지에 복종시키는 것이다."[47]

당연히 종교에서 제시하는 신 또는 신의 이미지가 사람들의 무의식에서 요청하는 표상과 다를 경우 문제가 생긴다. 그래서 융은 현대 사회의 이런 불일치 현상을 우려했으며, 에딘저도 "원형은 정신생활에 있는 하나의 사실이기 때문에 종교적인 구조와 같은 적당한 그릇에 담기지 않으면 다른 곳으로 간다. 원형이 종교적 이미지나 고상한 가치에 담겨 표현되지 못하면 저속한 가치에 투사된다."[48]라고 주장하였다. 사람이 이 세상에서 초개인적인 범주를 체험하지 못하면 이 세상에 있는 모든 것이 인간이 만든 것이라고 생각하기 때문에 허무감을 느끼거나 무의미성에 빠져드는 것이다. 융은 이런 현상을 잘 알고 있었다. 그래서 그는 그를 찾아온 환자들 가운데 1/3 정도는 신경증의 전형적인 증상을 나타내지 않고, 삶의 무의미감이나 공허 때문에 찾아오는 사람들이라고 말하였다. 현대 사회에서 많은 사람은 그들의 내면에서 일어나는 정신적인 것을 담아 내는 종교 상징이 없어서 영적인 문제에 봉착한다는 것이다: "이 사실은 수많은 신경증적 혼란은 어떤 내용이 무의식에 배열되지만 그것들을 '파지할' 수 있는 개념들이 없어서 (의식에) 동화시키지 못하

---

46) C. G. Jung, *Aïon*, para. 291. 융은 신의 이미지는 최고의 가치로서의 자기와 직접적인 관계가 있다고 주장하였다. *Ibid.*, para. 170.

47) C. G. Jung, *Le Divin dans l'homme*, p. 211.

48) E. Edinger, *Ego and Archetype*, p. 64. 에딘저는 현대 사회에서 종교에 부어졌던 리비도가 표류하는 현상을, 첫째 소외상태와 허무감, 둘째 삶과 자연에 있는 신비를 무시하고 인간의 능력과 이성을 숭배하는 교만, 셋째 세속성이 신격화되거나 사회개혁운동이나 정치적 행위들로 나타남, 넷째 자아 팽창 등으로 열거하였다. *Ibid.*, pp. 64-69.

기 때문이라는 것을 보여 준다."[49] 자연히 정신치료는 그런 사람들이 신앙을
되찾아야 가능해진다. 그들의 내면에서 자아-자기의 관계가 회복되어 자기
가 초월적 기능을 제대로 발휘하기 때문이다. 그래서 융은 "의사는 신경증 치
료의 문제 때문에 원하지 않지만 종교적인 문제의 영역에 구체적으로 다가가
야만 하는 경우가 많다."[50]고 하였으며, "그리스도라는 상징은 여전히 필요
하다. 현대 사회에서 그리스도 상징은 무시되고 있다. 우리는 그 무시된 상징
을 위해서 부름 받았다."[51]고 덧붙였다.

5. 신의 이미지의 발달과 기독교

정신의학자 또는 심리학자 가운데서 융처럼 신(God), 영(spirit), 영혼(soul)
이라는 종교적인 단어를 많이 사용했고, 영지주의, 연금술, 신비체험 등 종교
적인 분야에 대한 연구를 깊이 했던 사람도 없을 것이다. 그는 인간의 정신 속
에는 사람이 신이라고 부를 수밖에 없는 강력한 정신 요소가 있으며, 그 요소
는 사람의 삶을 온통 휘어잡고 뒤흔들며 변화시키는 것을 발견했던 것이다.
그래서 그는 그 요소를 원형적인(archetypal) 것이라고 하면서 그것이 우리 삶
에 어떤 작용을 하고 영향을 미치는지 살펴보았다. 그러나 그는 사람이 신(神)
이라고 부르는 이 요소를 연구하면서 형이상학적인 개념으로서의 신을 살펴
보지 않았다. 그는 독일의 신비가 마이스터 에크하르트를 따라서 신 자체를
의미하는 신성(Godhead)과 신(God)을 구별했던 것이다. 왜냐하면 사람은 신
자체에 대해서는 이성을 가지고 도저히 파악할 수 없고, 오직 그들이 신이라
고 생각하는 신의 이미지(image of God)만 가지고 사유하기 때문이다: "우리
가 신이라는 단어를 입에 올릴 때 우리는 그동안 여러 차례 변환되어 왔던 어

49) C. G. Jung, *Aïon*, para. 259.
50) C. G. Jung, *Réponse à Job*, p. 209.
51) C. G. Jung, *Le Divin dans l'homme*, p. 283.

떤 이미지 혹은 어떤 청각 영상을 지닌 개념을 떠올리게 된다."[52] 그렇다고 해서 그가 신에 대해서 전적으로 불가지론적인 입장에 섰던 것은 아니다. 그 이유는 그가 사람들은 신을 이성으로는 모두 파악할 수 없지만, 체험할 수는 있다고 생각했기 때문이다.[53] 따라서 사람들이 신이라고 생각하는 신의 이미지는 인간의 의식이 발달함에 따라서 변화될 수밖에 없으며, 융에게 있어서 종교사(宗敎史)는 신의 이미지의 변화사라고 말할 수밖에 없다: "신의 본체(신성)에 대한 생각을 하게 된 것은 사람들에게 신의 이미지에 대한 생각이 변화되었음을 의미하는데, 그것은 인간의 의식이 변화되었음을 말해 준다. ……(또한) 신의 이미지의 변화는 의식의 상태를 변화시킨다."[54]

1) 의식의 발달과 신 이미지 변화의 전체적 과정

융에 따르면 종교사에서 신 이미지의 변화는 대체로 네 단계로 이루어졌으며, 기독교에서 말하는 야훼나 예수 그리스도 역시 그와 같은 신상의 변화 흐름에서 이루어진다. 처음에 신은 정령이나 동물, 천공신(天空神) 등으로 그려졌다. 신은 강력한 힘을 가지고 있으며, 초월적인 존재로 느껴졌기 때문이다: "무의식은 자연이나 동물과 가까운 상태다. 모든 고대 신들처럼 야훼 역시 동물적인 상징을 가지고 있었다."[55] 그러다가 고대인들은 신을 인간의 삶과 그렇게 깊은 관계가 없는 자율적인 존재로 생각하였다. 그리스인들은 신들이 인간과 다른 영역에 살면서 인간이 그들에게 반항하지 않는 한 인간의 삶에

52) C. G. Jung, *Réponse à Job*, pp. 16-17.
53) "하지만 이 말은 영(靈)의 살아 있는 현존이 때때로 아주 특별한 물리적인 표상을 동반한다는 사실을 부정하는 것은 아니다. 나는 다만 물리적인 표상은 영에 대한 본질적인 것, 즉 영에 대한 이해를 결코 대체할 수도 없고, '모두 다 알게 할 수'도 없다는 사실을 말하는 것이다." C. G. Jung, *Réponse à Job*, p. 15.
54) C. G. Jung, *Aïon*, para. 302.
55) C. G. Jung, *Réponse à Job*, p. 58. cf. E. F. Edinger, *Transformation of the God-Image: An Elucidation of Jung's Answer to Job*(Toronto: Inner City Books, 1992), p. 32.

거의 관여하지 않는 신들로 생각했던 것이다. 그 신들은 덕과 악덕을 같이 가지고 있으며, 쾌락을 추구하는 신-인동성동형론적인 존재였다.

그러나 이런 신의 모습은 유대인들의 야훼에 의해서 결정적으로 변화되면서 인격신의 모습을 띠게 되었다.[56] 야훼는 사람과 적극적으로 관계를 맺으려 하며, 사람에게 끊임없이 찬양을 요구했던 것이다. 이 사실은 사람이 무의식에 있는 신적 요소를 의식하게 되면서 그것이 다시 무의식의 영역으로 떨어지지 않게 하려면 그 요소에 주의를 기울여야 했기 때문이다. 그러나 야훼는 그전에 사람들이 신을 자연현상이나 동물로 생각했던 것이나 그리스에서 반신반수적 존재 또는 신-인동성동형적 존재로 생각했던 것과 다르게 상당히 인격적인 모습니다.[57]

이스라엘 사람들은 처음에는 야훼를 선한 신이라고 안이하게 생각하였다. 야훼의 어두운 측면을 아직 깊이 체험하지 못했고, 의식과 무의식 사이에 좋은 관계를 이루면서 살았던 것이다. 그것은 창세기에서 야훼가 아브라함에게 직접 나타나 친구처럼 같이 이야기하면서 떡을 먹거나, 브엘세바에서 이삭에게 우물을 파라고 일러 준 것을 보면 알 수 있다. 그러나 그런 모습은 그다음 욥기를 비롯한 지혜문학에서 보이는 야훼의 모습과 전혀 다른 모습이다(창 18, 1-19; 창 26, 23-25). 야훼의 이런 모습은 기원전 6세기경부터 근본적으로 달라진 것이다. 왜냐하면 이 무렵 유다왕국이 바빌론에게 패망하여 유대인들이 포로로 끌려가고 예루살렘 성전이 무너졌기 때문이다. 그때 유대인들은 큰 충격을 받았다. 야훼가 다윗에게 그의 자손들은 장구하게 되고, 그의 왕위가 대대로 이어질 것이라고 약속한 것이 깨어졌기 때문이다. 그들은 이제 더

---

56) "야훼에게 있어서는 모든 것이 달랐다. 신과 인간에게 있어서는 인간적이고 도덕적인 관계가 일찍부터 매우 중요한 역할을 하고 있었다." C. G. Jung, *Réponse à Job*, p. 35.

57) "이런 상황에서 드러나는 것은 야훼가 그의 실존감을 그의 밖에 있는 대상을 통해서 밖에는 얻을 수 없는 존재라는 사실이다. ……만일 야훼가 실제로 그 자신에 대해서 의식하였다면 ……사람들에게 그의 정의를 그렇게 찬양하라고 요구하지 않았을 것이다." 그런데 욥은 유대인들의 이런 생각에서 무의식에 있던 신성을 의식화하지만 다시 무의식으로 떨어지지 않을까 하고 두려워하면서 안간힘을 쓰는 모순까지 찾아보고 있다: *Ibid.*, p. 36.

이상 야훼를 선한 신으로 믿지 못하고 신의 양면적인 속성을 깨닫게 된 것이다. 그때 구약에서는 욥기, 시편, 전도서, 아가서 등 지혜문학이 발달하게 되는데, 기원전 4세기경 알렉산더의 동방원정은 유대인들의 의식 발달을 더 부추겼다. 유대인들은 야훼에 대한 충격을 극복하기 위하여 그리스 사상을 받아들이면서 지혜의 도움을 받으려고 했던 것이다.[58]

　이때 유대인들이 체험한 야훼는 누멘적인 신이었다. 매우 강한 힘을 가지고 있으나 결코 믿을 수 있는 신만은 아니었던 것이다. 그는 어떤 때 사람들에게 선하게 비치지만 또 다른 때는 그와 전혀 다른 모습을 보이는 양가적 존재였던 것이다. 그래서 사람들은 야훼의 진노를 두려워하였고, 의식은 점점 더 예민하게 되었다. 그래서 욥은 야훼 앞에서 "보소서 나는 비천하오니 무엇이라 주께 대답하리이까. 손으로 내 입을 가릴 뿐이로소이다."라고 말한다. 융은 이 무렵 사람들은 "욥이 말했듯이 야훼는 '인격'이 아니라 하나의 '현상'"[59] 으로 체험했다고 주장하였다. 다시 말해서 사람들은 그때 야훼를 무의식적 요소로 인식하게 되었다는 것이다. 왜냐하면 무의식의 요소는 강력한 힘을 가지고 작용하지만 의식적이고 도덕적인 판단 기준이 없어서 어떤 경우 사람들에게 폭력적으로 체험되기 때문이다. 융은 성서에서 야훼가 사람들에게 끊임없이 그를 찬양하도록 한 것은 그의 무의식성을 반영하는 사실이라고 주장하였다: "그가 의도했건 의도하지 않았건 간에 그의 무의식 때문에 야훼는 사람들을 필요로 하며 사람들은 야훼를 각성해야 한다."[60] 사람들이 야훼를 잊지 않고 계속해서 야훼와 관계를 맺으려면 계속해서 찬양하면서 망각되지 않도록 해야 하기 때문이다.

　세 번째로 중요한 이미지의 변화는 신약에서 말하는 사랑의 신이다. 사람들은 신의 자의성(恣意性) 때문에 전전긍긍하는데, 예수는 야훼가 선하고 자

---

58) "우리는 욥기 등에서 ……그리스의 영향이 소아시아를 거쳐서 유대 문화에 도달한 것을 볼 수 있는데 ……그것은 지혜(Sophia) 사상의 영향이다." *Ibid.*, p. 65.

59) *Ibid.*, p. 59.

60) *Ibid.*, p. 39.

비로운 분이라고 주장하자 사람들이 그 새로운 신의 이미지를 열광적으로 받아들였다. 신이 강력하지만 폭력적이라면 사람들은 그런 신 앞에서 오래 견딜 수 없을 것이다. 하지만 사람들은 예루살렘 성전이 무너진 다음 그런 신을 체험하면서, 질곡에서 벗어나려고 메시아를 기다렸는데 예수는 사람들이 이제 더 이상 종처럼 야훼를 두려워할 것이 아니라 아들처럼 야훼를 사랑해야 한다고 주장하면서 그 사랑을 그의 몸으로 보여 주었던 것이다. 그때 사람들은 예수에게서 새로운 신의 모습을 보았고, 그를 구원자로 받아들였다: "기독교는 역사적으로 존재했던 개념이 무르익다가 갑자기 아주 놀라운 모습으로 드러나는 예를 보여 주었다."[61] 예수는 사탄의 세력을 무력화시키면서 사랑의 신을 선포했던 것이다. 융은 그 사실은 예수 그리스도가 그의 제자들이 병을 고치면서 마귀를 쫓아낼 때 "사탄이 하늘에서 번개처럼 떨어지는 것을 보았다."고 했던 말에서 드러난다고 주장하였다. 사탄이 하늘에서 떨어졌다면, 양가성을 지니고 있던 신에게서 이제 모든 어둠이 사라지고 선한 모습만 남기 때문이다.[62]

마지막으로, 본래 양가성을 지닌 야훼는 선하기만 할 수 없어서, 신의 이미지는 또 한 차례 변화된다. 사람들은 성자(聖子)가 성부(聖父)를 영원히 대체해 주기를 바랐지만 곧이어 적그리스도 사상이 나타나는 것이다. 융은 이 사실을 과거에 정신적 외상을 겪었던 사람들이 신에 대해서 완전히 신뢰하지 못했던 것을 나타내는 사건이라고 주장하였다. 그래서 2세기경에 기록된 요한서신에서는 적그리스도의 도래가 선포되고, 요한계시록에서 야훼는 진노를 퍼붓는 심판주로 나타나는 것이다. 융은 적그리스도에 대한 직관은 옛날부터 있었지만, 그 당시 형이상학적으로 볼 때 있을 법한 생각은 아니었다고 주장하였다. 왜냐하면 그리스도에 의해서 이루어진 구원이 지속될 것이라고

61) *Ibid.*, p. 153.
62) "이 비전은 야훼가 그의 어둠에 속한 자식과 역사적이고 결정적으로 분리되는 형이상학적인 사건이 시간 속에 들어와 (새로운 질서를 수립하는) 비전을 의미한다." *Ibid.*, p. 115.

믿었기 때문이다. 그러면 왜 이때 바로 이런 사상이 나왔는가? 융은 그것을 대극의 역전이라고 설명하였다. 요한은 의식에서 신의 사랑을 절대적으로 확신했는데, 무의식에서 그와 반대되는 것이 억압되어 있다가 계시처럼 갑자기 환상으로 보였다는 것이다: "우리는 그리스도를 본받아 사는 것은 무의식에서 그와 정반대되는 그림자를 불러일으킨다는 사실에 대한 증거를 대단히 많이 가지고 있다."[63]

융은 이렇게 적그리스도가 출현하여 고통스러운 현상을 겪으면서 적그리스도가 표상하는 악을 통합하는 것이 현대인에게 주어진 임무라고 주장하였다. 현대인은 다시 사랑의 신만을 믿지 못하고, 그리스도의 대속을 믿지 못하면서 그것을 체험하고 통합해야 하기 때문이다.[64] 그것이 예수 그리스도의 출현 이후 달라진 현대인의 영적 상황이며 현대인들이 새롭게 타개해 나가야 하는 상황이다.

2) 소피아의 출현과 성육신 사상

그러면 현대인들은 어떻게 이런 상황에서 벗어날 수 있는 것인가? 그 방책을 찾아내려면 예수 그리스도에 의한 성육신 사건이 어떤 맥락에서 이루어졌으며 그것이 담고 있는 의미가 무엇인지 살펴보아야 한다.

종교사에서 신이 인간의 죄를 대속하려고 인간이 되었다는 기독교의 성육신 사건은 획기적인 사건이다. 그것은 절대자(絕對者)인 신이 인간의 삶에 참여하여 고통스러운 인간의 삶의 조건을 구속하려고 상대화(相對化)되었다는 통찰이기 때문이다. 그러면 이런 변화는 어떻게 해서 이루어졌는가? 융은 그것이 앞서 말했듯이 기원전 6세기경부터 있었던 인간 의식의 급격한 변화에서 시작되었다고 주장하였다. 그때 사람들에게 의식이 발달하고, 그들이 삶

---

63) *Ibid.*, p. 185.
64) E. F. Edinger, *op. cit.*, p. 130 이하.

의 고통을 극복하는 과정에서 신의 이미지가 변화되었다는 것이다.[65]

먼저 융은 인간 의식 발달의 기록을 구약의 외경인 에녹서에서 찾았다. 에녹서에 따르면 하늘에서 천사들이 내려와 인간의 딸들과 결혼하고, 그 가운데서 아자젤(Azazel)은 사람들에게 지식과 기술을 가르쳤다는 기록이 있는데, 그것은 그 당시 의식의 확장을 나타낸다는 것이다.[66] 또한 융은 욥기는 '의인의 고난'으로 불리는 욥의 고난을 통해서 그 당시 사람들이 당했던 실존적 고통을 나타냈고, 그것을 통해서 의식이 변화되는 것을 나타내는 기록이라고 주장하였다. 욥은 보통 사람으로서 견디기 힘든 혹심한 고통을 겪으면서도 야훼를 배반하지 않았는데, 그것은 사람들이 혹심한 고통 속에서도 신에 대한 신앙을 잃지 않으려면 신의 이미지가 변화될 수밖에 없다는 사실을 나타내는 말이라는 해석이다.[67] 분석심리학적으로 말하자면, 사람들이 혹심한 고통 속에서도 그것을 이길 수 있고, 신앙을 잃지 않으려면 그에게 있는 신관이 변화되어야 한다는 말이다. 그 결과 기독교에서는 예수 그리스도의 성육신 사상이 생겨났는데, 그것을 분석심리학적으로 해석하면 인간의 내면에 있는 자기(self)가 초월적으로 작용하여 모든 대극적 요소를 통합하고 자아(ego)를 통하여 실현된 모습을 보여 주었다는 것이다.

융은 그 당시 사람들에게서 신의 이미지가 변화되기 시작하는 단초를 다음과 같은 두 가지 사실에서 찾았다.

첫째, 성서에서 야훼가 처음으로 동물의 형상으로 나타났다. 에스겔은 환영 속에서 사람, 사자, 소, 독수리의 형태를 한 동물의 형상을 보았고(겔 1: 5~10), 다니엘은 사자, 곰, 표범, 사람의 눈과 입이 달린 짐승을 보았는데(단 7: 4~8), 이런 기록은 그 전 어디에서도 찾아볼 수 없는 것이다. 그것은 그들이

---

65) 야스퍼스는 기원전 8세기부터 2세기까지를 역사의 추축시대라고 하면서, 이때 인간 의식의 급격한 발달이 일어났다고 주장하였다. K. Jaspers, *Vom Ursprung und Ziel der Geschichte*, 1949. J. 힐스베르거, 『서양철학사』, 강성위 역(서울: 이문출판사, 1987), p. 898에서 재인용.

66) C. G. Jung, *Réponse'a Job*(1984), p. 138.

67) 이와 같은 욥을 가리켜서 융은 "욥의 위대성은 아마 그가 그렇게 고통을 받으면서도 신의 통일성을 의심하지 않았다는 점에 있을 것이다."라고 하였다. *Ibid.*, p. 31.

무의식에 있는 강력한 신상(神像)을 동물적인 신으로 체험했다는 말인데, 그들은 이제 더 이상 야훼를 선하고 자비로운 신으로 생각하지 못하고, 강력하며 온전히 신뢰할 수 없는 동물적인 실체로 체험했다는 것이다.

둘째, 그 당시 나타나기 시작한 인자(人子) 사상이다. 융에 따르면 인자는 신-인, 완전한 인간, '더 높은 인간(l'homme supérieur)' 인데, 분석심리학적으로 말하자면 자기(自己)다: "에스겔에서 처음으로 '인자' 라는 호칭이 나타나는데 ⋯⋯그리스도보다 먼저 나타난 이전형이다."[68] 융은 이 상징에서 신이 인간으로 되려는 열망을 읽었다. 인자 사상은 참다운 인간이며, 참다운 신의 아들이라는 뜻인데, 그것은 그 전까지 충만한 상태에 있던 신의 이미지가 변화되면서 의식에 가까워졌다는 사실을 의미한다는 것이다. 심리학적으로 말하자면, 사람은 무의식에 있는 신의 이미지를 더 의식화하여 고통스러운 상태를 극복하려고 했다는 것이다.

소피아는 이렇게 신 이미지가 변화되는 과정에서 중요한 역할을 수행하였다. 왜냐하면 소피아는 여성적인 존재로서 새로운 신의 이미지가 배태될 때 중요한 역할을 할 수 있기 때문이다. 소피아는 본래 야훼가 천지를 창조할 때 야훼와 같이 있던 영(ruah)으로 여성적 본성을 가진 영, 또는 신의 지혜를 의미한다. 그런데 유대교에서 소피아 사상이 등장할 때 지혜문학이 많이 나타난다. 욥기 역시 지혜문학의 일종으로 이 무렵에 기록된 것이다: "그것은 욥기가 ⋯⋯소피아의 출현과 어떤 관계에 있는지 알아낼 수 있을 때 비로소 완전히 이해될 수 있게 된다."[69] 즉, 사람들은 이 무렵 의식이 발달하면서 세상을 다르게 보게 되었고 고통을 겪으면서 그 전까지 신에 대해서 안이하게 생각했던 것에서 벗어나 신의 이미지가 변화되었다는 것이다.

융은 이때 소피아 사상이 등장한 이유는 그 당시 사람들이 생각하던 신의 이미지에 에로스가 부족했기 때문이라고 주장하였다. 남성성은 완전

68) *Ibid.*, p. 137.
69) *Ibid.*, pp. 71-72.

(perfection)을 추구하고 여성성은 온전성(complétude)을 추구하는데, 그 당시 의식이 발달하면서 사람들이 관계적인 측면보다 기술적인 것을 더 찾으면서 가부장적인 신관이 발달했는데, 그것을 보상할 필요가 있었다는 것이다: "거기에는 에로스, 즉 가치에 대한 느낌에 기반을 둔 관계의 측면은 찾아볼 수 없다. ……야훼는 사람에게 에로스를 전혀 가지지 않고, 사람들과 관계하지 않았으며, 사람을 다만 동역자로 삼으려고만 하는 것이다."[70] 그 결과 사람들은 율법적이고 폭력적인 신이 아닌 좀 더 따뜻하고 지혜로운 신을 고대하여 소피아 사상이 나타났던 것이다.

　융은 소피아 사상의 대두는 새로운 창조의 시작을 알리는 신호이며, 그것은 다른 한편으로 성육신 사상으로 이어진다고 주장하였다. 왜냐하면 소피아는 창조 때 야훼와 같이 있었던 존재로서 야훼의 생각을 실현시키는 여성적 본성을 지닌 존재이기 때문이다. 그러나 그때 야훼는 사람을 새롭게 창조할 필요가 없었다. 오직 한 사람의 신-인만 있으면 되었다. 왜냐하면 이 창조는 신이 그 자신을 인간을 통해 드러내려는 원형적인 사건이기 때문이다. 그러므로 예수 그리스도가 인간을 구속한 삶을 살면 그다음에는 사람들이 그리스도의 원형적 사건을 모방하기만 하면 된다. 따라서 성육신 사건은 욥으로 대표되는 그 당시 사람들의 의식에서 폭력적으로 느껴지는 신에 대한 신앙을 잃지 않으려고 신의 이미지가 변화된 이야기다: "새로운 아들, 그리스도는 ……아버지로서 스스로 낳고 아들로서 아버지를 젊게 만드는 신 자신이어야 한다."[71] 그것을 완성하기 위해서 사람들은 마리아의 동정녀 잉태와 무염수태, 즉 마리아가 원죄에 물들지 않은 채 예수 그리스도를 잉태했다는 생각을 하게 하였다. 예수 그리스도가 신의 성육이 되려면 그의 어머니까지 원죄로부터 보호받아야 하기 때문이다.

　그러나 여기서 주의할 것은 융이 성육신을 순전히 심리적인 사건으로만 생

---

70) *Ibid.*, p. 83.
71) *Ibid.*, p. 94.

각한 것은 아니라는 사실이다. 왜냐하면 모든 원형적인 사건은 주관적이고 심리내적 사건만이 아니라 객관적이고 역사적 사건이 될 수 있기 때문이다: "형이상학적 세계가 있다는 것은 사람들이 누미노제적인 것에서 어떤 정동을 느끼는 것에서 볼 때 틀림없는 사실이다. ……형이상학적인 것은 객관적이고, 실제적이며, 정신적인 현상으로 나타난다."[72]

3) 예수 그리스도에 의한 성육신 사건의 의미

분석심리학적으로 볼 때 예수 그리스도에 의한 신의 성육 사건은 BC. 6세기 이래 유대인들이 처해 있던 가혹한 삶의 상황 속에서 그들을 구원해 줄 메시아 대망과 그들을 둘러싸고 있던 헬레니즘 사회에서 살던 고대인들의 정신성의 발달이 합쳐져서 생긴 새로운 신 이미지의 요청에서 생겨난 신에 대한 새로운 해석이라고 할 수 있다. 그러나 융은 성육신 사건이 순전히 심리적인 사건만은 아니라고 주장하였다. 왜냐하면 원형적 사건은 심리내적 사건일 뿐만 아니라 그 사람 밖에서도 객관적으로 이루어지는 특성이 있기 때문이다. 정신 (psyche)과 물질(matter)은 전혀 다른 것이 아니고, 원형은 심리적인 것만이 아니라 정신양(精神樣)인 것이다. 예수 그리스도는 그때 인간의 몸으로서 고대인들이 바랐던 신-인의 모습을 그대로 실현시켰던 것이다. 그런데 그리스도에 의해서 이루어진 성육신 사건은 때가 되면 그다음에 오는 모든 사람에 의해서 그대로 다시 실현될 수 있다. 모든 사람은 예수 그리스도처럼 그의 인간성 안에서 신성을 모두 실현시킬 수 있는 것이다.[73] 그러나 그리스도의 성육

---

72) *Ibid.*, p. 203. cf. 그래서 융은 우리가 종교적인 현상을 연구할 때는 조심해야 한다고 주장하였다. 우리가 신을 생각할 때 신의 원형에 영향받지 않을 수 없기 때문이다. 그러면서 그는 종교에 대한 심리학적인 연구가 그것의 형이상학적인 기반을 흔드는 것은 아니라고 덧붙였다. *Ibid.*, p. 20.

73) "성육신은 무엇보다도 신이 그리스도 안에서 태어나는 것인데, 심리학적으로 말해서 그것은 그 전에 존재하지 않았던 새로운 존재로서 자기가 실현되는 것을 말한다." C. G. Jung, *Letters II: 1951-1961*(Peinceton: Princeton University Press, 1973), p. 494.

신은 대속(代贖) 작업이기 때문에 모든 사람이 다시 동정녀에게서 잉태되지 않아도 된다. 그리스도는 그의 죽음과 희생을 통해서 사람들을 악행에서 해방시켰고, 신과 화해시켰기 때문이다. 그리스도는 그다음에 이루어질 모든 새로운 성육신을 위한 모범이었던 것이다: "신이 인간이 된다. 이것이 무엇을 뜻하는지 우리는 생생하게 머리에 그려 볼 필요가 있다. 그것은 세계를 뒤집는 신의 변환을 의미한다고 해도 과언이 아니다. ……야훼는 다른 날 특별한 창조 활동 가운데 신을 꼭 닮은 인간을 창조했다. 그렇게 해서 인간화의 첫 번째 선(先) 형상화가 일어났다."[74]

그래서 융은 그리스도의 대속의 의미를 다음과 같이 두 가지로 주장하였다.

첫째, 그리스도는 그의 몸에 대극의 갈등을 그대로 짊어지고 대극을 초월적으로 통합함으로써 다른 사람들 역시 대극을 통합하는 길을 보여 주었다. 사실 사람은 기독교 규범을 따르려고 할 때 의무의 충돌을 겪는데, 대부분의 경우 그 긴장이 두려워서 그것을 도피하려고 한다. 그리하여 사람은 언제나 똑같은 문제에 봉착하고 만다. 그러나 예수 그리스도는 십자가 위에서 그 긴장과 고통을 "하느님, 나의 하느님 어찌하여 나를 버리시나이까?"라고 하는 비명을 지르면서 그 고통에서 도피하지 않고, 짊어졌다. 그때 그는 자신의 내면에 있던 인간성과 신성을 통합하면서 '다 이루었다.'고 할 수 있었다. 그러므로 부활은 그다음에 찾아오는 자연스러운 귀결이다: "그의 인간적인 존재는 여기에서 신성(神性)에 이르는데, 즉 신이 죽어 가는 인간을 체험하고, 그의 충실한 종, 욥을 고통당하게 했던 것을 체험한 그 순간에 신성에 이른다. 여기에서 욥에의 회답이 주어진다."[75]

둘째, 그리스도는 인간의 의식이 발달하면서 본능적인 기반으로부터 떨어져 나가는 것을 막아 주었다. 사람은 의식이 발달하면 할수록 본능과 멀어지고, 합리적으로 되며, 이웃과도 멀어지게 된다. 그러나 본능은 사람에게 신의

---

74) C. G. Jung, *Réponse à Job*, p. 97.
75) *Ibid.*, p. 110.

숨겨진 지혜를 알게 해 주고, 공동체와도 좋은 관계를 맺게 한다. 그래서 융은 사람에게서 의식이 너무 발달하여 본능적인 기반에서 떨어져 나가는 것을 '영혼의 상실'이라고 주장하면서 현대인이 경계해야 하는 정신적 재난이라고 경고하였다. 그러나 예수 그리스도는 "회개하라. 천국이 가까이 왔다."라고 선포하면서, 사람이 무의식의 기반에서 떨어지는 것을 막아 주었다: "그는 위협받고 있던 종교적 연결을 구해 낸다. 이러한 관계에서 사실 그는 구원자임이 드러난다. 그는 인류를 신과의 공동체에서 떨어지지 않도록 지키고 단순히 의식과 의식의 '합리성'에 빠져들어 가지 않도록 보호한다."[76] 이렇게 예수 그리스도는 그 당시 사람들이 무의식에서 추구하던 것을 그의 몸으로 보여 주었기 때문에 비교적 짧은 시간 안에 고대 세계에서 구세주로 고백될 수 있었고, 그의 성육신은 그다음 사람들에게서 이루어지는 원형적인 사건이 되었다.[77]

6. 현대인을 위한 새로운 신의 이미지

1) 성령의 역사와 계속되는 성육신

융은 욥에게서 의식의 발달 때문에 기존의 종교에서 새롭게 변화된 신관을 제시하지 못하여 고통받는 현대인의 모습을 보았고, 그에 대한 응답으로 예수 그리스도의 성육신을 제시하였다. 그는 사랑의 신인 예수 그리스도를 알게 되었지만 대극의 역적으로 다시 누멘적인 특성을 지닌 신을 감지하여 전전긍긍하는 현대인에게 예수 그리스도가 그랬듯이, 그들의 내면에 있는 신-인, 즉 자기의 초월적 기능을 통하여 그들을 때때로 분열 상태로 이끌어 가는 대극을

---

76) *Ibid.*, p. 155.
77) C. G. Jung, *Aïon*, para. 299.

통합시키고 자기를 실현시켜야 한다고 주장하는 것이다. 그래서 책 제목이 『욥에의 응답』인데 현대인들은 융의 외침에 귀를 기울여야 한다. 왜냐하면 현대인 역시 욥 못지않게 신(神)의 내면에 있는 대극들(opposites)을 통합하지 못해서 고통받기 때문이다. 그래서 융은 욥기는 현대인이 고뇌하는 신앙의 문제를 그대로 반영하고 있으며, 현대인 역시 고난을 겪으면서 그리스도처럼 그 대극을 자신의 몸으로 통합해야 하고, 그런 의미에서 그리스도는 현대인의 대속자가 될 수 있다고 강조하였다. 그러면서 융은 이렇게 묻는다: "반성하는 의식을 가진 사람에게 최고선(summum bonum)으로서의 신에 대한 믿음은 이제 불가능하다. ……그래서 그는 자연히 그리스도가 그에게 무엇을 의미하는지 묻는다. ……오늘날 그리스도는 여전히 (그렇게) 해석될 수 있는가? 아니면 우리는 역사적 해석으로 만족해야 하는가?"[78] 그러나 고대인들은 그리스도를 보면서 자신들의 내면에서 살아 움직이는 어떤 것을 느꼈고, 그리스도를 통하여 구원의 길을 발견하였다. 그것은 현대인에게도 마찬가지다.[79]

　　그러면 현대인은 어떻게 해야 그리스도처럼 성육신을 이룰 수 있는가? 현대인은 어떻게 해야 현대성의 결과로 인한 신 이미지의 변화에 대한 응답을 얻을 수 있겠는가? 융은 그것은 성령의 도움을 통해서 가능하다고 강조하였다. 성령은 진리의 영으로 사람들에게 그리스도가 가르친 것들을 명확하게 해 주기 때문이다. 그리스도는 그가 간 다음 성령이 올 것이고 성령이 사람들 가운데 살게 될 것이라고 약속하였다. 이제 사람은 성령이 머무는 자리가 되고 성령이 사람 속에서 태어나게 될 것이라는 말이다. 융은 성령의 도래에 대한 그리스도의 약속을 대단히 중요시하였다. 왜냐하면 성령은 사람에게 원죄의 그림자가 드리워져 있음에도 불구하고 구속의 역사가 일어날 수 있게 하기 때문이다: "성령이 인간에게 머무른다는 말은 신이 점점 더 성육신이 된다

---

78) C. G. Jung, *Réponse à Job*, p. 133.

79) "누구든지 그리스도를 믿는 사람은 그리스도 안에 있으며, 그리스도가 믿는 사람 안에 있어서 믿는 이들이 드디어 신의 형상을 가진 완전한 사람, 즉 제2의 아담이 될 것이라는 믿음을 확증해 주는 것은 바로 그 어떤 것이다." *Ibid.*, p. 180.

는 말과 같다. 신으로부터 태어났고, 선재하는 중재자로서의 그리스도는 사람 안에서 또 다른 모습으로 성령이 성육신되는 것을 이끄는 신의 모형 가운데서 첫 번째 돋아난 싹이다."[80] 융은 성령의 이런 대속 작용을 바울에게서 확인하였다. 그는 그리스도를 직접 만나지 못했지만 엑스터시 상태에서 그를 체험하였고, 그 체험을 가지고 살았기 때문이다. 그래서 그는 라샤(Lachat) 신부에게 보낸 편지에서 계속적인 성육신의 중요성을 강조하였다: "그러므로 보통 사람도 성령의 원천으로 됩니다. ……이 사실은 신의 계속적이고 점차적인 성육신을 의미합니다. 인간은 이제 신의 드라마를 받고 또 통합하게 될 것입니다."[81]

융에 의하면 성령은 모든 대극을 통합하게 하는 원형적인 힘(archetypal power)이다. 왜냐하면 성령은 성부와 성자, 이 세상과 하느님 나라, 물질과 정신 등 모든 대극적인 것을 중재하는 역동적이고 자율적인 능력이기 때문이다. 그래서 신 안에서 이 원형적 힘을 체험한 사람은 그의 내면에 있는 모든 대극을 통합하여 진정한 생명을 얻게 된다. 융이 현대인은 성령을 통하여 대극을 통합해야 하며, 그것이 현대 사회의 시급한 과제라고 주장한 것은 그 때문이다: "우리는 (현대 사회의) 양가성 때문에 대극의 중재자이며 통합자인 본래적이고 살아 있는 성령으로 되돌아가야 하는데, 그것은 오랜 세월 동안 연금술사들이 관심을 기울였던 생각이다."[82]

융은 12세기의 신비가 요아킴 드 플로르의 주장을 인용하면서 현대 사회에서 성령의 통합 작업은 이미 시작되었다고 주장하였고, 그것은 더욱더 심화되어야 한다고 덧붙였다. 현대 사회에서 인간은 의식의 발달로 강력해졌지만, 의식과 무의식의 분열은 더욱더 심해져서 무의식에 있는 폭력성은 언제 튀어나올지 모르기 때문이다. 그러나 성령의 능력을 통하여 성육신의 삶을

80) *Ibid.*, p. 160.
81) C. G. Jung, *The Symbolic Life* (Princeton: Princeton University Press, 1976). para. 1551.
82) C. G. Jung, *Aïon,* para. 141.

사는 이들에게는 그렇지 않다. 성령은 그들에게 그리스도와 적그리스도 사이에 난 깊은 구렁을 메워 주기 때문이다. 우리는 그 사실을 예수 그리스도를 통해서 확인할 수 있다. 그의 삶은 신성과 인간성, 남성성과 여성성, 에로스와 권력의지, 정신과 본능 등 우리 삶을 갈갈이 찢어 놓으려는 대극을 모두 통합한 삶이었다. 그때 예수 그리스도가 혹심한 고통 속에서도 야훼에 대한 충성을 포기하지 않은 것은 그를 성부와 이어 주는 성령의 능력 때문이었다: "그리스도 안에서의 신의 육화는 계속되고 보충될 필요가 있다. 그리스도는 실제 인간의 밖에, 그리고 위에 머물러 있었다. ……신의 자녀로 부름 받은 사람에 대한 지속적이고 직접적인 성령의 영향은 사실 널리 행해지고 있는 인간화를 의미한다."[83]

2) 계속되는 성육신과 신성의 의식화

요한 계시록은 예수 그리스도의 성육신을 통해서 이루어진 대극의 통합을 두 가지 이미지로 그리고 있다. 하나는 어린 양의 혼인이고 다른 하나는 계시록 12장에 나오는 태양을 둘러 걸치고 달을 발아래 둔 여인(sun woman)이 난 아들이다. 먼저 어린 양의 혼인은 세상 끝날 그리스도의 상징인 어린 양이 예루살렘과 결혼하는 신성혼(hierosgamos)으로 야훼와 소피아의 혼인을 상징한다. 대극 통합의 상징으로 결혼(結婚)만큼 적합한 것도 없다. 결혼을 통해서 남자와 여자의 몸과 마음이 하나가 되는 것은 대극의 통합을 표상하기 때문이다. 요한은 계시록에서 적그리스도의 통치가 끝난 다음 어린 양과 예루살렘의 혼인으로 대극의 궁극적인 통합이 이루어진다고 암시하였다. 이 혼인을 통해서 사람은 이제 인간의 실존에 있는 대극의 무시무시한 갈등에서 벗어나게 된다. 왜냐하면 대극은 이제 단순하게 타협된 것이 아니라 초월적으로 통합되었기 때문이다.[84]

---

83) C. G. Jung, *Réponse à Job*, paras. 657–658.

그다음에 신적인 아이의 탄생이 나타나는 것은 삶의 새로운 변화를 의미하는데, 그것은 태양 여인이 난 아들이다. 이 아이는 신적 아이(divine child)로서, 그리스도 또는 자기의 상징이다. 왜냐하면 이 아이는 어린 양의 혼인으로부터 태어난, 태양 여인의 아들이기 때문이다. 융은 계시록 12장에 나오는 여인은 새로운 시대를 열어 갈 계속되는 성육신의 어머니라고 주장하였다. 왜냐하면 그녀는 그녀에게 주어진 우주적인 속성을 제외한다면 무염수태한 성처녀도 아니고 여신도 아닌 단순한 '여자'이기 때문이다. 그녀는 보통 사람의 어머니 같은 평범한 여자였던 것이다. 그러나 그녀는 태양을 걸치고 있으며 달을 발아래 두고 있다. 그녀는 해와 달, 밝음과 어둠, 남성적 의식과 여성적 무의식 등을 통합하고 있는 것이다. 그래서 융은 그녀는 앞으로 계속되는 성육신을 감당할 '세계의 혼(anima mundi)'이라고 주장하였다.[85] 그녀가 나은 아들들은 이제 성육신을 통해서 새로운 삶의 태도를 수립해 나가게 된다는 것이다. 융은 이러한 신성혼의 주제를 1950년에 교황 비오 12세가 선포한 성모몽소승천교리와 관계지었다. 성모몽소승천교리는 대극을 통합하려는 계속되는 성육신을 위한 현대인의 갈망을 계시록에 이어서 확인한 선포라는 것이다: "교황이 새로운 교리의 중대한 장엄(莊嚴) 선언을 결심하도록 한 대중적 움직임의 주제와 내용은 새로운 신의 탄생에 있는 것이 아니라 계속 진행되고 있는 그리스도와 더불어 시작했던 성육신에 있는 것이다."[86] 사람들은 이제 더 이상 그의 내면에서 대극의 분열, 즉 신성의 분열 때문에 고통받지 말고 통합하게 되는 것을 의미한다는 것이다.

융에게 있어서 계속되는 성육신은 신을 구속하는 작업이다. 신은 무의식적

---

84) "그런데 여기서의 해결은 대극의 타협을 통해서 이루어지는 것이 아니라, 사람들이 신의 밝고 영적인 측면과 동일시함을 통해서 이루어져서 결정적인 단절을 통해서 이루어지는 것이다." *Ibid.*, p. 60, 194.
85) *Ibid.*, p. 205. "천상의 결혼에서 생겨난 아들은 필연적으로 대극의 결합, 즉 융합의 상징이자 삶의 전체성이다." *Ibid.*, p. 176.
86) *Ibid.*, p. 225.

이라서 인간의 의식을 통해서 드러날 수밖에 없기 때문이다. 그런데 무의식적인 신성은 무의식이 으레 그렇듯이 사람들에게 이율배반적으로 경험되어 사람들은 혹심한 고통을 겪은 다음 그것을 의식화하고 통합하게 된다. 사실 욥은 그도 알 수 없는 근원에서 나온 고난 때문에 말할 수 없는 고통을 당했다. 그러나 그는 그런 고통 가운데서도 신의 통일성을 의심하지 않았고, 손으로 입을 가리면서 그 고통을 견뎌냈다. 그러므로 욥 못지않게 삶의 불확실한 상황 가운데서 한 개인의 역량을 벗어나는 고통 속에서 그것을 극복하려는 현대인들도 그의 내면에 있는 신성을 의식화하여 실현시켜야 한다. 현대인들이 그렇게 하려고 할 때 예수 그리스도가 남기고 간 성령은 성육신이 계속 이어질 수 있도록 현대인들을 도와줄 것이다.

그런데 융은 계속되는 성육신은 분석심리학적으로 볼 때 신을 구속(redemption)하는 작업이라고 주장하였다. 왜냐하면 융에게 있어서 신은 신 자체가 아니라 사람들에게 있는 신의 이미지이기 때문에 계속되는 성육신은 사람들 속에 있는 신성을 의식화하여 살려 내는 것이기 때문이다. 그런데 그 작업, 즉 인간의 영혼 속에 있는 신을 구속하는 작업은 모든 사람에게 맡겨진 책무다. 현대인들은 이제 더 이상 그들 정신의 어두운 부분에 붙들려 고통받지 말고, 신성을 살려 내야 하는 것이다. 이렇게 생각할 때 우리는 인간의 삶에는 신적인 부분이 있고 우리가 겪는 삶의 모순을 해결하는 것 역시 신적 작업이라는 사실을 알게 된다. 인간은 궁극적으로 신-인이 되도록 생명을 부여받은 존재라는 사실을 알게 되는 것이다.

7. 결 론

사람들에게서 신의 이미지는 의식의 발달과 함께 계속해서 변화되어 왔는데, 그 방향은 무의식에 있는 자기-원형을 의식화하고 그것을 몸으로 사는 것이었다. 그것은 현대인에게도 마찬가지다. 현대인 역시 성령의 도움으로 예수 그리스도처럼 '계속되는 성육신'을 해 나가야 하는 것이다. 그들은 이제 더 이상 신을 인간의 정신 밖이나 하늘에 투사시켜서는 안 된다. 그들은 이제 신을 옛날처럼 안이하게 선하기만 한 존재로 믿을 수 없게 되었기 때문이다. 현대 사회에서 신의 이미지는 2,000년 전 욥의 고난에 대한 응답으로 예수 그리스도에 의해서 이루어진 성육신을 이어가는 것으로 변화되었다. 그것을 그들이 받아들이든 받아들이지 않든 기독교권에서는 그렇게 발달해 왔던 것이다. 사람들은 이제 그들을 괴롭히는 대극적인 요소를 회피하지 말고, 고통 가운데서 성령의 도움으로 그것을 통합해야 하는 것이다. 그때 그들의 안에서는 통합의 원천인 자기가 작용하여 대극을 통합할 수 있으며, 신앙은 그들에게 도움을 줄 수 있다: "신앙은 우리가 신앙을 통해서 사람들에게는 우리가 접근할 수 없는 무한한 신적 본성이 있다는 사실을 알고 느끼게 하는 한 의미가 있다. 그러나 신앙은 또한 우리가 하느님과 비슷하다는 사실, 더 정확하게 말해서 우리에게 하느님의 즉각적인 현존에 관해서도 가르쳐 준다. ……종교적 욕구는 전체성을 바란다."[87]

　　이렇게 볼 때 개성화는 사람이 자신의 내면에 있는 신을 닮은 형상을 실현하는 것이고, 사람이 부분적으로 신이 되는 일이다. 이러한 사상은 기독교 신학에서도 주장해 왔으며, 기독교 신비가 역시 이런 삶을 살았다. 동방정교에서는 사람들은 궁극적으로 신처럼 될 수 있다고 신화(deification)를 주장하였고, 마이스터 에크하르트는 엑스터시 상태에서 신성에로의 돌파(breakthrough)가 일어나 사람들이 신성에 참여할 수 있다고 주장했던 것이다. 사람들은 이제 신을 찬양만 하거나 욕망을 빌리기만 할 것이 아니라 책임적으로 살고, 신의 뜻을 이 땅에서 이루도록 해야 한다. 그런데 융은 거기서 한 걸음 더 나아가서 사람이 개성화될 때 사람은 신의 이율배반성까지 통합하여 신을 구속할 수 있다고 주장하였다. 사람이 그의 내면에 있는 신을 의식화하여 실현시킬 때 신의 부정적인 측면은 더 이상 작용하지 못하고 긍정적인 측면만 작용하게 된다고

---

87) *Ibid.*, p. 237.

주장했던 것이다. 그것이 신의 구속(救贖)이다. 그 작업은 성령의 도움으로 가능하고, 그것이 계속되는 성육신으로 현대인에게 맡겨졌다: "인간이 되려는 신의 결심에 대한 생각은 사람들이 그의 안에서 신의 형상이 있음을 깨닫고 그에 직면할 때 일어나는 발달에 대한 상징이다. 신은 사람들의 무의식에서 작용하고, 사람들로 하여금 무의식에서 생겨나는 끊임없는 대극의 영향을 조화롭게 하고 통일한다."[88]

융은 현대 사회에서 신적인 대극의 통합은 더 긴급한 문제로 대두되었다고 주장하였다. 왜냐하면 의식의 발달로 인간의 능력이 너무 강대해졌기 때문이다. 사람은 과학 기술의 발달로 대량살상 무기를 가지게 되었지만, 그것을 통제할 만한 도덕성은 아직 발달하지 못해서 내면에서 이 대극을 통합하지 못한 개인이 정감을 통제하지 못할 때 가공할 만한 폭력이 자행되기 때문이다.

---

88) *Ibid.*, p. 211.

05

심리학적 유형론과
열등기능의 통합

1. C. G. 융과 심리학적 유형론

그리스 비극에 나오는 주인공들은 저마다 독특한 성격을 지니고 있으며, 그 성격 때문에 결국 비극적인 삶을 살게 된다. 그들의 독특한 성격이 그들의 운명을 결정하는 것이다. 그러나 자신의 성격 때문에 저마다 다른 방식대로 살고 다른 방식대로 행동하는 것은 그리스 연극의 주인공들뿐만이 아니다. 이 세상 사람들 모두가 성격의 굴레를 쓰고서, 때때로 비극적인 상황 속으로 내던져지고 있다. 그러면 사람의 성격을 결정하는 요인은 과연 무엇일까? 이 문제에 관해서 많은 사람은 그 사람의 기질, 체질, 정신 유형 등 많은 요인을 거론하였다. 히포크라테스는 다혈질, 우울질, 담즙질, 점액질이라는 기질론을 주장하였고, 이제마는 체형에 따른 체질론을 주장하였다. 같은 맥락에서 C. G. 융 역시 사람의 생각과 행동 이 서로 다르게 나타나는 것을 흥미 있게 생각하면서 사람의 정신적 태도와 정신적 기능을 중심으로 연구하였다.

융이 인간의 심리학적 유형에 관해서 관심을 가지게 된 것은 인간의 정신에 대한 자신의 관점과 프로이트의 그것이 너무 다르다는 사실을 발견하였기 때문이다. 그래서 그는 자기와 프로이트 사이에 왜 그런 차이가 있을까 하는 의문을 풀어가다가 이 세상에는 정신적으로 서로 다른 유형의 사람들이 존재하며, 그들은 서로 다른 방식으로 이 세상을 관찰하고, 서로 다른 방식으로 살아간다는 사실을 발견하였다. 더구나 그가 매일 접하게 되는 환자들 중에서 히스테리(hystérie) 환자와 조발성 치매(démence précoce) 환자가 너무 대조적인 모습을 보이는 것에 주목하였다. 히스테리 환자가 외부 세계에 대해서 민감하며 매우 격한 감정적 반응을 보이는 반면, 조발성 치매 환자는 외부 세계에 대해서 둔감하며 철저하게 무감동한 모습을 보이는 것이었다. 이러한 차이에 대한 발견은 융으로 하여금 인류의 정신사에서도 명목론과 실재론 사이의 논쟁이나 아폴론형의 사람들과 디오니소스형 사람들의 대립을 통해서도 나타난다는 사실을 발견하게 하였다. 그 결과 그는 사람들은 모두 같은 것이 아니라, 결코 무시할 수 없을 정도로 서로 다른 성격 유형이 있으며, 그들은 서로 다른 성격 유형 때문에 같은 문제에 관해서도 서로 다르게 관찰하며, 서로 다르게 반응한다는 것을 이해하게 되었던 것이다.[1]

그래서 융은 사람들이 서로 다른 방식으로 사물을 관찰하고 그에 반응하는 이유를 찾다가 사람들에게는 서로 다른 정신적 태도(les attitudes psychologiques)와 서로 다른 정신적 기능(les fonctions psychologiques)이 있으며, 정신적 태도와 정신적 기능은 한 사람에게 서로 결합되어 그 사람의 고유한 성격 유형을 만들어 간다는 사실을 발견하였다. 정신적 태도란 어떤 사람의 관심의 방향이 어디를 향하느냐 하는 것에 따라서 결정된다. 즉, 그의 관심이 자신의 내면을 향하느냐, 아니면 외부에 있는 대상을 향하느냐 하는 것에 따라서 사람이 자기 밖에 있는 사물을 대하는 태도와 이 세상을 살아가는 방식이 전혀 다르게 나타난다는 것이다. 그래서 융은 관심의 방향이 자신의 내면

---

1) C. G. Jung, *Types Psychologiques*(Genève: Librairie de l'université de Georg & Cie, S. A., 1983), pp. ix-xi. cf. 조발성 치매는 현대 의학용어로는 정신분열병이다.

과 주체를 향하는 사람을 내향적인 사람, 외부에 있는 대상을 향하는 사람들을 외향적인 사람이라고 불렀다.

1) 정신적 태도 유형: 내향성과 외향성

관심의 방향에 따라서 결정되는 정신적 태도는 한 사람에게서 일종의 생활 습관처럼 일생 동안 거의 변하지 않고 지속되는데, 이는 날 때부터 사람에게 주어지는 성향과 외부적으로 주어지는 환경이 밀접하게 관련되어 작용하면서 굳어진다. 한 사람에게서 하나의 정신적 태도가 중점적으로 형성되는 것은 매우 이른 시절부터다.[2] 두 가지 정신적 태도 가운데서 내향적인 태도(내향성)란 판단의 기준이나 행동을 결정하는 원천이 자신의 내면이나 주체를 중심으로 해서 이루어지는 유형이다. 그에게서 정신 에너지는 언제나 대상(objet)으로부터 주체(sujet)를 향해서 흐르기 때문이다. 따라서 그들은 다른 사람의 기대나 요구에 맞추어 행동하려고 하거나 다른 사람이 가치 있다고 하는 것을 얻으려 하지 않고, 자기 내면에서 요구하는 것을 따라서 판단하고 행동한다. 그들은 오히려 자기 밖에 있는 것들이 무엇인가가 자기를 위협하는 것으로 생각해서 밖에서 오는 자극으로부터 주체를 지키려고 한다. 그래서 사람들은 내향적인 사람을 가리켜서 자기 중심적이거나 자기애적, 주관주의적이라고 비난하기도 한다.

이와 달리 외향적인 태도(외향성)에게서는 판단의 기준이나 행동을 결정하는 요인이 그의 밖에 있는 대상을 중심으로 해서 이루어진다. 이들에게서는 정신 에너지가 주체로부터 대상을 향해서 흘러가기 때문이다. 그러므로 이들은 언제나 그의 바깥에 있는 사람들이 그에게 무엇을 요구하고, 무엇을 기대하고 있는가 하는 점에 대해서 예민해서 언제나 다른 사람에게 강한 인상을

---

2) 융의 제자인 마리-루이제 폰 프란츠(Marie-Louise von Franz)는 어린아이들에게서는 한 살이나 한 살 반이면 벌써 외향적인 태도나 내향적인 태도가 뚜렷하게 형성되기 시작한다고 주장하였다. M. -L. von Franz, *Jung's Typology*(London: Routledge & Kegan Paul, 1923), p. 1.

주거나 관심을 끌고 싶어 하며 다른 사람에게 친밀감을 주려고 한다. 주변 환경에 적응하려고 애쓰는 것이다. 내향적인 사람이 자기 내면에 적응하려고 하는 것과 정반대되는 것이다. 그래서 사람들은 이들을 가리켜서 너무 시세영합적이고 약삭빠른 사람이라고 비난하기도 한다. 이들은 외부 세계와 관계를 맺을 때는 편안해하고 흥미 있어 하지만, 자신의 내면과 관계 맺으려고 하면 불편해하고 두려움을 느끼기까지 한다. 마찬가지로 내향적인 사람은 자신의 내면적인 사실에 관해서는 편안하게 생각하고 열정적으로 대하지만, 외부 세계와의 접촉은 두려워하고 별로 내켜 하지 않는다.[3]

정신적 태도가 사람들에게 서로 다른 유형으로 나타나는 것은 의식적인 태도 아래서이며, 무의식에서는 이와 정반대되는 태도가 나타난다. 의식에서 내향적인 사람은 무의식에서 외향적으로 되고, 의식에서 외향적인 사람은 무의식에서 내향적으로 되는 것이다. 따라서 내향적인 사람은 무의식적으로 다른 사람의 눈치를 더 많이 살피고, 다른 사람의 기대나 평판에 더 예민하게 반응하며, 외부 세계에 관심도 많다. 우리는 이런 모습을 내향적인 사람의 의식이 약화될 때 그들이 다른 사람의 비판을 더 두려워하고 눈치를 살피는 것에서 찾아볼 수 있다. 또한 그들은 무의식의 외향적인 경향에 지배받기 때문에 무의식적인 충동이 올라올 때 그것을 억제하기보다는 그것에 쉽게 굴복한다. 이것은 외향적인 사람의 경우에서도 마찬가지다. 그들은 무의식에서 내향적으로 되어 그들의 의식이 약화될 때, 내면이나 주관에 사로잡혀 외적인 사실을 전혀 무시하고 주관적인 견해나 욕망만 주장하면서 자기중심적이고 유아적인 태도를 보이는 것이다. 그래서 평상시에는 합리적이고 객관적인 태도를 보이던 사람이 어느 날 갑자기 자기 내면에 사로잡혀 자기중심적으로 일을 처리하여 다른 사람들을 놀라게 하는 경우도 많다. 그 이유는 그들에게 내향성이 미분화되어 그들이 매우 피곤하거나 술에 취하여 무의식의 지배 아래

3) 이부영, 『분석심리학』, pp. 121-126. cf. J. Wheelwright, *Psychological Types,* 『심성연구』(제14호, 1995), 김선아, 한주희 역, pp. 125-127.

있을 때, 아직 발달해 있지 못한 태도가 나타나기 때문이다.

2) 정신기능 유형: 사고, 감정, 직관, 감각

인간 정신의 활동 형태를 나타내는 정신기능 역시 정신적 태도 유형처럼 사람에게 주어지는 환경이 아무리 바뀐다고 할지라도 그에게 하나의 활동 원리로 지속적으로 남아서 작용하는데, 정신적인 태도보다는 비교적 늦게 나타난다. 그래서 아이들이 유치원에 다닐 무렵부터 사람에게 있는 네 가지 정신기능 가운데 어느 한 기능이 뚜렷하게 드러나기 시작하는 것이다. 즉, 아이들은 이 무렵부터 자기에게 가장 익숙한 기능을 사용하여 상황에 적응하려고 하며, 익숙하지 못한 기능은 사용하지 않으려고 하는 것이다. 이때부터 아이들은 자신의 주 기능을 발달시키면서 어느 한 기능을 일방적으로 키워 나가는 것이다. 어른들은 이때 아이가 어떤 것을 잘하면 그에게 그런 소질이 있다고 하면서 그 경향을 더욱더 강화시킨다. 그러나 이런 일방성은 사람이 통전적(統全的)으로 발달하는 것을 방해한다. 사람이 자기에게 발달해 있는 어느 한 기능만 발달시키고 다른 기능을 발달시키지 않을 때, 그들은 이 세상을 어느 한쪽으로만 경험하게 되고, 그만큼 삶이 좁아지게 된다.[4]

인간의 정신기능에는 생각하고(思考), 느끼고(感情), 감각하고(感覺), 짐작하는(直觀) 네 가지 기능이 있는데, 사람은 이 기능들을 통해서 자신에게 주어지는 정보를 파악하고 처리하여 주어진 상황에 적응하게 된다. 그런데 융은 이 정신기능들을 다시 합리적인 기능인 사고와 감정, 비합리적인 기능인 직관과 감각으로 나누어 설명하였다. 합리적인(rationnel) 기능이란 'ratio' 라는 단어가 의미하듯이 그에게 주어진 사태를 이성(理性)을 통하여 판단하여 일정한 질서를 토대로 정리정돈하고, 그것이 그에게 좋은지 어떤지를 계산하는 기능이다. 즉, 판단하고, 가치 부여하는 기능인 것이다. 그러나 비합리적

---

4) M. -L. von Franz, *Jung's Typology*, pp. 3-4.

인 기능은 이성을 통해서 파악하는 것이 아니라 본성(本性)을 통해서 지각하는 기능이다. 따라서 감각기능이나 직관기능이 발달한 사람이 어떤 점을 지각했을 때, 어떤 근거에서 그렇게 생각하느냐고 질문을 해도 그에 대해서 설명하지 못하는 경우가 많다. 다만, 그렇게 지각되었을 뿐이라고 대답하는 것이다.[5] 이 기능들에 합리적 또는 비합리적이라는 수식어가 붙은 것은 그 기능들이 이성을 통하느냐 그렇지 않느냐에 따라서 달라지기 때문이다.

사고(pensée)는 사람이 자신에게 주어지는 것에 대해서 "이것은 무엇이다."라고 판단하는 기능이다. 자신의 경험을 개념적이고 논리적으로 파악하여 정리하는 기능인 것이다. 사고를 통하여 사람은 자신의 경험을 개념적이고 합리적으로 파악하여 그 사태에 대처할 수 있다. 그리하여 그는 논리적이고, 개념적인 형태로 지각되는 것들을 이해하여 자기 자신에게 적용하거나(내향형), 자기에게 주어지는 대상에 적용할 수 있게 된다(외향형).[6] 감정(sentiment)은 자아와 그에게 주어지는 내용 사이에서 일어나는 과정으로서 그에게 주어지는 것에 대해서 '좋다, 나쁘다' '호감이 간다, 호감이 가지 않는다' 는 등 가치 판단을 하는 기능이다. 사람이 자신의 경험에 주관적인 가치를 부여하는 기능인 것이다. 감정기능을 통해서 사람은 이 세상을 살면서 겪는 수많은 대상을 취할 것인지 버릴 것인지 결정하고, 자신의 내면세계나 외부 대상에 어떻게 적응할 것인가를 결정하게 된다.

한편 비합리적 기능인 직관(intuition)은 무의식의 지각에 근거하여 "이것은 어디에서 유래되었고, 어떻게 될 것이다."라고 보이지 않는 요인에 근거하여 그 사실을 파악하는 기능이다. 다른 사람이 아직 짐작도 하지 못하는 상태에서 어떤 경험의 가능한 발전 방향이나 연관성을 그것을 미리 볼 줄 아는 기능인 것이다. 사람은 직관을 통해서 어떤 사태의 본질을 파악하고, 거기에 맞추

---

5) 특징적으로 말하자면, 합리적인 기능이 무엇인가를 판단하는 기능이라면, 비합리적인 기능은 무엇인가를 지각하는 기능이다.

6) B. Kaempf, "Les types psychologiques", *Revue d'Histoire et de Philosopnie Religieuses*(66, 1986/1), p. 98.

어 대처할 수 있게 된다. 비합리적 기능 가운데 남은 하나인 감각(sensation)
은 물리적인 자극을 인식하는 기능으로서 그에게 주어지는 것에 대하여 "이
것은 어떻다."라고 그것의 모양이나 색깔, 소리 등을 파악하여 아는 기능이
다. 감각이 발달한 사람은 다른 사람이 입은 옷의 모양이나 색깔, 디자인을 다
른 사람보다 더 잘 파악하고 있다. 감각을 통해서 사람은 그가 경험하는 것들
의 특성을 세밀하게 파악하고, 민감하게 반응하게 된다. 따라서 감각이 발달
한 사람은 자신에게 주어진 현실에 민감하게 반응할 수 있다.

2. 정신적 태도와 정신기능의 결합: 여덟 가지 심리학적 유형

1) 합리적인 유형

앞서 말한 정신적 태도와 기능은 한 사람에게서 결합된 형태로 나타난다.
즉, 어떤 사람이 내향성인 경우 그 사람에게서 사고기능이나 감정기능은 각
각 결합되어, 그는 내향적 사고형이나 내향적 감정형으로 나타나는 것이다.
따라서 두 개의 정신적 태도와 네 개의 정신기능을 결합할 경우 여덟 가지 심
리학적 유형이 나오게 된다. 각각의 유형에 대한 특징을 융과 폰 프란츠의 견
해를 통해서 살펴보면 다음과 같다.

(1) 내향적 사고형

이 유형에서 우선적으로 생각할 점은 이들이 내향적이기 때문에 관심의 방
향이 자신의 내면이나 주체를 향해서 흐른다는 것이다. 이들은 그의 바깥에
서 전개되는 일이나 눈앞에 보이는 대상에 관심을 두지 않고, 자신의 내면이
나 주체(sujet)에 관심을 둔다. 그런데 사고는 감정과 더불어 합리적인 유형이
기 때문에 이들에게는 정리하고 질서를 세우는 기능이 잘 발달되어 있다. 그
래서 이들은 어떤 사실이나 대상과 접했을 때 그것을 잘 정리하여 질서를 세

우려고 노력한다. 하지만 이들은 감정형이 아니라 사고형이기 때문에 자신의 감정을 정리하려고 하지 않고, 사고를 정리하려고 한다. 자신에게 다가오는 것을 보고 그것이 무엇이고, 자신이 가지고 있던 기존의 관념과 어떤 관계에 있는지 지적으로 재구성하려는 것이다. 이들이 경험하는 외적인 사건이나 대상들이 자신의 내면에 떠오르게 하는 생각을 명료하게 정리하려고 하는 것이다. 그리하여 이들은 언제나 "그것은 무엇인가?" "내가 그것에 관해서 어떻게 생각하는가?" 하는 문제에 관심이 많다.[7] 자연히 이들은 객관적인 사실보다 주관적인 생각에 더 몰두하며, 이념이나 관념에 더 많은 영향을 받는다. 그래서 이 유형이 극단적으로 나아가면 이들은 객관적인 사실성은 무시하고 주관적인 관념만 절대시하는 우를 범하게 된다. 사실을 무시한 채 탁상공론만 일삼게 되는 것이다.

이들은 이념이나 관념(idée)에 몰두하기 때문에 이상론자가 되기 쉽다.[8] 또한 이들은 하나의 관념에 대해서 깊이 통찰하려고 하며, 세부 사항에 지나치게 집착하고, 자기 이론 전개를 위한 논지에 지나치게 매달리기 때문에 폰 프란츠는 이런 사람들은 예술사에 관해서 쓸 때도 예술사만 기술하지 않고 "예술이란 무엇인가?" 하는 것부터 깊이 다룬다고 주장하였다.[9] 또한 이들은 자기 생각이 자기에게는 분명하지만 다른 사람에게는 그렇지 않을 수도 있다는 사실을 미처 파악하지 못하기 때문에 다른 사람에게 자기가 알고 있는 것을 제대로 설명하지 못한다.

사고형의 열등기능은 감정이다. 따라서 사고형인 사람들은 자기감정을 표

---

7) M. -L. von Franz, *op. cit.*, p. 41.

8) cf. 휠라이트는 사고형에게서는 생각이 감정과 아무런 교류도 거치지 않고 나오기 때문에 무조건적으로 자기 머릿속에 있는 이념(idée)을 추구하느라고 이상주의자(idéaliste)가 되기 쉽다고 주장하였다. 이런 사람들이 현실적인 삶을 무시하고 이상만 추구하게 될 때 이상을 실현하는 데 방해되는 사람들을 한없이 증오하고 박해하게 되어 수많은 문제를 일으키게 된다. 그래서 중세나 17, 18세기 기독교적 이상 사회를 건설하려고 했던 기독교인들과 미국 청교도들은 그들의 이상을 실현하기 위해서 수많은 사람을 죽이고 투옥하였다. J. Wheelwright, *op. cit.*, 『심성연구』, 김선아, 한주희 역 (서울: 한국분석심리학회, 1995), pp. 137-138.

9) M. -L. von Franz, *op. cit.*, p. 41.

현하는 것이 서툴러 자기 감정을 표현해야 할 경우 아주 미숙하게 표현하거나 제때 표현하지 못해서 나중에 속상해 하는 경우가 많다. 이들은 감정기능이 미숙해서 좋아하는 것과 싫어하는 것도 뚜렷하여 싫어하는 것을 참지 못한다.

내향적 사고형에게서 열등기능은 외향적 감정이다. 따라서 이들의 감정은 외부의 특정한 대상을 향해서 흐른다. 그래서 이들이 어떤 사람을 사랑을 하여 열등한 감정에 사로잡히게 되면 '나는 당신을 사랑한다. 그것을 당신의 문제로 만들어 주겠다.' 는 태도로 특정한 대상을 향해서 돌진한다. 그러나 그 감정이 미분화된 감정이라 원시적이며, 열정적이지만 현실적인 상황을 전혀 계산하지 않은 미숙한 감정이다.

이들의 맹목적이며 헌신적인 사랑은 종종 그 사람을 파멸로 이끌어 간다. 폰 프란츠는 독일 영화 〈푸른 천사(Der Blaue Engel)〉에 나오는 임마누엘 교수가 이런 경우였다고 예를 들었다. 임마뉴엘 교수는 전형적인 내향적 사고형이었는데, 어느 날 학생 지도를 위해서 카바레에 갔다가 접대부를 만나 그녀의 너무나도 발랄한 모습에 반해서 신실하고 충성스러운 사랑을 쏟아 부었지만, 그 때문에 철저하게 파멸되고 만다. 열등한 감정의 희생자가 된 것이다.[10] 외향적 사고형이 언제나 객관적인 사실과 일치하는 폭넓은 사고를 하는 반면, 내향적 사고형은 깊이 있는 사고를 하기는 하지만 자신의 무의식 속에 있는 이상을 보여 주려고 하기 때문에 다른 사람은 내향적 사고형을 이해하지 못한다.

(2) 외향적 사고형

외향적 사고형 역시 합리적인 기능이 발달되어 있기 때문에 정리정돈하는 기능이 발달되어 있다. 그러나 그 방향은 바깥에 있는 사건이나 대상을 향해서 흐른다. 따라서 이들은 자기 생각이나 관념에 관해서 강조하지 않고, 객관

10) *Ibid.*, pp. 42-43.

적인 사실이나 바깥 상황을 강조하고, 명료하게 정리한다. 이는 외향적이기 때문이다. 회의를 할 때도 이들은 먼저 자신에게 주어져 있는 기본적인 사실을 생각한 다음에 논의를 진행시켜야 한다고 주장한다. 언제나 여러 가지 경험적인 자료들을 종합하여 일반적인 견해에 도달하려고 하는 것이다. 이들에게서 주관적이고 개인적인 요소는 항상 인격의 뒷편에 있다. 그래서 이들에게 어떤 문제에 대한 개인적인 견해나 생각을 물어보면 몹시 당황해한다. 이들은 언제나 문제들을 정리하고 사물들을 명료화하는 데 많은 시간을 보내며, 사업가일 경우 기업을 재정비하는 데 몰두하고 있다. 그래서 사업가, 공무원, 자연과학자에게 이런 유형이 많다.

또한 폰 프란츠는 외향적 사고형은 객관적인 자료들을 수집한 다음에 지적인 공식을 설정하려고 하며, 절대적인 진리를 확립하려는 경향이 있기 때문에 교과서나 백과사전을 만들기에 적합하다고 주장하였다.[11] 그러나 이들에게서 객관적인 사실과 원칙을 중시하는 태도가 경직되면 강의를 할 때도 누가 무엇을 말했고, 누가 무엇을 말했다는 식으로 단조롭게 사실들만 나열할 위험이 있다. 같은 맥락에서 이들에게서 외향적 사고가 경직되면 외향적 사고의 긍정성과는 반대되는 부정적 사고가 나타나 모든 것은 어떠어떠한 것에 불과하다는 환원론적인 사고를 하게 되며, 이 세상에는 신비가 없고 모든 것은 설명될 수 있다는 신지학적(神智學的) 사고가 나오게 된다.[12]

휠라이트는 어떤 사람이 내향적 사고형인지 외향적 사고형인지를 판별하려면 그 사람 사고의 출발점이 어디인지 살펴보면 된다고 주장하였다. 즉, 어떤 사고가 외부의 사실에서부터 출발했는지, 아니면 어떤 관념에서부터 출발했는지, 또 그 사고가 외부 대상을 향하고 있는지 아니면 주체로 향하는지를 살펴보면 된다는 것이다. 그래서 외향적인 사고형은 객관적인 사실을 들어서 추상적인 관념들을 반박하려고 한다면, 내향적인 사고형은 주관적인 관념을

----

11) *Ibid.*
12) 이부영, 『분석심리학』, pp. 138-139.

중요시해서 객관적으로 주어지는 결론을 무시하려고 하거나 경시하려고 하는 것이다.

외향적 사고형에게서도 열등기능은 내향적 감정이다. 따라서 이들은 자기 감정을 제대로 표출하지 못하고, 자기가 정말 무엇을 좋아하는지 알지도 못한다. 이들은 감정 기능이 미숙하기 때문에 감정에 의존하고 있는 미적 활동이나 취미 생활, 예술 활동, 종교체험 등에 별로 관심이 없으며, '일만 아는 사람'이나 '취미를 가질 틈이 없는 사람'이 되기가 쉽다.[13] 더구나 이들의 감정은 내향화되어서 밖으로 흘러나가지 않는다. 외향적인 사고형이 가지는 감정은 이렇게 불분명하고 어렴풋한 감정인 것이다. 하지만 감정이 숨어 있고 열등할 때는 절대적으로 될 가능성이 있다. 따라서 폰 프란츠는 외향적 사고형이 극단적으로 되면 이들 사이에서 야만적이고, 파괴적인 열광주의자가 나올 수 있다고 주장하였다. 왜냐하면 이들이 어떤 것을 옳다고 느끼고 그것이 이상적인 것이라고 느끼면 그것의 가치를 의심하지 않고 맹목적으로 지키려고 하기 때문이다.[14]

(3) 내향적 감정형

내향적 감정형은 삶을 주로 감정을 중심으로 해서 사는데, 그 방향은 자신의 내면이나 주체를 향한다. 따라서 이들은 자신의 바깥에 있는 객관적인 사실이나 대상들로부터 가치 판단을 하지 않고, 내적인 전제로부터 판단하기 때문에 자신의 내면으로부터 많은 영향을 받는다. 감정형이기 때문에 이들에게는 가치가 매우 분화되어 있어 무엇이 좋고 무엇이 싫으며, 무엇이 내면적으로 가치가 있고 무엇이 가치가 없는지 뚜렷하게 판단할 수 있다. 그러나 이들의 내향성은 자기 감정이 밖으로 표출되는 것을 막아서 이들은 매우 조용하고, 다른 사람이 이해하기도 힘들다고 말한다. 이들은 다른 사람에게 영향

13) 이부영, *op. cit.*, p. 138.
14) J. Wheelwright, *op. cit.*, p. 139.

을 끼치려고 하지도 않고, 다른 사람의 기분을 돋우려고 하지도 않는다. 바깥으로 드러나는 이들의 인상은 조화되어 있고, 차분한 안정감을 준다. 그러나 이들은 그의 주위 사람들에게 하나의 기준을 제시하면서 긍정적인 영향을 끼친다. 도덕적인 설교나 윤리적인 교훈을 말하지 않지만 다른 이들에게 윤리적인 뼈대를 마련해 주는 것이다. 이들에게 내면적인 가치가 뚜렷하게 내재되어 있기 때문이다.[15]

감정형이 대개 그렇듯이 내향적인 감정형은 여성에게 많은데, 이들은 자기 바깥에 있는 대상과 관계를 맺을 때 될 수 있으면 조용하고 중용적인 감정을 유지하도록 해서 열정에 사로잡히지 않고 차분하게 접촉한다.[16] 폰 프란츠는 내향적 감정형인 사람의 예로 시인 라이너 마리아 릴케의 예를 들었다. 그는 "나는 너를 사랑한다. 그것이 너와 무슨 상관이냐?"라고 쓴 적이 있는데, 이 말의 의미는 내가 너를 사랑하는 것은 네가 어때서 사랑하고, 너에게 어떤 영향을 미치려고 사랑하는 것이 아니라 내가 좋아서 사랑한다는 것이다. 네가 나를 사랑할 필요도 없고, 내가 너를 사랑한다고 해서 네가 어떻게 되라고 하는 것도 아니라는 것이다. 지극히 주관적이며 유아적인 사랑인 것이다. 그러니 어쩌면 이들은 그 대상을 사랑하는 것이 아니라, 그 사람과 관계되는 자기 내면의 어떤 이미지를 사랑하는 것인지도 모른다.

이들에게 있어서 열등기능은 사고다. 따라서 이들은 생각하기보다 느끼기를 바라며, 일단 생각을 시작했을 때에도 열등한 사고의 영향 때문에 다른 사람이 이미 검토해서 폐기한 진부하고 유치한 생각만 한다. 그런데 이들의 사고는 무의식 속에서 외향성을 띠게 되어 외향적 사고가 열등기능이 된다. 그래서 이들은 외부의 객관적인 사실에 대단히 큰 흥미를 느끼고 민감하게 반응하지만 그 반응은 언제나 미숙하기 마련이다. 이들이 자기 생각을 창조적으로 표현하려면 외부에 있는 사실들을 되도록 많이 끌어들여서 설명해야 한

---

15) M. -L. von Franz, *op. cit.*, p. 48.
16) 이부영, *op. cit.*, p. 150.

다고 생각하기 때문에 종종 외부 자료에 압도당하고 만다. 또한 이들은 사고 기능이 열등하기 때문에 무의식적으로 환원론적인 사고를 하게 된다. 모든 것을 몇 가지 되지 않는 개념을 가지고 설명하려고 하는 것이다. 폰 프란츠는 프로이트가 이런 유형에 속한다고 주장하였다. 왜냐하면 그의 이론은 몇 가지 되지 않는 개념을 중심으로 해서 이루어졌고, 자기 이론을 설명하기 위해서 매우 방대한 자료를 가지고 씨름했기 때문이다.[17] 이들은 흔히 외적인 사실에 대해서 저항하는 태도를 보이며, 굴복하지 않으려고 하고, 독재적으로 되는 경향이 있다.

이들은 내향적인 사람들이 흔히 그렇듯이 외부 대상에 대해서 자신을 지키려고 하기 때문에 그것들에 대해서 적대적인 태도를 보이거나 얕잡아 보며 평가절하하는 경향이 있다. 따라서 이들은 겉으로 보기에는 과묵하거나 쌀쌀한 사람처럼 보이지만 의외로 따뜻하고 온화한 사람인 경우가 많다. 이들에게서 나타나는 또 하나의 현상은 전통적인 가치를 쉽게 포기하는 경향이다. 이들은 자신의 내면에서 독창적인 가치를 만들어 그것을 따르므로 자신의 바깥에 있는 전통적 가치는 무의미해지기 때문이다. 이들은 자기만의 세계를 가진 것 같아서 그곳으로 도피하고 그곳에서 편안해하지만, 그들의 행동은 자신을 둘러싼 상황이나 다른 사람들과 별로 관련이 없다. 내향적 감정이 밖으로 펼쳐지기보다는 안으로 집약되기 때문이다. 이들은 이들의 열등기능인 외향적 사고를 분화시켜야 한다. 그러지 않을 경우 지적 단순성이나 교조성에 빠져서 올바른 사고를 할 수 없게 된다.[18]

(4) 외향적 감정형

외향적 감정형은 내향적 감정형과 달리 자기 바깥에 있는 사실이나 대상을 올바르게 평가하고, 그것들과 좋은 관계를 맺으며, 사람을 쉽게 사귀고, 이

17) M. -L. von Franz, *op. cit.*, p. 50.
18) J. Wheelwright, *op. cit.*, p. 139.

세상을 즐겁게 살아간다. 관심의 방향이 내면으로 향하기보다 바깥으로 향하기 때문이다. 이들은 친구도 잘 만들고 좋은 관계를 유지하면서 산다. 이들은 다른 이들이 자신에게 무엇을 기대하고 있는지 잘 알고, 그대로 행동하며, 사회적으로 받아들이는 체계 속에서 산다. 이들의 감정은 객관적인 사실에 기반을 두고 있기 때문에 이들은 전통적이며 일반적으로 좋다고 여기는 가치관을 따르고 있다. 그래서 배우자를 고를 때도 자기 주관에 맞는 사람을 고르기보다는 나이나 외모 및 사회적 지위나 재력 등 모든 사람이 좋아하는 조건을 갖추고 있는 배우자를 고른다.[19]

이들은 내향적인 감정형과 마찬가지로 생각하기를 싫어한다. 그래서 인생의 근본적인 의미나 어떤 개념의 본질에 관한 문제 등 추상적인 논의에 대해서는 질색한다. 그래서 그전까지 활기 있게 이야기하다가도 이런 화제만 나오면 하품을 하고 지루해한다. 이들은 어떤 회합에서 이야기할 때도 자신의 생각을 말하기보다는 그때 가장 지배적인 논조를 따라서 말하는데, 그것이 자기 의견이라고 생각한다. 이들은 어떤 자리에서나 잘 어울리고 그 자리를 활기 있게 만들 줄 아는 사람이다. 그래서 내향적인 사람은 이런 사람들이 너무 어수선하다고 생각하지만 또 필요하다고 생각한다.[20] 이들이 이미 수립된 가치관을 쉽게 따르는 이유도 사실은 이들이 생각하기 싫어하기 때문이다.

이들에게서 열등한 것은 내향적 사고로 이들의 사고에는 부정적인 사고가 감염되기 쉽다. 즉, 이들은 병이나 죽음 등 삶의 어두운 측면에 관한 생각에 사로잡혀서 갑자기 회의적으로 되거나, 자기 자신에 대한 어두운 생각이 떠올라 자기는 '아무것도 아니고, 쓸모 없는 존재'라고 생각해서 갑자기 부정적인 사람으로 되는 것이다. 이들에게 그런 생각이 떠오르는 것은 이들의 사고가 열등하여 모든 것을 환원시켜 버리기 때문이다. 이들에게서 재미있는 사실은 이들이 전통적이며 일반적으로 좋다는 가치를 따르지만 때때로 자신

---

19) 이부영, *op. cit.*, p. 147.
20) *Ibid.*, p. 148.

이 선택한 가치 체계에 대한 맹렬한 비판자가 될 수 있다는 사실이다. 왜냐하면 이들이 채택한 가치 체계는 이들의 사고에서 나온 것이 아니라서 이들 역시 그 기반에 대해서 확신하지 못하기 때문이다. 이들의 열등한 사고는 또한 시시한 문구를 소중한 것처럼 모아놓거나, 한번 사고에 빠져들면 다른 행동을 하지 못하고 책 속에 빠져드는 것에서도 나타난다. 외향적인 모습이 사라지고 완전히 내향적인 태도로 변하는 것이다. 이들에게서 외향적 감정이 극단으로 나가면 이들의 태도는 부자연스러워지고 감정의 활기가 사라지기도 한다.

2) 비합리적인 유형

융은 감각과 직관을 비합리적인 기능이라고 불렀다. 그것들이 사고나 감정과 달리 인간의 이성적인 판단을 통해서 지각되는 것이 아니라, 본성을 통해서 지각되기(percevoir) 때문이다. 감각(感覺)이 외부 대상의 자극 때문에 생겨나는 것들을 의식적으로 지각하는 것이라면(의식적 지각), 직관(直觀)은 외부에 아직 나타나거나 실현되지 않은 것을 무의식적으로 지각하는 것이다(무의식적 지각). 융에 따르면, 사고가 감정과 대극 관계에 놓여 있듯이, 감각은 직관과 대극 관계에 놓여 있어서 감각이 발달해 있는 사람들에게는 직관이, 직관이 발달해 있는 사람들에게는 감각이 발달되어 있지 않다. 감각과 직관역시 두 가지 정신적 태도와 결합되어 다음과 같은 네 가지 정신 유형을 만들어 낸다.

(1) 내향적 감각형

내향적 감각형은 외부 대상의 자극에 의해 생겨나는 것을 지각하는데 그 방향이 밖을 향하지 않고 안으로 향한다. 따라서 이들은 내면에 예민한 필름(film)을 가지고 있듯이 외부적인 감각이 모두 내면화된다. 그래서 폰 프란츠는 어떤 사람이 방 안에 들어오면 이 유형의 사람들에게는 그 사람의 머리와 얼굴 표정, 걸음걸이 등 모든 세밀한 것까지 내면에 강한 인상을 남기게 되고, 그 인상에 반응한다고 주장하였다.[21] 이들에게 외부 대상은 그렇게 중요한 것이 되지 못한다. 그것이 그의 내면에 남겨 놓은 인상이 더 중요한 것이다. 자연히 이들에게서 반응은 서서히 나타난다. 그래서 다른 사람들은 이들의 내면에서 어떤 것이 진행되는지 알지 못하는 경우가 많으며, 이들을 어리석게 볼지도 모른다. 폰 프란츠는 소설가 토마스 만이 이 유형에 속한다고 말하였다. 왜냐하면 그의 소설을 보면 대단히 주관적인 측면이 많고, 그가 어떤 방이나 인물에 대해서 묘사할 경우 그 방 안에 있는 모든 세밀한 것과 그 인물에 관해서 아주 세밀하게 그려 냈기 때문이다. 이들은 자기 생각을 분명하게 드러내지 않지만 글이나 색채 또는 형태 등을 통해서 잘 표현한다. 그래서 문학가나 예술가에게서 많이 찾아볼 수 있는 유형이다.

내향적 감각형에 관해서 이해하려면 여러 사람이 똑같은 풍경을 보고 그림을 그렸지만 그 그림들이 모두 다르게 나타나는 것을 보면 된다. 사람들은 똑같은 것을 보고서도 그들의 내면에 찍힌 인상을 따라서 그리는 것이다. 이들은 이 세상을 살 때 그에게 주어지는 자극이 만들어 놓은 내면적인 인상에 따라서 반응하는 사람인 것이다.[22] 따라서 이 유형이 극단화되면 이들은 객관적인 현실에서 사는 것이 아니라, 주관적인 현실에서 살기 때문에 문제가 생기게 된다. 감각형에게서 중요한 것은 언제나 '지금-여기'다. 이들은 미래를 생각하기보다는 현실을 중요시하고 현실에 매달려 사는 것이다. 그래서 융은 이들에게는 미래가 없는 듯이 보인다고 말한 적이 있다. 그러나 이들의 현실성은 이들에게 금전 관리에 관해서 다른 유형의 사람들보다 뛰어난 감각을 주고 있다.

감각형에게서 열등기능은 직관이다. 따라서 이 사람들은 열등한 직관기능과 관계되는 귀신이나 마귀, 요괴 등 환상적인 것들에 관해서 잘 볼 수 있는

---

21) M. -L. von Franz, *op. cit.*, pp. 27-29.
22) 이부영, *op. cit.*, p. 160.

데, 내향적인 감각형에게는 이것들이 비인격적이고 집단적인 형태로 나타난다. 왜냐하면 이들에게서는 외향적 직관이 열등하기 때문에 직관하더라도 자신의 문제를 보지 않고 그의 시대적인 문제나 바깥 환경과 관계되는 미래나 가능성을 부정적이며 비관적으로 바라보기 때문이다. 또한 이들에게 직관을 동화시키라고 재촉하면 재난이 생긴다. 그의 의식이 너무 세밀한 것까지 지각하느라고 느리게 작용하는 데 비해 직관은 섬광처럼 지나가 그의 환상을 동화시키지 못하기 때문이다.[23)]

(2) 외향적 감각형

외향적 감각형의 특징은 이들이 외부에 있는 객관적인 사실이나 대상에서 무엇인가를 객관적으로 파악하고, 이들 사이에서 어떤 구체적인 관계를 맺는 데 비상한 재주가 있다는 점이다. 그래서 폰 프란츠는 내향적 감각형이 예민한 필름 같다면, 외향적 감각형은 성능이 좋은 카메라 같다고 말했다.[24)] 그래서 이들은 어떤 모임에 참석한 다음 어떤 사람이 무슨 옷을 입었고 어떤 넥타이를 매었으며 어떤 구두를 신었는지 카메라로 찍은 것 같이 기억해 낼 수 있으며, 또 다른 모임에서 자기에게 호의적인 사람이 몇 명이고 그렇지 않은 사람이 몇 명인지 감지(感知)하여 그때 그때 상황에 대처하는 데 능숙하다. 이들은 가장 실제적인 유형이며, 자기 주변 상황에 가장 잘 적응할 수 있는 유형이다. 그래서 이들은 어떤 유형과도 비교할 수 없는 현실주의자로서 언제나 돈 버는 이야기나 사업 이야기를 하며, 실무에 밝은 행정가나 사업가, 기술자에게 많다.[25)] 폰 프란츠는 이들은 감각이 뛰어나기 때문에 옷도 잘 입고, 여자들에게 매력을 주며, 세련된 감각을 가지고 이 세상을 즐기며 사는 사람들로서, 주로 남자에게 많으며, 나라별로는 미국에 많은 유형이라고 주장하였다. 이들은 언제나 강한 감각을 야기하는 대상을 추구하여 육체적인 쾌락을 추구

---

23) M. -L. von Franz, *op. cit.*, pp. 27-29.

24) *Ibid.*, p. 22.

25) *Ibid.*, p. 25.

할 때는 호색적으로 생각되지만, 이와 정반대로 극단적인 고난이나 위험 상황에서 즐거움을 찾기도 해서 반드시 그렇게만 생각할 수는 없다.[26]

감각형에게는 직관이 열등해서 이들은 상상하거나 추측해야 하는 자리에 서게 되면 매우 불편해하며, 상상을 할지라도 이들의 직관은 미숙한 환상 같은 형태로 나타나 현실과 전혀 부합되지 않는 바보 같은 상상을 하곤 한다. 더구나 이들의 추측이나 직관은 대단히 열등해서 언제나 부정적으로 나타나 아무런 근거도 없이 어두운 의심이나 어두운 가능성을 예상하게 된다. 특히 이부영은 외향적 감각형은 내향적 직관이 열등하기 때문에 자기 자신에 대한 불길한 예상을 하며, 도덕적이고 종교적인 문제와 관련된 공포증이나 강박증에 사로잡히게 된다고 주장하였다.[27] 이들이 피곤하거나 술에 취해서 외향적 감각이 나오지 않을 때 열등한 내향적 직관은 귀신 이야기나 마귀 할머니 이야기를 만들어 낸다. 같은 이치에서 외향적인 감각이 극단적으로 나아갈 경우 그들이 무시했던 직관기능의 제물이 되어 미신이나 신비로운 상상에 압도당할 수 있다. 다른 어느 나라보다 미국에 신비종파가 많으며, 많은 문제를 불러일으키는 이유는 미국에 외향적인 감각형이 많기 때문이다.[28]

(3) 내향적 직관형

내향적 직관은 무의식적인 지각기능이 발달되어 있으며, 관심의 방향이 자신의 내면이나 주체를 향해서 나아가는 유형이다. 폰 프란츠는 직관은 신화나 민담에서 '냄새 맡는 것'으로 표현되곤 한다고 주장했는데, 그 이유는 직관기능이 발달한 사람들은 아직 밖으로 드러나지 않았지만 앞으로 드러나게 될 미래를 짐작하면서 미래에 대한 냄새를 맡는 데 탁월하기 때문이다.[29] 즉, 이들은 상상력이 뛰어나고, 짐작과 추측이 정확한 사람들인 것이다: "직관은

26) J. Wheelwright, *op. cit.*, p. 131.
27) 이부영, *op. cit.*, p. 159.
28) M. -L. von Franz, *op. cit.*, pp. 22-23. J. Wheelwright, *op. cit.*, p. 131.
29) M. -L. von Franz, *op. cit.*, p. 33.

기대하는 태도로 나타나는데 가능성을 탐색하고, 예감이 드는 것과 관련이 있다. ……직관은 아무런 사실도, 도덕적인 지원도, 증명된 이론도 없이 단지 가능성만 있을 때 작용한다. 직관형은 대상과 사실에는 거의 무관심해서 단지 징검다리쯤으로 생각할 뿐이다."[30]

직관형에게서 또 하나 주목할 만한 사실은 이들이 사물을 전체적인 안목에서 파악한다는 점이다. 폰 프란츠는 이에 대한 예로 어떤 여인의 경우를 들었는데, 그녀에게 그리스 철학에 관해서 설명해 주니까 그녀는 그리스 철학에 관해서 매우 흥미 있어 하면서, 자기가 그리스 철학에 관해서 알려면 그리스에 관해서 먼저 알아야 한다고 그리스 지도를 사고, 그리스에 관한 정보들을 수집하더라는 것이다. 이렇게 직관형인 사람들은 어떤 사실의 처음과 끝을 미리 알아야 직성이 풀리는 유형이다. 이들이 이야기를 하다가 불쑥불쑥 뛰어넘기를 잘하는 것 역시 이들이 전체적인 안목에서 이야기하기 때문이다. 그래서 모든 것을 세밀하게 알아야 하는 감각적인 사람들은 이들이 이야기할 때 종종 혼란에 빠진다.

직관형의 열등기능은 감각이다. 그래서 이 유형의 사람들은 자기 육체의 요구를 잘 파악하지 못하고, 외부 사실에 대해서도 무감각하다. 이들은 앓아 누울 정도가 되어서야 비로소 몸에 병이 난 것을 알고, 어떤 사실에 관해서도 다른 사람들은 모두 벌써 다 알아차렸는데도 모르고 있는 경우가 많다. 둔하다 할 정도로 외부적인 사실에 둔감한 것이다. 그래서 휠라이트는 직관형 가운데는 금욕주의적인 경향이 있는 사람들이 있는데 이들은 자기의 육체적인 욕구를 알아차리지 못하기 때문에 그런 경우가 많다고 주장하였다.[31] 따라서 감각적인 사람들이 철저하게 현실에 사는 데 비해, 이들은 미래나 과거 속에서 산다. 감각형이 현실을 잘 헤쳐 나가는 데 비해, 직관형은 현실에서 닥치는 장애물 앞에서 꼼짝 못하는 경우가 많다. 같은 맥락에서 이들은 감각기

30) J. Wheelwright, *op. cit.,* pp. 132-133.
31) *Ibid.,* p. 133.

능과 관련이 깊은 성적인 문제에 관해서 어려움을 느끼고 서투른데, 내향적 직관형이었던 니체도 성적인 문제에 대해서 많은 어려움을 겪었다. 내향적 직관형은 관심의 방향이 내면이나 주체를 향해서 흐르기 때문에 인간의 내면이나 내면세계의 발전에 관해서 파악할 줄 안다. 그래서 종교적인 예언자나 심리학자 또는 창조적인 시인이나 예술가에게 이런 유형이 많다.

원시 사회에서 무당이 그들의 신이나 조상령들의 계획을 미리 알았던 것처럼 이들은 이 세상의 정신적인 상황에 관해서 잘 알 수 있는 것이다. 폰 프란츠는 스웨덴의 신비주의적인 예언자 스베덴보리나 야콥 뵈메 등이 이 유형에 속한 사람이었다고 주장하였다.[32] 또한 이들은 무의식의 가장 깊은 층으로부터 자료를 끄집어 내고, 탐색하기를 즐겨하며, 탁월한 재능을 보이기 때문에 심리학 연구에 적합하며, 어떤 사람의 내면세계가 어떻게 변해 가며, 어떤 방향으로 나아갈까 하는 문제를 파악할 수 있어서 정신치료자나 상담자에게도 적합하다.

(4) 외향적 직관형

직관이란 어떤 사건이나 사람의 내부에 잠재되어 있는 가능성을 포착하는 기능이다. 아직 눈앞에 드러나지는 않았지만 그 속에 내포되어 있는 미래의 싹을 예감하는 능력인 것이다. 외향적 직관형은 이것을 바깥 세계에 적용시켜 그의 외부에 있는 사건이나 사물 또는 사람에게서 어떤 가능성을 읽어 내고, 그것의 미래를 예측하는 것이다. 이런 사람이 사업을 하면 내년에 어떤 것이 유행할지 미리 알고 그런 물건을 들여놓거나, 아직 개발되지 않은 허허벌판에서 앞으로 개발될 냄새를 미리 맡는다. 그래서 이들은 가능성이 어디 있는지를 재빠르게 파악하고, 빠른 시간 안에 돈을 많이 번다. 이들은 객관적인 사실을 정확하게 알아맞힐 수 있는 외향적 감각형과 달리 그 사실이 가진 가능성을 정확하게 알아맞힐 수 있다. 또한 이들은 어떤 사람의 발전 가능성

---

32) M.-L. von Franz, *op. cit.*, pp. 33-37.

을 예리하게 파악하여, 그 사람이 지금 다른 사람들에게 어떻게 평가받는지에 구애받지 않고 그의 창조적인 가치를 인정하여 발탁해서 쓰고 있다. 그래서 폰 프란츠는 이들은 미래를 창조하는 예술가나 사업가, 상인들에게서 많이 찾아볼 수 있는 유형이라고 주장하였다.[33]

이들의 열등기능은 감각, 특히 내향적인 감각이다. 그래서 이들은 그의 몸이나 신체적인 욕구에 귀를 기울이지 않으며, 외향적인 직관에만 몰두해 있을 경우 자기 인식을 제대로 정리하지도 못한다. 또한 이들은 자신의 직관에 열등한 감각을 실어서 다른 사람의 창조성을 기다리지 않고, 자기가 직관적으로 파악한 것을 외면화시키다가 실패하는 경우가 있다. 이들이 다른 사람의 가능성을 파악하는 데는 탁월하지만 자신의 직관을 스스로 실현시키려는 경우 그것이 그대로 실현되지는 않기 때문이다. 그래서 폰 프란츠는 이들은 뿌리기는 하지만 거두어 들이지는 못하는 경우가 많다고 지적하였다.[34]

3. 열등기능과 그림자

1) 열등기능의 특성

열등기능이란 한 사람에게 어떤 기능이 너무 발달되어서 그와 반대편에 있는 기능이 미처 발달하지 못하고, 무의식 속으로 들어가 버린 기능을 가리킨다. 예를 들어 말한다면, 내향적인 사람에게서 외향성은 열등하게 나타나며, 사고형에게서 감정은 열등기능이다. 이처럼 열등기능은 의식에서 축출되어 그림자(shadow) 영역으로 들어가 사람의 삶에 많은 문제를 일으킨다. 융은

----

33) *Ibid.*

34) 즉, 직관형이 환상 속에서 본 것을 눈으로 볼 수 있게 구체적으로 외면화시킬 때 그것은 그가 생각하는 것만큼 다른 사람들에게 호응받지 못하는 경우가 많다. 왜냐하면 그에게 열등한 감각은 그의 작업을 효과적으로 하지 못하게 하기 때문이다. M. -L. von Franz, *op. cit.*, p. 30.

열등기능의 특성에 관해서 다음과 설명하였다.

첫째, 열등기능은 발달되지 못했기 때문에 원시적이며, 유아적인 특성을 띠고 나타나고, 상황에 적응하는 데도 매우 서툴다. 오른손잡이가 왼손을 써야 할 때 불편해하고 실제로 잘 쓰지도 못하듯이, 사고형인 사람이 감정 표현을 해야 하거나, 감정형인 사람이 생각해야 하는 자리에 가면 매우 불편해하며, 그 감정이나 사고 역시 우스꽝스럽고 서투르게 나타난다.[35] 열등기능을 표현할 때 사람들은 자기 생각과 감정을 있는 그대로 표현하는 것이 아니라, 아직 발달되어 있지 않은 기능을 행사한다. 따라서 사고형인 사람의 감정은 진부하고 상투적인 방식으로 표출되고, 감정형인 사람의 생각 역시 마찬가지다. 자기 생각이나 감정이 아니라, 집단에서 빌려 온 습관적인 것들을 자기 것인 양 표현하기 때문이다. 러시아 민담에 나오는 막내아들 바보는 심리학적으로 말하자면 열등기능이다. 그 바보는 하는 일마다 서투르고, 미숙하다.

둘째, 열등기능은 무의식 속에 내재해 있기 때문에 그 행사가 과보상적이며, 강박적이고, 완전성을 추구하는 경향이 있다. 내향적인 사람에게서 외향성이 나타날 경우 그들의 외향성은 외향적인 사람의 외향성과 전혀 다르게 나타난다. 그래서 내향적인 사람이 피곤하다거나 술을 마셨을 때 그들에게서 모든 수줍음은 갑자기 사라지고 외향적인 사람보다 더 바깥 세계에 사로잡혀 큰 소리로 떠들고 소란을 피우는 경우가 많다. 반대로 외향적인 사람이 어떤 일에서 실패하여 주관적인 생각과 기분 속으로 들어가면, 갑자기 내향적으로 되어 주변 환경을 망각하고 완전히 부정적인 기분에 빠지게 된다.

열등기능이 강박적으로 표현되는 이유는 열등기능이 왜곡되어 나타나기 때문이다. 그래서 내향적인 사람에게서 열등한 외향성이 나타나거나, 외향적인 사람에게서 열등한 내향성이 나타날 때, 그 열등성들은 매우 과장되고 부정적인 모습으로 표출된다. 이때 사람들은 그 사람의 주 기능과 열등기능 사이를 혼동하지 말아야 한다. 왜냐하면 이 순간 그의 열등기능은 갑자기 활기

---

35) M. -L. von Franz, *op. cit.*, p. 12.

를 찾아서 주 기능처럼 보이지만 사실은 과보상되어서 그런 것이지 그의 주 기능이 아니기 때문이다. 그래서 융은 "열등기능의 본질은 자율성에 의해서 특징되고 있다. 그것은 독립적이며, 우리를 덮치고, 매혹하고, 짜 넣기 때문에 우리는 더 이상 우리 자신의 주인이 아니며 더 이상 우리 자신과 타인 간을 정확하게 구별하지 못한다."라고 주장하였다.[36]

셋째, 열등기능은 지체되어서 나타나는 특성이 있다. 즉, 감정기능이 열등한 그 사람은 다른 사람과 함께 있을 때는 자기 감정을 제대로 표현하지 못하고 생각만 하다가 나중에 자기 혼자 있을 때 "아, 그때 내 느낌을 좀 더 분명히 표현할 걸!" 하고 뒤늦게 후회하는 것이다. 이렇듯이 열등기능은 그 사람 속에서 충분히 발달되지 않았기 때문에 그때 그때 표현되지 못하고 뒤늦게 나타나는 것이다.

넷째, 열등기능은 너무 예민한 반응을 불러일으켜서 사람들로 하여금 그에게 주어진 상황에 제대로 적응하지 못하게 한다. 열등기능은 무의식 속에 숨어 있기 때문에 아직 삶의 여러 가지 상황에 부대끼면서 발달하지 못했다. 그래서 대부분의 사람은 자기의 열등기능이 건드려졌다고 느껴지면 어린아이처럼 화를 내거나, 공격받았다고 느낀다. 자기 인격의 약점이 드러났다고 생각하는 것이다. 그래서 다른 사람들이 조금이라도 그것을 비판하면 예민하게 반응하며, 다른 사람들이 그 문제를 매우 조심스럽게 다루어 주기를 바란다. 폰 프란츠가 사람들이 다른 사람의 열등기능을 건드리려면 여러 가지 입문식 (initiation)을 거치면서 접근해야 한다고 강조한 것은 그 때문이다.[37] 열등기능에 이렇게 서투르고, 원시적이며, 예민한 부분이 있기 때문에 사람들은 페르조나를 가지고 열등기능을 덮으려고 한다. 그러나 열등기능을 발달시키지 않고 덮어 두기만 하면 열등기능은 발달할 기회를 잃어 버려서 더욱더 열등하게 되어 나중에 더 큰 문제를 일으키게 된다.

----

36) C. G. Jung, "Das Problem des Einstellungstypus in Zwei Schriften uber Analytische Psychologie," 『심성연구』(제9호, 1990년 겨울), 백지령, 이죽내 역, p. 132.
37) M. -L. von Franz, op. cit., pp. 9-10.

2) 열등기능의 출현과 작용

열등기능이 생기는 이유는 환경에 대한 적응과 깊은 관계가 있다. 사람들은 그에게 주어진 환경에 적응하기 위해서 자기가 태어날 때부터 타고난 기능을 사용하게 되는데, 그 기능은 많이 사용되어 더욱더 발달하여 그에게 주기능이 된다. 반면에 이 기능의 반대편에 있는 기능은 발달하지 못하여 열등기능으로 되고, 사용될 기회를 상실하여 더욱더 열등하게 된다. 그래서 꼭 이기능이 발휘되어야 할 때, 서투르고 미숙한 모습으로 표출되어 사람들을 난처하게 만들며, 의식이 약화될 때 우월기능의 틈새를 뚫고 나타나 상황에 대한 적응에 문제를 일으키기도 한다.

첫째, 열등기능은 사람이 의식을 너무 혹사시켜 피곤해질 때 무의식에 있던 반대 기능이 드러나면서 나타난다. 이때 열등기능 속에 들어 있던 모든 것은 갑자기 흥미 있어지고, 극적으로 되며, 그의 주체를 사로잡는다. 그래서 그 사람은 평상시의 그와 다르게 그 기능에 사로잡혀서 무의식적으로 행동하는 것이다. 그러나 이 기능은 그에게 평상시 잘 발달되어 있던 기능이 아니고, 미숙한 기능이라서 언제나 문제를 불러일으키게 된다. 더구나 이때 나오는 열등기능은 우월기능과 달리 처음에는 흥미를 주지만 시간이 지나면 지루해지고 흥이 나지 않는다. 일단 판을 짜면 흥미가 가시는 것이다.[38]

둘째, 술이나 약물에 취하여 정신에 대한 의식의 통제가 약화될 때 열등기능은 나타난다. 이것은 흔히 볼 수 있는 것으로, 평소에는 매우 얌전하고 조용하던 사람이 술에 취했을 때 평상시와 다르게 행동하는 것이다. 그러나 열등기능은 그 사람에게 환경에 잘 적응할 수 있게 하는 기능이 아니기 때문에 열등기능의 행사는 언제나 낭패를 가져오기가 쉽다.

---

38) M. -L. von Franz, *op. cit.,* pp. 11-13. 윤흥길의 소설 『아홉 켤레의 구두로 남은 사내』는 열등기능이 얼마나 우월기능보다 더 강력하게 한 사람의 삶에서 나올 수 있으며 얼마나 파괴적인 속성을 가지고 있는지 잘 보여 주고 있다.

셋째, 열등기능은 꿈속에서 그림자, 아니마/아니무스, 자기(Self) 등과 관련되어 인격화되기도 한다. 즉, 사고형에게서 열등기능은 열등하고 원시적인 감정을 가진 사람으로 나타나고, 감정형에게서 열등기능은 미숙하고 원시적인 생각을 가진 사람으로 나타나는 것이다. 그래서 폰 프란츠는 꿈 해석을 할 때 사람들에게 이 사람에 관해서 묘사해 보라고 하면, 사람들은 보통 자신의 열등기능을 묘사해 내곤 한다고 주장하였다. 그러나 이 사람이 자신의 그림자를 인식하게 되면 열등기능은 아니마/아니무스에 영향을 주게 되는데, 이때 아니마/아니무스는 그 사람의 우월기능과 반대되는 기능을 가진 인물로 나타난다. 즉, 사고형인 남성에게서 아니마는 감정적인 여성으로, 감정형인 여성에게서 아니무스는 사고적인 남성으로 나타나는 것이다.

넷째, 열등기능의 그림자는 종종 하층민이나 저개발국가 사람들에게 투사되어 나타난다. 즉, 사람들은 자신의 열등기능을 의식하지 못할 경우 자신의 열등한 측면을 자기보다 못하다고 생각하는 사람들에게 덮어씌워서 그들을 오만하게 바라보는 것이다. 사고기능이 열등한 사람은 가난한 사람은 생각할 줄 몰라서 매일 그 모양이라고 비난하고, 감정기능이 열등한 사람은 저개발국가 사람들이 너무 감정적이라서 무지몽매하다고 비난하는 것이다.[39]

그러면 열등기능을 어떻게 발견할 수 있는가? 이 문제에 관해서 폰 프란츠는 열등기능은 한 사람에게 있는 동물적인 본성으로서 마치 동물이 할 법한 행동으로 나타난다고 주장하였다. 다시 말해서, 열등기능은 정동(emotion)이나 정감(affect)에 매우 깊이 감염되어 있어서 원시적이고 미숙하게 나타난다는 것이다. 그래서 폰 프란츠는 열등기능이 어떻게 그 사람의 내면에 있는 동물적인 본성과 연관되어 나타나는지 살펴보는 것은 대단히 흥미 있는 일이라고 주장하였다. 즉, 사고형의 열등기능은 감정인데, 그것은 억압되어 있을 경우 개가 자기 감정을 표현하는 수준으로 나타나기 쉬우며, 감정형인 사람의

---

39) C. G. Jung, "Das Problem des Einstellungstypus in Zwei Schriften uber Analytische Psychologie." 『심성연구』(제9호, 1990년 겨울), 백지령, 이죽내 역, p. 55.

사고 수준은 그것이 미발달되어 있을 때 개가 사고하는 수준으로 나타나서 그에게 주어진 상황과 전혀 부적합한 방식으로 나타나 잘못된 결과를 가져오기 십상이라는 것이다.[40]

열등기능을 발견하는 데 좋은 또 다른 방법은, 그 사람의 주 기능을 발견하고, 그다음에 그와 반대되는 기능을 살펴보는 것이다. 먼저 어떤 사람에게 가장 발달된 기능이 무엇인가를 평가할 때는 그 사람이 궁지에 빠졌을 때 어떻게 거기에서 빠져나오는가를 살펴보면 된다. 왜냐하면 궁지에 빠지면 사람들은 자기에게 가장 발달해 있는 기능을 사용하기 때문이다. 그래서 그가 빠져나올 길에 대해서 생각하는가, 아니면 직관적으로 떠오르는 생각을 기다리는가, 허점을 발견하기 위해서 감각을 의존하는가, 아니면 느낌을 통해서 문제를 해결하려고 시도하는가 하는 것을 관찰함으로써 그 사람의 주 기능을 알아낼 수 있는 것이다.

열등기능을 발견하는 데 좋은 세 번째 방법은 어떤 지적이 그 사람의 신경을 가장 심하게 건드리는가 하는 것을 관찰하는 것이다. 앞서도 말했듯이, 열등기능은 한 사람에게 가장 취약한 부분이기 때문에 사람들은 다른 사람이 자신의 가장 취약한 부분을 건드리면 예민하게 반응한다. 다른 사람이 자신에 대해 이렇다 저렇다 하는 것들은 모두 받아넘기지만 유독 어떤 지적에 대해서는 예민하게 발끈하는 부분이 있는데 그것이 그의 열등기능인 것이다. 예를 들면, 감정기능이 발달하지 못한 사람에게 목석같다고 하거나, 사고기능이 발달하지 못한 사람에게 생각할 줄 모른다고 말하면 아주 싫어하는 것이다. 그래서 휠라이트는 우월기능을 작동시키는 것은 사람이지만, 열등기능은 사람을 잡아 흔든다고 하였다.[41] 즉, 사고형은 자신의 사고기능을 조절할 수 있지만, 그의 감정은 쉽게 상처받아 화산처럼 폭발하며, 감정형은 사고기능에서 취약하여 거기에 강한 충격을 받으면 쉽게 상처받는 것이다.

40) *Ibid.*, pp. 56-58.
41) J. Wheelwright, *op. cit.*, p. 131.

4. 열등기능의 통합과 개성화

열등기능은 사람의 삶에 수많은 문제를 불러일으킨다. 그것이 본래 동물적인 본성과 관계되는 것이라 그것을 발달시키지 않고 그대로 살면 동물적인 수준에서 살 수밖에 없기 때문이다. 그래서 융은 열등기능의 동화는 개성화 과정에서 필수적인 요소라고 강조하였다.[42] 사실 열등기능은 무의식과 너무 가까이 있기 때문에 무의식은 열등기능을 통해서 의식에 들어올 수 있으며, 우리 정신을 내적인 뿌리와 연결시켜 줄 수 있다. 따라서 열등기능을 동화시킴으로써 우리 의식은 더욱더 확장될 수 있으며, 더 폭넓은 삶을 살 수 있게 된다. 폰 프란츠가 열등기능은 우리 인격을 전체성에 도달하게 하는 숨겨진 열쇠이며, 무의식으로 가는 징검다리라고 주장한 것은 그 때문이다.[43] 그래서 사람은 자신의 열등기능을 인식하고 그것을 의식에 동화시킬 때 삶에 대해서 새로운 태도를 가지게 되며, 그 삶이 더욱더 풍부해진다. 융은 사람은 보통 인생의 후반기에서 삶의 무료함이나 권태 때문에 자신의 열등기능이나 보조기능에 관심을 기울이게 된다고 주장하였다. 왜냐하면 이때 사람은 모든 것이 바깥에서 보기에는 잘되어 나가는 것 같지만 자신의 내면은 한없이 비어 있다고 느끼기 때문이다.[44]

열등기능을 동화시키려면 첫 번째로 자신의 열등기능을 인식하고 열등기능이 상징적인 방식으로 말하는 그 의미를 파악해야 한다. 즉, 다른 사람의 지적 가운데서 제일 아프게 생각되는 것이나, 가장 고통받고 있으며, 항상 걸려 넘어지는 부분이 어디에 있는지를 파악하고, 꿈이나 행동을 통하여 상징적인 방식으로 나타나는 열등기능의 메시지를 파악하여 그것을 동화시켜야 하는

---

42) C. G. Jung, *Types Psychologiques*, pp. 478-486
43) M. -L. von Franz, *op. cit.*, p. 7.
44) C. G. Jung, "Das Problem des Einstellungstypus in Zwei Schriften uber Analytische Psychologie." 『심성연구』(제9호, 1990년 겨울), 백지령, 이죽내 역, p. 59.

것이다. 예를 들어 말하면, 내향적 사고형의 열등기능은 외향적 감정인데, 그
가 어떤 사람에게 강한 애착이나 강한 혐오를 가지고 있다면 그것은 그가 자
기 내면에 있는 그런 특성을 파악하고 그 요소들을 동화시켜야 한다는 신호
라고 생각해야 한다. 왜냐하면 그에게 느껴지는 외향적 감정은 사실은 그 사
람을 가리키는 것이 아니라 그와 관계되는 자기 내면의 그림자를 보여 주는
상징적인 표현이기 때문이다. 그러므로 사람은 이렇게 열등기능의 상징적인
표출의 의미에 민감해야 한다.

두 번째로 열등기능을 동화시키려면 주 기능의 행사를 자제하고, 주 기능
을 조금 희생시켜야 한다. 열등기능은 무의식에 있고 아직 발달하지 않았기
때문에 단번에 의식으로 올라와 원숙하게 작용할 수 없다. 따라서 열등기능
을 동화시키려면 주 기능이 낮은 수준으로 내려가 같이 발달해야 하는 것이
다. 그렇게 될 경우 주 기능과 보조기능, 열등기능 사이에는 간격이 적어져
네 가지 기능이 원만하게 발달할 수 있는 것이다. 이렇게 되면 사람은 삶에서
전혀 다른 태도를 보이게 된다. 어떤 사태에 대해서 주 기능을 가지고 즉각적
으로 대처하지 않고 사물의 모든 면을 파악하면서 대처하느라 매우 원숙한
태도로 살아가게 되는 것이다.

세 번째로 열등기능이 의식에 즉각적으로 동화될 수 없기 때문에 열등기능
을 동화시키려면 우월기능과 열등기능 사이에 중간 단계를 설정해야 한다.
열등기능이 너무 아래 있어서 위로 올라오기 힘들며, 사람은 열등기능과 접
촉할 때 자기 삶에서 어떤 중요한 것이 내려앉는 것 같은 느낌을 갖기 때문에
그 사이에 중간 단계를 설정하여 천천히 열등기능을 동화시켜야 하는 것이
다. 그러기 위해서 융은 글이나 그림, 춤 등을 통해서 자신의 열등한 기능을
발달시키는 것이 좋다고 강조하였다. 폰 프란츠는 직관형은 자신의 내면에서
떠오르는 이미지들을 눈으로 볼 수 있도록 진흙이나 돌로 무엇인가를 만들
고, 사고형은 열등한 감정을 원시적인 리듬으로 된 음악에 맞추어 춤으로 표
현하거나 원색적인 그림을 통해서 표출시킬 수 있으며, 감각형은 그들의 열
등한 직관이 나올 수 있도록 섬뜩한 이야기를 만들어 쓰면 좋다고 주장하였

다.[45] 마찬가지로 감정형은 그의 사고기능이 나올 수 있도록 추리소설을 읽는 것도 한 가지 방법이 될 수 있을 것이다. 이렇게 융은 열등기능을 발달시킬 수 있는 가장 좋은 방법은 적극적 상상(active imagination)을 통해서 중간 지대를 만드는 것이라고 강조하였다. 적극적인 상상을 통하여 마음속에 여러 가지 이미지를 떠올리고, 그 가운데서 열등기능과 관계되는 이미지에 관심을 집중시키고 그것을 발달시키는 것이 좋다는 것이다. 이렇게 할 경우 열등기능은 구체적인 방식을 통해서 발달하느라고 다른 정신기능을 혼란에 빠뜨리지 않으면서 간접적으로 의식에 동화될 수 있게 된다.[46]

융이 인간 정신의 궁극적인 목표라고 제시한 개성화 과정은 심리학적 유형론과 밀접한 관계에 있다. 왜냐하면 개성화란 사람이 더 이상 나뉠 수 없는 자기에 도달하는 것이며, 자기에 도달하려면 사람은 자신의 정신을 구성하는 수많은 요소는 물론 앞서 살펴본 정신적 태도와 기능들을 통합하여 인격의 전일성(la totalité)을 이루어야 하기 때문이다. 따라서 사람은 삶에 적응하기 위해서 일방적으로 발달시켜 왔던 주 기능은 물론 열등기능 역시 발달시켜서 그것들이 무의식에 머무르게 하지 않고 의식에 통합해야 하는 것이다. 그런 의미에서 융은 개성화란 윤리적인 문제라고 주장하였다. 사람의 인격에 그림자 지는 부분이 없이 모든 정신적인 요소가 균형 있게 발달해야 하기 때문이다. 열등기능은 우월기능과 달리 그 내용이 과장되거나 왜곡되어 표출되며, 표출되는 방식 역시 강박적이거나 매우 서투르게 표출되어 우리 삶에 많은 문제를 불러일으킨다. 그러나 그것들이 우리 정신에 통합되면 우리 정신은 자연스러운 가운데서 모든 기능이 행사되어 넉넉하고 조화로운 삶을 살게 되는 것이다.

---

45) 폰 프란츠는 강렬한 색깔로 된 그림은 감정기능이 열등한 사고형에게 감정기능을 발달시킬 수 있는 좋은 방법이 된다고 주장하였다. M. -L. von Franz, *op. cit.*, pp. 62-63.

46) M. -L. von Franz, *op. cit.*, p. 62.

06

중년기의 위기와
개성화 과정

1. 중년기의 위기와 문제

현대 사회에 들어와서 '중년기의 위기(mid-life crisis)' 현상은 이전 시대에 비해서 더욱더 많은 사람의 삶에 커다란 문제를 불러일으키고 있다. 그래서 우리는 중년의 나이에 들어서서 갑자기 삶의 무료함을 느끼거나, 권태와 허무의 늪에 빠져서 헤어 나오지 못하는 사람들을 종종 보게 되는데, 그런 사람들은 흔히 불안감이나 우울증을 호소한다. 신체검사를 해보면 아무 이상도 없는데 몸이 여기저기 쑤시고 결린다고 고통을 호소하는 것이다. 또 어떤 사람들은 여태까지 살아왔던 삶이 잘못됐다고 생각하여 그것과 전혀 다른 삶을 새로 시작하려고 하는 경우도 있다. 화가 고갱을 모델로 해서 썼다는 서머셋 모옴(W. S. Maugham)의 소설 『달과 육펜스』에 나오는 주인공은 성공적인 은행가로서의 삶을 내 버리고 어느 날 갑자기 아내와 자녀 곁을 떠나서 파리로 올라와 화가로서의 새 삶을 시작한다.[1] 또한 '중년기의 연애'라고 해서 모든 것을 갖추고 있는 중년의 신사가 그의 사회적 배경이나 환경에 어울리지 않게 가정 밖에서 애틋한 애정을 찾으려고 하는 것도 이 시기에 종종 나타나는 현상이다. 이 시기는 우리 삶의 첫 번째 전환기인 사춘기 못지않게 우리 삶을 다시 한 번 뒤흔들 수 있는 시기인 것이다. 그래서 융은 인간의 삶에서 중년의 나이는 대단히 중요한 시기이며, 이때 사람들은 자신의 삶을 다시 한 번 뒤돌아보고 제대로 추스려야 한다고 강조하였다.[2]

융에 따르면, 현대 사회에 들어와서 중년기의 위기는 이전 시대에서 볼 수 없었던 심각한 문제를 불러일으키고 있다. 과거 사회에서는 중년기의 위기가 오늘날처럼 보편적이고 심각한 양상을 띠고 나타나지 않았기 때문이다. 물론 과거 사회에서도 사람들이 자아를 완전히 통합하지 못했을 경우 우울증에 빠지거나 방황하는 등 많은 고통을 겪었다. 하지만 과거 사회에서는 중년기 이후의 삶을 산 사람도 그렇게 많지 않았고, 있다고 할지라도 그 문제들은 대부분의 경우 한 사람이 충분히 견딜 수 있는 정도의 것이었다. 오늘날처럼 그렇게 많은 사람이 아주 깊게 앓고 있는 것은 아니었던 것이다.

현대 사회에서는 사람들의 평균 수명이 과거 사회에서보다 많이 늘어나 중년층이 훨씬 두터워졌다. 또한 과거 사회에서는 노인을 존중하고, 노인의 지혜에 귀를 기울이는 전통이 있었는데, 오늘날의 사회에서는 '새 것'과 '첨단'을 추구하는 풍조가 만연되어 중년을 넘긴 사람들이 설 자리가 점점 좁아지고 있다. 현대 사회에서 중년을 넘긴 사람들의 수는 늘어가는데 그들이 설 자리는 점점 줄어들어 중년을 넘긴 사람들이 변화된 사회에 제대로 적응하지 못하고 고통받는 것이다. 우리 눈에 심각한 정신적인 문제나 사회적인 일탈 행동으로 보이는 것들도 사실은 모두 이 중년의 문턱에 넘어서서 이제 성숙한 인격을 갖추기 전에 겪는 아픔인 것이다.[3]

1) W. S. Maugham, *The Moon and Six Pence*, 1965.

2) C. G. Jung, *The Collected Works of C. G. Jung* VIII. ed. by Sir Herbert Read, tr. by R. F. C. Hull(Princeton: Princeton university Press, 1970: 이하 CW로 표기), pp. 387–403.

3) 요즘 들어와서 '정보화' '세계화'라고 하면서 '도구적인 가치'와 '외향적인' 삶의 태도만 우상시하는 사회 풍조 때문에 중년을 넘어선 사람들은 이제 이 사회에서 그들이 기여할 수 있는 영역이 좁아져 더욱더 몸을 움츠리고 있다. 더구나 눈부시게 발전하는 컴퓨터나 인터넷 등은 그러한 경향

2. 인생의 두 단계와 그 과제

　그러면 언제부터를 중년기로 생각해야 하는가? 융은 '중년기(mid-life)' 라는 단어보다 '인생의 후반기(the second half of life)' 라는 단어를 즐겨 쓰면서 35세부터를 인생의 후반기라고 보고 있다.[4] 사람들은 35세를 중심으로 해서 그 전과 후의 삶의 내용이 달라지기 때문이다. 사실 사람들은 35세 이전에는 자신의 바깥 생활에 적응하기 위해서 무엇인가를 배우고 얻고 성취하려고 애를 쓰는 데 비해, 35세가 넘으면 이미 쌓아 놓은 것을 바탕으로 해서 무엇인가를 이루려고 하며, 거기에서 더 나아가 자신의 내면적인 욕구에 관심을 기울이게 된다. 여태까지는 사회에 적응하고, 결혼하고, 자녀를 기르느라고 애썼는데, 이제는 자신을 위해서도 무엇인가 해야겠다고 생각하는 것이다.

　이때 사람들이 이런 생각을 하게 되는 데는 신체적인 이유도 많이 있다. 사람들은 그 전과 달리 피로도 쉽게 느끼고, 몸이 마음에 따라와 주지 않는 것을 느끼면서 이제 자기도 나이를 많이 먹었다는 사실을 불현듯 깨닫게 되기 때문이다. 물론 여기에서 35세라는 나이는 모든 사람에게 다 똑같이 적용되는 것은 아니다. 사람에 따라서는 이 시기가 일찍 찾아오는 사람도 있고, 늦게 찾아오는 사람도 있다. 그러나 대체로 보아서 사람들은 35세부터 40세 무렵에 삶의 전환기를 맞게 되는 것이다. 그러므로 이 무렵에 사람들은 변화된 사회적 여건과 신체적 조건에 맞추어서 그 이전과 다른 삶의 방식과 태도로

을 더 강화시킨다. 그러나 젊은 세대의 가치가 그것대로 존중되어야 한다면, 노년의 지혜 역시 그 것대로 인정받아야 한다. 진정한 가치란 어느 한편에 치우친 것이 아니라 그 모든 것을 통합할 수 있는 것이어야 하기 때문이다.

4) 에릭슨 역시 인생의 단계를 여덟 가지로 구분하면서 일곱 번째 단계인 장년기를 35세 전후부터로 잡고 있다. 에릭슨에 따르면 이 시기 역시 사람들이 밖으로 나아가기보다는 그 이전 시기에 이루어 놓은 것들을 바탕으로 해서 생산성을 거두며, 앞으로 다가오는 죽음을 준비하는 시기인 것이다. E. H. Erikson, *Childhood and Society*(New York: Norton, 1963), Identity, Youth and Crisis(New York: Norton, 1968).

살아야 한다. 그러지 못하고 인생의 후반기에도 인생의 전반기와 같은 관심사와 태도를 가지고 산다면 그런 사람들은 심각한 삶의 위기에 처하게 된다. 심한 경우 신경증이나 정신병에 걸리게 된다. 융은 그의 진료실에 찾아온 환자 가운데 1/3 이상은 임상적으로 볼 때 신경증 때문에 찾아온 것이 아니라 사실은 이 '중년의 위기'를 제대로 넘기지 못해서 온 것이라고 말한 적이 있다.[5]

융의 주장에 따르면, 인간의 삶은 30대 중반을 기준으로 해서 확연하게 구분된다. 35세 이전인 인생의 전반기에 사람들은 자아(ego)를 발달시키고, 앞으로 이 사회에서 살아가는 데 필요한 지식과 기술을 습득하면서 앞으로 함께 살아가야 하는 이웃과의 관계도 원만하게 맺어 놓아야 한다. 그뿐만 아니라 평생을 투신해야 할 직업도 선택하고 그것을 통해서 어느 정도의 기반도 닦아 놓아야 한다. 인생의 전반기에서 사람들은 자신의 정신적 에너지를 외부 세계에 쏟아 붓고, 외부 세계에 몰두하여 그의 작은 제국을 건설하는 것이다. 이 작업은 한 사람이 살아가는 데 대단히 중요한 작업이다. 그래서 인생의 전반기에서 나타나는 신경증은 사회에 대한 적응부전(適應不全)으로 나타난다. 즉, 사람은 사회에 나아가서 그 사회가 그에게 부과하는 문제들과 맞서고 그 사회로부터 그의 삶에 필요한 자원들을 얻어 내야 하는데, 어떤 사람은 이런 과제 앞에서 겁을 먹고 뒤로 물러설 때 문제가 생기는 것이다. 이때 이들은 자신 앞에 닥친 삶의 과제 앞에서 "나는 아직 준비가 되어 있지 않아!" "나는 아직 두렵단 말이야."라고 하면서 도피하는 것이다. 이런 경우 이들은 현실에 직면하려고 하기보다는 그들이 이미 오래전에 분리되었어야 하는 어머니의 품으로 다시 돌아가려고 하는 것이다. 따라서 신경증에 걸릴 수밖에 없게 된다. 그들은 신경증에 걸림으로써 어머니의 품과 같은 무의식에 안기게 되고, 외부 세계와는 이제 다시 접촉하지 않아도 되는 것이다. 따라서 이들을 치료하려면 그들의 약화된 자아를 강화시키고, 삶으로부터의 도피가 절

5) C. G. Jung, *Modern Man in Search of a Soul*, p. 70.

대로 불가능하다는 사실을 깨우쳐 주며, 내면에 있는 정신적 자원을 이끌어 내 그들에게 주어진 삶의 과제를 극복하게 도와주어야 한다.[6] 이처럼 인생의 전반기에서 사람들은 외향적(extravertical)인 태도로 외부 지향적인(outer oriented) 삶을 살아가면서 인생을 준비하는 것이다.

그러나 인생의 후반기는 이와 다르다. 이때 사람들은 여태까지 살아왔던 행적을 토대로 해서 어느 정도 자신의 자리를 잡아간다. 사회적으로나 경제적으로 어떤 위치에 도달하게 되고, 어느 정도 안정이 되어 있는 것이다. 그래서 그가 아무리 의식적으로는 외부 세계에 몰두해 있더라도 무의식에서는 이제 그만 내면세계에 관심을 기울이라고 촉구하는 것이다. 피로감이 쉬 찾아오고, 몸이 여기저기 찌뿌둥한 것은 그에게 이제는 그의 몸과 마음도 보살피라는 신호인 것이다. 그러므로 앞으로는 이 세상에서 더욱더 많은 것을 쟁취하려고 애쓸 것이 아니라, 자신의 내면에서 요청하는 많은 소리에 응답해야 한다. 이때가 되면 사실 우리 내면에서는 인생의 전반기에 사회에 적응하느라고 바빠서 소홀히 했던 내면적 요청이 이제 더 이상 참을 수 없다고 가혹한 빚쟁이처럼 자기의 정당한 권리 주장을 하기 때문이다. 실제로 우리가 인생의 전반기에 몰두하고 이루어 놓은 것은 우리가 정말 좋아서 그랬던 것이 아닌 경우가 많다. 오히려 우리가 이 사회에서 제대로 적응하기 위해서 다른 사람들이 그 가치를 인정하고 좋다고 하는 것들을 우리도 같이 얻으려고 했던 것이다. 때때로 우리는 그것들을 얻기 위해서 우리의 진정한 욕구까지 희생시킨 적이 많다. 이에 따라서 우리 내면에 감추어져 있던 우리 자신만의 가치는 점점 더 억압되곤 하였다. 그러나 우리는 언제까지나 내면의 요청을 모르는 척할 수가 없다. 그러는 경우 이렇게 억눌려 있는 정신적 요소는 언젠가 용수철처럼 튀어 올라 우리의 정신을 모두 혼란에 빠지게 할지도

---

6) 융은 사람의 사회적 자아라고 할 수 있는 페르조나(persona)에 부정적인 측면만 있는 것이 아니라, 긍정적인 측면도 많이 있다고 주장하였다. 따라서 우리가 사회에 제대로 적응하려면 우리 자신을 페르조나와 전적으로 동일시해서도 안 되지만 페르조나도 발달시켜야 한다고 주장하였다. C. G. Jung, *CW* IX(1).

모른다.

　인생의 전반기에서 우리가 삶의 언덕을 넘느라고 우리 주위에 있는 아름다운 것들과 내면의 소리에 귀를 기울이지 못했다면, 인생의 후반기에서 우리는 그 언덕을 내려가면서 그것들을 손으로 어루만져 보고, 그 가치들을 인정해 주어야 한다. 인생의 전반기가 외향적인 태도(extravertical attitude)에 의한 외부 지향적(outer oriented) 삶이었다고 한다면, 인생의 후반기는 내성적인 태도(introvertical attitude)에 의한 내면 지향적(inner oriented) 삶이어야 한다. 인생의 전반기에서 우리가 무엇인가를 모으고 성취하는 데 대부분의 시간을 보내고 우리의 삶을 넓게 벌려 놓았다면, 인생의 후반기에서는 이미 모아놓았던 것들을 다시 나누고, 성취하지 못한 것 역시 그 나름대로 의미 있는 것이라고 인정하며, 우리 삶을 하나하나 통합해야 한다.[7] 이처럼 우리 삶에는 서로 다른 특성을 지닌 두 시기가 있으며, 이렇게 다른 인생의 두 시기에서 우리는 서로 다른 태도와 가치관을 가지고 살아야 한다. 그러나 불행하게도 많은 사람은 이 사실을 알지 못하고 있다. 그래서 인생의 후반기에서도 자신의 내면 깊은 곳, 영혼에서 울려 나오는 소리를 듣지 못하고 계속해서 바깥 세상만 쳐다보고 산다. 이제는 바깥을 그만 보고 내면을 바라보아야 한다는 사실을 깨닫지 못하고 인생의 전반기에 해결하지 못한 문제에 매달려 있거나, 그 전 단계에서 성취한 열매를 탐닉하고 있는 것이다. 그러나 그들은 그렇게 하면서 자신이 모르는 사이에 인생이 그들에게 부과하는 새로운 도전을 거부하고 있다. 인생의 후반기가 그들에게 부과하는 새로운 삶의 과제를 회피하고 있는 것이다. 그러나 삶의 법칙은 대단히 엄중하다. 누구든지 삶이 그들에게 부과해 오는 도전을 거부하는 경우 반드시 그 대가를 치러야 하기 때문이다. 중년기의 위기 역시 그 대가 가운데 하나다.

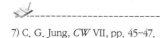

7) C. G. Jung, *CW* VII, pp. 45-47.

3. 중년기의 위기와 그 증상

　내면에의 요청을 무시하고 계속해서 외부적인 가치에 매달려 있는 사람들은 때때로 심한 피곤감을 느끼거나 권태감이나 삶의 무료함을 호소한다. 왜냐하면 아무리 외부적으로 가치 있는 것을 성취했을지라도 자신의 무의식에서는 그것이 그 자신의 내면을 위해서는 별로 가치 있는 것이 아니라는 사실을 간파했기 때문이다. 그래서 아무리 커다란 사회적 성취를 이루었거나, 아무리 많은 재물을 모았을지라도 그의 삶에는 아무 기쁨도, 감동도 없어지게 된다. 다만, 피곤하고, 무료하기만 할 뿐이다. 그래서 그는 늘 쉬고 싶다고 하지만 정작 쉬지도 못하고 일에만 매달려 있다. 그가 정말 쉴 수 있는 때는 그가 결국 무기력 상태나 절망 상태에 빠져서 더 이상 아무것도 할 수 없게 될 때다.

　인생의 후반기에 제대로 대처하지 못하는 사람들에게서 나타나는 또 다른 증상은 그들이 우울증에 빠지거나 삶의 표류감을 느끼는 것이다. 그들의 내면에서 진정으로 요청하는 것을 그들이 만족시켜 주지 못하기 때문에 그들은 그 어느 것에서도 즐거움을 느끼지 못한다. 그래서 그들은 "왜 사는 것이 이다지 어려운 것일까?" "산다는 것이 본래 이런 것이라면 사람들은 도대체 왜 사는 것일까?" 하는 물음에 빠지기도 하며, "내가 지금 제대로 가고 있는 것인가?" "다른 사람들도 이렇게 사나?" "나만 지금 잘못된 길로 가는 것이 아닌가?" 하고 묻기도 한다. 이러한 내면적인 의문에 대한 대답으로서 그들은 여태까지 다니던 직장을 그만두고 새로운 일을 시작하거나, 타고 다니던 차나 집을 팔고 새 차를 구입하거나 새집으로 이사를 간다. 그들의 내면에서 여태까지와 다른 무엇인가 새로운 것을 요청하는 것을 알고 있지만 그것이 정작 무엇인지 알지 못해서 엉뚱한 방식, 눈에 뜨이는 방식으로 응답하는 것이다. 앞에서 말했던 '중년기의 연애' 현상도 마찬가지다. 지금 자기에게 무엇인가 문제가 있다는 사실을 느낀 사람들이 그 문제의 원인을 배우자와의 애정 결핍에 있다고 생각하여 제3의 인물에게서 안온한 분위기를 얻으려고 하는 것이다. 그러나 이런 방식으로는 결코 문제가 해결될 수 없다. 오히려 문제를 더 복잡하게 만들고 만다.[8]

이런 사람들 중에는 건강에 대한 염려가 지나쳐서 건강염려증(hypo-chondria)에 빠지는 사람들도 많다. 여기저기가 쑤시고 결리며, '이것도 무슨 병이 아닐까?' '저것도 무슨 탈이 아닐까?' 하는 걱정과 근심 속에서 매일매일을 보내는 것이다. 그러면서 육신의 건강만이 제일이라고 생각하여 몸에 좋다는 것이면 무엇이든지 먹으려 하며, 약을 입에 달고 살기도 한다. 그런 사람들은 인생이란 그 가운데에 굵은 마디가 있어서 두 단계를 서로 다른 태도로 살아야 하는 것을 알지 못하고, 하나의 통으로 된 밋밋한 막대기 같은 것으로 생각하여 언제나 돌진하는 태도로 살아야 하는데 몸이 그 전처럼 따라주지 않아서 안타까워하는 것이다. 물론 육체의 건강은 대단히 중요하다. 그러나 더욱더 중요한 것은 몸과 마음의 균형 있는 건강이다. 그러나 이들은 도무지 인생의 후반기에 적응하지 못하고 있다. 그래서 이들은 어울리지 않게 옷차림도 젊은이처럼 하고 다니거나 중년의 나이에 어울리는 중후한 멋을 수치스럽게 생각하며, '젊음의 예찬자'가 된다. 이런 사람 가운데는 늘 자기의 젊은 시절의 무용담을 늘어놓기 좋아하는 사람들이 많다. 그들에게는 앞으로 나아갈 미래가 없기 때문이다. 이들은 자신에게 정말 필요한 삶의 과제를 알지 못하기 때문에 언제나 과거만 존재하고 지나가 버린 젊음이 아쉬운 것이다.

이들은 으레 인색하고, 교조적이며, 신경질적이기가 쉽다. 중년·노년의 나이에서 오는 여유나 너그러움을 전혀 찾아볼 수 없는 것이다. 당연하게도 이들은 더욱더 원숙해지기를 포기하고, 언제나 청년이기만을 바라고 있으니까 그들로서도 어쩔 수 없는 일이다.

이 모든 것이 우리가 우리 주위에서 찾아볼 수 있는 중년기의 잘못된 태도

---

8) J. Brewi & A. Brennan, *Mid-life: Psychological and Spiritual Perspectives*(New York: Crossroad, 1982), pp. 30-40.

다. 이 가운데서 어떤 증상이 과도하게 나타나면 우리는 그것을 가리켜서 '중년기의 위기'라고 한다. 그러나 어린아이가 성인의 축소판이 아니듯이, 성인 역시 청년기의 단순한 연장이 아니다. 이 둘 사이에는 질적인 차이가 있는 것이다. 그러므로 우리는 인생에는 확연하게 서로 다른 두 단계가 있다는 사실을 인식하고, 각각 다른 두 단계에서 서로 다른 삶의 태도를 가지고 살아야 한다.[9] 우리가 앞서 지적한 중년기의 위기는 사람들이 인생의 이 다른 특성을 알지 못하고, 어느 한 단계에 고착해 버렸다는 사실에 있다. 인생에서 고착(固着)이란 그 어느 종류의 고착일지라도 대단히 위험하다. 왜냐하면 정신 에너지가 어느 한 점에 고착되어 있을 때 정신 에너지는 더 이상 흐르지 못하여 우리의 성장을 단절시키고 창조적인 미래를 가로막기 때문이다.

4. 인생의 후반기와 그 과제

그러면 우리는 인생의 후반기에 어떤 태도를 가지고 살아야 하며, 어떤 과제를 성취해야 하는가? 그에 대한 대답으로 인생의 후반기에는 자기 내면의 목소리에 귀를 기울여야 한다고 다소 추상적으로 지적한 바 있다. 그러면 내면의 목소리에 귀를 기울인다는 것은 무엇을 의미하는가? 그것은 우리가 인생의 후반기에 들어와서는 인생의 전반기에서와 달리 우리 밖에서 찾았던 명예나 인정감이나 성공 등을 이제는 우리 내면에서도 찾아야 하며, 여태까지 소중하게 생각해 왔던 것들을 뛰어넘어서 그것들을 절대시하지 않는 것을 말한다. 좀 더 알기 쉽게 말하자면, 우리가 인생의 전반기에서는 사회적인 성공을 바라고, 사회적인 명예를 바라며, 세상 사람들의 박수갈채와 칭송에 목말라 했다면, 인생의 후반기에서는 우리의 내면적인 조화에 관심을 기울이고, 우리 내면에서 진정으로 의미 있는 것을 추구하여, 나 자신으로부터 "너 지금

9) *Ibid.*, pp. 25-42.

정말 잘하고 있구나." 하는 소리를 들을 수 있어야 하는 것이다. 우리가 어떤 일을 할 때 우리 밖에 있는 어떤 평가 기준에 우리 자신을 맞추려고 할 것이 아니라, 우리 내면에 권위의 근거를 두어 그 내면적인 권위가 이끄는 대로 따라가야 하는 것이다. 그리고 우리가 여태까지 그렇게 소중하게 생각해 왔던 세속적인 것들을 뛰어넘어 인간에게는 정말 가치 있는 초월적인 세계가 있다는 사실을 우리의 존재 전체로 인정하고 그 세계에 헌신해야 하는 것이다. 왜냐하면 인간에게는 본래 세속적인 것과 초월적인 것 모두가 필요하며, 인생의 후반기에서 이 양자를 통합해야 하기 때문이다. 이 사실을 심리학적인 관점에서 말하자면, 세속적인 것에 몰두하기 쉬운 우리의 의식적인 측면과 초월적인 것에 관계 깊은 무의식의 측면을 통합해야 하는 것이다.

융은 의식과 무의식을 통합하는 과정을 개성화 과정이라고 불렀다. 개성화란 우리의 인격이 더 이상 분할할 수 없게 되는(in-divide) 경지에 도달하는 것이다. 본래 개성화란 융이 그의 환자들에게 정신치료를 할 때 궁극적인 목표로 삼았던 통합 상태였다. 신경증이나 정신병 환자가 오랜 기간 동안 분석받은 다음 그의 정신 속에서 아직 분화되지 못했거나 의식화되지 못하여 그의 인격에 통합되지 못했던 요소들을 분화시키고 의식화함으로써 그의 인격을 전일성(wholeness) 상태에 도달하는 것이다. 우리가 이렇게 인격의 통합을 이룰 때 우리는 무의식의 불분명한 충동에 따르지 않을 수 있고, 우리 주위에 있는 다른 사람들의 견해에 맹목적으로 따르지 않을 수도 있다.[10] 왜냐하면 우리의 정신에 대한 분석 과정을 통해서 우리는 우리 내면의 진정한 욕구를 알 수 있으며, 우리 내면에서 어떤 충동이 치밀어 오를 때 그것이 정말 내가 원하

---

10) 융은 사람들이 집단의식에서 벗어나야 건강해진다고 강조하였다. 우리는 사실 이 세상에서 살면서 우리가 원해서 어떤 것을 추구한다고 생각하지만, 그것은 실제로 자신이 원해서 추구하는 것이 아니라 우리 사회가 가치를 두고 있어서 자신도 맹목적으로 그것을 숭상하고 있는 것인지도 모른다. 융에 따르면, 제2차 세계대전 당시에 독일 사람들이 히틀러를 그렇게 추종했던 것 역시 그들의 의식이 각성되지 못하여 집단의식을 추종한 결과라고 주장하였다. W. B. Clift, *Jung and Christianity*(New York: Crossroad, 1982), pp. 161-178 참조.

는 것인지 아닌지를 파악할 수 있기 때문이다.

　우리가 인격의 통합을 이루지 못하고 있는 한 우리의 정신은 불안정할 수밖에 없다. 정신 속에서 무의식의 부분적인 요소들이 끊임없이 일어나 많은 영향을 미치기 때문이다. 더구나 무의식은 억압되고 억제되었던 요소들이기 때문에 강력한 에너지를 가지고 있으며, 의식으로서는 여간 통제하기 어려운 것이 아니다. 그러므로 인생의 후반기에서 우리는 사회에 어느 정도 적응했고, 삶을 어느 정도 꾸려 갈 수 있게 되었으므로 이제는 우리 내면에 적응해야 한다. 융은 개성화를 정신과 환자들에게만 필요한 것이 아니라 모든 사람이 궁극적으로 도달해야 하는 것이라고 생각하였다. 모든 사람에게는 자신이 알지 못하는 무의식적 요소가 있으며, 그것이 무의식적으로 남아 있는 한 사람들에게 부정적인 영향을 일으킬 수밖에 없기 때문이다.

5. 인생의 후반기와 개성화 과정

　그러면 개성화란 무엇인가? 개성화에 관해서 이해하려면 우리는 먼저 융의 심리학에 대해서 살펴보아야 한다. 융에 따르면, 인간의 정신구조에는 의식과 무의식, 자아와 그림자(shadow), 외적 인격(persona)과 내적 인격(아니마/아니무스) 등 서로 반대되는 정신 요소들이 있으며, 이 모든 요소는 서로 상보적(相補的)인 관계에서 작용하면서 우리의 정신 전체를 통합하고 있다.

　또한 인간의 정신적 태도에는 외향적 태도와 내성적 태도가 있어서 이 태도들 역시 서로가 서로를 보완해 가면서 작용하여 사람들이 그에게 주어지는 각각의 환경에 올바르게 적응하도록 한다고 주장하였다.[11] 그러나 이러한 정

---

11) 그 밖에 융은 인간의 정신기능에는 역시 서로 반대가 되는 사고와 감정, 직관과 감각 등이 있으며, 이 기능들 역시 통합되어야 한다고 주장하였다. 그러나 이 글에서는 이 부분에 관해서는 다루지 않기로 한다. cf. C. G. Jung, *Types Psychologiques* (Genèves: Librairie de l' Université de Georg & cie, S. A., 1983).

신적 요소들과 정신적 태도는 그것들 가운데 어느 한 요소(또는 태도)가 무시 또는 억압되어 있거나 일방적으로 발달해 있을 때 우리 정신과 삶에 커다란 문제를 일으킨다. 평상시에 우리 인격은 이 모든 정신적 요소가 어느 정도 조화를 이루어서 커다란 문제없이 살고 있지만, 우리가 우울할 때나 분노를 일으킬 때 또는 억제할 수 없는 충동에 사로잡힐 때는 이 요소들이 조화를 잃어버리고, 통합되어 있지 못하다. 우리가 앞에서 살펴보았던 중년의 위기 징후들 역시 우리가 인생의 전반기에서 외부 세계에만 적응하느라고 우리의 내면의 욕구, 즉 무의식의 욕구를 등한시했기 때문에 생겨나는 현상이다. 그러므로 우리에게 이런 징후가 생길 때 우리는 우리가 무시해 버린 무의식의 욕구들을 찾아내어 그 욕구에 응답해야 한다. 그 과정이 개성화 과정이다.[12]

1) 의식과 무의식의 통합

융에 의하면, 인간의 정신은 크게 의식(consciousness)과 무의식(unconscious)으로 구분되어 있다. 의식이란 우리 자아(ego)가 지금 보고 듣고 느끼고 생각하며 감각하는 모든 내용으로 구성되어 있는데, 사람은 흔히 자신의 존재 전체를 자신의 의식과 동일시하고 있다. 그러나 인간 존재는 그의 의식에만 영향을 받는 것이 아니다. 인간에게는 의식보다 훨씬 더 큰 영역이 존재하며, 그 영역은 우리에게 끊임없이 영향을 미치고 있다. 이 영역을 심리학에서는 무의식이라고 부른다.

정신분석의 개척자 프로이트는 개인무의식의 존재만을 주장했는데, 융은 인간에게는 그의 개인적인 체험 세계와만 관계되는 개인적 무의식(personal unconscious) 이외에 인류 전체의 역사와 체험의 기록이 담겨져 있는 집단적

---

12) 개성화 과정은 대개 꿈에 대한 탐구로 이루어진다. 즉, 꿈속에 나오는 무의식의 상징을 분석하고 그것의 의미를 살펴보고 그것들을 의식화하여 우리의 정신에 통합시켜 나가는 것이다. 그러나 꿈 이외에도 융은 적극적 상상(imagination active)을 통해서도 무의식에 접근해 갈 수 있다고 주장하였다. 적극적 상상에 관한 더 자세한 내용은 *CW* VIII, pp. 81-83 참조.

무의식(collective unconscious)이 존재하고 있음을 주장하였다. 융에 의하면, 개인적 무의식이란 우리의 자아가 이미 체험했던 것들이 어떤 이유 때문인지 망각되었거나 억압되었거나 억제되어 의식의 영역에서 사라져 버린 것들과 의식에 떠올랐지만 정신 에너지를 잃어버려 의식에서 소멸되어 버렸거나, 자극이 너무 미미하여 식역(識域)에 이르지 못하고 지나가 버린 내용들로 구성되어 있다. 예를 들어 말하면, 성적인 충동이나 공격적인 충동이 솟아오를 때, 우리는 그것이 너무 부도덕하거나 비윤리적이라고 생각하면서 그것이 튀어나오지 못하도록 억제, 억압한다. 또 다른 경우, 우리가 도저히 감당할 수 없을 듯한 어떤 충격적인 사건과 접했을 때, 그 사건이 실제로 일어났음에도 불구하고 마치 그 사건이 일어나지도 않은 듯이 의식하기를 거부하고 억압하여 그 사건은 무의식으로 들어가 버리고 만다.[13] 그러나 이때 무의식 속에 들어가 버린 내용들은 잠깐 우리의 의식 영역에서 사라져 버린 것이지, 완전히 우리의 정신 전체에서 사라져 버린 것이 아니다. 왜냐하면 그 내용들은 우리의 육체에 영향을 미치거나, 언제든지 그럴 만한 계기가 되면 다시 우리 의식 표면에 떠오를 수 있기 때문이다.

　우리는 평상시 우리 자신을 의식 세계와 동일시하고 우리에게 무의식은 있지도 않은 것처럼 생각하고 있다. 그러나 우리에게 무의식의 세계는 엄연히 존재하고 있으며, 우리가 지금 의식하고 있는 것보다 훨씬 더 넓고 큰 세계를 구성하고 있다. 특히 집단적 무의식은 우리 한 개인의 경험 세계를 뛰어넘어 온 인류가 여태까지 경험했던 내용들로 구성되어 있어서 한결 더 큰 세계를 이루고 있으며, 우리 행동과 삶 전체에 막대한 영향을 미치고 있다. 인생의 전반기에서 우리는 의식 세계에 몰두하고 있으며, 그 세계에서 성공하려고만

---

13) 필자가 만났던 어떤 부인은 그녀의 남편에게 교통사고가 났다는 전화 연락을 받고, 그다음의 상황이 상상하기조차 끔찍하여 "아니야, 내 남편에게 교통사고가 났을 리가 없어!"라고 그 사건을 수용하기를 거부하고 억압하였다. 이렇게 무의식으로 들어간 정신적 내용은 결국 그녀의 척추에 작용하여 척추의 뼈마디 사이의 근육이 늘어나게 했다. 그래서 그녀는 오랫동안 고통을 받은 적이 있다. 무의식이란 이렇게 우리가 의식하기를 거부할 때 우리 육체에 작용하여 또 다른 문제를 일으킨다.

한다. 그래서 성공에 도움이 되지 못할 것 같은 내용이나 기능 등을 억제하거나 억압하고 있다. 그에 따라서 우리에게 있는 어떤 정신 내용들은 무의식화되며, 우리의 삶은 그만큼 위축되고 만다.[14)]

2) 자아와 자아의 어두운 면의 통합

다음으로 융은 우리 정신에는 자아(ego)와 그림자(shadow)가 있다고 주장하였다. 자아란 한 사람이 "나는 어떤 존재다."라고 느낄 때, 그 느끼고 있는 정신적 내용 전체를 말한다. 그런데 그 내용은 대체로 긍정적인 것이다. 자신을 적당히 선하고, 적당히 의로우며, 적당히 괜찮은 존재라고 생각하는 것이다. 그러나 인간은 결코 선하기만 하며, 의롭기만 하고, 괜찮기만 한 존재일수가 없다. 인간 역시 하나의 생물인 한, 인간에게는 자기 보호 본능이 있으며, 그 본능은 인간의 정신적인 통일 속에서 조절되어 나오지 못할 때 야수적이고 난폭하게 나타난다. 우리의 순치(馴致)된 자아와는 전혀 다른 모습으로 나타나는 것이다. 융은 이것을 그림자(shadow)라고 불렀다. 자아의 뒷편에서 햇빛을 받지 못하는 부분의 응달이기 때문이다. 그림자는 모든 사람의 인격 속에 깃들어 있다. 그러나 우리는 자기 인격에 그림자가 있다는 사실을 받아들이지 못한다. 그림자는 응달 속에 있으면서 성장할 기회를 얻지 못하여 열등하고 기형이 되어 버린 정신적 내용들로 구성되어 있기 때문이다. 하지만 우리가 자신에게 그림자가 있다는 사실을 받아들이지 못하고 그것을 계속해서 무시할 때 우리의 그림자는 더욱더 열등하고 기형적인 모습이 된다. 그 정신 내용들이 발달하지 못하여 원시적이고 열등한 모습을 띠기 때문이다.

동양 문화권에서는 종래 희로애락의 감정을 잘 표현하지 않는 것이 점잖은 생활 태도였다. 그러나 감정이란 인간의 자연스러운 본성 가운데 하나다. 따라서 어떤 사람이 이런 문화권 속에서 살면서 '남자가 자기 감정을 그렇게 쉽

14) C. G. Jung, *Dialectique du moi et de l'inconscient*, pp. 21-43.

사리 드러내면 안 된다.'는 생각 때문에 감정 표현을 억제한다면, 그 사람에게서 감정 표현의 기능은 퇴화되고 만다. 그의 감정 표현 기능에 그림자가 지는 것이다. 그래서 그가 정말로 자신의 감정 표현을 해야 할 때에도 그는 감정 표현을 하지 못하거나, 한다고 할지라도 아주 어색하게 하고 만다. 성적 충동도 마찬가지다. 성 충동은 인간에게 매우 자연스러운 본성인데, 그것이 수치스럽다고 생각하여 억제하기만 하면 성 충동은 예기치 않은 순간 튀어나오게 된다. 어둠 속에서 드러나게 되는 것이다.

융은 인간의 그림자의 문제를 가장 잘 다루고 있는 작품으로 영국의 소설가 스티븐슨이 쓴 『지킬 박사와 하이드 씨』를 들었다.[15] 이 소설 속에서 지킬 박사와 하이드 씨는 같은 사람이다. 그러나 지킬 박사가 자기 자신을 점잖고, 근엄하고, 도덕적인 인물로만 동일시하기 때문에 그의 내면에서 그림자진 인격적 내용들은 어둠만 깔리면 인격의 표면을 뚫고 나와서 여러 가지 비행을 저지르는 것이다. 이처럼 우리는 우리 내면에 있는 인격적 요소들을 그림자 속에 가두고 우리의 밝은 측면만 우리의 전부인 것처럼 생각해서는 안 된다. 그저 겉으로만 온화하고, 근엄하며, 점잖은 사람인 것처럼 해서는 안 되는 것이다. 물론 우리가 이런 가치들을 궁극적으로 추구해야 하지만, 아직 그런 가치들이 우리의 내면에서 진심으로 우러나와 그렇게 하지 못한다면 우리는 그렇지 못한 우리 자신의 모습마저 받아들여야 하는 것이다. 아무리 우리 사회에서 그런 가치들이 높이 평가받는다고 할지라도 우리가 내면에 있는 그렇지 못한 내용들을 인정하지 않을 경우, 우리 내면에서 그림자는 더욱더 짙어지고 우리 인격은 자아와 그림자로 완전히 분열되고 만다.

자세히 살펴보면 그림자에 속해 있는 정신적 내용들은 그 자체가 열등한 것이 아니다. 그것이 열등하게 보이는 것은 그것이 햇빛을 받지 못했고, 성장할 기회를 얻지 못했기 때문이지 그 자체가 열등하고 우스꽝스러운 것은 아니기 때문이다. 그것 역시 인간의 본성의 하나인 한 그것 자체로서 가치가 있

---

15) C. G. Jung, 『인간과 무의식의 상징』, pp. 20-21.

고 앞으로 성장해 가야 하는 것이다. 우리가 우리 내면에 있는 모든 그림자를 그대로 인정하고 발달시킬 때, 그 그림자들에서는 짙은 색조가 옅어지고 우리 인격 전체에 자연스럽게 통합되게 된다.[16] 그러므로 우리는 인생의 후반기에서 특별히 우리가 인생의 전반기에 발달시키지 않아 그림자로 된 부분을 우리 인격에 통합시켜야 한다.

3) 페르조나와 아니마/아니무스의 통합

세 번째로 융은 인간의 정신에는 외적 인격과 내적 인격이 있다고 주장하면서 외적 인격을 페르조나, 내적 인격을 아니마/아니무스라고 불렀다. 외적 인격은 자아가 바깥 세계와 만나서 살 때 작용하는 정신적 요소이며, 내적 인격은 우리 인격의 내면적 상태를 드러내 보이고, 의식을 인격의 내면과 만나게 해 주는 정신적 요소다.

외적 인격인 페르조나라는 말은 라틴어에서 본래 사람들이 연극을 할 때 썼던 가면을 가리켰다. 그래서 융이 외적 인격을 페르조나라고 불렀을 때, 융은 우리가 이 세상을 살아갈 때 우리는 마치 무대에서 연극을 하듯이 우리의 내면적 욕구와는 다른 역할을 해야 할 때도 있으며, 그것은 대단히 중요하다는 사실을 지적하고자 함이었다. 그러나 페르조나는 연극만이 아니라 실제적인 것이다. 예를 들면, 우리는 이 세상을 살아가면서 많은 페르조나를 가지고 있으며, 그 역할들을 수행해 나가야 한다. 한 사람이 사회에서 살 때 그에게는 많은 역할이 기대된다. 한 가정에서 그는 아버지나 어머니, 남편이나 아내, 아들이나 딸로서 역할을 수행해야 한다. 직장에서도 경우에 따라서 상사로서, 부하직원으로서 역할을 해야 하며, 그 직책에 맞는 사회적인 역할 역시 감당해야 한다.

그러나 이 페르조나를 모두 제대로 수행하기란 결코 쉬운 일이 아니다. 마

---

16) *Ibid.*, pp. 47-78.

치 희극 배우가 그의 내면적인 상태가 어떻든지 간에 무대 위에서 늘 웃거나 우스꽝스러운 역할을 수행해야 하는 것처럼 우리 역시 페르조나가 해야 하는 역할을 차질 없이 수행해야 사회에서 제대로 적응할 수 있다. 목회자면 목회 자로서, 아버지면 아버지로서의 역할을 제대로 수행해야 하는 것이다. 목회 자가 목회자답지 않은 행동을 하거나, 어른이 어른답지 못한 행동을 할 때 사 람들은 "무슨 목회자가 저래?" "무슨 어른이 저래?"라고 하면서 손가락질한 다. 그러나 우리는 인간이기 때문에 언제나 페르조나가 요구하는 행동만 할 수 없으며, 때로는 그 페르조나이기에 앞서서 하나의 감정과 생리적인 욕구 를 가진 인간일 수가 있는 것이다. 하지만 세상 사람들은 언제나 한 사람을 어 떤 틀 속에 집어넣고 그에 맞추어서만 평가하려고 한다.

사실 사람은 어떤 틀 속에 있기보다 그 틀을 깨고 새로운 시도를 할 때 더욱 더 창조적인 사람이 될 수 있고, 더욱더 활기 찬 삶을 살 수 있다. 그러나 사람 은 다른 이들의 비난이 두려워 자신의 내면에서 들려오는 소리를 들으려고 하기보다 사회가 규정해 놓은 틀 속에 들어가 그 틀이 요구하는 태도와 역할 만 수행하려고 한다. 그래서 우리 내면에서 어떤 신호를 우리에게 보내든지 간에 페르조나가 그때 해야 하는 말투와 몸짓만 하는 것이다. 기계적으로 경 직된 페르조나만 보이는 것이다. 이런 식으로 계속 행동하면서 어떤 경우 사 람은 그 자신 전체와 그의 페르조나를 완전히 동일시할 때도 있다. 그가 목회 자이면서 동시에 인간 아무개인데 인간 아무개는 없어지고 목회자 아무개만 남게 되면서 그의 행동과 삶 모두를 틀에 박힌 듯이 행하게 되는 것이다. 그에 게 인간적인 실수도 있을 수 있고, 인간적인 약점도 있을 수 있는데, 그것을 용납하지 못하고 사람들에게 "무슨 목회자가 저래?"라고 비난받는 것이 두려 워서 언제나 전형적인 목회자의 모습만을 보이려고 하는 것이다. 그때 그에 게서는 아무런 여유도, 유머도 찾아볼 수 없다.

물론 어떤 사람이 그의 페르조나에 충실해서 사는 것은 대단히 좋은 일이 다. 그러나 페르조나는 어디까지나 우리 인격의 한 요소일 뿐이라는 사실을 잊지 말아야 한다. 그러므로 우리는 우리 자신을 인격의 어느 한 요소와만 동일시하려고 하지 말고 인격 전체의 통합을 생각하면서 살아야 한다. 우리의 내면은 아직 그렇게 되어 있지 못한데 우리가 날 때부터 목회자였던 것처럼 전형적인 목회자의 얼굴을 하고 그 사람을 가장 생각해 주는 것처럼 경건한 모습으로, 그 사람의 모든 것을 받아들이는 체한다면 그것은 진정한 자아가 서 있는 것이 아니라 가면이 서 있는 것이다. 우리는 이런 모습을 보고 소위 "냄새가 난다."고 한다. "선생 냄새가 난다." 혹은 "목사 냄새가 난다."라고 하는 것이다.[17] 거기에 진정한 인간이 서 있는 것이 아니라 냄새가 나는 페르조나가 서 있을 뿐이라는 사실을 다른 사람들이 이미 알아차린 것이다. 그러므로 우리는 페르조나와 전적으로 동일시할 것이 아니라 우리의 인격 전체로 살아야 한다. 그리고 우리의 페르조나를 인격의 전체성과 통합시켜서 살아야 한다. 그렇지 못할 경우 우리 인격은 껍데기뿐인 페르조나와 그 페르조나의 그림자로 분열되고 말 것이다.

다음에 우리에게는 우리의 자아의식과 우리의 내면을 이어주는 정신적 요소인 내면적 인격이 있는데, 융은 이 내면적 인격이 남성과 여성에게 서로 다른 모습으로 나타난다고 주장하면서, 남성에게서 나타나는 내면적 인격을 아니마(anima), 여성에게 나타나는 내면적 인격을 아니무스(animus)라고 불렀다.

융에 따르면, 가장 온전한 인간은 고대 신화에 나오는 양성구유적(兩性俱有的) 존재인 헤르마프로디테(hermaphrodite)였다. 헤르마프로디테는 올림포스의 남성신인 헤르메스와 미의 여신인 아프로디테 사이에서 태어난 존재였다. 따라서 이 존재는 가장 이상적인 남성상과 가장 이상적인 여성상을 동시에 지닐 수밖에 없는 존재다. 융에 따르면, 이 신화가 말하는 바는 우리 인간에게는 헤르메스가 지니고 있는 남성적인 모습과 아프로디테가 지니고 있는 여성적인 모습이 동시에 들어 있는데, 이 두 특성이 서로 조화를 이루어 통합되어야 한다는 것이다. 그런데 남성에게서는 적극성, 개방성 그리고 사변적이며

---

17) 이부영, 『분석심리학』(서울: 일조각, 1982), pp. 71-82.

논리적인 특성이 겉으로 드러나기 때문에 그에 반대되는 여성적인 특성인 수용성, 보살펴 주는 특성, 감정적이고 직관적인 특성은 내면화된다고 주장하면서, 그것을 아니마라고 불렀다. 마찬가지로 여성에게서도 여성 특유의 본래적인 특성은 표면적으로 드러나기 때문에 그것과 반대되는 남성적인 특성은 내면화되며, 그것을 아니무스라고 불렀다. 이렇듯이 모든 사람에게는 그의 본래적인 성적 특성 이외에 그와 반대되는 이성적인 특성도 존재하고 있는데, 이 두 특성은 그의 인격을 통합시키는 데 필수적이다.

그러나 사람은 자신의 성적 특성만을 드러내는 데 익숙해 있기 때문에 사람의 내적 인격은 발달하지 못하고 열등하게 되기가 쉽다. 그래서 어떤 남성이 관계를 형성한다든지, 자신과 타인의 감정을 배려하는 등의 여성적인 특성을 발달시키지 않고 자신의 남성적인 측면만을 강조할 때 그의 아니마는 발달하지 못하여 그는 여성적인 남성이나 그와 정반대로 마초 같은 남성이 된다. 그 결과 그는 부정적인 기분에 사로잡혀서 우울증에 빠지거나 부정적인 감정에 사로잡혀서 앙심이 깊거나, 변덕이 심하고, 시기와 질투가 많거나 아주 거친 사람이 된다. 우리는 이런 모습을 의외로 매우 완강하고 굳세게 보이는 운동선수나 군인들에게서 많이 발견할 수 있다. 그들은 부대에서는 많은 사람을 호기 있게 호령하고 있지만 속으로는 매우 연약하고 겁쟁이인 경우가 많은 것이다. 그러므로 사람은 자신에게 있는 남성적 요소는 물론 여성적인 요소도 적절하게 발달시켜서 각각의 특성이 적절하게 드러나게 해야 한다.

여성의 경우에서도 마찬가지다. 여성 역시 어릴 때부터 상냥하고 부드럽고 따뜻해야 한다는 교육을 받고 자라서 자기가 정말 그래야 올바른 여성이라고 생각한다. 그래서 여성은 성장하면서 점점 자기 속에 있는 남성성(男性性)을 억압하게 된다. 그래서 자기주장을 해야 할 때 하지 못하고, 논리적이어야 할 때 논리적이지 못한 경우가 생긴다. 그러나 이때 그녀에게서는 이상한 성향이 자라나 그녀의 내면에 존재하는 남성성이 열등하게 되어 그러지 않아야 할 때 완강하게 따지기를 좋아하게 된다. 아니무스가 왜곡되어 병적으로 나타나 평상시에는 부드럽고 상냥하던 여자가 갑자기 고집스럽고 심술궂은 여자로 변하는 것이다.

우리는 아니마/아니무스의 왜곡을 노인에게서 흔히 찾아볼 수 있다. 젊었을 때 남성적이던 사람이 노인이 되자 심약하고 소심하게 변하거나, 젊었을 때 온화하고 우아하던 부인이 늙은 다음 말릴 수 없을 정도로 고집불통이 되는 경우를 보는 것이다. 그렇기 때문에 우리는 평상시에 우리 내면에 우리의 성적 특성과 다른 또 다른 특성이 있다는 사실을 알고 그 특성 역시 발달시키며 우리 인격에 통합해야 한다. 남성이라고 해서 늘 무덤덤하고 용감할 수는 없는 것이다. 때로는 자상할 필요도 있고, 비난을 듣더라도 신중할 필요가 있는 것이다. 소심하다는 말을 듣기가 두려워서 만용만 부릴 수는 없는 것이다.

4) 외향적인 태도와 내성적인 태도의 통합

우리에게 있는 또 다른 대극적인 특성으로서 융은 우리의 정신적 태도에는 외향적 태도(extravertical attitude)와 내향적 또는 내성적 태도(introvertical attitude)가 있다고 주장했다. 외향성이란 그의 관심의 초점을 그의 밖에 두고 있는 정신적 태도이고, 내향성이란 그의 관심의 초점을 그의 내면에 두고 있는 정신적 태도다. 그래서 외향적인 사람은 늘 다른 사람의 평가나 다른 사람의 칭찬에 예민하며, 다른 사람의 관심을 끄는 외부적인 일들을 하려고 한다. 그러나 내성적인 사람은 다른 사람이야 어떻게 생각하든지 자신의 내면에서 요청하는 일을 하려고 한다. 다른 사람이 아무리 칭찬하는 일이라도 자신의 내면적인 욕구에 맞지 않는다면 그에게는 아무런 의미도 없는 것이다.[18]

인간에게는 본래 이런 두 가지 정신적 태도가 있다. 어떤 사람에게 이 두 가지 태도 가운데 어느 하나가 두드러지게 드러난다면 그가 그 태도만을 발

---

18) C. G. Jung, *Ma Vie*(Paris: Gallimard, 1983), pp. 455-458.

달시켰기 때문이다. 아무리 내성적인 사람이라도 그의 삶의 어떤 기간 동안에는 상당히 외향적인 태도를 가지고 살았던 시기가 있을 것이고, 아무리 외향적인 사람이라도 그와 반대되는 태도로 살았던 시기가 있을 것이다. 그때 그가 그렇게 살았다면 그것은 그에게 이 두 가지 태도가 모두 잠재되어 있었기 때문이다.

인생의 전반기에서 사람에게는 보통 외향적인 태도가 주종을 이루는데, 그것은 그가 삶에서 필요한 것을 얻기 위해서다. 그러나 사람은 때때로 내면에서 자신에게 요청하는 것이 정말 무엇인지를 조용히 들을 줄도 알아야 한다. 그러지 않을 경우 아무리 많은 것을 얻었어도 그에게는 우울과 회한만 남게 될 것이기 때문이다. 그러므로 사람은 외향적인 태도와 내성적인 태도를 모두 발달시켜야 한다. 특히 인생의 후반기에는 내성적인 태도가 더욱더 필요한 것이다.

6. 인격의 통합과 통합의 주체인 자기

이렇게 우리의 정신에는 여러 요소가 있으며, 그것들은 어느 정도 통합을 이루고 있다. 우리가 이 세상을 살아가는 데 커다란 어려움이 없고 정신적인 문제가 없다면, 그것은 우리가 알지 못하는 사이에 우리 정신이 통합을 이루었기 때문이다. 그러나 중년기의 위기가 나타난다면 그것은 우리의 정신적 통합이 깨어졌기 때문이다. 서로 반대되는 정신적 요소가 상보적인 관계 속에서 작용하여 통합을 이루고 있는 우리 정신이 인생의 전반기에 너무 사회에 대한 적응에 신경을 쓰느라고 정신적 균형이 깨졌는데 이제 더 이상 그래서는 안 된다고 여러 가지 신호를 보내는 것이다. 더구나 이때 무의식은 의식보다 먼저 "이제 우리에게는 앞으로 살아갈 날이 그렇게 많이 남아 있지 않다. 이제는 죽음을 서서히 준비해야 한다."라고 알려 준다. 그래서 여태까지 우리가 인생의 전반기에서 우리 삶을 준비하는 데 몰두해 왔다면, 이제는 삶의 또 다른 과정인 죽음에 대해서 준비해야 한다.

죽음을 준비하는 과정에서 정신의 통합은 무엇보다도 중요하다. 왜냐하면 우리 정신이 통합되지 않는 한 우리는 삶에서 결코 떠나갈 수 없기 때문이다. 그래서 융은 중년의 위기란 전일성(wholeness)에의 부름이며, 누구나 다 이 부름에 응답해야 한다고 강조하였다.[19] 우리가 사회에 더 잘 적응하기 위해서 의식과 무의식, 자아와 그림자, 외적 인격과 내적 인격, 외향적 태도와 내향적 태도 가운데 어느 하나만 발달시키느라고 열등하게 된 다른 한쪽의 존재를 충분히 인정하고 그것이 다른 한쪽 못지않게 발달하도록 하고, 그것을 통해서 양자가 통합을 이루도록 해야 한다. 사실 우리는 인생의 전반기에 삶을 준비하는 과정에서 우리 눈에 보이지 않는 무의식적인 것보다 의식적인 것, 그림자보다 자아, 내적 인격보다 외적 인격, 내성적 태도보다 외향적인 태도에 우리를 더 많이 동일시해 왔고, 그것들을 발달시키며 살았다. 그것들이 사회에 적응하는 데 효율적이었기 때문이다. 그러나 우리에게는 결코 한쪽의 특성만이 있는 것이 아니다. 인간이 전일적인 존재이며, 그 모든 것이 통합되어야 온전한 인격을 이룰 수 있기 때문이다.

그러면 정신을 통합시키기 위해서 우리는 구체적으로 어떻게 해야 할 것인가? 우리는 먼저 내면에 서로 다른 특성을 가진 많은 정신적 요소들이 있다는 사실을 깨달아야 하며, 그 요소들을 억압하지 말아야 한다. 그 요소들이 만일 사회적으로 위험하고 열등하게 나타난다면, 그것을 억압하기보다 그것이 왜 그렇게 어둡고 위험한 색조를 지니게 되었는가를 파헤쳐 보고, 그 요소의 진정한 내용이 무엇인가를 밝혀야 한다. 왜냐하면 어떤 정신적 내용이 어둡고 위험한 색조를 지니고 있다면 거기에는 여러 가지 복합적인 내용이 함께 휘감겨 있기 때문이다. 예를 들어 말하면, 어떤 사람에게 인색한 경향이 있다면, 그는 그것을 부끄러워하면서 남에게 들키지 않도록 애쓰기만 할 것이 아니라, 그의 인색함이 어떻게 생겨난 것이며, 지금 그에게 의미하는 바가 무엇

---

19) *Ibid.*, pp. 341-371.

인가를 분석해 보아야 하는 것이다. 또한 어떤 사람이 무력감과 권태감에 휩싸여 있다면 그는 지금 왜 그런가를 고민만 할 것이 아니라 그것이 그에게 지금 보내는 신호는 무엇인가를 깊이 생각해 보아야 한다. 그가 지금 인색하다면, 그것은 그가 여태까지 이 세상을 살면서 근검 · 절약하는 태도가 필요했는데, 이제 그러지 않아도 되는데 그 습관을 버리지 못한 것이고, 그가 지금 무력해져 있다면 그에게 이제 추구해야 할 삶의 올바른 목표를 찾지 못했다는 사실을 알려 주는 경보(警報)이기 때문이다.

이렇게 우리에게 어떤 열등한 특성이 있다면 그 특성이 나오지 못하도록 눌러 두기만 할 것이 아니라 우리가 어떤 점에서는 열등하다는 사실을 인정하고, 그 열등성이 어디에서 기인한 것이며, 어떻게 극복할 것인가를 살펴서 그것이 우리 삶에 부정적인 영향을 끼치지 않도록 해야 한다.[20] 그러는 과정에서 특히 그림자와 아니마/아니무스의 소리에 귀를 기울여야 한다. 자아의 어두운 부분과 내면적 인격이 억압되지 않도록 해야 하는 것이다. 우리가 정신 내면의 모든 내용을 충분히 인식하고, 발달시킨 다음 인격에 통합함으로써 원만한 인격에 도달하여 삶을 마감할 준비를 하게 되기 때문이다.[21]

인격을 통합시키는 과제는 결코 쉬운 것이 아니다. 그러나 우리가 무의식의 상징들이 제시하는 여러 가지 의미를 탐구하면서 우리 정신의 많은 요소를 통합할 때, 우리 정신 내면에는 어떤 지도 요인(inner guiding factor)이 있다는 사실을 발견하게 된다. 즉, 우리의 내면에서 정신의 모든 대극적인 구조를 통합시키는 원형상을 발견하게 되는 것이다. 융은 이 통합 요소를 자기 (Self)라고 불렀다. 융에 의하면 자기는 집단적 무의식 속에 있는 전일상(全一像)으로서 정신의 모든 요소를 통합하고 있다.[22] 그래서 우리가 내면에 전일

20) C. G. Jung, *Dialectique du Moi et de l'inconscient*, pp. 41-42 참조.
21) 미국의 프로이트학파 정신분석학자인 에릭슨 역시 노년기의 과제를 자아 통합이라고 주장하였다. 즉, 그는 노년기에 사람들은 이제 죽음을 앞두고서 자아를 통합하고, 그 통합된 상태 속에서 지혜를 얻어 살아야 한다고 주장하였다.
22) C. G. Jung. *Aïon*, para. 37-50.

상이 있다는 사실을 인식하고 자기에 정신 에너지를 집중시켜 자기가 작용하게 할 때, 자기는 정신의 대극 구조를 점차 통합할 수 있다. 이것은 마치 불교에서 각(覺)에 도달하려면 우리 마음속에 불성이 있다는 사실을 인식하고, 불성이 실현되도록 참선할 때 각(覺)에 도달하는 것과 같은 이치다.

자기가 작용하는 데는 다음의 두 가지 조건이 있다.

첫째, 우리 정신 전체를 우리 속에 있는 많은 정신 요소 가운데 어느 하나와 동일시해서 우리 정신의 균형이 깨어지지 않도록 해야 한다. 우리가 정신 전체를 자아의식이나 페르조나 등 정신의 극히 일부와만 동일시하지 않고, 정신의 전체상인 자기(自己)가 다른 정신 요소들을 통합할 수 있도록 해야 하는 것이다.

둘째, 정신 에너지를 자기(Self) 원형에 집중시켜야 한다. 자기는 본래 그 속에 정신의 모든 요소가 통합되어 있는 원형상이다. 따라서 자기는 언제나 정신의 모든 요소를 통합하려고 한다. 그 결과 자기가 스스로를 실현시킬 때 정신의 모든 요소는 통합될 수 있다. 그래서 융은 개성화라는 말을 쓰기 전 자기-실현(self-actualization)이라는 말을 사용하였다.[23] 자기가 스스로를 실현시킬 때 개성화가 이루어지기 때문이다. 그러므로 우리는 정신 에너지가 우리 밖에 있는 다른 어떤 대상을 추구하느라고 흩어지게 하거나, 정신의 어느 한 요소에 사로잡히게 하는 대신 모든 정신 에너지를 자기에 집중시켜야 한다.

한편 융은 개성화 과정은 자아가 능동적으로 작용하여 자아가 이끄는 대로 나아갈 때 이루어지는 것이 아니라고 주장하였다. 오히려 개성화 과정은 자아가 자기와 올바른 관계를 맺으면서 자기의 인도를 따라서 살 때 이루어지는 것이다. 왜냐하면 자기는 집단적 무의식 안에 있는 원형상으로서 자아보다 훨씬 더 강력하고 전체적인 정신 요소이기 때문이다. 따라서 자기가 작용할 때 자기는 원형적 에너지를 가지고 의식과 무의식, 자아와 그림자, 내적

---

23) C. G. Jung, *Dialectique du moi et de l'inconscient*, pp. 111-112.

인격과 외적 인격을 제3의 자리에서 통합할 수 있다.[24] 그러므로 우리는 우리
내면에서 자기가 작동할 수 있도록 우리의 모든 관심을 자기에게 집중해야
한다.

　이렇게 볼 때 우리는 인생의 후반기의 과제는 종교적인 과제임을 보게 된
다. 왜냐하면 모든 종교의 궁극적 목표 역시 자신의 내면에서 불성을 실현시
키거나 성령의 은총을 받아서 내면적인 통합을 이루는 것이기 때문이다. 이
세상에 있는 모든 종교가 젊은 사람에게는 따분하게 느껴지지만 인생의 후반
기를 넘긴 사람들에게 의미 있게 여겨지는 이유는 바로 이런 공통점이 있기
때문이다. 그러나 우리가 모든 정신적 요소를 통합하여 전인(全人)으로 되는
것은 구태여 어느 특정한 나이에만 해당되는 과제가 아니다. 오히려 우리 모
두가 나이에 관계없이 모든 생을 통해서 추구해야 하는 과제다. 왜냐하면 우
리가 통합되지 못하면 못할수록 우리 삶에는 여러 가지 문제가 생겨나며, 우
리 삶은 위기에 빠져들기 때문이다. 다만 자기 통합의 문제가 인생의 후반기
에서 좀 더 두드러지게 나타나기 때문에 이 단계에서 더욱더 관심을 기울이
고 있을 뿐이다. 사람이 이때 자기 통합에 더 깊은 관심을 기울이고 있는 것은
인생의 후반기에 그에게는 앞으로 살아야 할 삶뿐만 아니라 곧이어 다가오는
죽음까지도 준비해야 하기 때문이다. 따라서 이때 사람은 자신이 여태까지
살아왔던 방식을 둘러보고 그것이 잘못되어 있을 경우 고쳐 나가야 한다. 여
태까지 그들이 외부의 평가에 주로 귀를 기울여 왔다면 이제는 내면에 더 깊
은 관심을 기울이고, 여태까지 그들이 밖에만 제국(帝國)을 쌓았다면 이제는
그의 내면에 하느님의 나라를 쌓아야 한다. 또한 여태까지 인격의 어느 측면
을 열등한 것이라고 해서 무시해 왔다면 이제는 그것까지도 그의 인격을 구
성하는 필수적인 요소로 받아들여야 하고, 여태까지 그들이 이 세상을 좋아
하는 쪽에서만 보고 그쪽과만 관계를 맺어 왔다면 이제는 이 세상을 있는 그
대로 바라보고 이 세상의 모든 측면 역시 그 나름대로 의미 있는 것이라고 인

---

24) C. G. Jung, *Types Psychologique*, pp. 468-476 참조.

정해야 하는 것이다.

그들이 그렇게 할 때 인격은 더욱더 원만해지고, 그들은 그 전처럼 편협하고 옹졸한 삶을 살지 않게 된다. 오히려 더욱더 너그럽고 원만한 삶을 살게 된다. 결론적으로 말해서, 인생의 후반기에는 자아중심적인(ego-centered) 태도를 버리고 자기중심적인(Self-centered) 태도로 살고, 세상 중심적인 태도를 버리고 내면 중심적인 태도로 살며, 성취 중심적 태도를 버리고 의미 중심적 태도로 살아야 하는 것이다. 우리가 이러한 태도를 가지고 살 때 우리는 중년기의 위기를 어렵지 않게 넘어갈 수 있다. 중년기의 위기는 삶의 종착역이 그리 멀지 않은 시점에서 불현듯 자기 삶의 의미를 물어보고, 그 의미가 충족되지 않았을 때 보이는 부정적인 반응이기 때문이다. 우리 정신에 자기 같은 완전상이 들어 있는 것은 그것을 실현시켜야 한다는 삶의 명령이 있기 때문이다.

07

한국 교회의 영성추구와
C. G. 융의 개성화 과정

1. 한국 교회와 영성추구

기독교 영성이란 하느님의 형상을 타고난 사람들이 그리스도를 만나서 그리스도와 하나가 되어 그리스도를 본받아 살려는 추구로서 하느님을 경외하고 이웃을 사랑하는 '사랑의 실천'으로 완성된다. 사람이 개인적인 욕망과 갈등으로 얼룩진 이 세상적인 삶에서 벗어나, 자신의 영혼을 찾아서 영원에 잇닿아 있고, 좀 더 깊고 의미 있는 삶을 살려는 추구인 것이다. 이와 관련해서 어거스틴은 사람에게는 그리스도의 형상이 새겨져 있기 때문에 사람은 동물과 다르며, 그 형상을 기반으로 해서 그리스도를 닮는 삶을 살 수 있다고 주장하였다. 교회사를 살펴보면 수많은 영성가들은 그런 삶을 살기 위해서 금욕과 고행으로 이루어진 영성수련에 매진했던 것을 알 수 있다. 원죄로 표상되는 여러 가지 육체의 욕망들과 열등한 차원의 감정이나 열정을 극복하려고 했던 것이다.[1]

사람이 금욕과 고행만으로 영성의 최종적인 목표인 '그리스도인의 완전'

에 도달하는 것은 아니지만, 그들은 수도원을 중심으로 해서 영성수련과 영성생활에 힘썼던 것이다. 그래서 기독교 영성사는 수도원의 역사와 상당 부분 일치하며, 영성생활에 대한 기독교의 추구는 초기 동방수도원의 중심인물인 안토니와 바질을 비롯해서, 서방수도원을 건립한 베네딕트와 그 이후의 로버트, 프란시스를 거쳐서 종교개혁시대에 가톨릭교회의 개혁을 이룩한 아빌라의 테레사와 십자가의 성 요한 및 현대 사회의 중요한 영성가인 토마스 머튼과 테제 공동체 등 개신교 영성운동으로 이어지는 것이다. 그런데 그들의 공통점은 그들 모두가 기독교가 위기에 봉착했을 때 인간성의 나약함에서 벗어나 인간의 삶에는 초월적인 영역이 있다는 사실을 깨닫고 그 경지로 나아가려고 노력했다는 점에 있다. 그들은 모두 인간의 내면에는 세속적인 욕망이나 열정으로 채울 수 없는 심연(深淵)이 있다는 사실을 알고 있었으며, 그 심연은 사람에게 영원한 갈증의 원천이 되고, 그 갈증은 하느님으로밖에 채워지지 않는다는 사실을 깨달아 그것을 하느님으로 채우려고 노력했던 것이다. 기독교 영성가들은 다른 사람들보다 더 많은 것을 느끼고 더 많은 것을 바랐는데, 하느님은 그들에게 더 많은 것을 열어 보이셨던 것이다.[2]

한국 교회에서 영성에 대한 논의가 시작된 것은 1980년대 후반부터다. 그 때부터 한국 교회에서는 기독교 영성에 대한 서적들이 번역되었고, 기독교 영성에 대한 논문들이 발표되다가 1990년대 이후 각 교회에서 여러 가지 종류의 영성 수련회가 개최되면서 영성에 대한 논의가 활발해졌다. 이때 한국 교회에서 영성추구가 시작된 것은 한국 교회가 1980년대 후반에 들어서면서부터 성장의 침체를 맞은 것과 밀접한 관계에 있다. 침체를 맞자 한국 교회는 한편으로는 기독교 영성의 본래적인 의미대로 자신을 비우고 하느님을 맞이하려는 수도원적 영성운동을 시작하는가 하면, 다른 한편에서는 영성운동을 성령운동으로 착각하여 영성운동을 통해서 새로운 능력을 얻으려고 정반대

1) St. Augustine, 『고백록』, 선한용 역(서울: 대한기독교서회, 2003), pp. 48-50.
2) K. S. Frank, 『기독교 수도원의 역사』, 최형걸 역(서울: 은성, 1997), pp. 12-16.

방향으로 나갔던 것이다. 현재 한국 교회에서는 이 두 가지 흐름이 모두 지속되고 있지만, 후자는 커다란 효과를 보지 못하고 그동안 한국 교회에 짐을 지웠던 잘못된 신비주의로 변질될 위험을 보이기도 한다. 자기 자신을 비우고 하느님이 들어와 사시게 하는 영성운동을 자신의 욕망으로 채우려고 애쓰기 때문에 처음부터 문제가 있었던 것이다.

2. 기독교 영성의 과정과 정화

영성신학자 J. 오만은 기독교 영성의 과정은 회심-정화-조명-일치를 통해서 이루어진다고 주장하였다. 먼저 영성가들은 이 세상에 집착하고 자아중심적으로 살던 삶에서 벗어나 회심해야 한다. 이 세상보다 더 의미 있고 가치 있는 세계가 있다는 사실을 깨닫고 하느님을 향해서 나아가야 한다는 것이다. 회심(conversion)이란 성경에서 회개(repentance)라고 불렀던 것으로 삶의 방향을 완전히 바꾸는 것을 의미한다. 바울이 다메섹으로 가는 도중에 부활하신 하느님을 만나서 회심하였거나, 어거스틴이 그리스 철학과 마니교에 빠졌다가 기독교로 돌아왔던 것처럼 가치의 중심을 하느님이 아닌 것에 두었던 것에서 벗어나 하느님과 하느님 나라에 두는 철저한 귀환(歸還)을 의미하는 것이다. 영성가들은 무엇보다도 감각적인 세계에 몰두했던 삶에서 벗어나 이 세상에는 그 세계를 뛰어넘는 초감각적인 세계가 있으며, 그 세계가 감각적인 세계보다 훨씬 더 의미 있는 세계라는 사실을 깨닫고 돌아서야 하는 것이다.

그다음에 이어지는 것이 정화(purgation)이며, 영성수련에서 제일 중요하고 오래 걸리는 과정이다. 영성가들은 자신의 삶을 전적으로 하느님께 바치고 하느님을 따르려고 하는데 그것을 방해하는 자기중심성과 자기애 및 여러 가지 죄를 극복하기 위해서 기도, 묵상, 명상, 노동, 예배 등을 통해서 자신을 정화시켜야 하는 것이다. 그러나 정화는 결코 쉬운 작업이 아니다. 왜냐하면 사람의 원죄의 뿌리가 너무 깊어서 그들이 어느 정도 덕성을 쌓았다고 생각하면 또 다시 나락으로 떨어지거나 또 다른 악성이 머리를 들고 일어나 그들을 괴롭히기 때문이다. 그래서 그들은 계속해서 죄를 짓게 하는 악습과 옳지 못한 성향의 바탕이 되는 정신 기능을 철저하게 정화시키려고 금욕과 고행에 몰두하였다.[3]

영성가들이 정화시키려고 애썼던 것에는 여섯 가지 종류가 있다. 첫째, 외적 감각의 정화다. 그들은 하느님으로부터 오는 기쁨이 아닌 모든 감각적 쾌락의 기쁨을 포기하고, 모든 감각을 하느님에게만 몰두하였다. 세속적인 것들을 보고 듣고 만지고 맛보고 느끼는 데서 오는 기쁨보다 하느님에게서 오는 기쁨만 바라려고 했던 것이다. 둘째, 내적 감각의 정화다. 영성가들이 상상과 기억을 정화시키는 것이다. 그들의 생각을 하느님께 묶어 두지 못하고 자유분방하게 흐르려는 상상력을 통제하고, 지난날 그들이 잘못했던 것이나 다른 사람들이 잘못했던 것을 곱씹는 잘못된 기억들을 정화하는 것이다. 셋째, 정욕의 정화다. 감각적인 쾌락에 몰두하게 하거나, 분노로 치닫게 하는 열정을 정화시키는 것이다. 그러기 위해서 그들은 잘못된 열정으로 치달으려는 성향을 단호하게 끊어야 한다. 넷째, 지성의 정화다. 지성의 중심을 하느님에 대한 믿음에 두고 지식을 추구하는 것이다. 지식을 위한 지식을 추구하지 않고 하느님에 대해서 더 잘 알고, 하느님과 하나가 되는 데 필요한 지식을 추구하는 것이다. 다섯째, 의지의 정화다. 의지를 그들 자신이나 자기애로 향하게 하지 않고, 하느님을 향하게 하는 것이다. 사람들에게는 언제나 하느님으로부터 분리되어 이 세상을 향하고, 자기애를 충족시키려는 성향이 있다. 그러므로 의지를 하느님께 돌리려고 하는 것이 무엇보다 필요하다.[4]

그런데 아빌라의 테레사와 십자가의 성 요한(Saint John of the Cross)은 그

---

3) J. Welch, & O. Carm, *When Gods Die: An Introduction to John of the Cross*(New York, Paulist Press, 1990), p. 56.

4) J. Aumann, 『영성신학』, 이홍근 역(왜관: 분도출판사, 1987), pp. 205-226.

리스도인의 완전에 도달하려면 영성가들이 자신의 의지를 가지고 노력하는 능동적인 정화만으로는 부족하고, 하느님이 정화 과정에 직접 개입하는 수동적인 정화가 보충되어야 한다고 강조하였다. 수동적인 정화는 영성가들이 아무리 기도나 관상에 힘을 써도 하느님의 현존을 느끼지 못하는 고통의 순간이 찾아오면서 시작된다. 그때 그들은 아무리 애를 써도 하느님을 만나지 못하여 영혼에 고통을 느낀다. 십자가의 성 요한이 '영혼의 어두운 밤'이라고 불렀듯이, 그들이 하느님께 버림받은 것 같은 극심한 고통을 느끼는 것이다. 그때 그들은 모든 의지적인 노력이나 의도적인 노력을 포기하고 하느님이 다시 그들에게 다가올 때까지 기다려야 한다. 그래야 그들은 다시 하느님의 현존을 느낄 수 있게 된다. 앙리 들라크르와는 영성수련에서 이 단계가 매우 중요하다고 강조하였다. 이 단계에서 영혼은 완전히 정화되어 자기성(自己性)을 벗어 버리고 무자성(無自性)만 남기 때문이다. 이 단계를 거침으로써 영성가들은 이 세상에서 그들이 할 수 있는 것은 아무것도 없고 모든 것이 하느님의 은혜 때문이라는 사실을 깨닫고 모든 것을 하느님께 맡기게 된다.[5]

영성수련에서 정화가 이루어지면 조명(illumination)의 단계에 접어들게 된다. 어느 날 갑자기 명상 중이나 환상 중에 하느님이 마음속에 임하게 되는 것이다. 그때 영성가들은 지극한 희열에 잠기고, 삶의 진리에 관해서 무엇인가 깨닫게 된다. 그전까지 하느님 없이 살던 삶은 아무 가치도 없는 삶이고, 하느님과 함께하는 삶만이 무엇보다도 소중한 삶이라는 사실을 깨닫게 되는 것이다. 그러나 그 경지에 이르도록 그가 한 것은 아무것도 없다는 사실도 깨닫게 되면서 하느님의 은혜와 사랑에 감격하게 된다. 영성가들의 삶이 전적으로 바뀌게 되는 것은 이 감격 때문이다. 그래서 그다음 일치(union)가 이어지게 된다. 바울이 말한 대로 '주가 내 안에, 내가 주 안에' 사는 삶이 시작되는 것이다.

---

5) H. Delacroix, *Les Grands mystiques chrétiennes* (Paris: Félix Alcan, 1938), pp. 131-136.

3. 기독교 영성과 분석심리학의 접촉점

이러한 특성을 가진 기독교 영성생활과 정신의학의 일종인 분석심리학은 많은 점에서 공통점을 가지고 있다. 왜냐하면 두 가지 모두 인격의 발달과 변화를 추구하기 때문이다. 즉, 기독교 영성이 하느님과의 만남을 통해서 사람이 자신의 한계를 깨닫고 하느님과의 합일을 통하여 자아중심적인 삶에서 벗어나 하느님 중심적인 삶으로 변화되는 것을 목표로 하고 있다면, 개성화 과정 역시 사람이 정신의 내면에 있는 자아보다 더 크고 영원한 자기 원형과의 신비적 융합을 통하여 자아중심적인 삶에서 벗어나 자기중심적인 삶으로 변화되는 것을 목표로 하는 것이다. 또한 그런 경지에 도달하기 위하여 기독교 영성에서 정화에 초점을 맞추어 영성수련에 힘을 쓰는 것처럼, 분석심리학에서도 자아중심성을 극복하기 위해서 자신의 인격에 있는 어두운 부분을 동화시키고 내면에 있는 신적인 중심과 밀접한 관계를 맺으려고 무의식에 대한 탐구에 애쓰는 것이다.[6]

두 과정에서 모두 사람을 궁극적인 경지로 이끌어 주는 것은 하느님이나 내면에 있는 신적인 중심이다. 즉, 사람이 자신의 삶에는 일상적이고 세속적인 차원과 전혀 다른 차원의 삶이 있으며, 그 신적 중심이 우리 삶 전체를 이끌어 간다는 사실을 깨닫고 그 중심과 하나가 되려고 진력하는 것이다. 인간의 내면에 그런 신적 중심이 없고, 인간의 삶에 그런 깊은 차원이 존재하지 않는다면 사람은 자기 눈앞에 보이는 현실이 삶의 전부인 줄 알고, 정신 에너지를 모두 그 세계를 얻기 위해서 집중할 것이다. 그렇게 하지 않을 경우 사람들은 환경에 적응하지 못하여 제대로 된 삶을 살지 못하고 정신적인 문제에 봉착할 것이기 때문이다. 그러나 기독교 영성가들은 우리 눈에 보이는 세계 이외에 또 다른 의미 세계가 있음을 보여 주었고, 분석심리학에서도 정신의 분

---

6) C. G. Jung, *Aïon*(Paris: Albin Michel, 1983), para. 36-40.

석을 통하여 그런 차원과 그런 세계의 실재를 보여 주고 있다.

어떻게 생각하면, 여태까지 한국 교회는 눈에 보이지 않는 영원한 세계가 있다는 사실을 머리로는 알았지만, 실제적인 삶에서는 눈에 보이는 세계만 얻으려고 몰두했던 것 같다. 왜냐하면 한국 교회는 1980년대의 경제성장과 더불어 물질적인 풍요가 시작되자, 현실 세계 너머에 있는 초월적인 세계에 대한 관심보다는 현실 세계에서의 풍요와 성장에 더 관심을 기울였기 때문이다. 그래서 한국 교회는 성도들의 현실적인 삶에 대한 적응과 성공에 초점을 맞추어 복을 빌어 주기에 바빴으며, 그것은 교회와 성도들을 더욱더 세속화시켰다. 인간의 삶에는 현실에 적응하고, 복을 받고 성공하는 '그저 그렇고 그런 삶(just so and so life)'만 있는 것이 아니라, 그보다 더 깊고 의미 있는 차원의 삶이 있다는 것을 보여 주지 못했던 것이다. 심리학적으로 말해서, 신적인 중심에 기반을 둔 삶의 차원을 보여 주지 못하고 자아의식에 기반을 둔 삶에만 관심을 기울이게 했던 것이다. 그러나 융에 의하면, 신경증은 많은 경우 의식의 일방성 때문에 생긴다. 사람이 현실에 적응하고, 현실을 얻으려고 정신의 어느 한 요소나 기능만 발달시킬 때, 정신의 전체적인 균형이 깨져서 여러 가지 문제가 생긴다는 것이다.[7]

현재 한국 교회에서 일어나는 여러 가지 문제는 한국 교회의 이와 같은 잘못에서 비롯되는 듯하다. 왜냐하면 초월적이고 영적인 차원을 망각한 교회에서 평신도들은 목회자를 통하여 하느님을 보지 못하고, 목회자 역시 평신도들에게 아무것도 전해 주지 못하기 때문이다. 그러나 예수 그리스도의 선포의 핵심은 "회개하라. 하느님의 나라가 가까이 왔다."라는 말씀이었다. 예수 그리스도는 우리 삶에는 눈에 보이는 세계 뒤에 초월적인 세계가 있으며 그 세계가 참다운 세계라고 주장하고 그 세계를 위해서 준비하라고 강조했던 것이다. 그러므로 한국 교회가 지금 봉착한 위기를 극복하려면 예수 그리스도의 가르침의 핵심으로 돌아가야 한다.

---

7) C. G. Jung, 『정신요법의 기본문제』(서울: 도서출판 솔, 2001), p. 46.

영성 과정은 사람이 하느님을 만나고 하느님과 하나가 되어 살려는 과정인데, 그것은 사람이 하느님을 만나서 자신의 내면에 있는 하느님의 형상이 하느님의 빛으로 조명되어 점점 더 분명하게 드러나 그의 존재 전체를 지배하는 과정으로 전개된다. 그러기 위해서 영성가들은 자신의 내면에 있는 하느님과 다른 부정적인 속성을 정화시키려고 하였고, 많은 시간 동안 그 작업에 몰두하였다. 그들이 그렇게 할 수 있었던 것은 그들이 우리 삶의 또 다른 차원에 대해서 확신하였고, 그들의 내면에서 그 차원에 조응(照應)하면서 그들을 이끌어 주는 내적 심연을 체험하였기 때문이다. 그래서 우리는 기독교 영성에는, 첫째 깨달음, 둘째 자기-초월, 셋째 동경(aspiration), 넷째 하느님의 은혜가 필수적이라고 생각한다.[8]

먼저 깨달음이란, 사람들이 이 세상에는 눈에 보이는 세계만 있는 것이 아니라, 그것을 초월하는 세계가 있으며, 그 세계만이 영원하고 우리 삶에서 의미 있는 세계라는 사실을 깨닫고, 그들의 내면에 그 세계에 참여할 수 있는 신적 중심이 있다는 사실을 깨닫는 것이다. 그런데 인간은 자신의 힘만으로는 그 세계에 도달할 수 없고 자아를 벗어나는 초자연적인 존재의 작용을 통해서만 그 세계와 하나가 될 수 있다. 기독교에서는 그 실재를 하느님이라고 하였고, 융은 자기(self)라고 하였다. 자기는 모든 정신 요소를 통합하고 있는 정신의 중심이고, 정신 에너지를 많이 가지고 있는 역동적인 요소이기 때문이다. 융은 "자기는 의식은 물론 무의식까지 포용하고 있는 중심이며 동시에 원주(圓周)다. ……자기는 전체성의 중심인 것이다."[9]라고 하였다. 또한 영국의 시인 T. S. 엘리어트도 사람의 내면에는 '실재의 숨겨진 중심핵'인 정점(still

---

8) R. 도란은 기독교 영성에서 중요한 것은 자기-전유(self-appropriation)와 자기-초월(self-transcendance)이라고 주장하는데, 그가 말하는 자기-전유는 기독교 영성에서 궁극적으로 무자성(無自性)에 도달해야 하기 때문에 논란의 여지가 있다. R. Doran, "Jungian Psychology and Christian Spirituality II", R. L. Moore(ed.) *C. G. Jung and Christian Spirituality*(New York: Paulist Press, 1988). pp. 84-85.

9) C. G. Jung, *Two Essays on Analytical Psychology*(Princeton: Princeton University Press, 1928). para. 274.

point)이 있으며, 그 정점은 살아 있는 모든 존재가 회전하는 중심축이라고 주장했는데, 이 정점(靜点)은 융이 말한 자기(self)와 같은 개념이라고 할 수 있다. 옛날부터 사람은 인간의 내면에 자아와 다른 신적 중심이 있음을 알고 그것을 추구해 왔던 것이다.[10]

둘째, 자기-초월(self-transcendance)이 필요하다. 사람이 그 세계에 대해서 깨달았으면, 그는 과거의 삶과 과거의 가치관을 벗어난 삶을 살아야 하는 것이다. 여태까지 살던 삶의 습관이나 다른 사람이 사는 일반적인 삶의 모습에서 벗어나 그 전과 전혀 다른 삶을 살아야 하는 것이다. 사람은 자기 자신이나 자아만 향하도록 지어진 존재가 아니라, 그것보다 초월적인 세계와 하느님을 향하도록 지어진 존재다. 사람에게는 육체가 있을 뿐만 아니라 정신도 있다. 인생의 궁극적인 목적은 동물적인 본성만 충족시키는 데 있지 않고 그것을 뛰어넘는 정신을 실현시키는 것에 있는 것이다. 그렇다고 해서 본성을 억압하기만 하라는 것이 아니라, 본성을 뛰어넘어서 정신을 실현시켜야 하는 것이다.

셋째, 동경(aspiration)이 필요하다. 자기-초월적인 삶을 살려면 그러한 삶만이 우리 삶에서 가장 의미 있으며, 가장 행복한 삶이라는 사실을 깨닫고 그런 삶을 살려고 동경해야 한다. 그래서 사람은 현실적인 삶에 머무르고 자기 자신에게 안주하려는 성향을 극복하고 그런 삶을 향해서 나아가려고 해야 한다. 프랑스의 생의 철학자 H. 베르그송(H. Bergson)은 기독교의 위대한 신비가들이 인간적인 한계를 극복하고 더 높은 정신성을 향해서 나아갈 수 있었던 것은 그들이 먼저 직관 속에서 신을 체험하고 그런 삶의 경지에 대해서 깨달아 계속해서 그런 삶을 동경했기 때문이라고 주장하였다. 그리하여 그들은

---

10) cf. 엘리어트는 그 정점에 관해서 다음과 같이 말하고 있는데, 그것은 융이 말하는 자기와 비슷한 개념이다. "유전하는 세계의 정점에 육(肉)도 비육(非肉)도 아닌 그곳으로부터도 아니고 그곳을 향해서도 아닌 정점, 그곳에 춤이 있다. 정지도 운동도 아니다. 부동이라 부르지 말라. 과거와 미래가 합치는 점이다. ……이 점, 정점이 없이는 춤도 없으리라." T. S. Eliot, *The Complete Poems and Plays of T. S. Eliot*(London: Faber, 1969), p. 173.

더 높은 창조의 경지에 도달할 수 있었으며, 신의 사랑으로 가득 찬 '사랑의 도약'을 이룰 수 있었다.[11] 여기에서 동경은 그렇게 역동적인 태도 같이 보이지 않는다. 그러나 베르그송은 신비가들은 큰 소리로 웅변하는 사람들이 아니라 존재만으로도 다른 사람들에게 영향을 미치는 사람들이라고 강조하였다. 영성생활이 끊임없이 지속되기 위해서는 커다란 외침보다 그런 세계에 대한 끈질긴 동경이 무엇보다도 필요한 것이다.[12]

마지막으로, 하느님의 은혜가 필요하다. 왜냐하면 그 경지는 인간의 노력이나 의지대로 이루어지는 것이 아니기 때문이다. 종래 기독교 영성가들은 금욕과 고행을 통하여 그 경지에 도달하려고 했지만 그것이 성공했던 적은 한 번도 없었다. 그래서 그들이 금욕과 고행에 전념하면 할수록 고통만 깊어졌을 뿐 하느님을 만나지 못하였다. 금욕과 고행이 육신의 욕망을 억제시키는 데 필요하기는 하겠지만 그것만 가지고는 부족하고, 하느님의 은혜가 절대적으로 필요했던 것이다. 그래서 기독교 영성에서 가장 중요한 것은 하느님의 은혜다. 영성가들은 자신이 아무리 노력해도 하느님을 만나지 못했는데, 그 모든 노력을 포기한 순간 하느님이 그들에게 자신을 보여 주시는 것을 보고 하느님의 은혜를 감사하게 되고, 거기에서 감격이 생기게 된다. 그때 그들에게는 '사랑의 마음'이 생기고 헌신이 가능해진다. 기독교 영성이 완성의 길로 접어들게 되는 것이다.[13]

이러한 기독교 영성의 과정에서 기독교 상징은 수 세기 동안 사람들에게 설득력이 있었다. 사람들은 기독교에서 제시하는 하느님, 하느님의 나라, 죄, 구속의 은총에 대해서 믿을 수 있었고, 기독교 교의는 사람들에게 그런 세계

----

11) H. Bergson, *Les deux sources de la morale et de la religion*(Paris: PUF, 1984), p. 1189.

12) 베르그송은 이렇게 말하기도 한다. "위대한 신비가는 인간이라는 종이 물질성 때문에 막혔있던 인간적인 한계를 뛰어넘는 개인들이다. 그들은 그렇게 하면서 신적인 활동을 이어가고 연장시켜 가는 것이다." H. Bergson, *op. cit.*, p. 1162.

13) 사람들은 T. S. 엘리어트가 정점(still point)이라고 말하는 그의 내면에 있는 심연에 들어가서 하느님의 은혜를 기다려야 한다. 우리 안에는 나의 욕망이나 생각과 다른 타자가 있으며, 그 타자가 우리 삶의 궁극적인 안내자가 된다는 사실을 깨달아야 하는 것이다.

에 대해서 알게 하였던 것이다. 그러나 현대 사회에 들어와서 기독교 교의의 많은 것은 사람들에게 설득력 있게 다가오지 못하고 있다. 많은 사람은 그것들을 믿지 못하고, 반신반의하는 것이다. 그래서 기독교 상징들을 구체적으로 믿고 따르는 사람은 신앙생활을 즐겁게 잘하지만, 그렇지 못한 사람은 교회를 떠나서 다른 신을 찾거나 세속을 추구하다가 신경증에 걸리기도 한다. 또한 반신반의하는 사람은 내면에 확고한 것이 없어서 신앙생활에도 몰두하지 못하고, 세상적인 삶에도 몰두하지 못한다. 현대 사회에서 기성 종교가 영향력을 잃고, 영혼의 고통을 느끼는 사람들이 늘어나는 것은 그 때문이다. 이제 그런 사람들은 교회의 문을 두드리기보다 정신과 진료실이나 정신치료자들을 찾고 있다. 그래서 융은 이제 정신치료자들과 목회자들이 손을 잡고 현대인들의 고뇌를 해결해 주어야 한다고 강조하였다.[14]

4. C. G. 융과 영혼의 추구

융은 일생에 걸쳐서 사람들을 온통 휘어잡고 그들의 삶을 뒤흔들며 사람들에게 참된 삶의 길을 제시해 주는 진정한 신을 찾았다. 그러기 위해서 그는 세계 여러 부족의 종교와 신화들을 연구하였고, 중국과 서양의 연금술에까지 연구 범위를 넓혔다. 그러한 작업을 하면서 융은 그 자신이 깊은 체험을 하였고, 그 체험에 대하여 의심하지 않았다. 이러한 융의 작업은 기독교 영성신학에 커다란 도움을 줄 수 있다. 왜냐하면 그는 기독교에서 종래 말하던 영혼, 하느님, 하느님 체험이라는 개념들을 기독교와 다른 방식이기는 하지만 인간이 체험할 수 있는 방식으로 제시하면서 기독교 영성추구 과정에 현상학적 근거를 마련해 주었기 때문이다. 기독교에서 말하는 영혼(soul)이라는 개념은 현대 사회에 들어와서 많은 사람에게 그 의미가 무엇인지 알지 못하게 되었

14) C. G. Jung, *Modern Man In Search of a Soul*(London: Routlege & Kegan Paul, 1978), pp. 267-270.

고, 하느님 역시 모든 사람이 서로 다르게 이해하여 너무 자의적으로 쓰이는 경우도 많다. 현대 사회에 만연된 종교적 혼란은 거기서 비롯되는 것인지도 모른다.

하지만 융은 종교현상을 경험적 입장에서 살펴보았기 때문에 이와 전혀 다른 태도를 보인다. 그는 인간의 삶에는 그동안 기독교에서 영혼이라고 불렀던 삶의 차원이 있으며, 그 차원이 우리 삶에 깊은 영향을 미치고 있음을 실증적으로 보여 주었던 것이다. 사람은 보통 인간의 삶은 자신이 보고 듣고 느끼고 생각하는 것을 중심으로 해서 이루어지고, 외적인 삶에 적응하는 데 필요한 역할이나 기대를 충족시키는 것으로 생각하면서 살거나, 그보다 조금 나아간다고 해도 일상적인 차원과 다른 차원이 있다는 사실은 알지만, 그 세계가 어떤 것이고 어떻게 그 차원과 접촉하는지 알지 못하기 때문에 언제나 다시 일상성 속으로 떨어지고 만다. 그러나 융은 인간의 삶에는 의식의 질서와 전혀 다른 차원의 질서로 이루어진 세계가 있으며, 그 세계는 그 나름대로 일정한 원리를 따라서 하나의 목표를 향해서 나아간다는 사실을 분명히 알고 있었다. 그래서 그는 그 차원은 그동안 수많은 종교상징을 통해 나타났고, 현대인에게도 꿈의 상징을 통해서 나타난다고 강조하였다.

인간 생명의 이 깊은 차원은 자아가 아무리 외적인 삶에 적응을 잘하고 있을지라도 정신의 전체적인 균형을 고려하지 않고 적응에만 급급하여 조화와 균형이 깨질 때 문제가 있음을 알린다. 우울증이나 여러 가지 신경증은 그것을 알리는 경고음인 것이다. 그때 사람은 외적인 삶에만 기울였던 관심을 거두고, 그의 존재 깊은 곳에서 나오는 음성을 들어야 한다. 그 차원은 인간의 삶은 단순히 먹고 사는 데만 목적이 있는 것이 아니라 생명의 본질을 실현시키는 데 있는 것이라는 사실을 일깨워 주기 때문이다. 그 차원이 종교에서 말하는 영혼이다.[15]

융에 의하면 인간의 내면에서 이 모든 것을 조정하는 것은 정신 전체의 중

---

15) C. G. Jung, *La Guérison psychologique*(Paris: Buchet/Chastel, 1976), pp. 281-282.

심인 자기(self)다. 자기는 사람에게 의식과 무의식, 개인적인 삶과 집단적인 삶, 지금-여기서의 삶과 생명의 근원과 관계되는 삶 사이를 이어 주고 그 사이에서 조화를 이루며 살도록 작용한다. 사람이 현실에 적응할 뿐만 아니라 생명의 참된 본질과 의미를 깨닫고 살도록 인도하는 것이다.[16] 자기에는 강력한 에너지가 담겨 있기 때문에 그것이 작용할 때 사람은 강력한 정동에 사로잡힌다. 그리하여 사람은 자기의 투사상 앞에서 두려움과 떨림에 사로잡히고 그것을 체험하기 전과 전혀 다른 삶을 살게 된다. 마치 호렙 산의 불 떨기 숲에서 하느님을 만났던 모세나 다메섹으로 가는 길에서 부활하신 예수님을 만났던 바울처럼 일상성 속에서 벗어나 생명의 근원과 관계되는 삶을 살게 되는 것이다.

융은 종교에서 그동안 말했던 신(神)은 자기의 투사상이라고 주장하였다. 즉, 사람은 절대타자인 하느님에 대해서는 도저히 알 수 없고, 사람이 보통 하느님(God)이라고 말하는 것은 하느님의 본체(Godhead)가 아니라, 사람들이 하느님은 어떤 분이라고 생각하는 하나님의 이미지(image of God)라는 것이다. 그런데 그 하느님의 이미지는 심리학적으로 말해서 인간의 내면에 있는 가장 강력하고, 가장 탁월하며, 가장 의미 있는 요소인 자기의 투사상이다. 인간의 무의식에 있는 정신 요소들은 투사되기 마련인데, 이 강력한 요소는 사람들이 강력한 것이라고 생각하는 하느님의 이미지에 투사되기 때문이다. 이렇게 되면 자기는 '우리 안에-있는-하느님(God-within-us)'이 된다.[17] 사람은 하느님 자체를 알지 못하기 때문에 자신의 내면에 있는 자기 원형을 통하여 하느님을 이해하고 하느님과 관계를 맺는다는 것이다. 그러나 여기서 주의해야 할 사실은, 융이 하느님 자체와 사람들이 하느님이라고 말하는 것을 구분했다는 점이다. 융은 하느님 자체를 투사상이라고 한 것이 아니라, 사

---

16) C. G. Jung, *Dialectique du Moi et de l'inconscient*(Paris: Gallimard, 1964), pp. 111-113.

17) 자기(self)가 하느님은 아니지만, 자기에서 주목할 점은 자기가 하느님을 알 수 있게 하는 도구가 된다는 사실이다. 사람들에게 자기가 없다면, 사람들은 하느님 같이 강력하고, 온전한 분에 대해서 이해하지도, 체험하지도 못할 것이다. C. G. Jung, *Aïon*, para. 73-74.

람들이 하느님이라고 부르는 이미지를 투사상이라고 했던 것이다.

기독교 영성과의 관련에서 강조해야 할 것은 자기가 객관정신(objective psyche)이라는 점이다. 자기는 한 사람의 내면에만 존재하는 주관적인 요소가 아니라 다른 사람들의 내면에도 있으며, 모든 사람을 뛰어넘어 통합의 길로 인도하는 요소인 것이다. 자기는 내재적이면서 동시에 초월적인 역동성이며, 자아와 전혀 다른 타자(他者)라는 것이다. 그래서 사람들은 자아(ego)와 자기(self)를 동일시하여 자신이 생각하거나 욕망하는 것을 절대시하지 말아야 한다. 하느님이 모세에게 'I am who I am'이라고 하셨듯이, 자기는 자아와 전혀 다른 차원의 것이기 때문에 사람은 자신의 내면에 자아의 욕망과 전혀 다른 더 큰 욕망이 있으며, 그것을 따라서 살아야 건강하게 살 수 있다는 사실을 깨달아야 하는 것이다.

그러나 많은 사람은 자신 안에 자아와 전혀 다른 차원이 있다는 사실을 알지 못하고, 자아의 욕망을 하느님의 뜻으로 생각하면서 사는 경우가 너무 많은데, 우리 삶의 모든 잘못은 그런 자아중심성에서 생겨난다. 그래서 융은 자아는 언제나 자기와 긴밀한 축을 유지하면서 살아야 한다고 강조하였다. 그렇지 않을 경우 자아는 너무 현실 세계에 몰두하여 삶의 뿌리와 생명의 원천에서 단절되어 실존적 공허(existential vacuum)을 느끼기 때문이다. 융은 인간의 내면에 있는 이 심연에 대하여 "사람들이 내면의 중심에 다가가면 다가갈수록 비어 있는 이 중심의 영향을 받기 위해서 자아의 영향력이 줄어들게 된다. 여기에서 비어 있다는 말은 없다거나 부족하다는 의미가 아니라 어떤 강력한 것이 있어서 모두 알 수 없다는 의미다."라고 말하였다.[18]

---

18) C. G. *Jung, Le divin dans l'homme*(Paris: Albin Michel, 1999), p. 207. 율라노프는 특히 자기의 타자성에 관해서 강조한다. A. B. Ulanov, "The Self as Other", *Carl Jung and Christian Spirituality*, pp. 46-60.

5. 분석심리학과 개성화 과정

기독교 영성가들이 회심을 한 다음 자신의 내면을 정화시키고 조명과 일치를 통하여 그리스도인의 완전에 도달하려고 한다면, 분석심리학에서는 꿈을 분석하면서 정신 요소들의 변화를 살펴보고 그것들이 실제의 삶에서 어떻게 나타나는지 관찰하면서 인격의 발달을 추구한다. 융은 기독교에서 영성의 발달 과정과 비슷한 것을 개성화 과정이라고 주장하였다. 기독교 영성 발달 과정의 궁극적 목표인 '그리스도인의 완전'은 개성화 과정의 궁극적 목표인 자기실현과 유사하며, 그 진행 과정에서도 유사한 점이 많기 때문이다.

개성화 과정은, 첫째 페르조나와의 동일시 극복, 둘째 그림자의 동화, 셋째 아니마/아니무스의 동화 또는 분화, 넷째 마성적 인격의 극복, 다섯째 자기의 탄생을 통하여 이루어진다.

첫째 페르조나(persona)는 사람들이 일정한 사회적 환경 속에서 그에 알맞게 행동해야 하는 사회적 기대나 역할들로 이루어진 원형(archetype)을 말하는데, 어느 사회에서나 남자, 여자, 교사, 목사 등 사람들이 그에게 주어진 역할에 따라서 어떻게 행동해야 한다는 외적 인격이 있다. 그래서 어떤 사람이 그 기대를 충족시키지 못할 경우 사람들은 "에이, 선생님이 뭐 저래?"라고 하면서 손가락질한다. 융은 인생의 전반기에 사람들은 그의 페르조나를 제대로 형성시켜야 한다고 강조하였다.

페르조나와의 동일시 극복은 개성화 과정의 출발점인데, 페르조나는 인격의 원형적 구조로서 자아의 발달은 페르조나의 발달과 밀접한 관계에 있다. 유년기에 의미 있는 타인들로부터 인정을 받은 사람은 자아가 발달하여 페르조나를 적절하게 발달시켜서 외부 환경에 적응을 잘하지만, 그렇지 못한 사람들은 사회적인 요청을 거부하거나 반발하여 집단에의 적응도 제대로 하지 못하고, 페르조나와 과도하게 동일시하려고 한다. 그리하여 그들은 정형화된 틀 속에 자신을 집어넣고 자신에게 맡겨진 역할을 의무적으로만 수행하게 된다.

그런 사람들은 페르조나는 어디까지나 사회적이고 집단적인 것으로서 그들의 고유한 특성과 관계 없는 것이라는 사실을 깨달아야 한다. 그들이 경직된 페르조나로 역할을 수행할 때, 그것은 그들의 본래 모습이 아니라 겉으로 드러난 껍데기뿐인 인물이라는 사실을 알아야 하는 것이다. 그들이 그렇게 사는 것은 그들에게 약하고 결함이 있는 자아(pseudo-ego)가 형성되었기 때문이다. 그러므로 그들은 자아를 강화시켜서 인격의 발달 과정에 나서야 한다.[19]

페르조나와의 과도한 동일시는 목회자들에게 매우 중요하게 나타난다. 목회자들은 교회라는 집단에서 부여받은 역할이 남다르고, 신도들의 기대를 많이 받기 때문에 페르조나와 더 동일시하게 되는 것이다. 그러므로 자아가 강하지 못할 때, 목회자는 자신의 자아로 나타나지 못하고, 목사 아무개로 나타나기 쉽다. 그때 그는 거룩한 얼굴을 하고 자기 자신도 완전히 소화시키지 못한 '추상적인 복음'을 말하는 영화배우일 수가 있다. 그가 목사가 아니었으면 그 자리에 그렇게 나타나지 않았을 텐데, 목사라서 그렇게 나타나는 것이다. 그가 아니었어도 어느 목사나 그렇게 행동했을 것이다. 따라서 그것은 그의 진정한 모습이 아니라 목사의 전형적인 모습일 수가 있다. 왜냐하면 그가 그 문제에 대해서 진지하게 고민하고, 그가 살았던 부분만큼만 제시했다면, 그렇게 상투적이고 피상적으로 나타나지는 않았을 것이기 때문이다. 그러므로 개성화의 첫 단계에서 우리가 개인적인 '나'와 집단적인 페르조나를 구분하는 것이 무엇보다도 중요하다. 그렇게 해서 발견한 강한 자아가 있어야 그다음 단계로 나아갈 수 있는 것이다.

개성화 과정의 두 번째 단계는 그림자를 동화시키는 것이다. 그림자는 보통 사람들이 자신의 결점이나 약점이라고 느끼는 부정적인 정신 요소로서 스티븐슨의 소설 『지킬 박사와 하이드 씨』에 나오는 하이드 씨나 『흥부전』에 나오는 놀부처럼 모든 사람 속에 있으면서 사람들에게 부정적인 행동을 하게 하거나 부정정인 공상이나 상상을 하게 하는 요소인 것이다.[20] 그림자가 이렇

---

19) *Ibid*., pp. 79-90.

게 미분화되고 열등하며 부정적인 특성을 가진 것으로 느껴지기 때문에, 사람은 그것을 다른 사람에게는 물론 자기 자신에게도 숨기려고 한다. 그래서 그림자는 무의식에 억압되어 혼자 있을 때 불쾌하거나 비난받을 만한 생각을 불러일으키거나 환상이나 공상의 형태로 나타난다. 그렇지 않으면 투사를 일으키거나 꿈에 나타나 사람들을 놀라게 한다. 사람은 하느님도 아니고, 천사도 아니며, 단지 사람일 뿐이다. 그러므로 여러 가지 결함이 있을 수 있고, 동물적인 본성 때문에 여과되지 않고 그냥 표출될 때 문제를 일으킬 수 있는 성향이 있을 수 있다. 그러나 그것들은 인간이 인간이라는 사실을 말해 주는 건강한 생명현상이다. 사람이 그것을 부정하고 그렇지 않은 모습으로만 나타나려고 할 때 자연은 복수를 하게 된다. 그것이 억압되어 그림자의 색이 더 짙어지는 것이다. 자신에게 있는 그림자를 그 몫대로 인정하고, 동화시켜야 하는 것은 그 때문이다. 그때 그림자는 긍정적인 것으로 변환되어 우리 삶을 풍부하게 해 주게 된다.[21]

그림자의 문제는 도덕적인 선을 추구하는 기독교인에게 커다란 걸림돌이 되는 문제다. 그래서 기독교인이 본성 이상으로 선하려고 할 때, 그에게 있는 악은 더욱더 억압되어 의식과 무의식 사이의 균열이 깊어진다. 사람이 자신의 그림자에 대해서 가지는 태도는 크게 세 가지로 나뉜다. 첫째, 자신이나 이 세상에 악은 있지 않다고 무시하는 태도다. 다른 사람에게 자신의 좋은 점만 보여 주고, 언제나 밝고 명랑하게 살려는 것이다. 이런 사람들은 입체적으로 살지 못하고 무엇인가 피상적인 삶을 사는 듯한 느낌을 준다. 자신의 모든 것을 살지 못하고 일부만 살기 때문이다. 둘째, 자신의 그림자를 억제하거나 억압하는 태도인데, 이런 태도가 제일 보편적인 태도일 것이다. 이런 사람들에게 자신의 그림자는 어느 정도 인식되어 있다. 그래서 이들은 훈련이나 금욕이나 고행을 통해서 자신의 그림자를 극복하려고 한다. 그러나 대부분의 경

20) C. G. Jung, *L' Homme et ses symboles*(Paris: P. Royale, 1964), pp. 21-30.
21) *Ibid.*, pp. 47-63.

우 그것들은 극복되지 않는다. 셋째, 그림자와 직면하는 데 필요한 긴장이 괴로워서 그림자와 동일시하려는 태도다. 이들은 그림자와 맞서 싸우다가 번번이 실패하자 그림자의 충동에 굴복하여 그림자와 하나가 되는 것이다. 그러나 융은 그 어느 것보다 자신의 그림자를 인식하고, 그것을 동화시켜야 한다고 강조하였다. 그림자가 어두운 것은 그것이 자신의 정당한 몫을 인정받지 못하고 살아지지 못했기 때문인데, 그림자를 인식하고 그것을 충분히 살게 하면 거기에 있던 부정적인 특성이 사라진다는 것이다.[22]

사람이 자신의 그림자를 알지 못할 때 그림자는 밖으로 투사되어 사람들은 자기 안에 있는 어떤 특성을 다른 사람에 쏟아 붓고 그 사람이 그렇다고 생각하면서 싫어한다. 제 눈에 있는 들보를 보지 못하고 타인의 눈에 들보가 들어 있다고 비난하는 것이다. 그러므로 내면에 그림자가 많은 사람은 그것이 의식에 동화되지 못했기 때문에 언제나 자신과 불화 상태에 있으며, 다른 사람과의 관계도 매끄럽지 못하게 된다. 기독교 영성에서도 정화가 가장 오래 걸리듯이, 개성화 과정에서도 가장 오래 걸리는 과정이다. 그러나 사람들이 밖으로 투사시켰던 그림자 에너지를 회수하면 그의 내면에는 많은 에너지가 생겨서 정신은 더욱더 역동적으로 될 수 있다.

세 번째로 아니마/아니무스를 동화, 분화시키는 것이다. 아니마/아니무스는 페르조나의 반대편에 있는 인격의 내용으로 사람들이 본래부터 타고 났지만 현실 세계에 적용하는 과정에서 실현되지 않고 남아 있는 것들로 구성되어 있다. 따라서 자아나 페르조나보다 훨씬 더 깊은 층에 있는 정신 내용들로서 자기(self)와 가까이 있으며, 사람들의 삶에 더 많은 영향을 미친다. 그래서 융은 아니마/아니무스는 '운명의 실을 잣는 여인'으로 표상되곤 한다고 주장하였다.[23] 개성화 과정에서 아니마/아니무스의 작업은 사람이 자신의 그림자

22) J. A. Sanford, *Evil*(New York: Crossroad, 1982), pp. 51-68. E. Neumann, *Depth Psychology and a New Ethic*(Boston: Shambhala, 1990), pp. 38-40 참조.

23) C. G. Jung, *Aïon*, para. 20.

를 어느 정도 동화시켜 자신의 개인적인 무의식을 상당 부분 의식화한 다음
에 대두된다. 그리하여 사람이 페르조나와 자신을 분리시키고, 어두운 측면
인 그림자의 영향을 받지 않으면서 자신의 본성을 찾아서 살 수 있도록 인도
하는 것이다. 그래서 융은 아니마/아니무스를 '영혼의 안내자'라고 주장하였
고, 민담에서는 길을 가르쳐 주는 여인 등으로 자주 나타난다.[24]

　　남성에게서 아니마는 여성적 특성을 가진 에로스로, 여성에게는 남성적 특
성을 가진 로고스로 나타나 남성은 그의 내면이 조화되어 있지 않을 때 감정
적인 왜곡이나 다른 사람들과 관계 맺는 기능에 문제를 보이고, 여성은 집단
적이며 불합리한 견해에 사로잡히기 쉽다.

　　융은 개성화 과정에서 아니마/아니무스의 문제는 사람들이 자신의 이성부
모로부터 얼마만큼 분리되었느냐 하는 것이 결정적인 영향을 미친다고 주장
하였다. 즉, 남성이 자신의 어머니와 분리되지 않았으면, 그는 자신의 내면에
있는 모성원형의 영향 때문에 나약하고 부정적인 무드에 잘 사로잡히며, 여
성이 아버지와 분리되지 않으면 부성원형의 영향 때문에 로고스가 발달하지
않아서 집단적인 견해에 잘 휩쓸리고 고집스럽게 자기 의견을 주장하게 된다
는 것이다. 이때 아니마/아니무스는 실제의 어머니/아버지보다 집단적인 원
형의 영향도 크므로 개성화 과정에서 사람들은 자신이 가진 어머니/아버지의
이미지와 실제의 어머니/아버지와 얼마만큼 같고 얼마만큼 다른지를 따져서
집단적인 상과 분화시켜야 한다. 그런 과정에서 사람들이 자신의 진정한 내
적 인격을 회복시키면 자기(self)가 탄생하게 된다.[25]

　　그다음에 중요한 것이 마성적 인격의 극복이다. 마성적 인격이란 사람이
그림자나 아니마/아니무스에 투사시켰던 정신 에너지를 회수하면 의식의 영
역이 확장되고 자아의 중요성이 커지는데, 그때 자아가 무의식에 조심성 없
이 접근하면 집단무의식에 있는 강력한 에너지에 사로잡혀 팽창되는 것을 말

---

24) Ibid., 13-19.
25) C. G. Jung, Dialectique du Moi et de l'inconscient, pp. 160-188.

한다. 그때 자아와 무의식 사이의 경계선은 흐릿하게 되어, 자아는 원시적이고 고태적인 수준의 전체성에 영향을 받아서 스스로를 절대화하게 된다. 그러므로 융은 자아가 현실에 잘 적응하여 의식이 강화되고 자아가 의식세계에 닻을 내리고 있는 것이 개성화 과정에서 무엇보다도 중요하다고 강조하였다.[26] 융은 자아가 이렇게 팽창된 모습을 니체의 초인에서 찾아볼 수 있다고 했으며, 우리는 구약성서에서 야곱이 얍복 강을 건너기 전 어둠 속에서 나타난 존재와 씨름한 것에서도 읽을 수 있다. 그때 야곱은 인생의 전반기를 지나서 외적인 삶에서 많은 것을 성취하였지만, 그것들을 뒤로 두고 귀향길에 나서서 고향에 도착할 즈음 아주 강력한 존재와 목숨을 잃을 수도 있는 한판 승부를 펼치게 된 것이다. 분석심리학적으로 생각해 볼 때, 이 씨름은 마성적 인격과의 싸움이라고 할 수 있다. 왜냐하면 마성적 인격이란 왕, 영웅, 종교 수행자 등 강력한 위치에 있는 사람들이 집단적 무의식에 있는 힘을 자신과 동일시할 때 생기는 현상이기 때문이다. 개성화 과정에서 마성적 인격의 극복이 뚜렷하게 나타나는 경우도 있지만 그렇지 않은 경우도 있다.[27]

　개성화 과정의 마지막 단계는 자기가 탄생하는 단계다. 사람이 페르조나와의 동일시를 극복하고, 그림자를 깨달아 동화시키고, 어머니/아버지상과 분리되어 자신의 본래적인 모습을 되찾아 자기가 되는 것이다. 그때 그의 내면에 있던 전일성(wholeness)의 원형은 무의식에 있는 모든 대극을 통합하고 자아와 긴밀한 축을 이루어 더 큰 질서 속에서 살게 된다. 우리 안에-있는-하느님(god-within-us)과 만나서 그 하느님의 인도를 따라서 살게 되는 것이다. 그때 사람은 자아에 중심을 두던 태도에서 벗어나 그보다 훨씬 더 넓고 확장된 삶을 살게 된다. 그전까지 살던 상대적인 전체성에서 벗어나 하느님의 진정한 전체성 안에서 살게 되는 것이다.[28] 그 결과 사람은 그전처럼 자신 안에

26) C. G. Jung, *Aïon*, para. 46–47.

27) C. G. Jung, *Dialectique du Moi et de l'inconscient*, pp. 223–249.

28) C. G. Jung, *Le divin dans l'homme*, p. 200.

있는 수많은 대극의 갈등에 시달리지 않게 되고, 무의식의 충동에 덜 휩싸이게 되어 한결 편안하고 해방된 삶을 살게 된다. 갈등과 고통의 질곡에서 벗어나 자신을 한결 편안하게 느끼고 자유로운 삶을 살게 되는 것이다.

융은 개성화 과정이란 기독교에서 말해 왔던 '그리스도를 본받는 삶'과 같은 영적인 길이라고 주장하였다. 왜냐하면 개성화 과정에서 사람은 자신의 내면에 있는 모든 그림자와 대극을 통합해야 하는데, 그 작업은 예수 그리스도가 십자가를 지는 것과 같이 자신과 이 세상의 모순과 부정적인 측면을 받아들이고 극복하는 일이기 때문이다. 융은 기독교에서 성령은 인간의 영혼을 발달시켜서 대극을 인간 안에 통합하고 화해하게 하는 역할을 했다고 주장하였다. 그러므로 사람은 성령의 도움으로 자신의 그림자나 여러 가지 대극과 직면하여 그 힘에 지지 않고 그것들을 뛰어넘어야 한다.[29] 그런 의미에서 융은 "하느님은 우리 모두 속에 자기라는 불꽃의 형태로 살아계신다."라고 하였으며, "개성화는 대화 과정인데 자아가 우리 내면의 중심에 있는 이 내면의 중심에 있는 빈 곳을 만나야 이루어진다."고 주장하였다.[30]

이렇게 볼 때 우리는 기독교의 영생수련 과정과 융의 개성화 과정 사이에 어떤 공통점이 있다는 사실을 발견하게 된다. 그것은 그 두 과정이 모두 자아의 부정적인 면을 벗어 버리고 자아가 하느님 또는 우리-안에 있는-하느님인 자기와 올바른 관계 속에서 감각적인 세계에서 벗어나 초감각적인 세계를 향해서 나아가려는 시도임을 알게 되는 것이다. 그것을 기독교 영성에서는 정화(淨化)에 초점을 맞추어서 행하였다. 인간이 원죄에 물들어 있다고 생각했기 때문이다. 그런데 개성화 과정에서는 방법이 조금 다르다. 개성화 과정에서는 먼저 자아를 강화하고, 자아가 자기와 올바른 관계를 맺어서 자기의 내용이 자아를 통해서 그대로 실현되도록 하게 한다. 자아가 약할 경우 무의식의 부정적인 내용이 자아를 통해서 나오기 때문에 먼저 자아를 강화시켜야

29) *Ibid.*, p. 238, p. 327.
30) *Ibid.*, p. 208, p. 307.

하는 것이다. 그러나 자아가 너무 강해지면 자기를 부정하고 자아중심적으로 될 수 있다. 그래서 개성화 과정에서도 나중에는 자아가 그렇게 되지 않도록 유의한다. 자아는 다만 자기의 내용이 실현될 수 있는 그릇으로서의 기능을 수행하게 하는 것이다. 이렇게 생각할 때 기독교 영성수련과 개성화 과정 사이에는 상당히 유사한 점이 많은 것을 알 수 있다.

6. 결론: 현대인과 새로운 영성의 길

인간의 삶에는 자아의식이 느끼고 체험하는 삶보다 훨씬 더 깊고 의미 있는 차원이 있고, 하느님은 모든 사람이 그 차원을 알고 그 차원을 충만히 살라고 생명을 부여해 주셨다. 기독교는 여태까지 여러 가지 종교상징을 통해서 사람들에게 그 차원에 대해서 알게 하였고 그 차원을 살 수 있도록 이끌어왔다. 그러나 현대 사회에 들어와서 사람은 물질문명이 너무 급속하게 발전함에 따라서 현실 적응에 바쁘고, 물질이 주는 편리성에 매료되어 그 차원을 잊어버리고 현세 속에서 헤매고 있는 듯하다. 그러나 사람이 그런 삶만 쫓아가다 보면 생명의 본질에서 분리되어 정신적인 공허와 무의미를 느끼고 우울해하거나 신경증에 걸리게 된다. 이러한 현대인의 정신적인 문제를 해결하려고 씨름했던 융은 인간의 무의식을 탐구하면서 종래 기독교에서 말해 왔던 것들을 기독교와 다른 언어로 설명하였고, 분석심리학과 기독교는 서로 협력하면서 현대의 정신적 문제를 해결해야 한다고 강조하였다.

기독교의 위대한 영성가들 역시 우리 삶에 있는 이 차원을 찾아서 오랜 시간 동안 영적 순례를 하였고, 결국 내면의 성에 도달하여 삶의 신비를 맛보았다. 그러므로 현대 그리스도인도 눈에 보이는 일상적인 삶에만 몰두할 것이 아니라 이 차원에 대해서 더 깊이 명상하고 더 깊이 체험해야 한다. 그리스도인이 그런 차원에 대해서 알지 못하고 체험하지 못하면, 그들은 삶의 목표를 현세에서 잘 먹고 잘 사는 데 두게 되고, 특히 목회자는 신도에게 현세에서의 성공과 복만 빌어 주게 된다. 현대 사회에서 기독교가 활력을 잃고 있다면, 한국 교회에서 이 차원을 망각하고 이 세상에서의 평안만 추구하기 때문일 것이다.

이 차원에 대해서 깊은 체험이 없는 한국 교회는 대체로 다음과 같은 세 가지 행태를 보이는 듯하다. 첫째, 순응주의적인 태도인데, 교회가 이 세상에 완전히 동화되어 이 세상적인 가치관을 가지고 사는 것이다. 그들은 세속주의에 빠져서 세속적인 성공을 찬양하고, 그것이 모두 하느님의 축복인 것처럼 생각하고, 신도도 그렇게 인도한다. 현대 사회에서 흔히 찾아볼 수 있는 태도다. 그러나 예수 그리스도는 하느님 나라를 선포하였지, 세상에서의 삶만 찬양하지 않았다. 이 세상의 통치와 전혀 다른 하느님의 통치를 선포하였던 것이다.

둘째, 율법주의적인 태도인데, 이 태도는 사람이 하느님의 깊은 차원을 알지 못하기 때문에 하느님을 율법으로만 생각하고, 율법만 준수하려고 하는 태도다. 그러나 기독교는 사랑의 종교이지 율법의 종교가 아니다. 율법은 인간에게 죄인임을 깨달으라는 것이지 언제나 글자 그대로 지킬 수 있는 것은 아니다. 그러므로 율법주의적으로 되는 순간 기독교는 기독교도 아닌 것으로 되고 만다.

마지막으로 잘못된 신비주의에 빠지는 태도다. 사람이 잘못된 신비주의에 빠지는 것은 이 세상에 일상적인 차원 이외에 또 다른 차원이 있다는 것은 어렴풋이 느끼지만 그것이 정말 무엇인지 알지 못해서 잘못된 기적을 바라거나 갑작스러운 체험을 추구하기 때문이다. 그러나 사람이 그런 것들만 쫓아다닐 때 그들의 내면은 고갈되고 잘못된 길에 들어서게 되지만 현대 교회에 이런 태도에 빠져 사는 사람들도 많다.

기독교 영성과 개성화 과정은 인간의 삶에는 이 세상에의 적응이나 이 세상적인 가치와 전혀 다른 차원이 있음을 강조하고 있다. 자아가 인격의 중심이 아니라 자기가 인격의 중심이듯이, 우리 삶에는 자아-의식이 생각하고 느낄 수 있는 것보다 훨씬 더 깊은 차원이 있으며, 사람은 모두 그 차원을 살 수 있다고 강조하는 것이다. 분석심리학은 무의식의 분석을 통해서 그 차원을 깨닫게 하고 체험하게 해 준다. 그래서 기독교 상징체계로 도움을 받지 못한 사람들 가운데서 개성화 과정을 통하여 원형적 체험을 한 사람들은 그다음에 진지한 종교인들로 변화된다.[31]

한국 교회는 이제 진정한 소명을 깨달아야 한다. 점점 더 그리스도인이 되기 어려운 시기에 그들이 그리스도인이 되었다면, 그것은 그들이 현세만 추구할 것이 아니라 영원한 나라를 추구하라는 부름임을 깨달아야 하는 것이다. 분석심리학이 기독교에 많은 도움을 준 것처럼 기독교의 위대한 영성가들도 분석심리학에 많은 도움을 주었다. 그들은 분석심리학에서 말하는 자기, 개성화, 영혼 등 눈에 보이지 않는 개념들을 그들의 체험을 통해서 그 실재성을 보여 주었다. 융이 기독교 교의(dogma)의 현상적 근거를 마련해 주었다면, 기독교 영성가들은 분석심리학 개념의 실재성을 보여 주었던 것이다.

현대 사회에서 목회직은 위축되는 듯이 보인다. 그러나 목회직은 그리스도인의 성숙한 삶을 위해서 더욱더 중요시 되어야 한다.[32] 교회는 언제나 성도들이 현실에 매달리는 삶에서 벗어나 하느님 나라를 살게 하면서 좀 더 높은 경지로 이끌어야 하는 것이다. 그러므로 한국 교회 역시 성도들의 단순한 욕망만 충족시켜 주는 데 급급했던 것에서 벗어나 그들의 근본적인 삶의 변화에 관심을 기울이고 그들이 참된 영적 실재를 만날 수 있도록 도와주는 데서 존재 이유를 찾아야 한다.

---

31) C. G. Jung, *Modern Man In Search of a Soul*, pp. 265-270.

32) M. Kelsey, "Rediscovering the Priesthood Through the Unconscious", R. L. Moore (ed.) C. G. *Jung and Christian Spirituality*(New York: Paulist Press, 1988).

목회상담의 위기적 상황과 정신치료
─현대 심층심리학적 정신치료 이론과의 연관성을 중심으로

1. 현대 사회와 목회상담의 위기적 상황

현대 교회에서 목회상담(pastoral counseling)의 위기에 대한 우려의 소리가 높다. 그 이유는 첫째로 목회상담이 현대 심층심리학 이론들을 받아들이면서 목회돌봄(pastoral care)의 전통에서 멀어져 정체성이 명확하지 않게 되었기 때문이고, 둘째로 목회상담이 현대 사회에서 발달한 여러 가지 정신치료 (psychotherapy)에 비하여 전문성이 부족하고, 사례비도 받지 않아서 아마추어적인 치료로 여겨지는 효율성에 대한 문제가 제기되고 있기 때문이다.[1] 이두 가지 문제는 세속 사회가 발달하면서 그동안 교회에 뿌리를 두었던 예술과 학문이 발달하여 기독교 예술과 신학이 직면했던 문제를 지금 목회상담이 맞고 있는 것이다. 따라서 목회상담은 현대 사회에서 발달한 여러 가지 정신

---

1) Gary R. Collins, *Christian Counseling*(Dallas: Word Publishing, 1988), pp. 21-23. D. G. Benner, *Care of Souls: Revisioning Christian Nurture and Counsel*(Grand Rapids: Baker Books, 1998), ch. II 참조.

치료에 어떻게 대응하고 어떤 관계를 설정하느냐 하는 문제를 심각하게 고민해야 한다. 목회상담은 현대 정신치료 이론의 도전 앞에서 자신의 정체성을 확립하고 전문성을 제고시켜 정신적 돌봄을 필요로 하는 현대인의 요청에 부응하고, 영혼을 상실한 정신치료로 인한 폐해(弊害)에 맞서야 하는 것이다. 이 장에서는 현대 사회에서 목회상담학이 맞고 있는 이런 고뇌를 극복하기 위하여 깊은 연관관계에 있는 목회상담과 정신치료, 특히 심층심리학을 기반으로 한 현대 정신치료 사이의 관계를 살펴보고, 현대 사회에서 효율적으로 기능할 수 있는 목회상담의 모델에 대해서 모색하고자 한다.

영혼을 돌보고 치료하는 일(cura animarum)은 본래 종교의 영역에 속해 있었다. 특히 기독교회에서는 초대 교회에서부터 신도들이 그리스도의 가르침을 따라서 전일성을 이루며 살도록 인도하였고, 4~5세기부터는 수도원을 중심으로 해서 영적 지도(spiritual direction)가 체계적으로 이루어져, 수도사들은 개인적으로 영적 지도자들에게 그들의 생각과 정서적 상태에 대해서 말하였으며, 지도자들은 그것을 듣고 성경 말씀과 수도원의 규칙과 그 자신의 경험에 비춰 가면서 지도하여 수도자들에게 내적 생명이 자라서 그것이 외적 행동으로 드러나게 하려는 데 힘썼다. 이러한 전통은 14세기까지 비교적 견실하게 지켜졌으나, 그 후 인구가 증가하여 수도자가 아닌 사람들에게서도 영적 추구에 대한 욕구가 커지면서 변화되었다. 즉, 교회에서는 그런 사람들 사이에서 이단적 신비주의 풍조가 생겨나 그것에 대항하려고 하였고, 16세기 이후 종교개혁이 시작되면서 가톨릭교회에서는 영혼돌봄을 영적인 측면보다 교리적 측면에 더 초점을 맞추게 되었던 것이다.[2]

한편 개신교회에서는 영혼돌봄이 목회돌봄의 형태로 이루어져 목회자에게 영혼을 돌보는 목자(pastor)라는 이미지가 짙었지만 영적 지도가 체계적인 틀

---

2) André Godin, "Ecoute et Conseil", *Initiation à la pratique de la théologie*(Paris: Cerf, 1983), pp. 49-51. 수도자가 아닌 일반 사람들의 영적 욕구를 충족시켜 주기 위해서 프랑스와 드 살은 *Introduction à la vie dévote*를 저술하였고, 이 무렵 가톨릭교회는 카타르파, 정적주의 등을 파문하였으며, 그 후 이단재판에 몰두하여 그다음에 벌어지는 종교전쟁의 싹이 배태되고 있었다.

속에서 이루어지지 못했고, 신도들의 내적 성장을 촉진시키는 상징체계도 결여되어서 깊이 있게 이루어지지 못하였다. 그래서 개신교 신학자 B. 캠프와 가톨릭 신학자 A. 고댕은 교회의 전통적인 영혼돌봄은 개신교 문화권에서 영적 추구보다 심리적인 문제를 다루는 목회상담으로 더 먼저 발달하였고, 세속사회의 정신치료 역시 더 번성하게 되었다고 주장하였다.[3]

　영혼돌봄을 둘러싼 현대 교회의 문제는 여기에서 생겨났다. 가톨릭교회에서 고해성사와 영적 지도 등을 통해서 시행되던 영혼돌봄과 개신교회에서 목회돌봄을 통해서 시행되던 영혼돌봄이 현대 사회에 들어와서 신도들의 요청을 모두 수용하지 못해서 심리적인 문제에 초점을 맞춘 목회상담이 생겼고, 현대 교회가 신도들의 내적 요청을 모두 충족시키지 못하면서 세속사회에서 정신치료가 발달하게 되었던 것이다.[4] 그러나 교회가 심리적인 문제에 대한 돌봄을 소홀히 하고 세속의 정신치료자에게만 맡기는 것은 심리학(psychology)이 본래 인간의 내면적 삶인 영혼(soul)을 다루는 학문이라는 점에서 책임을 회피하는 것이기도 하다. 목회상담과 영적 지도와 정신치료는 치료가 깊은 수준으로 들어갈수록 경계가 모호해지기 때문이다. 이 사실에 대해서 C. G. 융은 "오늘날 사제들이나 철학자들은 더 이상 이 역할을 담당하지 않고, 또 대중이 그들의 능력을 더 이상 믿지 않는 만큼 정신치료가 이러한 틈새를 메워야 했다. ……사람들은 사제의 경우에는 그가 무엇을 말할 것인가를 이미 알고 있다고 생각하여 비난한다."[5]라고 말하였다. 정신치료에서

3) Bernard Kaempf, *Introduction à la théologie pratique* (Strasbourg: Presses Universitaire de Strasbourg: 1997), pp. 149-172. cf. A. Godin, *op. cit.*, p. 49.

4) 그 결과 지금 영혼돌봄은 교회에서 영적 지도, 영적 인도(spiritual guidance), 영성훈련(spiritual formation), 목회돌봄, 목회상담 등을 통해서 이루어지고 있다.

5) C. G. Jung, 『정신요법의 기본문제』, 한국융연구원 C. G. 융저작번역위원회 역(서울: 솔출판사, 2000), pp. 102-103. cf. 융은 현대 사회에서 정신치료는 의도하지도 않았지만 종종 교회가 맡았던 영혼돌봄과 관계되는 영적 인도(spiritual guidance)를 담당하게 되었고, 사제와 정신치료자의 협력이 필요하다고 주장하였다. C. G. Jung, *Civilization in Transition*(London: Routledge & Kegan Paul, 1974), para. 1045.

사제와 정신치료자의 협조가 필요하다는 것이다.

2. 목회상담에 대한 역사적 고찰

　정신치료와 상담(counseling)은 20세기에 들어와서 본격적으로 시작된 분야인데, 목회상담은 기독교회에서 행해 왔던 영혼돌봄이 마침 그때 생긴 상담과 연계되면서 독특한 형태로 자리 잡았다. 본래 상담은 20세기 초 미국 사회의 전환기적 상황에서 생겨났다. 그 당시 미국은 산업구조가 재편되는 과정에서 실업자가 늘어나 그들을 돌보려는 직업지도운동과 정신건강운동이 생겨났고, 그때 그들에 대한 개인적인 상담이 행해지면서 현대 상담학의 기초가 마련되었다.[6] 한편 목회상담은 19세기 말 종교심리학 분야에서 E. 스타벅, W. 제임스 등이 종교체험과 인간의 정신건강이 밀접한 관계에 있다는 사실을 밝혀내어, 여러 교회에서는 신도들의 신앙을 증진시킴으로써 정신을 건강하게 유지시키려고 하였고, 1905년 보스턴의 임마누엘교회에서 영혼돌봄의 개념을 영혼의 구원보다 자아실현에 초점을 맞추어야 한다고 주장하면서 목회상담을 심리학과 연계시키는 중요한 전기를 마련하였다.

　이런 흐름에 결정적인 영향을 끼친 것은 프로이트의 정신분석학이었다. 프로이트는 정신질환은 기질적인 질병이 아니라 마음의 질환이고, 무의식에 대한 분석을 통하여 치료할 수 있다고 주장하였다.[7] 그래서 목회상담은 더욱더 영혼의 문제보다 심리의 문제에 초점을 맞추게 되었다. 그러다가 목회상담은

---

6) 정원식, 박성수, 『카운슬링의 원리』(서울: 교육과학사, 1993), pp. 31-33. Benjamin Beit-Hallahmi, "Psychology of Religion 1880-1930: The Rise and Fall of a Psychological Movement", ed. by N. Malony, *Current Perspectives in the Psychology of Religion*(Grand Rapids: Eerdmans Publ. co., 1979), pp. 17-24.

7) Benjamin Beit-Hallahmi, *op. cit.*, pp. 17-24. cf. David G. Benner, 『정신치료와 영적 탐구』, 이만홍, 강현숙 역(서울: 하나의학사, 2000), pp. 37-38.

1920년대 후반 안톤 보이슨과 R. 캐보트의 임상목회 교육의 영향으로 상담 대화의 기술에 관심을 기울이게 되었고, 1940년대 칼 로저스의 내담자중심 요법의 영향으로 이론적인 기반을 결정적으로 마련하면서, 1950년대 이후 P. 존슨, S. 힐트너, C. 와이즈 등의 활동으로 만개하였다. 그러나 그 후 목회상 담은 H. 클라인벨이 전인적 해방–성장 모델을 제시하였지만, 현대 사회에 들어와서 심층심리학의 발달, 특히 후기 프로이트학파와 융학파 정신치료의 성과로 현대 정신치료 이론을 받아들이기에 바빠서 정체성의 혼돈에 빠지거나, 그것들을 아예 외면하면서 위기를 맞고 있다.[8]

그러면 목회상담과 정신치료의 관계는 어떻게 되는가? G. 콜린스는 목회 상담은 목회돌봄의 한 부분으로서 한 개인이나 가족이나 집단이 삶의 위기나 압력에 직면했을 때 여러 가지 치료법을 가지고 그들이 성서적인 가르침과 합치되는 방법으로 문제를 해결하도록 돕는 과정으로서, 궁극적인 목표는 그들이 영적으로 배우고 치유되며 성장하게 하는 것이라고 주장하였다. 이때 상담가는 안수받은 목회자나 성직자로서 목회상담의 권위는 목회직에 있고, 상담 과정은 대화를 통하여 이루어진다.[9]

한편 콜린즈와 메이는 정신치료는 정신적인 문제에 봉착한 사람에게 치료적 대화를 통하여 사고방식과 인격을 근본적으로 변화시켜서 그가 그의 욕구와 욕망을 충족시킬 수 있는 능력을 배양시키고, 자신과 환경을 통제할 수 있는 자율적 감각을 얻게 하려는 비교적 장기적이고 심층적인 조력 과정이라고 주장하였다. 이때 치료는 전문치료자가 행하며, 목회자가 담당할 수도 있지만 정신치료의 권위는 심층심리학의 과학적 언어와 강력한 치료 기술에 주어진다.[10] 이렇게 볼 때 목회상담과 정신치료에는 비슷한 측면도 있지만, 서로 다른 바탕 위에서 서로 다른 목표를 향해서 나아가는 것임을 알 수 있다.[11]

8) H. Clinebell, 『목회상담신론』, 박근원 역(서울: 예장총회출판국, 1991). pp. 87-91.
9) G. Collins, *op. cit.*, pp. 16-17.
10) Ibid., 17. G. May, *Care of Mind Care of Spirit* (San Francisco: Harper & Row, 1982), p. 14.
11) 그러나 베너는, 정신치료는 정신의학 분야에 속해 있지만 의학보다 종교와 더 가깝다고 하면서,

이렇게 생각할 때 목회상담에서 심리적인 문제에만 초점을 맞추는 것은 영혼돌봄의 초기 형태인 영적 지도가 신도들로 하여금 신앙을 돈독히 하여 하느님의 임재에 대한 자각을 증진시켜 영적 성장을 도모하고 삶의 방식을 변화시키려 했던 과정이라는 점에 비추어 볼 때 너무 멀리 나아간 듯하다.[12] 목회상담가는 내담자의 심리적 문제나 신경증을 치료할 뿐만 아니라 그 증상에 담긴 상징적 의미를 살펴보고, 그것을 통하여 내담자가 영적으로 성장하는 데 도움을 주어야 하기 때문이다. 심층심리학은 의식만 가지고서는 도저히 도달할 수 없는 영혼의 세계와 접촉하여, 독특한 방식으로 영혼돌봄에 기여할 수도 있는 것이다.[13]

그러나 현재 목회상담가 중에는 정신치료의 바탕이 되는 심층심리학을 받아들이지 않고 세속의 치료자에게 맡겨 버리거나, 받아들였다고 할지라도 심리학과 신학 사이의 균형이 깨어져 영적인 돌봄을 도외시하는 경우가 적지 않다. 하지만 기독교인으로서 정신적인 문제에 봉착한 사람은 정신치료에 정신적인 문제뿐만 아니라 영적인 문제를 같이 가져오는 경우가 많은데, 그런 내담자는 돌봄을 받을 데가 없는 것이다. 심지어 비기독교적 정신치료자들 가운데는 신앙 자체를 신경증으로 보고, 참된 자기를 찾으려면 신앙에서 벗어나야 한다고 주장하는 사람들이 있는데, 그들에게 의뢰하는 신앙인들이 느끼는 혼란을 교회는 더 이상 방관할 수 없는 것이다.

더 큰 문제는 일부 목회상담가들에게 있는데 그들 가운데 일부는 이런 상황 가운데서 교회를 떠난 것이다. 그래서 G. 메이는 "성직자들은 시대에 뒤지지 않기 위하여 줄지어 심리학 훈련을 받았다. 그런데 많은 사람이 개인 목회상

정신치료가 종교적 성격을 띨 수밖에 없는 이유는, 첫째 정신치료가 도덕적인 문제를 다루고, 둘째 가치가 전달되는 과정이며, 셋째 개인적 자부심과 사회적 통합을 제공하기 때문이라고 주장하였다. 정신치료에서도 어쩔 수 없이 영적인 문제를 다룰 수밖에 없다는 것이다. David G. Benner, *Care of Souls*, pp. 48-51.

12) David G. Benner, 『정신치료와 영적 탐구』, pp. 223-225.

13) Ann Ulanov, 『영성과 심리치료』, 이재훈 역(서울: 한국심리치료연구소, 2005), p. 102. 분석심리학자 율라노프는 인간의 정신은 본래 종교적인 특성을 가지고 있다고 강조한다.

담소를 차리거나 다른 이들을 가르치는 임상적 목회상담 교육을 위해 교구 교회를 떠났다. ……이런 움직임이 거의 전적으로 개신교에서 일어났다는 사실은 흥미롭다."[14]라고 주장하였다. 목회상담은 현대 사회에서 발달한 정신치료 이론을 받아들여서 전문성을 갖추고, 심리학적 기반과 신학적 기반 사이에 균형을 이루어야 하는데, 균형을 맞추지 못하고 혼란에 빠져 있는 것이다.

다행히 근래에 들어와서 정신치료는 다시 영적인 문제에 관심을 돌리고 있다. 인간의 삶에는 합리적인 의식의 영역을 뛰어넘는 초월적 차원이 있는데, 심리학만으로는 삶의 궁극적인 문제에 대한 해답을 주지 못하기 때문이다.[15] 사실 정신치료는 증상의 소실과 현실에 대한 적응에 초점을 맞추어 환자의 정신적 기능을 최대한 발휘할 수 있도록 도울 수는 있지만, 인간의 실존적인 문제와 영적인 문제에 대해서는 아무 말도 하지 못한다. 인간의 삶의 의미와 정체성의 문제 같은 실존적 문제는 심리학의 영역이 아니기 때문이다.

또한 정신치료의 가장 큰 문제는 개인성을 너무 강조한다는 데 있다. 인간은 본래 전일적인 존재이며 관계적인 존재인데, 정신치료가 자아를 강화하는 데 초점을 맞추기 때문에 삶의 근본적인 의미에 대해서는 아무 말도 할 수 없는 것이다. 그래서 미국의 종교심리학자 비츠는 심리학이 발달한 결과 현대 미국 사회에서 주된 종교는 이기주의로 되었다고 비판하면서, 사람들이 다시 영적인 차원을 회복해야 진정한 정신건강을 얻을 수 있다고 강조하였다.[16] 정신치료가 심리적인 차원의 문제를 해결할 수는 있지만, 그것을 뛰어넘는 영역의 문제 해결을 위해서는 종교와 협력해야 한다는 것이다. 그래서 융은 신경증은 자신의 삶에서 의미를 찾지 못한 사람들의 고통이라고 말하면서 "이제는 신학이 인간의 문제와 무관하게 된 것이 아닌가? ……오늘날이야 말로

---

14) Gerald May, *op. cit.*, p. 3. D. G. Benner, *Care of Souls*, p. 52.

15) Rhi Bou-Yong, "Culture, Spiritualty, and Mental Health: The Forgatten Aspects of Religion and Health", in *The Psychiatric Clinics of North America*, Vol. 24-3(2001), pp. 570-571.

16) Paul C. Vitz, *Psychology as Religion: The Cult of Self-Worship*(Grand Rapids: Eerdmans Publ. co., 1994), pp. x-xi.

정신치료자와 목회자가 힘을 합쳐 이 영혼의 과제를 해결해야 한다."[17]라고 강조하였다.

이와 같은 세계목회상담학계의 고뇌 앞에서 한국목회상담학계 역시 똑같은 문제로 다음과 같은 세 가지 경향을 보이면서 고뇌하고 있다. 현재 한국의 목회상담가들 가운데는, 첫째로 심층심리학을 적극적으로 받아들이면서 심층심리학에 우선권을 주는 상담가들, 둘째로 심층심리학보다 상담의 기술에 더 초점을 맞추고 목회돌봄에 더 관심을 기울이는 상담가들, 셋째로 심층심리학을 거부하고 복음주의 전통에 선 상담가들로 나뉘면서 저마다 심층심리학과 신학 사이의 문제에서 새로운 길을 모색하려고 하는 것이다. 그러나 한국의 목회상담가들 역시 그 둘 사이를 적절하게 통합하여 목회상담의 정체성과 효율성을 모두 확보하고 있지는 못한 듯하다. 심층심리학과 신학 어느 하나에 우선권을 주고 상담에 임하여 불균형 상태에 있는 것이다. 우리는 이와 같은 상황을 타개하기 위하여 먼저 인간에 대한 이해를 살펴보고 목회상담을 위한 새로운 모델을 탐구해 보려고 한다.

3. 정신치료와 전일성의 회복

현대 사회에서 목회상담이 정체성과 효율성을 확보하려면 목회상담은 현대 사회에서 발달한 심층심리학의 이론적 기반 위에서 전문성을 이루고 신학적 바탕 위에 굳건히 서 있어야 한다. 그래서 미국의 목회정신치료자(pastoral psychotherapist) 헌싱거는 한 사람이 2~3개국 언어를 동시에 유창하게 말할 수 있듯이, "……목회상담가들은 두 가지 언어를 구사할 수 있는 능력을 갖추어야 한다. 그들은 심리학의 언어와 상징체계만큼이나 신학의 언어와 상징체

---

17) Carl G. Jang, *Modern Man in Search of a soul*(London: Routledge & kegan Paul, 1978). pp. 265-226

계도 충분히 연마해야 한다."[18]고 주장하였다. 목회상담가들은 정신현상을 서로 다른 논리체계로 설명하는 신학과 심리학의 언어와 상징체계로 내담자의 자료를 해석하고 치료해야 한다는 것이다. 왜냐하면 현대 심층심리학은 신앙의 언어로만 설명할 수 없는 영적인 문제를 탐구해 갈 수 있는 새로운 언어를 개발하였고, 현대인은 신앙언어보다 새로운 상징언어로 자신의 문제를 분석해야 더 잘 이해하기 때문이다. 목회상담가들은 어떤 내담자들에게는 그들의 문제가 신학언어와 심리학 언어를 통하여 서로 혼동되지 않고 각각의 언어로 해석되고 치료되어 정신적 발달과 영적 발달을 동시에 이룰 수 있게 해 주어야 하는 것이다.

목회상담에서 신학과 심리학의 언어가 혼동되지 않고, 신학에서 말하는 구원과 심리학에서 말하는 치료가 유비적인 관계 속에서 이루어지려면, 우리는 기독교에서 말하는 인간론을 다시 살펴볼 필요가 있다. 왜냐하면 기독교의 인간론은 전통적으로 인간은 육체적인 차원과 혼적인 차원이 통일된 영(spirit)으로 보았고 구원은 그 전체성을 회복하는 것으로 생각하였기 때문이다. 실제로 현대 사회에서 많은 정신치료자들은 정신치료의 궁극적 지향점은 인간의 전일성(wholeness)을 회복하는 것이라고 주장하여 둘 사이의 대화가 가능하기도 하다. 기독교에서 말하는 구원과 정신치료가 똑같은 개념은 아니지만 유비관계에 있고, 정신치료는 신학적 구원이라는 더 높은 차원 안에서 이루어지는 작업으로 볼 수 있는 것이다. 구원이 인간 실존의 차원 가운데 가장 포괄적인 영(靈)의 차원에 속한 것이라면, 증상의 치료는 심리적 차원에서 이루어지는 것이다.

기독교에서는 인간을 육체와 영혼이라는 두 부분으로 나뉜 존재가 아니라, 두 차원이 서로 교차하면서 통일체를 이룬 존재로 본다. 그래서 미국의 신학자 A. B. 콤은 "인간으로서의 인간은 영이라는 단어가 암시하듯이 육체와 영혼으로 분해할 수 없이 통일된 실체다. ……인간의 육체는 항상 인간의 영혼

---

18) Deborah van D. Hunsinger, 『신학과 목회상담』(서울: 한국심리치료연구소, 2000), p. 29.

과의 관련 아래서만 존재하고, 영혼 역시 마찬가지다."[19]라고 주장하였다.

먼저 육체적인 차원은 인간의 유한하고, 일시적이며, 필요성을 나타내는 차원이다. 콤은 인간의 육체적인 차원은, 첫째 인간이 하느님과 전적으로 다른 질서계에 속한 존재라는 사실을 나타내고, 둘째 영혼이 바깥으로 드러난 모습으로 하느님께 받은 생명이 개인적인 모습으로 나타난 외형(外形)이며, 셋째 인간이 모든 생명체와 세계 속에서 자기 자신을 표현하고 연장하는 매개체이고, 넷째 사람이 하느님을 비롯한 다른 대상들과 친교하는 주체가 된다고 주장하였다.[20] 인간의 육체적 차원은 그 자신의 외형으로서 인간이 하느님과 구별되고, 그가 다른 피조물 속에서 그 자신을 표현하고 연장시키는 틀이며, 모든 체험과 관계의 주체가 되는 차원이라는 것이다.

둘째로 영혼이라는 말인 영어 'soul', 그리스어 'psyche'라는 단어는 생명 또는 생명현상을 나타내는 히브리어 'nepesh'의 번역어다. 그래서 콤은 영혼은 어떤 물체를 그 물체로 만들어 주며, 거기에 어떤 종류의 생명을 불어 넣어 그것이 특수한 생명을 가진 것으로 만드는 능력과 힘과 특질이라고 주장하였다. 따라서 몸을 가진 동물에게도 혼은 있지만, 인간이 다른 동물과 다르게 존재하는 것은 인간의 영혼이 그들의 영혼과 다르기 때문이다. 콤은 인간의 영혼은, 첫째 다른 영혼들이나 생명들과의 관계 속에서 그것들을 인식하고 감각하며, 둘째 그 관계 속에서 가치평가적인 방식으로 반응하여 기쁘거나 슬프거나, 좋아하거나 싫어하는 등 감정을 느끼고, 셋째 욕망과 사유 등의 형태로 나타나 의지와 행위의 중심이 된다고 주장하였다.[21] 인간의 영혼은 일상언어에서 마음(heart)이나 정신(psyche)이라는 말이 나타내는 사유, 감정, 의지 등 여러 가지 정신기능을 수행하여 생명의 가장 원초적인 역동을 드러내는 차원이라는 것이다. 영혼은 생명체의 정신현상을 나타내는 기능적인 차원인 것이다.[22]

19) Arnold B. Come, 『인간의 영과 성령』, 김성민 역(서울: 대한기독교출판사, 1984), p. 39.
20) Ibid., pp. 42-47.
21) Ibid., pp. 68-72.

마지막으로 영(spirit)이라는 단어인 히브리어 'ruah'와 그리스어 'pneuma'는 모두 '움직이는 공기'나 인간이 쉬는 '숨'을 나타내는 말이고, 구약성서에서 영은 인간이 전인으로 발현된 통일체를 나타낸다. 고대인은 인간의 중심에 그 자신의 본 모습을 실현시킬 수 있는 '바람을 닮은' 힘 또는 능력이 있다고 생각하고, 그것을 영이라고 불렀던 것이다. 그러나 콤은 영을 힘으로만 생각하면 비인격화되고, 개인의 바깥에 존재하는 것으로 생각된다고 비판하면서, "인간의 영은 그의 영혼 또는 마음과 구분된 어떤 실체가 아니다. 인간의 영은 그의 마음속에서 그가 본래 어떤 존재인가 하는 것을 완전히 실현시켜 놓은 모습이다. …… 영으로서의 인간은 매우 강력하고 목적적인 개인이다."[23]라고 주장하였다. 인간의 영은 하느님이 인간을 창조할 때 부어넣으신 것으로 하느님의 형상과 똑같지는 않지만, 인간의 마음을 지배하는 원리로 인간이 궁극적으로 되어야 하는 인간의 본질적인 모습이라는 것이다. 그러므로 기독교에서 인간을 영으로 규정한 것은 인간이 다른 동물과 달리 하느님과의 관계 속에서 그가 존재해야 할 본 모습을 가리키게 된다.[24]

이렇게 볼 때 우리는 기독교 인간론의 핵심은 인간이 관계적인 존재라는 사실을 알 수 있다. 인간은 하느님에게서 창조되었고, 다른 사람들과의 관계 속에서 자신의 독특성을 부여받았으며, 그 속에서 자신을 인식하고, 표현하며, 실현시켜 나가는 존재라는 것이다. 그 과정에서 그는 자신의 육체적 차원과 혼적 차원을 통합하여 영으로 존재하여야 한다. 그것이 인간의 존재 이유, 즉 하느님이 인간을 창조하신 목적인 것이다.

---

22) *Ibid.*, "영혼은 어떤 물체의 생명이다. 그것은 그 물체를 그 물체로 만들어 주며, 그것에 어떤 종류의 생명력을 부어 주고, ……독특한 유형을 지닌 무리 속에 있게 하는 특질, 능력, 힘 등을 가지게 한다. ……영혼의 욕망이 그의 영혼 자체를 나타낼 때, 그때의 감정의 깊이 속에는 그의 자기, 존엄성, 가치 등에 대한 깊은 인식이 명백하게 드러나 있다." pp. 66-77.

23) *Ibid.*, p. 83.

24) "영은 주체자로서, 또한 인간의 혼속에 깃들어 있는 궁극적인 자격으로 설명한다. 인간이 가진 여러 가지 차원이 하나로 통일되어 있는 상태인 인간의 전체성 또는 통합성이 규명될 때에만 그의 진정한 객관성이 드러나게 된다." *Ibid.*, p. 104.

　　그러나 정신질환은 사람으로 하여금 다른 사람과의 관계는 물론 하느님과
의 관계도 제대로 맺지 못하게 한다. 그의 내면에서 통일성이 깨어져 육체적
인 차원이나 혼적인 차원이 영적인 통제를 벗어나서 비정상적인 행태를 보이
기 때문이다. 그때 사람은 그 자신은 물론 다른 사람들이나 하느님과도 올바
른 관계를 맺지 못하고 자기 자신에게만 몰두하여 자기 자신만 지키려는 소
외 상태에 빠지게 된다. 이러한 소외(estrangement)는 자기 소외, 타인으로부
터의 소외, 하느님으로부터의 소외로 펼쳐지면서 사람들을 고통으로 몰고 가
는데, 그것이 의학적으로는 정신의 병이고, 신학적으로는 죄의 상태다. 어느
경우에나 치료와 회복이 필요한 것이다.

4. 신경증에 대한 신학적 이해와 차원적 존재론

　　인간을 구성하는 세 가지 차원과 그 차원의 분열로 인한 소외에서 우리는
신학과 심리학이 만날 수 있는 접촉점을 보게 된다. 왜냐하면 개신교 신학자
폴 틸리히는 인간의 실존 상태를 소외 상태로 파악하면서, 원죄라는 개념은
인간의 이런 실존적 소외 상태를 가리키는 다른 말이라고 주장했기 때문이
다. 소외 상태는 심층심리학에서 말하는 신경증적 상태와 유비적인 관계에
있는 것이다. 틸리히에 의하면 인간이 본질적으로 있어야 하는 상태에서 벗
어난 소외 상태는 인간에게 자기-상실과 세계-상실을 가져와 인간이 낯선 세
계에서 사는 듯한 느낌을 가지게 하며, 자기-분열과 자기-파괴로 이끌어 가
는데, 그것은 기독교에서 전통적으로 말해 온 죄의 양상과 유비적인 관계에
있다. 사람은 소외 상태에 있을 때 다른 존재들과의 관계가 단절되어 불안과
외로움 속에서 고통받으며, 회의와 무의미성과 절망감을 느끼고 전전긍긍하
게 된다. 죄를 지은 사람이 처벌받는 것처럼 고통 속에서 사는 것이다: "소외
라는 단어를 죄로 바꿔 쓸 수는 없다. ……소외라는 말은 종교적 관점에서 말
하는 죄의 재해석이다. ……죄는 소외의 비극적인 측면과 달리 인격적 결단

의 성격을 나타낸다. …… 특히 소외에 있어서의 인격적 책임 요소를 문책하고, 지적하는 날카로움을 지니고 있는 것이다."[25]

틸리히는 소외는 불신앙(unbelief), 교만(hubris) 그리고 정욕(concupiscence)의 형태로 전개되면서 죄의 모습을 띠게 된다고 주장하였다. 첫째, 불신앙은 인간이 그의 전존재로 하느님으로부터 등을 돌리는 행동 또는 상태다. 탕자처럼 사람들이 하느님으로부터는 좋은 것을 얻을 수 없다고 생각하면서 하느님의 축복으로부터 분리되고 삶의 쾌락으로 옮겨가는 것이다. 인간이 하느님과의 본질적인 일체성으로부터 분열되면서 존재의 터전인 하느님으로부터 소외된 상태에 있게 되는 것이다. 이것이 죄의 가장 본질적인 모습이다. 둘째, 교만은 소외된 인간이 그가 본질적으로 귀속되어 있는 하느님 중심에서 벗어나 스스로 자신의 중심, 세계의 중심으로 높아지게 되는 상태를 말한다. 그때 그는 그만이 의식을 지니고 있으며, 완전한 중심을 지니고 있다고 느끼면서 자기도취에 빠져서 신의 영역으로 올라가려고 한다. 셋째, 정욕은 인간이 자기 안에 실재 전체를 집어넣으려는 무한한 욕망에 사로잡히는 것을 말한다. 인간이 하느님과 분리되어 자기 자신을 자기와 세계의 중심으로 만든 결과 필연적으로 따르는 성향이다. 그리하여 그는 이 세상에 있는 성(sex), 권력, 지식 등 모든 것을 대상으로 삼지만, 그 어떤 것도 그에게 궁극적인 만족을 가져다주지 못한다.[26]

틸리히는 소외는 원죄처럼 인간에게 하나의 보편적 사실이며, 개개인에게 행위로 나타난다고 주장하였다. 인간은 하느님에게서 분리된 결과 하느님으로부터 소외되어 그의 본질적인 존재에서 벗어나 고통 속에서 사는 것이다. 인간이 소외를 극복하려면 존재의 근거인 하느님과 재결합하는 수밖에 없다. 그래서 틸리히는 "분리를 재결합하는 분투와 노력으로서의 사랑은 소외의 반대다. 믿음과 사랑에 의해서 죄가 극복된다. 그 이유는 재결합에 의해서 소외가

25) Paul Tillich, *Systematic Theology II* (Chicago: The University of Chicago Press, 1975), p. 46.
26) *Ibid.*, pp. 47-54.

극복되기 때문이다." [27]라고 주장하였다. 그런데 우리는 틸리히가 말하는 소외 상태를 신경증 환자나 성격장애자 등 정신질환자들에게서 찾아볼 수 있다. 그들 역시 그 내면이 분열되어 자기-중심적인 태도 속에서 자기를 상실하고, 자기를 파괴하며 고통받는 것이다. 기독교에서 모든 질병의 원인을 죄라고 하며, 치유를 위해서 존재의 근거인 하느님과 결합될 것을 주장하는 것은 그 때문이다. 그들은 하느님과의 올바른 관계 속에서 육체적인 차원과 혼적인 차원을 통합하여 영적인 존재로 거듭나야 하는 것이다. 그러므로 이런 특성을 가진 정신 질환을 과거에 신학이라는 커다란 틀 속에서 조명했다면, 현대 심층심리학에서는 그와 다른 관점에서 조명하여, 그 둘 사이가 보완될 수 있는 것이다.

인간을 다차원적 존재로 보고, 정신질환과 치료를 통일성의 회복으로 보았던 것은 비엔나의 정신치료자 빅터 프랭클(V. Frankl)에게서도 마찬가지다. 그 역시 인간에게는 육체적·심리적·정신적(noetic) 차원이 있으며, 그 세 차원은 각기 다른 방식으로 작용하지만 유기적으로 연관되어 인간은 하나의 통일체로 존재해야 한다고 주장했던 것이다. [28] 여기에서 프랭클이 차원 (dimension)이라고 한 것은 인간을 구성하는 세 차원이 서로 분리된 것이 아니라 유기적인 관계 속에서 작용하기 때문이다: "나는 차원에 관해서 말하는 것이지, 일반적인 통례처럼 존재의 층(layer)에 관해 말하는 것이 아니다. 왜냐하면 나의 생각으로는 그 전체성이나 통일성을 손상하지 않고, 인간에게 오래된 심신 문제를 잘 처리하는 유일한 방법은 내가 차원적 존재론이라고 말한 접근 방법이라고 생각되기 때문이다." [29] 그런데 프랭클은 정신적인 차원은 기독교에서 말하는 영적 차원과 같은 것이라고 주장한다: "생물학적이고 심리학적 차원과 다른 정신학적(noological) 차원을 여는 것이다. 그것은

---

27) *Ibid.*, p. 47.
28) cf. "…… 신체적·심리적·정신적인 존재론적 다양성에도 불구하고 인간학적 단일성 또는 실존의 전체성은 존재의 분석으로부터 내가 차원적 존재론이라고 부르는 것으로 눈을 돌림으로써 보존되고 유지된다." Victor Frankl, 『심리요법과 현대인』, 이봉우 역(왜관: 분도출판사, 1979), p. 142.
29) *Ibid.*, p. 143.

독특한 인간 현상들이 존재하는 차원이다. 그것은 영적 차원으로 규정할 수 있겠다. 그러나 영어의 'spiritual'은 종교적인 뜻을 내포하기 때문에 가능한 한 배제해야 한다."[30]

프랭클에게 있어서 인간이 실존적 존재인 것은 인간에게 정신적 차원이 있기 때문이다. 인간은 그의 정신으로 동물성을 뛰어넘으며 다른 존재들과 관계를 맺을 수 있고, 의미를 추구하는 것이다: "실존의 한 가지 특징은 자기초월이다. 즉, 인간은 세계를 향해 자기를 초월한다. 그러나 그 이상으로 인간은 또한 당위(ought)를 향해 자기를 초월한다. 이렇게 할 때에만 인간은 신체적·심리적 평면을 초월하여 순수한 인간적인 영역으로 들어간다. ……신체적인 것이나 심리적인 것만으로는 진정한 인간적인 것을 제시하지 못한다."[31] 그러므로 인간을 제대로 파악하려면 인간을 구성하는 세 가지 차원을 같이 보아야 하며, 가장 인간다운 특성은 정신적인 차원이 다른 두 차원을 통합하고 있을 때 나타난다. 그런데 정신질환에 걸려 있을 때, 인간은 정신으로 존재하지 못하고, 프랑스의 정신과 의사 피에르 자네가 말한 '정신 수준의 저하' 상태에 빠져서 여러 가지 정신기능이 제대로 작동하지 못하게 된다.

이런 생각에서 프랭클은 신경증도 인간을 구성하는 세 가지 차원에서 비롯된 육체인성, 심인성, 정신인성으로 나뉘기 때문에 치료 역시 각각의 차원에 맞추어 이루어져야 한다고 강조하면서, 차원적 존재론의 두 가지 법칙을 주장하였다. 첫 번째 법칙은 동일한 현상을 그 자체의 차원보다 낮은 차원으로 투영하면 개개의 영상은 서로 모순되는 것처럼 나타난다는 것이다. 즉, 삼차원적 형상인 원통을 그보다 낮은 이차원 평면에 투영시키면 각각의 면에 원과 사각형이 나타나서 전체적인 형상과 전혀 다른 모습을 보여 준다는 것이다. 그래서 정신인성 신경증은 신체적인 차원에서 볼 때 신경전달물질의 대사 문제로 보이고, 심리적인 차원에서 볼 때 분리불안이나 거세공포의 문제

---

30) Victor Frankl, 『로고테라피의 이론과 실제』, 이봉우 역(왜관: 분도출판사, 1980), p. 24.
31) Victor Frankl, 『심리요법과 현대인』, pp. 141-142.

로 보일 뿐 정신적인 차원의 문제라고는 볼 수 없는 것이다.[32] 차원적 존재론의 두 번째 법칙은 서로 다른 현상들을 그 자체의 차원에서 그보다 낮은 차원으로 투영하면 그 영상들은 모두 똑같이 나타난다는 것이다. 즉, 원통, 삼각뿔, 공을 그보다 낮은 일차원에 투영하면 모두 원으로 보이는 것이다. 그래서 신체인성 신경증이나 심인성 신경증이나 정신인성 신경증은 겉으로 보기에는 모두 똑같은 신경증으로 보이게 된다. 그러나 정확한 치료를 위해서는 전체적인 그림을 보고, 그 원인에 따라서 치료해야 한다.[33] 병의 증상보다 인간에게 초점을 맞추어야 하는 것이다.

같은 맥락에서 D. 베너 역시 정신치료자들은 인간의 영적 · 심리적 · 육체적 차원을 구별하고, 내담자의 문제가 어느 차원에 속한 것인지 감별해야 한다고 주장하였다. 그러면서 그는 정신치료자 가운데 다음과 같이 잘못된 태도를 가진 이들이 있다고 비판하였다. 첫째는 영적 환원론자인데, 이들은 기질적인 원인에서 생긴 문제가 아닌 것들은 모두 죄 때문이라고 보는 사람들이다. 심리적 차원을 무시하고 모든 것을 영적인 문제로 돌리는 것이다. 둘째는 심리학적 환원론자다. 이들은 이와 정반대로 모든 문제를 내적 과정의 문제로 보고 영적인 차원을 부정한다. 현대 사회에 만연된 태도다. 셋째는 정신영적 이원론자다. 이들은 영적인 면과 심리적인 면을 철저하게 구분하여, 생리적이고 심리적인 반응은 모두 심리적 과정으로 돌리고, 하느님과의 관계는 모두 영적 과정으로 생각하면서 철저하게 구분한다. 종교적인 것은 모두 영적인 원리로 파악하지만, 세속적인 것은 철저하게 세속적 원리로 생각하는 것이다. 그러나 이들은 모두 인간이 영, 혼, 육을 아우르는 통일체라는 사실을 망각하여 올바른 치료를 이루지 못하게 된다. 그 결과 피해를 보는 것은 그들에게 치료받는 내담자들이다.[34]

---

32) Victor Frankl, 『로고테라피의 이론과 실제』, p. 29.
33) *Ibid.*, pp. 29-31. 그래서 프랭클은 "우리는 존재의 영적 차원이라는 인간의 특유한 현상의 차원으로 인간을 깊이 파고들어가야 한다. 혹은 보다 적절한 말을 쓰자면 인간을 추구해야 한다."라고 말하였다. Victor Frankl, 『심리요법과 현대인』 p. 79.

이렇게 생각할 때 우리는 인간이 매우 복합적인 존재이며, 인간을 구성하는 각 차원은 서로 유기적으로 연결되어 있고, 보다 높은 차원의 문제는 낮은 차원에서 이해할 수 없으며, 정신질환의 경우에서도 더 단순한 차원의 문제가 해결되지 않으면 더 포괄적인 차원의 문제 역시 해결될 수 없다는 사실을 알 수 있다.[35] 다시 말해서, 신체인성 신경증이나 심인성 신경증이 치료되지 않는 한, 사람들에게서 영적인 차원의 추구는 생길 수 없고, 그 차원에서 비롯된 고통에 사로잡혀 있게 된다는 것이다. 왜냐하면 영적인 현상은 가장 포괄적인 현상인데, 그것은 그보다 낮은 차원의 문제들이 정리되지 않는 한 모호하게밖에 인식되지 않기 때문이다. 그러므로 우리는 목회상담의 상황에서 어떤 내담자가 불안으로 고통받고 있다면 먼저 신체적이거나 심리적인 차원에서 불안의 문제를 다루고 영적인 접근을 해야지, 영적인 접근만 가지고서는 해결되지 않는다는 사실을 알게 된다. 목회상담은 내담자가 가장 고통받는 문제에 초점을 맞추어 행하고, 그다음에 더 높은 차원의 접근이 이루어져야지, 신앙 언어만으로는 복잡해진 현대인의 정신에 다가갈 수 없는 것이다. 마찬가지로 어떤 내담자의 불안이 정신인성인 경우, 심리적 차원의 접근만으로는 해결되지 않는다. 영적인 접근이 이루어져야 하는 것이다. 그러므로 진정한 치료는 인간을 구성하는 이 세 차원을 모두 고려하고 이루어져야 한다.

5. 정신치료와 하느님의 이미지

융은 그를 찾아오는 환자 가운데 1/3 정도는 임상적으로 신경증 때문이 아

---

34) David G. Benner, 『정신치료와 영적 탐구』, pp. 56-76. David G. Benner, *Care of Souls*, p. 73.
35) 그러나 프랭클은 여기에서 신체적 차원과 심리적 차원이 영적 차원보다 열등한 것이라고 생각해서는 안 된다고 강조하였다: "여기에서 주의해야 할 점을 밝혀 두어야겠다. 더 낮은 차원들과 대립되는 더 높은 차원을 말하는 것은 가치판단을 뜻하지 않는다. '더 높은' 차원은 좀 더 포괄적인 차원을 의미할 뿐이다." Victor Frankl, 『로고테라피의 이론과 실제』, p. 33.

니라 삶의 공허와 무의미 때문이며, 그 사실은 현대인의 정신적 상황을 잘 보여 주고 있다고 주장하였다.[36] 빅터 프랭클의 용어로 말하자면, 현대 사회에서 많은 신경증 환자는 신체인성이나 심인성 신경증 때문이 아니라 정신인성 신경증 때문에 고통받는다는 것이다. 그래서 프랭클은 현대인의 신경증의 가장 큰 원인은 실존적 공허 때문이라고 주장하면서, 현대인들 가운데 그들이 추구해야 하는 목표가 불분명하고, 삶에 대한 태도가 잘못돼서 고통받는 이들이 많다고 덧붙였다. 현대인은 초월성을 상실한 채 지나친 세속성에 젖어 있고, 다른 사람들과의 진정한 관계를 거부하고 자신에게 몰두하는 자기-중심성 때문에 고통을 당한다는 것이다.[37] 그러므로 치료는 현대인이 그것들을 극복하고 그의 본래적인 전체성을 회복하는 방향으로 행하여야 한다.

한편 우리는 정신질환에 관한 융의 생각을 그의 정신 에너지론과 무의식론에서 도출할 수 있다. 먼저, 그는 인간의 생명 활동은 정신 에너지의 작용으로 이루어지는데, 그 방향은 정신 에너지가 환경적 조건들의 요구를 충족시키면서 적응을 향해서 나아가는 전진(progression)과 그것이 외부로부터 철수하여 내면으로 들어가는 퇴행(regression)이 있다고 주장하였다. 자연히 정신 에너지가 전진할 때 사람은 외부 상황에 제대로 적응하여 마음에 큰 갈등을 일으키지 않고 살지만, 정신 에너지가 전진하지 않아서 정체되거나 퇴행할 때는 무의식에 있던 내용들이 의식으로 떠올라 와서 많은 문제를 일으키게 된다: "정체 상태가 오래 지속되면 그와 반대되는 요소가 중요시되어 더 많은 연상을 불러일으키고, 거기에 더 많은 정신적 내용을 끌어들이게 된다. 그 결과 긴장은 갈등을 불러오고, 그 갈등은 상호 억압을 시도하려고 한다. 그때 그와 반대되는 부분이 성공적으로 억압되면 인격이 분열되는 해리 상태, 즉 그가 그 자신과 불화하게 되는 신경증이 생길 수 있다."[38]

✎ -------------------------

36) C. G. Jung, *Modern Man in Search of a Soul*, p. 70.
37) "이제 매달릴 수 있는 마지막 목표가 없고, 미래라는 시간이 없으며, 의지할 곳이 없는 사람은 자신을 속으로 쇠진하게 할 위험성이 있다. ……미래에 대한 인간의 정상적인 방향이 차단되었을 때 그러한 신체적 · 심리적 허탈감이 ……침범한다." Victor Frankl, 『심리요법과 현대인』, p. 103.

정신 에너지가 퇴행되는 가장 큰 이유는 의식의 일방성 때문이다. 자아-의
식은 무의식과 긴밀하게 대화하면서 그것들을 억압하지 않고 동화시키거나
분화시켜야 하는데, 환경에 적응하느라고 어떤 한 요소를 억압할 때, 적응부
전이 생기고 정신 에너지가 퇴행하는 것이다. 그러므로 현대인이 눈부시게
발달하는 과학기술 문명에 도취되어 의식만 발달시킬 때, 무의식에서는 억압
이 일어나고, 억압이 장기화되면 여러 가지 문제가 생길 수밖에 없게 되는 것
이다. 그때 에너지가 여태까지와 정반대 방향으로 나아가는 대극의 역전
(enantiodromia)이 생긴다. 그래서 현대인은 그들의 합리성과 정반대되는 기
괴한 생각이나 환상을 즐기게 되고 그것이 심해지면 무의식이 의식을 압도하
게 되어 정신질환으로 나아갈 수도 있는 것이다.

다른 한편, 융은 인간의 정신은 서로 반대되는 성격을 가진 수많은 정신 요
소로 구성되어 있다고 주장하였다. 인간의 정신에는 의식/무의식, 자아의 의
식된 부분/의식되지 않은 부분(그림자), 외적 인격(persona)/내적 인격
(anima/animus), 내향성/외향성, 남성적 요소/여성적 요소 등 수많은 원형적
요소가 통일체를 이루고 있는 것이다. 이때 자아(ego)는 모든 정신 요소가 의
인화되어 나타날 수 있는 무대가 된다. 그러나 융은 인간의 정신에는 자아보
다 훨씬 더 크고 모든 정신적인 요소가 올바른 질서 속에서 작동하게 하는 요
소인 자기(self)가 있다고 주장하였다. 자기는 전체성을 나타내는 요소로서 자
아가 자기와 올바른 관계에서 작용할 때 정신이 건강하게 유지되는 것이다:
"자기란 의식적인 자아 위에 자리 잡은 어떤 전체성이다. 자기는 의식은 물론
무의식적인 정신까지 포용하고 있는 것이다. 그렇기 때문에 그것은 보다 광
범위한 인격을 말해 주고 있다."[39]

목회상담과 융이 만날 수 있는 것은 자기 개념 때문이다. 자기는 인간의 정

----

38) C. G. Jung, *L' Energétique psychique*(Genève: Librairie de l'Université Georg & Cie, 1981), pp.
54-55.

39) C. G. Jung, *Two Essays on Analitical Psychology*(Princeton, NJ: Princeton University Press,
1972), para. 274.

신 요소 가운데서 에너지를 가장 많이 담고 있으며 가장 강력한 작용을 해서, 사람이 하느님이라고 부르는 하느님의 이미지(image of God)와 관계되기 때문이다. 즉, 자기는 전일성(wholeness)을 띠고 있으며, 모든 정신 요소를 통합하고 질서를 부여하는 요소로서 사람들이 하느님이라고 생각하는 상의 투사 원천인 것이다. 그래서 종교에서 제시하는 하느님상이 무의식에 있는 자기를 제대로 비춰 주면 자아는 자기와 올바른 관계를 맺을 수 있지만, 그렇지 못할 경우 자아는 자기와 올바른 관계를 맺지 못하고 정신적 문제에 봉착하게 된다. 그러므로 신앙인에게 올바른 신앙은 무엇보다도 중요하고, 정신치료에서 신앙의 회복은 필수적이다.[40)]

그런데 융은 이렇게 자아와 자기가 긴밀한 축을 이루면서 작용하게 되는 상태인 개성화 과정은 이기주의자(égoiste)로 되는 것이 아니라 그보다 더 높은 자신의 독특성을 찾는 과정이라고 강조하였다. 그는 사람들이 개성화될 때 그 자신에게 몰두하고 자신의 욕망만 이루려고 하는 것이 아니라 삶의 더 높은 차원을 향해서 나아간다는 것이다.[41)] 사람들이 자기 자신, 이웃, 하느님과 소외 상태에 빠졌던 것에서 벗어나 그 모든 존재와 올바른 관계 속에서 삶의 더 높은 차원을 향해서 나아가게 되는 것이다. 그래서 융은 프로이트의 승화(sublimation) 개념을 비판하면서 정신치료의 궁극적인 목표는 적응에 있지 않다고 강조하였다. 인간에게는 현실적인 삶을 지향하는 자아만 있지 않고 그것을 뛰어넘는 차원인 자기(self)가 있으며, 정신의 건강은 자아와 자기가 긴밀한 축을 이루며 사는 데 있다고 주장했던 것이다. 인간 삶의 초월적 성격을 긍정하는 것이다. 그런 상태는 프랭클이 말한 자기-초월성이 지향하는 상

---

40) 자기는 인간 전체의 목표다. 다시 말해서 그가 원하든지 원하지 않든지 간에 그의 전체성과 개성을 실현하는 것이다. 그 과정은 본능적인데, 본능은 그가 동의하든지 동의하지 않든지 개인적인 삶을 이루는 모든 것에 관여한다. C. G. *Jung, Réponse à Job*(Paris: Buchet/Chastel, 1964), para. 219.

41) "내면적인 통합을 이루는 것은 개인적이거나 이기적인 것이 결코 아니다. 오히려 그 영역에 있는 어떤 최고의 실재를 실현하는 것이다. 왜냐하면 자기란 그의 자아와 초개인적인 무의식을 통합하는 것이기 때문이다." C. G. Jung, *Psychologie et Alchimie*(Paris: Buchet/Chastel, 1975), p. 269.

태와 비슷한 개념으로, 인간은 자기 자신만을 향해서 사는 존재가 아니라 자기 자신을 뛰어넘는 의미를 추구하는 존재라는 것이다.

한편 헌싱거(D. Hunsinger)는 페어베언의 주장을 인용하면서, 목회상담에서 핵심적인 문제는 내담자의 내면에 있는 하느님의 상과 자아 사이의 관계인데, 하느님상의 형성은 내담자가 유아시절 부모와 맺었던 관계가 결정적인 영향을 미친다고 주장하였다. 사람이 부모와 성숙한 관계를 맺었으면 그의 자기 표상과 하느님 표상이 긍정적이라서 하느님은 물론 다른 사람들과도 성숙한 관계를 맺을 수 있지만, 부모와의 관계가 부정적이면 그의 자기 표상과 하느님 표상이 부정적일 수밖에 없어서 외부 세계에 대한 적응에 문제가 생긴다는 것이다. 그러므로 그에게는 내적 표상에 변화가 생겨야 하며, 그 과정에서 목회상담자의 역할은 중요해진다. 목회상담가는 그에게 심리적인 치료뿐만 아니라 영적 지도도 병행해야 하는 것이다. 그래서 헌싱거는 목회상담 과정에서 내담자가 가지고 있는 하느님상의 신학적 적합성과 심리학적 기능성을 고찰해야 한다고 주장하였다. 내담자가 가진 하느님상이 신학적으로 얼마나 올바르고, 심리학적으로 얼마나 상황에 대해서 적응적인지를 고찰하여, 교정해 주어야 한다는 것이다. 역기능적 표상은 사람들에게 자존감을 훼손하고 개인적 불안정감과 근심의 원천이 되기 때문이다.[42]

그런데 헌싱거는 신학언어와 심리학 언어 사이에는 불가분리성, 차별성 그리고 논리적 우선성이라는 세 가지 명제가 존재하며, 상담 과정에서 그것들은 엄격하게 존중하면서 다루어야 한다고 강조하였다. 먼저 불가분리성이란 신경증과 죄는 서로 다른 개념이지만 분리될 수 없는 관계에 있다는 것이다. 신경증은 환자의 정신적 구조에서 생긴 것이고, 기독교에서 말하는 죄는 더

----

42) 한편 리주토는 위니컷의 중간대상이론을 빌려서 하느님 표상은 사람들에게 심리적 건강과 의미를 증진시키는 중간 대상이 될 수 있다고 주장하였다. 하느님 표상은 유아가 어머니와 분리될 때 도움을 주는 곰 인형처럼 사람들이 두려울 수도 있는 외부 현실과 관계를 맺을 때 내면에서 두려움을 완화시키면서 도와줄 수 있는 긍정적인 중간 대상이 된다는 것이다. W. Ronald D. Fairbairn, 『성격에 관한 정신분석학적 연구』(서울: 한국심리치료연구소, 2003), 제4장. Deborah Hunsinger, 『신학과 목회상담』(서울: 한국심리치료연구소, 2000), p. 212 참조.

근원적인 삶의 태도에서 비롯된 것이지만, 그 둘 사이에는 분리할 수 없는 일치성이 존재한다는 것이다.[43)]

다음으로 차별성이란 그럼에도 불구하고 그 둘 사이에는 용해시킬 수 없는 범주적인 차이가 존재한다는 것이다. 신경증은 정신의 내적 역동에서 생겨서 사람들에게 실제적인 고통을 주지만, 그것은 내담자의 오랜 세월 동안의 대상관계와 삶의 환경 때문에 생긴 심리학적인 문제이지 그가 하느님을 의도적으로 거스르거나 죄를 지으려고 하지는 않았다는 것이다. 그러므로 내담자의 신경증에 아무리 신학적으로 볼 때 죄의 문제로 해석될 수 있는 여지가 있을지라도 목회상담가는 내담자에게 그렇게 설명할 수 없으며, 심리학적 문제와 영적 문제는 엄격하게 구별해야 한다.

마지막으로 논리적 우선성은 신학언어가 심리학 언어보다 더 포괄적인 차원에 속해 있다는 것이다. 신학에서 말하는 죄는 신경증보다 훨씬 더 광범위한 것을 말하고 신경증을 포함할 수 있지만, 신경증이라는 개념은 죄를 포함할 수 없고 죄보다 훨씬 구체적인 현상인 것이다. 신학과 심리학 사이에는 비대칭적인 관계가 있기 때문이다. 그러므로 신경증에 걸린 사람은 하느님과 올바른 관계를 맺을 수 없고, (의식에서는) 하느님을 필요로 하지도 않는다. 그의 고통만이 힘겨울 뿐이다. 그에게 진정한 구원은 그의 심리적 질병이 치료된 다음에 가능하며, 치료가 이루어진 다음 진정한 구원이 이루어지면 다시 병에 걸리지 않는 것이다.

이렇게 볼 때, 정신치료와 구원 사이에는 밀접한 관계가 있으며, 신앙인에게서 정신치료는 심리적 차원에서는 물론 영적 차원에서도 이루어져야 하는 것을 알 수 있다. 목회상담가는 심층심리학 언어로 정신치료를 행하면서, 환자의 내면에서 영적으로 무엇이 일어나는지 살펴보고 증상이 말하려는 상징적인 의미를 간파하고, 그의 영적 고뇌에 함께해야 한다. 왜냐하면 진정한 치

---

43) "심리치료가는 심리적 갈등을 해소하고 신경증을 치료하는 데 도움이 되도록 직접적으로 사용한다. 하지만 목사는 신경증이 아니라 그보다 더 심각한 혼란, 곧 죄의 혼란에 관심을 가진다." *Ibid.*, p. 138.

료는 증상만 치료하는 이차원적인 것이 아니라 치료자와 환자의 인격이 만나면서 인간의 실존적 문제를 해결하는 것이어야 하기 때문이다. 그 과정에서 목회상담가는 신학언어와 심리학 언어 사이에 있는 불가분리성, 차별성, 논리적 우선성을 감안하는 것이 무엇보다도 필요하다.

6. 결론

인간은 대단히 복합적인 존재이며, 인간의 정신적 문제 역시 다차원성을 지니고 있어서 파악하기가 여간 어려운 것이 아니다. 더구나 현대 사회에 들어와서 인간의 의식이 발달함에 따라서 그 반대편에 있는 무의식 역시 더 복잡하게 분화되었고, 정신적 고뇌에 대한 접근이 과거처럼 단순하게 이루어질 수 없게 되었다. 사제는 이제 정신적으로 건강한 사람들에게는 그렇지 않지만, 신경증으로 고통받는 사람들에게 그 전처럼 전통적인 방식만 가지고 접근할 수 없게 된 것이다. 그들에게 아무리 영적인 차원에서 설명해 보아야 그들은 알아듣지 못하고, 그것보다 더 직접적인 설명, 즉 심층심리학적인 설명을 하고 치료에 임해야 하게 되었다. 그러나 다행스러운 것은 C. G. 융이나 프랭클 같은 정신치료자는 물론 후기 프로이트학파 치료자들 가운데 일부는 인간을 다차원적인 존재로 보고, 그와 관계되는 치료 언어들을 발달시키고 있으며, 근래 들어서 세속의 정신치료 분야에서 인간의 정신적이고 영적 차원에 대한 관심이 높아지고 있다는 사실이다.

목회상담이 전통적인 접근 방법만으로 치료에 한계를 느끼듯이, 현대 정신치료에서도 심층심리학적 접근 방법에도 한계가 있음을 느끼는 것이다. 인간의 정신을 구성하는 핵심적 요소인 자기는 자아를 초월하는 영역이며(C. G. 융), 인간은 자기-초월적 존재로서 정신적 차원에서 자기 자신을 뛰어넘는 의미를 추구하는 다차원적 존재이고(프랭클), 인간이 자아의 욕동만 추구하는 존재가 아니라 대상과의 관계 속에서 대상을 추구(페어베언 등)하기 때문이다. 그러므로 정신치료와 목회상담은 종래의 패러다임만 고집하기보다는 심층심리학을 기반으로 한 정신치료와 신학을 기반으로 한 목회상담이 서로 대화와 협력하는 방식으로 이루어져야 하며, 그것은 C. G. 융이 이미 강조했던 점이다.

  신학적으로 볼 때 정신건강은 사람이 전일성(wholeness)을 이루어 유한성에 사로잡히지 않고 영적인 존재가 되어 하느님과 올바른 관계에 들어갈 때 이루어진다. 그러나 심리학에 경도된 목회상담에서는 이것을 무시하고 자아의 강화를 통한 환경에의 적응에 초점을 맞추면서 심리학적 환원주의로 나아가려고 하며, 그와 정반대로 영적 환원론자들은 인간의 심리적 차원을 무시하고 모든 것을 영적인 것으로 설명하면서 현대인과의 소통을 거부하고 있다. 인간의 전일성을 망각한 것이다. 그러나 현대 사회에 들어와서 인간에게는 자아-의식을 뛰어넘는 영적 차원이 있으며, 정신건강은 그 이름을 어떻게 부르든지 간에 그 차원을 회복해야 이루어진다는 인식이 늘어나고 있다. 그러므로 목회상담은 이제 현대 사회에서 발달한 인문학적 성취를 받아들이면서 동시에 인간의 영적 차원의 깊이를 관심을 기울여야 한다. 그때 그 차원에 관한 신학적 상징과 언어는 목회상담자에게 좋은 자원이 된다. 목회상담가들은 세속 치료자들이 접근할 수 없는 영역에 접근할 수 있게 되는 것이다. 그러기 위해서 새로운 목회상담의 모델은, 첫째 자아 강화에만 초점을 맞추어 환경에 대한 적응만 강조하기보다는 자아를 뛰어넘는 영적 차원을 동시에 조명하고, 둘째 증상의 소실에만 관심을 기울이기보다는 그것이 가진 상징적 의미를 파악하면서 내담자의 인격에 관심을 기울이며, 셋째 인간의 어느 한 차원에만 초점을 맞추기보다는 인간을 다차원적 존재로 파악하면서 전일성 회복에 초점을 맞추어야 한다. 그때에야 비로소 내담자에게 전일성이 이루어지면서 하느님과의 관계가 회복되어 궁극적인 치료가 가능해지기 때문이다. 그러기 위해서 목회상담자는 먼저 그와 하느님과의 관계를 점검해야 한다. 그의 영성이 회복될 때, 그는 하느님과의 관계가 잘못되어 심리적 곤경에 빠진 내담자들을 도울 수 있으며, 현대 사회에서 발달한 심층심리학의 늪에 빠지지 않기 때문이다.

제 2 부

꿈의 해석
한국 신화와 민담 분석
연금술

9

꿈의 중요성과 그 의미

1. 잠과 꿈

'개꿈'이라는 말이 있다. 꿈속에서 전혀 있을 수 없는 일이 일어나거나 그 내용을 종잡을 수 없어서, 다음날 아침 그 의미를 파악하지 못하고 '이게 무슨 꿈일까?' '내가 왜 이런 꿈을 꾸었을까?' 하고 의아한 생각이 떠나지 않아서 그 꿈을 떨쳐 버릴 때, '에이, 개꿈 꾸었군!' 하면서 찜찜한 생각을 털어 버리면서 쓰는 말이다. 그러나 심리학적으로 볼 때 이 세상에 '개꿈'은 있을 수 없다. 아무 의미도 없고, 엉뚱하기 만한 꿈은 없는 것이다. 그렇게 생각되는 꿈이 있다면, 그것은 우리가 꿈의 언어인 상징의 의미를 파악하지 못해서 그런 것이지, 아무 의미도 없는 꿈은 없는 것이다. 그러므로 개꿈이라는 말이 있다면 그것은 우리가 꿈에서 개에게 물리거나, 개에게 쫓기다가 기겁을 해서 일어나는 꿈이라면 모를까, 전적으로 허황되고 아무 의미도 없는 꿈이란 있을 수 없는 것이다.

그러나 오늘날 많은 사람은 꿈에 대해서 불신하고 있다. 꿈이란 본래 믿을 수 없는 것이므로 꿈에 관심을 가질 필요가 없다고 생각하며, 꿈을 무시하고 있는 것이다. 이런 사람들도 거의 매일 밤 꿈을 꾸고, 어떤 때는 악몽을 꾸고서 화들짝 놀라 잠에서 깨어나 '내가 왜 이런 꿈을 꾸었을까?' 하고 궁금해하기도 한다. 또한 같은 주제를 가진 꿈이 반복해서 나타나 이상하다고 생각하지만 곧 그 꿈을 잊어버리고 만다. 또 다른 종류의 사람들은 꿈에 어떤 중요한 의미가 있다는 사실을 인정하기는 한다. 그러나 그들의 관심은 꿈이 그들의 장래에 일어날 일에 관해서 알려 준다는 믿음[迷信]에 집중되어 있다. 그래서 그들은 꿈에 시체를 보면 어떻다거나, 신발을 신으면 어떻다거나 하는 풀이에 열중하고 있다. 꿈을 미래의 예표(豫表)로서 맹신하고 있는 것이다. 그러나 대부분의 현대인이 꿈에 대해서 가지고 있는 이 두 가지 태도는 그 어느 것도 올바른 태도라고 말할 수 없다.

그러면 꿈이란 과연 무엇인가? 또 사람은 왜 꿈을 꾸는 것일까? 꿈이 인간의 자연적이고 정신적인 현상이라면 꿈에 아무런 원인이나 목적이 없을 것 같지 않다. 이 문제에 관해서 1953년 미국 시카고 대학교 생리학 교실의 N. 클라이트먼(Kleitman)과 E. 애저린스키(Aserinsky)는 처음으로 과학적인 방법으로 연구하였다. 그들은 먼저 잠에 관해서 연구하다가 잠에는 두 가지 종류가 있다는 사실을 발견하였다. 사람들이 잠을 자면서 눈동자가 급속하게 움직이는 수면 상태(Rapid Eye Movement: REM)와 그렇지 않은 상태(NREM)가 있음을 발견했던 것이다. 사람은 처음 잠이 들면 비렘수면 상태로 들어갔다가 90분을 전후하여 렘수면 상태에 들어가고, 그 후 90분을 주기로 해서 렘수면과 비렘수면이 교대로 나타나는데, 비렘수면이 전체 잠에서 차지하는 시간은 대체로 75~80% 정도다.[1]

그러면 렘수면과 비렘수면의 차이는 무엇일까? 클라이트먼 등은 연구를 더 깊이 진행시키기 위해서 잠자는 사람들의 뇌전도(electroencephalograph)를 사용하여 뇌파를 측정하고, 근육의 긴장 정도를 측정하였다. 그 결과 렘수면

---

1) 대한신경정신의학회(편), 『신경정신의학』(서울: 중앙문화사, 2005), p. 332.

에서 뇌파는 비렘수면에서보다 조금 빠르게 움직이고, 근육 역시 거의 긴장되어 있지 않은 것을 발견하였다.

한편 비렘수면은 네 가지 종류로 나뉘는데, 첫 번째 단계에서 사람들의 눈동자는 느리게 움직이다가 거의 움직이지 않고, 혈압과 맥박 수가 줄어들면서 두 번째 단계로 넘어간다. 두 번째 단계는 그리 길지 않지만 뇌파는 더 완만해지고 세 번째 단계로 이어 준다. 그다음에 이어지는 세 번째 단계와 네 번째 단계는 가장 깊은 잠을 자는 단계로 뇌파가 매우 느리게 나타난다. 이때는 잠을 깨우기도 어렵고, 깨더라도 그동안 일어난 일에 대해서 잘 기억하지 못한다. 그러다가 다시 렘수면으로 들어가고, 이렇게 렘수면과 비렘수면은 인간의 생체 리듬을 따라서 90분을 주기로 해서 밤새도록 반복되는 것을 발견하였다.[2]

클라이트먼이 발견한 것 가운데서 가장 중요한 것은 사람들이 꿈을 꾸는 것이 렘수면 동안이라는 사실이었다. 왜냐하면 렘수면 때 깨워진 사람 가운데서는 80% 정도의 사람이 꿈의 내용을 생생하고 구체적으로 기억하는 데 비해, 비렘수면 동안 깨워진 사람 가운데서는 불과 7% 정도만 꿈을 기억해 냈기 때문이었다. 사람이 꿈을 꾸는 것이 렘수면 동안이기 때문에 이때 잠에서 깨어난 사람은 꿈 내용을 명확하게 기억했지만, 비렘수면 동안 깨워진 사람은 그렇지 않기 때문에 꿈의 내용을 기억하지 못했다는 것이다. 재미있는 것은 비렘수면에서와 달리 렘수면 동안 외부에서 자극을 주면, 그 자극은 어떤 방식으로든지 꿈에 영향을 미쳐서 꿈에 나타난다는 사실이다. 그래서 렘수면기를 다른 말로 D-sleep이라고 부르기도 한다. 그러므로 어떤 사람이 하루에 7시간을 잔다면 그는 처음 90분을 제외하고, 꿈을 네 번 정도 꾸는 셈이다. 렘수면기에 눈동자가 빨리 움직이는 것은 꿈에서 화면을 보기 때문인데, 사람은 자는 시간의 20~25% 정도 꿈을 꾸는 것이다.[3]

---

2) *Ibid.,* pp. 333-334.

3) cf. Ann Faraday, 『꿈의 힘』, 박태환 역(서울: 미리내, 1987), p. 30. 윤인영, "잠: 꼭 자야만 하나?", 『과학동아』, 120호(1995년 12월호), pp. 112-115.

2. 꿈의 중요성

또 다른 연구에 따르면, 비렘수면, 특히 3, 4단계 수면 동안 성장 호르몬이 혈액으로 유출되어 우리 몸의 손상된 조직을 회복시킨다는 사실이 밝혀졌다. 그러나 렘수면에서는 성장 호르몬도 분출되지 않고, 우리 신체의 회복과도 직접적인 관계가 없다. 그러면 렘수면의 역할은 무엇인가? 렘수면에 관해서 연구한 결과, 렘수면기는 뇌의 단백질을 합성하여 뇌조직의 원활한 활동을 유지시키는 것이 아닌가 하는 가설이 제기되었으며, 이 가설은 그 후 여러 연구에 의해서 입증되었다. 즉, 다량의 수면제를 복용하여 자살을 시도했던 사람은 회복기 동안 엄청나게 많은 양의 렘수면을 취하고, 렘수면을 박탈당한 사람에게는 두뇌활동과 관계되는 손상이 생겨난다는 사실이 밝혀진 것이다. 다시 말해서 두뇌가 약물에 의해서 화학적 손상을 입은 사람은 비렘수면보다 렘수면을 더 많이 취함으로써 두뇌의 손상을 회복시키고, 렘수면을 취하지 못한 사람들은 반드시 렘수면을 취해서 두뇌의 피로를 풀어야 한다는 것이다.[4]

렘수면의 중요성, 특히 꿈의 중요성에 관한 연구 결과는 1960년 미국의 W. 디멘트(Dement)에 의해서 발표되었다. 그의 실험은 잠자는 사람들이 렘수면에 들어설 때마다 그들을 깨움으로써 렘수면을 박탈하였다. 그러자 꿈꾸는 것을 방해받은 사람들은 잠이 들자마자 곧 렘수면으로 진입했고, 실험한 지 5일째 되는 날에는 하루에 20~30회 정도 깨워야 할 정도로 꿈을 꾸려고 했다. 이 실험이 끝나고 나서 회복기에 접어든 다음에도 그들에게는 렘수면이 현저하게 증가하여 잠자는 시간의 40% 정도나 렘수면에 충당해야 했다. 디멘트의 연구에서 더욱더 주목할 만한 사실은 '꿈 박탈 실험'이 장기화됨에 따라서 피실험자들은 긴장과 불안을 더 많이 느끼게 되었으며, 집중력의 곤란과 초조감, 가벼운 기억상실증 등 정신적인 장애를 겪게 되었다는 사

----

4) 윤인영, *op. cit.*, p. 113.

실이다. 그 만큼 사람에게 꿈이 필요하다는 것이다. 이 사실은 정신과 환자들
에 대한 실험에서도 입증된다. 즉, 어떤 정신과 환자에게 있어서 그에게 정신
병이 표면화되기 전에 그는 잠자는 시간의 30% 정도 동안 꿈을 꾸었으나 정
신병이 표면화되자 50% 정도 시간 동안 꿈을 꾸다가, 신경안정제를 복용한
다음에는 다시 30% 정도의 시간 동안 꿈을 꾸었다. 그러나 신경안정제의 양
을 줄이자 다시 꿈꾸는 시간이 40%로 올라갔던 것이다. 이 사실은 사람들에
게 렘수면과 꿈이 얼마나 중요한 것인가 하는 사실을 보여 준다.[5]

그러나 사람들 중에는 꿈을 전혀 꾸지 않는다고 말하는 사람들이 있다. 보
통 사람의 경우 하루에 7시간을 잔다면 렘수면을 적어도 세 번 정도 거치면서
꿈을 네 번 이상 꿀 텐데 자기는 지난밤에 꿈을 하나도 꾸지 않았다고 말하는
것이다. 그러면 이런 사람들은 왜 그런 것일까? 그들은 정말로 꿈을 꾸지 않
는 것인가? 아니면 꿈을 기억하지 못하는 것인가? 심층심리학에서의 주장에
의하면, 이런 사람들의 경우에서 후자의 견해가 더 옳다. 즉, 모든 사람은 꿈
을 꾸지만 그중에 꿈을 기억하지 못하는 사람들이 있다는 것이다. 왜냐하면
꿈을 전혀 꾸지 않는다고 주장하는 사람들 역시 렘수면 동안 안구운동이 매
우 활발하게 이루어지고 있기 때문이다. 그러면 그들은 왜 꿈을 기억하지 못
하는 것일까? 그것은 그들이 꿈에 대한 기억을 억압하기 때문이다. 꿈의 내용
이 너무 두렵거나, 받아들이지 못할 내용들로 가득 차 있기 때문에 그것을 회
상하지 않으려고 하는 것이다. 그래서 꿈은 꾸었지만 그 내용이 의식으로 떠
오르는 순간 그것을 억압하는 것이다. 심리검사 결과, 이런 회상 능력 결핍자
들은 회상 능력 보유자들보다 더 억제적이고, 규칙 준수적이며, 자제심이 강
한 비교적 내향적인 성격의 소유자들임이 밝혀졌다. 그만큼 자신에 관한 모
든 것을 억압하기 때문에 꿈의 내용도 기억하지 못하게 하는 것이다.

꿈의 회상과 더불어서 또 하나 생각할 것은 꿈의 망각이 비렘수면과 깊은
관계가 있다는 점이다. 이 사실 역시 잠자는 사람을 깨워서 단어 몇 개를 보여

준 다음 그 단어를 얼마만큼이나 기억하는가 하는 실험을 통해서 밝혀졌다. 실험에 따라서 어떤 사람에게는 그 단어들을 보여 준 다음 금방 다시 잠들게 하고, 다른 사람에게는 그 단어들을 보여 주고 10여 분간 깬 상태로 있다가 다시 잠들게 했는데, 10여 분간 깬 상태로 있던 사람들은 나중에 그 단어를 거의 다 기억할 수 있었는데, 그렇지 않은 사람들은 그 단어를 기억하지 못했다. 이 사실이 의미하는 바는 10여 분간 깨어 있었던 사람들에게는 그동안 그 단어들이 그들의 의식에 입력되었지만 그렇지 않은 사람들에게는 기억에 입력될 사이도 없이 다시 잠에 빠져 들어가 회상률이 낮았던 것이다.

꿈의 경우에서도 마찬가지다. 우리 기억에 남는 꿈은 우리가 잠을 깨기 직전에 꾼 꿈이나, 잠자는 도중에 꿈에서 깨어나 어느 정도의 시간을 보낸 다음에 다시 잠 잔 후 일어나서 회상하는 꿈이라는 말이다. 이렇듯이 꿈은 우리 의식과 매우 약하게 연결되어 있기 때문에 꿈을 기억하기란 쉬운 일이 아니다. 더구나 꿈을 불신하고 있으며, 꿈에 관심을 기울이지 않는 사람들은 더욱더 꿈을 기억하지 못한다. 어젯밤에 어떤 꿈을 꾸기는 꾸었는데 무슨 꿈인가 하고 생각하다가 얼마 시간이 지나면 전혀 깜깜해지는 것이다.[6]

3. 꿈과 무의식

사람은 왜 꿈을 꾸는 것일까? 더구나 잠 자는 시간의 1/4이라는 결코 짧지 않은 시간 동안 사람은 꿈을 꾸면서 과연 무엇을 하는 것인가? 이 사실을 규명해 내려면 우리는 꿈의 의미와 기능에 관해서 고찰하여야 한다. 그런데 우리는 앞에서 꿈이 사람들에게서 기억되기 어렵다고 말했다. 다시 말해서 꿈이 결코 우리 의식의 산물일 수는 없다는 사실을 발견했던 것이다. 그렇다면 꿈을 만들어 내는 것은 과연 무엇인가? 그것은 우리 의식이 아닌 것, 즉 무의

---

6) *Ibid.*, pp. 52~70.

식인 것이다. 낮 동안 우리 의식이 외부 환경에 적응하느라고 여러 가지 형태로 왜곡되었던 것을 무의식이 교정하느라고 꿈을 꾸게 하는 것이다. 그래서 꿈은 우리 의식 생활과 깊은 관련을 가지고 나타난다. 우리가 그날 낮 동안 살았던 내용과 어떤 의미에서든지 관계되는 꿈을 꾸게 되는 것이다. 그러나 꿈이 우리 의식 내용을 그대로 반영하는 것이라고 단순하게 생각해서는 안 된다. 오히려 꿈은 우리 의식에서 파악하는 객관적인 세계의 진실을 표현하는 것이 아니라, 우리 무의식에서 파악한 주관적인 진실을 표현하는 것이다. 우리가 알지 못하는 무의식의 세계를 나타내는 것이다. 그래서 우리는 때때로 꿈을 꾼 다음에 '내가 왜 이런 꿈을 꾸었을까?' 하고 의아하게 생각한다. 이것은 우리가 우리 무의식에 관해서 알지 못하기 때문이다.

그러면 무의식이란 무엇인가? 무의식이란 우리 의식에서 분리되었지만 계속해서 우리 의식에 영향을 미치는 정신적인 내용들이다. 우리가 의식했다가 망각했거나, 무시했거나 억압이나 억제해 버린 것들, 또는 그 자극이 강렬하지 못해서 우리의 식역(識域) 아래 남아 있던 것들이 계속해서 우리 의식에 영향을 미치는 것을 말하는 것이다.[7] 이런 내용 가운데서 개인적인 경험의 차원에 속하는 것을 융은 개인무의식이라고 불렀다. 그러나 어떤 내용 가운데는 우리의 개인적인 경험의 차원을 넘어서 인류 전체가 원시 시대 이래 경험해 왔으며 계속해서 우리 삶에 영향을 미치는 것들이 있다. 이것들 역시 우리 삶에 말할 수 없이 중요한 영향을 미치며, 우리의 꿈속에 나타난다. 융은 이런 것들을 가리켜서 집단무의식이라고 불렀다.[8] 이런 내용들 역시 우리의 꿈에 나타나

---

7) 패러디는 인간의 현실 지각에는 무의식적인 측면이 많이 작용하고 있다고 주장하였다. 왜냐하면 우리가 현실 세계에서 파악하는 빛, 소리, 현상 등은 내부 영역으로 넘어갈 때, 정신적인 사건으로 변화되는데, 우리가 외부 사건의 의미를 모두 파악할 수 없으므로 그것들은 어느 정도 무의식화되기 때문이다. 또한 외부 사실 가운데서 우리 의식의 문턱에 남아 있던 사실들은 나중에 추상(追想)의 형태로 무의식으로부터 뿜어져 나온다고 주장한다. *Ibid.*, pp. 88-91.

8) 융은 우리의 꿈 가운데서 개인무의식의 내용들로 구성되어 있는 꿈을 작은 꿈, 집단무의식의 내용들로 구성되어 있는 꿈을 큰 꿈이라고 불렀다. 우리가 보통 꾸는 꿈들은 작은 꿈이지만, 우리 삶의 중요한 전기에서 꾸는 꿈은 큰 꿈이라는 것이다.

고, 꿈을 만들어 낸다. 꿈의 이미지들이 매우 생생하게 나타나고, 어떤 때는 현실적인 삶에서 보다 훨씬 더 강렬하게 느껴지는 것은 그것이 무의식적인 의미를 내포하고 있기 때문이다. 왜냐하면 무의식 세계란, 프랑스 인류학자 L. 레비-브륄이 말했듯이, 사람에게 신비적인 융합(participation mystique)을 불러일으켜 그 세계와 하나가 되게 하기 때문이다.[9] 즉, 꿈의 이미지들은 단지 우리 기억에서 나와서 우리에게 어떤 사실을 불러일으키기만 하는 것이 아니라, 우리로 하여금 그 세계를 다시 살게 하는 것이다.

각성 상태의 삶에서 남은 충동이나 갈등 상태에서 해결하지 못했던 충동들, 그 밖에 우리 무의식에 남아 있던 내용들은 우리의 자의식적인 사고가 잠을 잘 때 강화된다. 이때는 자아의 방어 수단이 약화되어 억제나 억압되어 있던 내용들이 떠오르기 때문이다. 그래서 이런 내용들은 우리가 잠을 자는 동안 꿈에 나타나 우리에게 무의식의 상태를 말해 준다. 우리가 꿈을 통해서 무의식의 자료를 캐낼 수 있으며, 우리 삶에서 해결되지 못한 문제들을 통찰할 수 있는 것은 이 때문이다. 사실 무의식 세계란 과거를 담고 있는 창고만이 아니다. 오히려 우리 정신을 이루고 있는 내용들이 역동적으로 작용하는 곳이며, 미래의 정신적인 가능성들로 가득 차 있는 곳이라는 말이다. 우리가 이 세계에 다가가고 이 세계를 파악할 수 있는 것은 꿈에 대한 해석을 통해서다.[10] 꿈은 우리가 쉽사리 파악하기 어렵지만 많은 의미를 담고 있으며, 우리가 그 의미들을 파악하기만 하면 우리는 꿈을 통해서 많은 것을 얻을 수 있는 것이다.

---

9) L. Lévy-Bruhl, *La Mentalité primitive*(Paris: Retz, 1976).

10) cf. 프로이트는 꿈이 무의식으로 가는 가장 좋은 길, 즉 왕도(王道)라고 주장하였다. 그러나 융은 꿈이 무의식으로 가는 좋은 길이기는 하지만 그 이외에도 우리 콤플렉스를 고찰하는 것도 매우 좋은 방법이라고 주장하였다.

4. 꿈의 의미와 기능

1) S. 프로이트와 소망 충족으로서의 꿈: 원인론적 해석

수수께끼처럼 보이는 꿈에 대단히 중요한 의미가 담겨 있으며, 그 의미를 파악하는 것을 통해서 우리가 알지 못하던 정신세계에 접근할 수 있다고 꿈의 중요성을 제일 처음 역설했던 사람은 프로이트였다. 그는 먼저 꿈에 접근해 가면서 "사람들은 왜 그런 꿈을 꾸는 것인가?" 하는 인과론적인 관점에서 생각하였다. 그러면서 그는 낮 시간 동안 똑같은 경험을 했던 사람들도 밤에는 서로 전혀 다른 꿈을 꾼다는 사실을 알아냈다. 그 결과 그는 꿈이란 사람들의 의식 생활과 관계있다기보다는 더 깊은 무의식적인 욕망과 관계가 있다는 사실을 발견하였다. 그래서 그는 꿈이란 전적으로 인간의 무의식적인 소망 충족(wishfulfilment)을 위한 시도라고 주장하였다. 꿈이란 낮 시간 동안 사람들이 이 세상에 적응해 사느라고 억눌러 두었던 욕구들이 자아의식이 느슨해진 틈을 타고 나와서 그것을 실현하는 무대라고 하는 것이다.[11]

그러나 프로이트는 꿈에서 억제나 억압된 욕구들이 그대로 표출되는 것은 아니라고 주장하였다. 왜냐하면 그것들이 그대로 표출될 경우 어떤 내용들은 꿈꾼 이에게 너무 충격적인 것이라서 그의 잠을 온통 깨워 놓을 수도 있기 때문이다. 그래서 꿈은 잠의 보호자(guardian of sleep) 역할까지 하느라고 왜곡 (distortion)과 검열(censor)을 거쳐서 나타난다는 것이다. 다시 말해서 꿈꾼 이가 근친상간적인 욕망을 가지고 있을 경우 꿈에서는 그것을 직접적으로 표현하지 않고, 성기를 상징하는 발등을 쓰다듬는다든지, 코를 만진다든지 하는 방식으로 나타난다는 것이다. 꿈의 내용을 검열해서 상징적인 방법으로 왜곡시키는 것이다. 여기에서 프로이트는 꿈의 이중구조를 주장하고 있다.

---

11) S. Freud, 『꿈의 해석 상』(서울: 열린책들, 1997), pp. 177-192.

즉, 꿈에는 그 내용이 겉으로 드러난 현현된 내용(manifast contemt)과 꿈의 진짜 의도인 잠재된 내용(latent content)이 있는데, 꿈의 진정한 목적은 잠재된 내용 속에 있다는 것이다. 앞에서 든 예를 살펴보면 아버지의 발등을 쓰다듬는 것은 현현된 내용이다. 이것은 사람들에게 아무런 충격을 주지 않는다. 그러나 잠재된 내용은 근친상간적인 욕망이다. 즉, 꿈꾼 이는 아버지의 발등을 쓰다듬음으로써 근친상간적인 욕망을 달성했다는 것이다. 그의 의식에서는 알아차리지 못했지만, 무의식에서는 이미 만족하였다는 말이다. 프로이트가 꿈의 해석을 강조하는 이유는 이 때문이다. 모든 꿈에는 잠재된 내용이 있으며 그것이 꿈의 진정한 목적인데, 우리가 꿈의 진정한 의미를 제대로 파악할 때 무의식의 근본적인 욕망을 알 수 있으며, 무의식의 상태를 알 수 있다는 것이다.[12]

사실 꿈에서는 하나의 이미지 속에 여러 가지 의미가 함께 담겨져 표현된다. 발등과 성기, 밭을 경작하는 것과 성행위가 동시에 하나의 이미지 속에서 결합되어 나타나는 것이다. 꿈의 이런 왜곡은 꿈꾼 이가 잠에서 깨어나지 않도록 하기 위해서 불가피한 일이라고 프로이트는 주장하였다. 그래서 꿈에서는 각성 상태에서 서로 분리되어 있던 것들이 의미의 연관에 따라서 통합되어 표출되는 응축(condensation)과 성기 대신 코를 만지면서 성욕을 충족시키는 전위(displacement)가 이루어지는 것이다. 이렇게 응축과 전위를 통해서 억압되었던 욕망들은 보호장구를 입고 나타나 꿈꾼 이에게 충격을 덜 주고 있다.

프로이트가 꿈의 기능을 소망 충족으로 파악하는 이유는 그가 무의식을 전적으로 억압(repression)의 결과라고 주장하기 때문이다. 즉, 그는 무의식이란 그것을 구성하는 내용들이 보통 사람이 정상적인 의식을 가지고서 감당하기에는 너무 충격적인 것이라서 의식에 한번 떠올랐던 다음이나 떠오르기 전에 무의식으로 내려 보낸 것들로 구성되어 있다고 주장하는 것이다. 이런 내용

12) *Ibid.*, pp. 256-259.

들은 자연히 많은 에너지를 담고 있으며 기회만 주어지면 실현되려고 한다. 더구나 의식 상태에서 충족되지 못하면 꿈에서라도 충족되려고 한다. 이렇게 욕구가 충족될 때 꿈꾼 이에게서는 그 욕구를 실현시키려는 긴장이 감소된다. 사람들이 꿈을 꾸는 원인은 바로 여기에 있다. 그래서 프로이트는 꿈의 해석에 있어서 하나의 상징적 이미지는 언제나 하나의 의미로 해석해야 한다고 주장하였다. 벌거벗은 몸은 노출의 수치를 모르는 유아 시절로 돌아가고 싶은 욕망의 표현으로, 치아의 손실은 거세당할지도 모른다는 불안을 나타낸다는 등으로 성적인 욕구와 관련시켜서 해석해야 한다는 것이다. 그래서 융은 프로이트의 해석 방법을 환원론적인 해석이라고 비판하였다. 상징이 가지고 있는 많은 해석 가능성을 덮어 두고 어떤 상징은 어떤 것들을 의미한다고 주장하면서 축소시켜서 해석한다는 것이다.[13]

2) C. G. 융과 의식적인 태도의 보상으로서의 꿈: 목적론적인 해석

꿈을 인과론적인 관점에서 파악하여 환원론적으로 해석하고, 꿈을 통한 욕구 충족으로 인해서 인간의 성적이며 공격적인 욕구가 감소된다는 프로이트의 주장은 현대에 들어와서 많은 비판을 받고 있다. 그 이유는 꿈에서 아무리 그런 종류의 충동들이 방출될지라도 그에 관한 사람들의 욕망은 줄지 않으며, 꿈 가운데는 욕구 충족을 위한 꿈도 있지만 그와 다른 목적을 가진 꿈도 많이 있기 때문이다.

프로이트에 대한 비판자 가운데서 융은 대표적인 사람이다. 프로이트가 "나는 왜 이런 꿈을 꾸게 되었을까?" 하는 인과론적인 관점에서 꿈을 관찰했다면, 융은 "이 꿈은 나를 어디로 끌고 가려고 하는 것일까?" 하는 목적론적인 관점에서 꿈에 접근하였다. 즉, 프로이트가 꿈에 why라는 질문을 던졌다면, 융은

13) S. Freud, 『정신분석입문』, 구인서 역(서울: 동서문화사, 1975), pp. 86-246. cf. C. S. Hall & G. Lindzey, 『성격의 이론』, 이상로, 이관용 역(서울: 중앙적성출판부, 1981), pp. 32-73.

where to라는 질문을 던졌던 것이다. 이런 관점에서 꿈을 고찰한 결과, 그는 꿈이란 꿈꾼 이의 의식이 무시했거나 소홀히 해서 그의 정신적인 삶에 불균형이 생겨났을 경우, 그에게 부족되어 있는 부분을 가르쳐 주고, 개선 가능한 자료를 제공하여 현 상황을 교정시키도록 하기 위해서 꾸는 것이라고 주장하였다. 다시 말해서, 꿈꾼 이가 낮 동안의 삶에서 인간 정신의 어느 한 측면만을 일방적으로 발달시켜서 정신의 전체적인 균형이 깨어졌을 때, 꿈은 잘못된 의식의 태도를 보상하기(compensate) 위해서 꾸게 된다는 것이다. 그러므로 우리가 꿈의 진정한 의미를 알게 되면 우리는 우리 정신의 부족한 부분을 알게 되고, 그 부족한 부분을 보충해서 전체적인 통합을 이룰 수 있게 된다.

융은 꿈의 이런 기능을 자기가 꾸었던 꿈을 예로 들면서 설명한 적이 있다. 그는 어느 날 꿈을 꾸었는데, 꿈속에서 프로이트가 벌써 죽었어야 하는 세관 검사원이나, 오스트리아의 까다로운 관리로 나타났다. 그는 이 꿈을 꾼 다음에 이 꿈이 그에게 말하는 것이 무엇인가 하고 곰곰이 생각했다. 그 결과 그는 그가 프로이트를 너무 높이 평가하고 있으며, 그의 학설을 너무 맹신하고 있음을 이 꿈이 알려 주고 있음을 알게 되었다. 이 꿈이 그의 균형 잡히지 못한 의식적인 태도에 평형을 잡아 주는 보상작용을 하게 했던 것이다.[14]

이렇듯이 융은 꿈의 원리를 정신 상태의 자기표현(self representation of the state of the psyche)과 보상의 원리(principle of compensation)로 파악하고 있다.[15] 즉, 꿈이란 인간의 정신이 지금 어떤 상태에 있는가 하는 점을 스스로 표현하기 위해서 꾸는 것이며, 그 목적은 의식 상태의 보상에 있다는 것이다. 프로이트가 말하는 것처럼 욕망 충족이나 가장 등이 아니라, 인간 정신의 전체적인 통합을 위해서 꾼다는 것이다. 융이 이렇게 생각하는 것은 그가 무의식을 프로이트처럼 억압의 결과 생겨난 것으로 보지 않고 의식의 일방적인

---

14) C. G. Jung, "General aspects of Dream Psychology", *Collected Works* VIII(London: Routledge & Kegan Paul, 1979), pp. 237-280.
15) 융은 A. 매더의 말을 인용하면서, "꿈이란 의식 속에 정신의 실제적인 상황을 상징적인 형태로 초상화처럼 그려 놓는 것이다." 라고 정의했다. *Ibid.*, p. 263.

태도를 보상하기 위한 정신작용으로 보기 때문이다. 따라서 프로이트가 꿈을 욕구 충족을 위한 수단으로 보고 있다면, 융은 정신의 전체적인 통합을 위한 정신작용으로 보고 있다.

융의 이러한 생각 밑바닥에는 인간의 무의식에는 자기-조절 기능이 있어서 언제나 인간의 정신을 통합하고자 한다는 기본적인 사상이 깔려 있다. 따라서 꿈이란 인간의 다른 정신작용과 마찬가지로 인간의 성장과 완전성의 실현을 위한 내적 충동의 표현이라고 할 수 있다.[16) 꿈에 어떤 공공적인 내용이 나타나지 않고 지극히 개인적이며 일상적인 내용들이 나타나는 것은 그 때문이다. 사실 우리는 꿈에서 어떤 중요한 정치적이나 경제적인 사건들을 접하기보다는 우리가 집에 있거나 학교나 사무실에서 누구를 만나거나 자동차를 타고 어디를 가는 내용들이 대부분이다. 그것은 우리가 그런 일상적인 상황 속에서 어떻게 반응하고 있으며, 어떤 상태로 존재하는가 하는 것을 말해 주기 위함이다.[17)

우리가 꿈을 꾸는 가장 큰 이유는 물론 우리 의식 상태의 보상을 위해서다. 그런데 우리가 꾸는 꿈 가운데는 우리 의식에 또 다른 것들을 알려 주려는 목적이 두드러지는 꿈들도 있다. 그런 꿈 가운데는 첫째로 예시적인 꿈이 있다. 이 꿈은 우리의 감각이 혼돈되어 있을 때 우리 무의식이 어떤 사실을 먼저 파악하고 예시적인 꿈을 꾸게 하는 것이다. 이러한 꿈의 예를 융은 그를 만나러 왔던 어떤 환자의 꿈에서 찾고 있다. 그녀는 첫 번째 분석가에게 갔을 때 그녀가 국경 너머로 가려고 하는데 아무도 그녀를 도와주지 않는 꿈을 꾸었다. 그래서 그녀는 다른 분석가에게 보내졌다가 결국 융에게 왔다. 융에게 분석받기 시작한 무렵 그녀는 꿈속에서 국경을 넘어 스위스 세관에 왔다. 그녀는 신

---

16) J. A. Hall, *The Unconscious Christian: Images of God in Dreams*(New York: Paulist Press, 1993), pp. 21-29.

17) 그래서 융학파의 분석가 폰 프란츠는 F. 보아와의 대화록에서 꿈을 꾸는 동기의 85% 정도가 개인적이며, 주관적인 것이라고 말하였다. Fraser Boa, *The Way of the Dream: Conversations on Jungian Dream Interpretation with M.-L. von Franz*(Boston: Shambhala, 1994).

고할 물건이 없다고 했지만 관리는 그녀의 가방에서 두 개의 큰 매트리스를 꺼냈다. 이 꿈에서 국경을 넘는다는 것은 치료를 의미한다. 또 메트리스는 그녀의 문제가 성적인 것과 관계된다는 점을 암시하고 있다. 어쨌든 이 환자는 그 후 융과의 분석을 거쳐서 낫게 되었다. 꿈은 이처럼 꿈꾼 이가 앞으로 어떻게 될 것인가 하는 점을 예시해 준다.

둘째로 외상적인(traumatic) 꿈이 있다. 이런 종류의 꿈은 과거에 아주 큰 재난을 당했던 사람에게 감정적인 충격이 아직 가시지 않았을 때 그 충격을 없애려고 꾸게 되는 것이다. 예를 들어 말하면, 전쟁터에서 살아 돌아온 사람이나, 커다란 교통사고를 당했던 사람들은 그것이 끝난 다음 종종 다시 그런 꿈을 꾸게 된다. 그럼으로써 그들은 그 사건에 휘말리느라고 풀어 버리지 못했던 감정의 충격을 푸는 것이다.

셋째로 텔레파시적인 꿈이 있다. 멀리 떨어져 있는 사람의 일이 꿈에서 보이는 것이다. 특히 사랑하는 사람의 죽음과 같은 사건은 꿈에서 종종 발견되고 있다. 이런 꿈을 가리켜서 융은 이렇게 말한다: "나는 텔레파시가 실제로 꿈에 영향을 미치는 것을 내 경험에 의해서 발견했다. 그리고 이런 현상은 고대 이래로 있어 왔던 현상이다."[18] 이런 종류의 꿈은 우리 주위에서 종종 보고된다. 특히 감리교회의 창시자 존 웨슬리는 그의 일기에서 어떤 여자가 꿈속에서 멀리 떨어져 있는 약혼자가 죽는 것을 본 다음 그가 정말로 그 시간에 죽었다는 소식을 들은 일과 또 다른 여인이 꿈에서 자기 남편이 물에 빠져 죽는 것을 본 다음 그가 정말 물에 빠져 죽은 일이 있다고 기록하고 있다.[19]

마지막으로, 경고적인 꿈이 있다. 이런 꿈은 우리도 종종 꾸는 꿈이다. 예를 들어 말하면, 어떤 어머니가 자기 집 다리 난간이 부러져서 아이가 다치는 꿈을 꾸고 난 다음 다리 난간을 고친다든지, 어떤 사람이 꿈에서 폐암 선고를 받고 담배를 끊는다든지 하는 꿈이 그것이다.[20]

---

18) C. G. Jung, *General Aspects of Dream Psychology*, p. 262.

19) J. Wesley, 『존 웨슬리의 일기』, 김영운 역(서울: 크리스찬 다이제스트사, 1992), p. 204, 213.

20) C. G. Jung, *General Aspects of Dream Psychology*, pp. 255-263. cf. M. A. Matton, *Jungian*

그러나 융은 여기서 꿈의 예시적인 작용이 예언적인 것으로 오해되어서는 안 된다고 강조하였다. 왜냐하면 그 사실은 일어날 수도 있고, 일어나지 않을 수도 있기 때문이다. 그것은 다만 가능성의 조합이 그렇게 나타나서 일어날 확률이 대단히 많은 것이며, 우리가 그에 적절하게 대응하면 일어나지 않을 수도 있는 것이다. 이렇듯이 꿈은 우리의 정신생활의 측면을 보여 준다. 따라서 우리가 우리 꿈을 분석하고 그것이 말하는 의미에 귀를 기울일 때 우리는 우리 삶의 귀중한 진실들을 파악할 수가 있다.

5. 결 론

이렇듯이 꿈은 우리 삶과 정신에 관한 많은 정보를 알려 준다. 그 이유는 꿈이 무의식의 산물이며, 무의식은 의식과 전혀 다른 관점에서 우리 삶의 일을 파악하기 때문이다. 그러므로 우리가 꿈을 불신하여 무시하거나, 꿈에서 장래 일에 대한 미신적인 흥미만을 가지고 대하지 않는다면 꿈은 우리 삶의 귀중한 내용을 알려 줄 것이다. 그래서 루이스 M. 세이버리는 꿈에는 분명히 어떤 중요한 의미가 담겨 있으며, 우리가 삶의 어떤 문제에 진정으로 관심을 가져야 할지를 알려 주고, 우리가 이웃과 병든 관계를 맺고 있다면 그것을 어떻게 극복할 수 있는가 하는 점을 가르쳐 준다고 주장하였다.

또한 꿈을 통해서 우리는 꿈속에 담겨 있는 역동적인 에너지를 사용하여 좀 더 풍요하고 활기 찬 삶을 살 수 있다고 강조하였다.[21] 왜냐하면 꿈을 통해서 우리는 내가 나 자신을 어떻게 파악하고 있으며, 다른 사람들을 어떻게 파악하고 있는가, 또한 이 세상을 어떻게 파악하고 있으며, 나의 충동과 갈등을

Psychology in Perspective(London: The Free Press, 1981), pp. 261–263.

21) L. M. Savary, P. H. Berne, & S. K. Williams, 『꿈과 영적인 성장』, 정태기 역(서울: 예솔, 1993), pp. 13–18.

어떻게 받아들이고 있는가 하는 점 등을 살펴볼 수 있기 때문이다.[22] 그러므로 우리는 우리 꿈에 대해서 좀 더 깊은 관심을 기울이고 꿈이 우리에게 말하고자 하는 바를 살펴보아야 한다. 융이 말한 대로, 종교적인 태도, 즉 주의 깊게 관찰하고 고려하는 태도를 가지고 꿈을 대해야 하는 것이다. 그래야만 꿈이 무의식의 비밀을 우리에게 알려 줄 수 있는 것이다. 그래서 융 분석가인 토마스 키르쉬(Thomas Kirsch)는 꿈을 살펴보는 것은 어떤 의미에서 종교적인 행위와도 같다고 주장하였다. 그 이유는 꿈이 우리 의식의 바깥에서 다가오는 것으로서, 우리의 내면적인 상황을 드러내 보여 주기 때문이다. 그러므로 우리는 꿈을 대할 때 언제나 진지한 자세로 임해야 하며, 꿈에서 어떤 단순한 정보만을 얻으려고 할 것이 아니라, 꿈속에 들어가서 그 꿈을 다시 한 번 살려고 해야 한다.

22) A. Faraday, *op. cit.*, pp. 150–161.

10

상징의 의미와
꿈의 해석

1. 꿈의 이미지와 상징

    사람은 흔히 꿈을 꾸고 난 다음 그 꿈이 도대체 무엇을 의미하는 꿈일까 하고 의아해하는 경우가 많다. 그 이유는 꿈에 나타난 사람이나 사건들이 알 수 없는 것들로 채워져서, 얼핏 그 의미를 알아차릴 수 없기 때문이다. 사람이 꿈을 꾸는 동안에는 외부적인 자극이 차단되어서, 깨어 있는 동안 유지되었던 논리 체계가 와해되어 연상작용이 꿈 전체를 지배하고 있다. 이에 따라서 꿈의 이미지들은 깨어 있을 때의 통제된 생각들과 달리 의미연관(意味聯關)에 따라서 풍부한 연상 속에서 이루어진다. 더구나 사람들은 자기 자신, 자신의 충동, 자기 주위에 있는 사물이나 다른 사람들에 대해서 언제나 하나 이상의 관념을 가지고 있기 때문에, 무의식적인 부분은 꿈에서 연상작용에 따라서 이러저러한 이미지들로 나타나게 된다.

    무의식적인 사실을 표현하는 데는 상징이 가장 좋은 언어가 된다. 왜냐하면 무의식은 의식이 미처 다 파악하지 못하고 있는 복합적인 내용들까지 그 속에 담고 있는데, 상징은 이런 사실들을 표현할 수 있는 탁월한 능력이 있기 때문이다. 신경증 증상들이 나타나는 방식도 상징적이다. 세척 강박증 환자의 경우 겉으로는 손을 강박적으로 씻어서 문제가 되는데 실제로는 자신의 숨겨져 있는 개운하지 못한 마음을 씻으려는 상징적인 의도가 담겨 있기 쉬우며, 고소공포증 환자의 경우 겉으로는 공간적으로 높이 올라가는 것을 두려워하는데, 실제로는 자신의 사회적이거나 경제적인 위치가 너무 높지나 않은가 하는 심리적인 두려움이 담겨 있는 경우가 많기 때문이다. 꿈속에서는 신경증의 경우에서보다 상징들이 더 다양하게 나타난다. 잠자는 동안에는 의식적인 통제가 벗겨져서 무의식이 그 의미 연관에 따라서 여러 가지 상징적인 방식으로 이미지들을 만들어 내기 때문이다.

2. 상징의 두 의미와 유비 구조: symbolizing과 symbolized

그러면 상징이란 무엇인가? 그리고 상징은 어떻게 해서 무의식에 담겨 있는 복합적인 의미를 하나의 이미지 속에 담아서 표현할 수 있는가? 먼저 상징의 의미를 살펴보자. 상징(symbol)이란 어원적으로 살펴보면 그리스 어로 '함께하다'는 의미를 가진 동사 symballo에서 파생된 symbalon에 어원을 두고 있다. 그런데 symbalon은 원래 도자기나 금속 등 하나로 되어 있는 물건을 두 사람이 헤어질 때 반으로 나누어 가졌다가, 오랜 시간 뒤에 다시 만나서 그 나뉜 부분을 맞춰 보고 그것이 원래 하나였음을 확인하는 물체였다. 따라서 symbol은 본래 두 가지 의미를 하나의 이미지 속에서 제시할 수 있는 것이었다.[1)]

실제로 모든 상징에는 그 이미지가 표상하는 일차적인 의미(상징하는 것: symbolisant)와 그 이미지에서 표상되는 이차적인 의미(상징되는 것: symbolisé)

---

1) E. Littré, *Dictionnaire de la langue française*(Paris: Gallimard, Hachette, 1959).

가 동시에 담겨 있다. 즉, 동구 밖에 있는 큰 바위가 그 마을을 지켜 주는 수호신으로 숭배받고 있다면 큰 바위는 일차적인 의미이고, 그것이 나타내는 수호신은 이차적인 의미인데, 큰 바위는 하나의 이미지 속에 바위라는 의미와 수호신이라는 의미를 동시에 담고 있는 것이다. 그래서 장 라드리에르는 상징을 가리켜서 "상징은 두 가지의 의미를 표출하고 있다. 하나의 의미는 해당되는 그 단어가 이미 그 용례(用例)에 따라서 나타내는 주된 의미이며, 두 번째 의미는 그 주된 의미에서 암시되고 있는 또 다른 의미다."[2]라고 말하였다. 그래서 상징은 다른 수단을 통해서는 모두 드러낼 수 없는 어떤 것의 의미를 하나의 이미지 속에 담아서 표현하는 가장 좋은 수단이 된다. 상징이 가지고 있는 이런 특성 때문에 융은 상징이 무의식적인 내용을 표현하는 데 가장 적합하다고 말하였다: "상징이란 그 본성이 아직 알려져 있지 않기 때문에 다만 짐작할 수밖에 없는 무의식의 내용을 표현할 수 있는 가장 좋은 표현 수단이 된다."[3] 그래서 꿈속에 나오는 이미지들은 상징적인 방식으로 나타나는 것이다.

그러나 상징은 그것이 표상하고 있는 일차적인 의미와 그것에서 표상되는 이차적인 의미 사이에 아무런 연관성도 없이 무작정 그 두 의미가 결합돼서 상징으로 나타날 수 없다. 이 두 의미 사이에는 반드시 어떤 관련성이나 동질성이 있어야 하는 것이다. 동구 밖에 있는 바위가 내포하는 의미와 사람들이 수호신에게서 기대하는 의미 사이에 반드시 어떤 동질성이 있어야 하는 것이다. 바위가 가진 거대하고 우람한 모습이 수호신에게서 기대되는 강하고, 능력 있는 이미지를 불러일으켜야 하는 것이다. 그래서 바위는 수호신을 상징적으로 나타낼 수 있어도, 병아리는 신을 나타낼 수 없다.

상징에서 나타나는 이 유비(analogy) 구조를 가리켜서 프랑스 신학자 로저 멜(R. Mehl)은 다음과 같이 말한다: "상징이 되기 위해서는 시니피앙(셍볼리

2) J. Ladrière, "Discours théologique et Symbole", *Le Symbole*(Strasbourg: Université des Sciences Humaines de Strasbourg, 1982), p. 119.

3) C. G. Jung, *Types Psychologique*(Genève: Libraire de l'Université Georg et Cie S. A., 1983), p. 469.

장)이 시니피에(셍볼리제)에 참여하여야 한다. ……또한 시니피에는 시니피앙 속에 드러나 있어야 한다."[4] 꿈에서도 마찬가지다. 어떤 꿈의 이미지와 그것이 표상하는 상징적인 의미 사이에는 반드시 유비 구조가 작용한다. 그 둘 사이에 아무런 의미의 연관성도 존재하지 않는 상징을 꿈이 만들어 낼 수는 없는 것이다. 융이 꿈의 이미지에서 개인적인 연상의 중요성을 그렇게 강조하는 것은 바로 이 때문이다. 꿈의 이미지에 담겨 있는 의미는 언제나 그것과 관련된 그 사람의 과거 사건이나 정신적인 특성과 밀접히 관련되어 있으며, 그렇게 해석되어야 하는 것이다.

상징: 형상과 정동의 복합체

상징에서 우리가 주목하게 되는 것은 상징이 형상(image)과 정동(émotion)의 복합체라는 사실이다. 프로이트는 인간의 정신 기능에는 두 가지 원리가 있다고 주장하였다. 첫 번째 원리는 사변적이고 언어적이며 논리적인 반성(反省)의 원리이고, 두 번째 원리는 비사변적이고 형상적이며 전언어적인 관조(觀照)의 원리다. 상징을 만들어 내는 것은 두 말할 것도 없이 두 번째 원리인 형상적인 원리다. 따라서 상징은 그 사이에 아무런 논리적이고, 반성적인 유추 작용 없이 의미의 연관에 따라서 비사변적인 방식으로 만들어진다. 그래서 상징은 언어적인 방식으로는 도저히 나타낼 수 없는 우리 삶의 깊고 성스러운 것들이나, 무의식 세계를 나타낼 수 있다. 여기에 대해서 A. 베르고트는 이렇게 말한다: "상징이라는 말에서 우리는 어떤 이미지를 기대하고 있다. 그 이미지는 그것이 가지고 있는 정동적인 특성 때문에 우리 지성을 가지고서는 그 의미를 도저히 파악할 수 없는 어떤 실재를 우리에게 보여 준다."[5]

그래서 모든 상징에는 정동이 담겨 있다. 상징에 정동이 담겨 있는 이유는, 엘리아데에 의하면 모든 자연적인 상징 속에는 우주창생(宇宙創生) 때부터 그

---

4) R. Mehl, "Symbole et Théologie", *Le Symbole*, p. 4.
5) A. Vergote, *Psychologie religieuse*(Bruxelles: Charles Dessart, 1966), p. 171.

상징과 관계되는 모든 사건이 하나의 이미지 속에 담겨 있어서 그 속에 무한한 정동을 내포하고 있기 때문이다. 예를 들어 말하면, "물이라는 상징 속에는 태초의 창조 사건이나, 대홍수에 잠기는 것, 그다음에 다시 충적토에서 새 생명이 탄생하는 것 등 우주적인 생명과 관계되는 상징이 모두 포함되어 있는 것"이다.[6]

또한 상징은 하나의 사건을 관념으로 변형시키고, 그 관념을 다시 이미지로 변형시키기 때문에, 그 이미지 속에는 거기에 본래적으로 담겨 있는 사건들이 표출되고자 하는 무한한 정동이 담겨 있다.[7] 예를 들어 말하면, 십자가라는 상징은 그 상징적인 의미를 파악하는 사람에게는 이제 더 이상 하나의 단순한 나무가 아니라, 그 속에는 그리스도의 수난과 부활이 담겨 있는 경이로운 상징인 것이다. 따라서 십자가에는 그리스도의 수난과 부활에 얽혀져 있는 수많은 정동(情動)이 담겨 있다.

상징이 이미지와 정동의 복합체이기 때문에 상징은 사람들에게 의미와 힘을 전달한다. 상징은 그것이 표상하고 있는 의미뿐만 아니라 그 속에 담긴 힘을 나타내고 있는 것이다. 그래서 폴 리쾨르는 "은유는 로고스가 이미 정화시켜 놓은 영역과 관련을 맺고 있다. 그러나 상징은 우리의 삶 속에서 생겨난 이야기들에 우선적으로 기초하고 있다. 상징이란 결국 어떤 형상과 힘이 서로 겹쳐지는 지점에서 생겨나는 것이다."[8]라고 말하였다. 여태까지 사람들은 상징에 관해서 연구하면서 상징이 드러내는 의미에 관해서만 주목해 왔다. 그러나 그것이 가지고 있는 정동의 측면이나 힘의 측면에 관해서는 거의 무관심했다. 그러나 I. 레위스는 우리가 상징의 진정한 의미를 파악하려면 상징이 지니고 있는 정동의 역동적인 요소를 간과해서는 안 된다고 강조하였다: "상징이 가지고 있는 궁극적인 힘은 그것이 사람으로 하여금 정동을 불러일으키

---

6) M. Eliade, *Traité d'histoire des Religions*(Paris: PUF, 1982), pp. 165-171.

7) J. W. von Goethe, *Maximen und Reflexionen*, Ed., Tempel, II. 463. M. Meslin, *op. cit.*, pp. 199-200에서 재인용.

8) P. Ricoeur, "Parole et Symbole", *Le Symbole*, p. 153.

게 하는 힘에서 찾을 수 있을 뿐만 아니라, 사람으로 하여금 그 힘에 반응하고 재반응하게 하는 능력에서도 찾을 수가 있다. ……이렇게 상징과 인간의 감정은 상호작용을 불러일으키는 관계에 있는 것이다."[9]

꿈의 이미지도 마찬가지다. 그것은 사람이 깨어 있을 때 가졌던 많은 사건과 관계들을 하나의 이미지 속에 농축시켜서 표현하고 있다. 그래서 그 안에 수많은 정동과 힘을 담고 있으며, 언제나 그것을 표출하려고 한다. 꿈의 이미지들이 그렇게 선명하게 드러나는 것도 정동과 힘 때문이다. 따라서 우리가 그 이미지들을 제대로 해석할 수 있다면, 우리는 거기에 담겨 있는 본래적인 사건에 다시 참여할 수 있으며, 그때의 정동과 힘을 다시 체험할 수 있다.

3. 상징의 기능

그러면 상징이 하는 일은 무엇인가? 상징의 기능에는 여러 가지가 있을 수 있지만 그 가운데서 중요한 것을 정리하면 다음과 같이 네 가지가 된다.

첫째, 상징은 서로 떨어져 있는 두 차원을 연결하는 다리의 역할을 한다. 즉, 상징은 미지(未知)의 것과 기지(旣知)의 것, 의식과 무의식을 연결하고 있는 것이다. 앞에서 우리는 상징이 두 가지 의미를 동시에 표상하고 있다고 살펴보았다. 눈에 보이는 표상을 가지고 눈에 보이지 않는 표상을 나타내는 것이다. 큰 바위와 수호신, 물과 생명의 가능성 등 상징은 사람이 이미 알고 있는 것과 아직 드러나지는 않았지만 그 속에 내포되어 있는 의미의 세계를 연결하고 있다. 또한 상징은 실제로 존재하는 것과 사람들이 상상하는 것을 연결해 준다. 즉, 사람은 때때로 그의 머릿속에서 상상하던 것들을 명확하게 알지 못하는 채 지니고 있다가 어떤 상징의 이미지를 보고서, '아하 바로 저것

9) I. Lewis (ed.), *Symbols and Sentiments: Cross-cultural Studies in Symbolism* (New York: Academic Press, 1977), p. 2.

이구나!' 하고 자신의 생각을 정리할 수 있는 것이다. 앞에서 말했던 큰 바위와 수호신 역시 이런 예다. 즉, 사람들이 머릿속에서 생각하는 수호신이라는 상상을 큰 바위가 실제로 담아 내는 것이다. 마지막으로, 상징은 의식과 무의식을 연결해 준다. 꿈이나 신경증 증상, 신경증이라고 할 수는 없지만 가벼운 말실수, 실책, 건망증 등은 우리 의식에 지금 무의식에서 요청하는 것이 무엇이라고 말해 주는 것이다.[10]

둘째, 상징은 어떤 사실을 직접적으로 인식하게 해 준다. 상징이란 논리적이며, 사변적인 정신기능에서 나온 것이 아니라, 형상적이며, 비사변적인 정신기능에서 나온 것이다. 따라서 상징이 가지고 있는 이미지는 사람들에게 추리나 궁구(窮究)를 허락하지 않는다. 직관적이며, 즉각적인 인식을 촉구하는 것이다. 그래서 미셸 멜랑은 "상징은 인간의 직관을 일깨우고 있다."[11]라고 말했다. 상징이 직관을 촉구하는 것은 그것이 가지고 있는 정동적인 힘 때문이다. 다시 말해서 그 속에 수많은 사건과 정동을 담고 있어서, 그것의 숨겨진 의미를 인식할 수 있는 사람에게 즉각적으로 그 모든 이야기를 한꺼번에 들려주는 것이다. 이런 작업은 차갑기만 한 논리를 구사하는 머리에는 어울리지 않는 방식이다.[12]

셋째, 상징은 자신을 초월해서 그것이 의미하는 하나의 실재를 지시할 뿐만 아니라, 그 실재에 조응(照應)하는 영혼의 차원을 열어 보인다. 상징(symbol)은 기호(sign)와 달리 그것이 의미하는 실재를 가리키고 있다. 즉, 교통신호등과 같은 기호는 빨간불에서는 서고, 파란불에서는 진행해야 하는 필연적인 이유도 없이 그저 하나의 사회적인 약속으로 지키는 데 비해, 상징이란 그것이 의미하는 실재(reality)와 그에 대한 사람들의 반응 사이에 필연적인 관계를 맺고 있다. 그 이유는 어떤 상징이든지 그것이 의미하는 실재를 뚜렷하게

---

10) C. G. Jung, 『인간과 무의식의 상징』, 이부영 외 역(서울: 집문당, 1983), p. 35. R. Sublon, "Psychanalyse et Symbole", *Le Symbole*, p. 68.

11) M. Meslin, *op. cit.*, p. 198.

12) *Ibid.*, pp. 198-199. cf. 김성민, "종교상징론 I", 『기독교사상』(통권406호, 1992년 9월호), pp. 56-57.

드러내기 때문이다. 동구 밖에 있는 바위가 수호신이라면, 사람들은 그 바위에서 언제나 영험한 능력을 느끼고, 그 앞에서 아들을 점지해 달라고 기도드리면 정말 아들을 얻을 수도 있는 것이다. 여기에서 한걸음 더 나아가서 틸리히는 상징이란 그 실재에 조응하는 인간의 영혼을 열어 보인다고 주장하였다.[13] 다시 말해서, 사람이 상징에 반응할 수 있다면, 그것은 사람들의 영혼에 그것에 반응할 수 있는 어떤 정신적인 요소가 있음을 말해 주는 것이다.

마지막으로 상징에는 변환의 기능이 있다. 변환의 기능이란 앞에서 우리가 살펴보았던 상징의 인식론적인 기능과 더불어서 상징의 가장 중요한 기능 가운데 하나다. 상징의 변환 기능에는 두 가지 측면이 있다. 첫 번째 측면은 상징이 본래 어떤 사건을 변환시켜서 형상화한 결과 생겨난 것이라는 점이다. 이 사실을 가리켜서 멜랑은 다음과 같이 말하고 있다: "상징의 모든 작업은 어떤 한 대상을 ……그것과 다른 어떤 것으로 변환시키는 작업을 한다. 그래서 그 변환된 것은 먼저 것보다 더 방대하고, 더 높은 실재를 가리키게 된다. 더구나 인간의 초월성을 가리킬 수도 있는 것이다."[14] 두 번째 측면은 상징이 그 속에 하나의 사건 전체를 담고 있으며, 초월적인 것을 담고 있기 때문에 사람을 변환시키고 있다는 점이다. 상징은 사람이 현실이라는 좁디좁은 합리성의 체계에 빠져서 앞으로 한 발자국도 더 나아가지 못할 때, 그에게 인간 현실의 복합적인 상황을 보여 주고, 더 깊은 차원을 보여 주어서 그 자신을 통합하고 더 깊은 삶의 차원으로 들어가게 해 준다. 그가 상징의 의미를 올바르게 파악할 때, 상징이 가지고 있는 정동과 힘에 사로잡혀서 자신의 한계를 뚫고 새로운 차원의 삶으로 나아갈 수 있는 것이다.

---

13) P. Tillich, *Théologie de la Culture*(Paris: Planète, 1968), pp. 67-79.
14) M. Meslin, *op. cit.*, pp. 198-199.

4. 상징과 꿈의 해석

상징은 사람들을 변환시킨다. 제대로 해석하기만 한다면 사람들이 상징과 하나가 되어 상징의 역동적인 힘을 체험할 수 있기 때문이다. 융 분석가 존 샌포드는 그와 상담한 사람에 대한 꿈 해석을 소개하면서 꿈 해석과 치유의 예를 다음과 같이 들고 있다.

그의 내담자 가운데 한 사람은 자기가 꾼 꿈의 이야기를 다음과 같이 말하고 있다: "나는 전쟁터에 있었다. 그때 총과 칼을 가진 사악하게 생긴 사람이 나타났다. 나는 도망갔으나 그는 나를 쫓아와서 마침내 나를 죽이고 말았다." 샌포드는 이 꿈을 다음과 같이 해석하였다.

이 꿈에서 총과 칼을 가진 사악하게 생긴 사람은 꿈꾼 이의 그림자다. 그림자는 꿈에서 꿈꾼 이와 같은 성(性)으로 나타나며, 악하거나 열등한 모습으로 나타나기 때문이다. 이 사악한 사람은 꿈꾼 이가 받아들이기를 거부하는 부정적인 욕망일 수도 있고, 아주 싫어하는 열등한 인격적인 특성일 수도 있다. 어쨌든 그의 인격의 어두운 부분이다. 그것은 그가 받아들이기를 거부해 버렸기 때문에 그에게 적대적으로 나타났다. 이 꿈에서 전쟁터는 그의 마음의 싸움터다. 이 그림자가 자신의 인격의 일부이기 때문에 그에게 받아들이라고 촉구하고 있는데, 그가 받아들이려고 하지 않기 때문에 싸우는 것이다. 이 사악한 사람이 들고 있는 칼은 제의에서도 쓰이는 것으로써, 이 꿈은 그에게 있어서 일종의 제의라는 사실을 보여 준다. 그런데 꿈꾼 이는 그의 그림자와 싸우려고 하지 않고 도망간다. 자신의 문제를 받아들이지 않고 도망치는 것이다. 그러나 그는 자신의 문제를 직시하고, 그 문제와 맞서 싸워야 한다. 그런데 결국 꿈꾼 이는 죽게 되었다. 꿈에서 꿈꾼 이가 죽는 것은 대부분의 경우 꿈꾼 이가 다시 태어나기 위해서 죽는 것을 의미한다.[15] 새롭게 되기 위해서

15) F. Boa, *op. cit.*, pp. 45-47.

는 낡은 것이 죽어야 하기 때문이다.

이 꿈을 이렇게 해석한 다음, 어느 날 그 내담자는 다시 이런 꿈을 꾸었다: "나는 다시 전쟁터에 있었다. 나의 적은 다시 칼을 들고 나에게 다가왔다. 그는 나를 죽이려고 했다. 나는 도망치기 시작했다. 그러다가 멈추어 서서 그를 보며 이렇게 말했다. '그래 나를 죽이려면 죽여 봐.' 그 적은 잠시 머뭇거리다가 미소를 짓더니 돌아가 버렸다."

우리는 여기에서 꿈의 발전을 보게 된다. 처음 꿈과 비슷하지만, 꿈꾼 이의 태도가 변화되었고, 사악한 사람의 태도도 변화되었다. 샌포드는 이 꿈을 다시 이렇게 해석한다. 여기서 꿈꾼 이는 그의 그림자를 받아들이고 있다. 받아들이기가 싫어서 처음에는 도망쳤지만 결국 자신의 문제를 정면으로 받아들이고, "그래 죽일 테면 죽여 봐라."라고 하면서 그림자를 받아들인 것이다. 그러자 놀라운 변화가 일어났다. 그의 그림자가 미소를 짓더니 돌아가 버리는 것이다. 자기 인격의 그림자는 처음에 받아들이기가 어렵지 일단 받아들이기만 하면 그것은 우리에게 오히려 복이 될 수도 있다. 왜냐하면 우리의 약한 부분을 보충하게 하며, 우리의 약한 부분 때문에 우리가 다른 사람의 약한 부분까지 용납할 수 있기 때문이다. 이제 그림자는 그가 의도했던 목적을 달성했다. 그러므로 그를 더 이상 죽이려고 하지 않는 것이다. 이 꿈에서도 보이듯이 이 내담자는 자기의 문제를 극복하고 신경증에서 나을 수 있었다.[16]

이 꿈 해석에서도 나타나듯이, 꿈에 나오는 이미지들은 모두 상징적으로 해석되었다. 사악한 사람, 전쟁터, 칼, 도망치는 행동, 맞서는 행동, 미소 짓는 행동 등은 모두 꿈꾼 이의 의식적인 상황과 관련지어서 그것이 담고 있는 이차적인 의미로 해석된 것이다. 이렇게 해석할 때 우리는 이 꿈이 담고 있는 의미를 좀 더 명료하게 알 수 있게 된다. 이렇게 해석하지 못한다면 꿈꾼 이는 '이게 도대체 무슨 꿈일까?' '난데없이 전쟁터가 나오고, 또 내가 적에게 찔려서 죽다니 어떻게 된 일일까?' 하고 의아하게 생각할 것이다.

16) J. Sanford, 『꿈: 하느님의 잊혀진 언어』, 정태기 역(서울: 대한기독교출판사, 1992), pp. 16-22.

꿈의 상징을 해석하는 것으로 샌포드는 또 다른 예를 들고 있다. 어떤 여자는 다음과 같은 꿈을 꾸었다: "나는 아름다운 옷을 입고 큰 모임에 가려고 버스에 타고 있었다. 버스가 도착해서 내릴 때 내 스타킹 한 쪽에 구멍이 나있는 것을 보고 깜짝 놀랐다."

샌포드는 이 꿈에 대한 해석을 다음과 같이 하였다. 이 꿈에서 중요한 점은 스타킹에 난 동그란 구멍이다. 다리는 사람들의 몸의 아래 부분으로서 우리 인격의 하등한 부분 또는 인간의 본능적인 욕구나 감정을 나타내는 것이다. 그런데 이 여인은 자기 성격의 본능적이며, 열등한 면을 충분히 의식하지 못하고 있었다. 왜냐하면 그녀가 큰 모임에 가려고 버스를 타기 전까지 자기 스타킹에 구멍이 난 것을 모르고 있었기 때문이다. 그런데 그 구멍은 동그랗다. 동그랗다는 것은 자기(Self)의 상징으로서 완성에 대한 것을 나타낸다. 그녀가 자신의 성격의 본능적이고, 열등한 측면을 지금처럼 인식하고 받아들이면 자신을 통합할 수 있을 것이라고 이 꿈이 말해 주는 것이다. 그러므로 그녀는 자신의 성격의 우월한 면만을 드러내려고 하지 말고, 자신의 불완전함을 수용할 때 좀 더 성숙한 인격으로 자라날 수 있는 것이다.

꿈에 나타난 이미지들은 모두 상징적인 의미를 가지고 있다. 따라서 그 이미지들은 상징으로 해석되어야 한다. 꿈의 이미지에 담겨 있는 상징적인 의미들을 제대로 해석하여 그 꿈이 담고 있는 의미를 올바르게 파악할 때 사람들에게는 다음과 같은 변화가 나타난다.[17]

첫째, 꿈꾼 이에게서 그 꿈 해석에 대한 반응이 나타난다. 그 해석에 동의한다거나, 자기의 속마음을 들킨 것 같아서 놀란다거나, 감동하는 등의 변화가 생겨나는 것이다. 그러나 그가 그 해석을 받아들이지 않았다고 해서 그 해석이 잘못된 것은 아니다. 그다음의 변화를 지켜보아야 하는 것이다.

둘째, 그 해석과 관련되는 꿈을 꾸게 된다. 앞서 살펴보았듯이 전에 꾸었던

17) L. M. Savary, P. H. Berne, & S. K. Williams, 『꿈과 영적인 성장』, 정태기 역(서울: 예솔, 1993), pp. 161-242.

꿈이 좀 더 발전해서 나타난다거나, 꿈에서 좀 더 다르게 행동하는 등의 일이 생기는 것이다.

셋째, 꿈 이외에 다른 변화가 생긴다. 깨어 있을 때의 그의 행동이 변화된다거나, 그에게서 어떤 증상이 사라지는 등의 일이 생기는 것이다.

그런데 융은 우리가 꿈을 해석할 때는 무의식의 세계가 미래를 내다보는 기능을 가지고 있기 때문에 언제나 꿈 한 편만을 가지고 해석하는 것보다는 일련의 꿈을 해석하는 것이 좋다고 강조하였다. 즉, 시간적으로 이어지는 꿈이나, 같은 주제를 가진 꿈, 어떤 특별한 기간에 꾸는 꿈, 반복해서 나타나는 이미지들이 어떻게 변화되었는가 하는 사실을 살피면서 같이 해석하는 것이 그 꿈의 진정한 의미를 파악하는 데 도움이 된다고 강조하였다.[18] 앞에서 살펴본 꿈에서도 꿈꾼 이가 꾸었던 두 편의 꿈을 같이 해석하니까 그 꿈에 나오는 사악한 사람의 의미와 꿈꾼 이의 반응의 변화 의미가 더 명료하게 잡히는 것을 볼 수 있다. 이에 덧붙여서, 융은 우리가 특히 중요시해야 하는 꿈이 있는데 그것들은 상담가와 만나는 무렵에 꾸는 첫 번째 꿈, 같은 주제나 이미지가 반복해서 나타나는 꿈, 꿈 꾼 다음에 심한 불안을 야기하는 꿈 등이라고 주장하였다. 왜냐하면 첫 번째 꿈은 우리에게 치료가 앞으로 어떻게 전개될 것인가 하는 예후와 문제의 소재를 밝혀 주는 특별한 기능이 있으며, 반복해서 꾸는 꿈은 우리의 무의식에 어떤 문제가 해결되지 않아서 계속해서 그 사실을 나타내는 꿈이며, 불안몽은 때때로 사람들에게 정신적인 문제의 시작을 알려 주며, 그들의 삶을 온통 뒤흔들어 놓을 수 있는 문제의 소재를 말해 주기 때문이다.

18) M. A. Mattoon, *op. cit.*, p. 253.

5. 결 론

꿈의 상징이 가지고 있는 의미를 제대로 해석하기만 하면, 우리는 꿈을 통해서 변화된 삶을 살 수 있다. 융이 말했던 환자처럼 꿈속에서 자기(Self)의 상을 발견하고 그 완전한 상에 이끌려 자신을 온전하게 통합하거나, 샌포드의 내담자처럼 문제에서 벗어날 수 있는 것이다. 왜냐하면 상징이란 그 속에 정동과 힘을 담고 있어서 상징을 제대로 해석하기만 하면 그 정동과 힘에 참여할 수 있기 때문이다. 우리가 상징이 가진 역동성에 참여하지 못한다면 그것은 우리가 상징을 상징으로 받아들이지 않고, 상징이 가지고 있는 역동성을 무시하기 때문이다. 십자가(十字架)를 하나의 나무막대기로만 생각하는 사람들에게 십자가는 아무런 의미나 감동도 줄 수 없다. 그러나 십자가 속에서 예수 그리스도의 고난과 부활을 읽을 줄 아는 사람들에게 십자가상은 무한한 의미와 감격을 준다.

현대인은 너무 합리적이고 실용주의적인 태도를 가지고 살아간다. 우리 삶의 깊고 초월적인 차원을 보지 못하고 자신의 눈앞에 있는 것들만 보면서, 그것들이 자신의 삶을 어떻게 더 쉽고, 편하게 해 줄 것인가 하는 데에만 몰두해서 살아가는 것이다. 그래서 현대인은 때때로 삶의 무의미와 권태를 호소한다. 그들이 논리적이고 합리적이기만 한 것들과 정반대편에 있는 우리 삶의 깊은 차원과 너무 멀리 떨어져 있기 때문이다. 사실 우리 삶이 너무 따분하고 지루하다고 느껴질 때는 우리가 우리 삶의 이 깊은 차원에 담겨 있는 의미와 힘을 체험하지 못하기 때문이다. 그래서 우리 삶이 따분하다고 느껴질 때, 명상 등을 통해서 우리 내면에 들어가 우리 심층의 소리와 대화하면 우리는 다시 삶의 진정한 의미를 발견할 수 있다. 그리고 우리 삶의 깊은 층에서 뿜어내는 새로운 기운을 접할 수 있다. 그래서 우리 삶은 다시금 새로운 역동성에 잠기게 된다. 우리 심층에는 그 옛날 요정이 살고, 영웅이 살았던 무한한 의미의 세계와 에너지가 담겨 있기 때문이다.

우리가 꿈을 꾸는 이유는 바로 이 때문이다. 우리 삶이 우리 눈앞에서 전개되는 경직된 합리성에만 몰두하고, 실용주의적인 태도에 몰두하여, 이것을 하면 자신에게 얼만큼 도움이 되고, 얼만큼 이익이 돌아오는가만 따지고 있을 때, 우리 삶은 그렇게 계산하는 것으로만 따져지는 것이 아니라, 그것보다 더 그윽하고, 의미 있는 측면이 있으며, 그 속에서 살 때 우리 삶에 더 큰 기쁨이 있고, 더 역동적인 삶을 살 수 있음을 보여 주는 것이다.

꿈의 상징은 우리 삶의 그런 측면을 보여 준다. 그리고 우리가 그 상징들을 제대로 해석할 때 우리를 그 세계로 안내해 준다. 무엇보다도 우리가 꿈에 진지하고 사려 깊은 고려와 관조의 태도를 보일 때, 우리는 지금보다 더 신중하고 무게 있는 삶을 살 수 있다. 눈앞에 보이는 상황이 변화되는 데 따라서 일희일비(一喜一悲)하는 것이 아니라, 우리 내면의 흐름을 따라서 살 수 있게 되는 것이다. 우리 삶은 무한하게 변화될 수 있을 뿐만 아니라, 그 속에는 무한한 가능성이 담겨 있다. 우리는 삶의 전개 단서를 꿈을 통해서 감지할 수 있으며, 그 삶을 가능하게 할 수 있는 힘을 꿈을 통해서 얻을 수 있다. 융이 말한 대로, 우리 삶은 무의식의 자기 전개 과정이기 때문이다.[19] 그러므로 우리가 우리 꿈을 진지하게 관찰하고, 그 꿈의 상징들이 펼치는 이미지들을 주의 깊게 살펴볼 때 우리는 매일 매일의 삶을 설레는 기대와 바람 속에서 맞을 수 있을 것이다.

---

19) C. G. Jung, 『융의 생애와 사상』, 이기춘, 김성민 역(서울: 현대사상사, 1995), p. 29.

11
꿈의 해석과
융의 심리학

1. 꿈의 해석과 해석의 요소

꿈에는 많은 의미가 담겨 있다. 꿈에는 언제나 현재의 임시적인 의식 내용과 달리 무의식에서 파악하는 항구적이며, 전체적인 의미가 담겨 있기 때문이다. 그래서 꿈은 사람의 의식이 자신의 전체적인 상황을 아직 파악하지 못할 때 그가 처해 있는 상황 전체를 보여 주며, 그것이 앞으로 어떻게 전개될 것인가를 보여 준다. 융은 꿈이 가지고 있는 이런 기능을 가리켜서 예시적 기능이라고 말했다: "예시적 기능이란 인간의 무의식 속에서 우리 의식이 미래에 이룰 사실을 기대의 형태로 보여 주는 것을 말한다. 즉, 어떤 예비적인 실험이나 스케치 또는 계획의 형태로 나타내는 것이다."[1] 꿈이 이렇게 할 수 있는 것은 우리 무의식에서 에너지가 너무 약해서 의식에 떠오르지 못했던 느낌이나 사상, 감각까지 파악하여 그것들을 조합해서 전체적인 상황을 그려

---

[1] C. G. Jung, "General Aspects of Dream Psychology", p. 255.

내기 때문이다. 꿈이 가지고 있는 이 기능은 꿈의 또 다른 기능인 보상적인 기능과 함께 우리 정신생활에서 대단히 중요한 역할을 한다.[2] 따라서 우리가 꿈의 의미를 제대로 파악할 수 있다면, 우리 자신에 대해서 더 잘 알 수 있으며, 우리 정신에 부족한 부분들을 보충하여 통합할 수 있을 것이다. 더구나 우리가 의식적인 생활을 하는 동안에 소홀히 했던 내면의 요청들을 파악하여 정신을 좀 더 성숙시켜 나갈 수 있는 것이다.

그러면 우리는 어떻게 꿈을 해석하고, 꿈이 담고 있는 의미를 파악할 수 있을 것인가?[3] 융은 꿈을 해석하는 데 필요한 요소는, 첫째 꿈꾼 이의 의식적인 상황, 둘째 꿈의 내용, 셋째 꿈 이미지에 대한 개인적인 연상, 넷째 꿈 이미지에 대한 확충(擴充)이라고 주장하였다.[4]

첫째, 꿈 해석에서 제일 먼저 필요한 것은 꿈꾼 이의 의식 상황에 대한 고찰이다. 왜냐하면 모든 꿈은 꿈꾼 이의 의식적인 상황에 대한 무의식의 반응 결과 생겨난 것이기 때문이다. 사실 인간의 모든 정신적인 사실은 그 전에 일어났던 사건과 관계되어 생겨난다. 겉으로 보기에는 두 사건 사이에 아무런 관계도 없는 듯이 보일지라도 내면적으로는 서로 연계되어 생겨나는 것이다. 만약에 그 둘 사이에 아무런 관계도 없다면, 그것이 꿈에 나타나지도 않았을 것이다. 그러므로 꿈을 해석하기 전에 분석가는 먼저 꿈꾼 이의 의식적인 상황이 어떠했는지, 무의식은 그 상황을 어떻게 보상하려고 하는 것인지를 살펴보아야 한다.

둘째, 꿈의 내용을 살펴보아야 한다. 그 꿈에 나타난 사실은 무엇이고, 그 꿈에 나타난 이미지들은 무엇인가를 주의 깊게 살펴보아야 하는 것이다. 이 이미지들 가운데는 꿈을 꾸는 동안에 우리에게 특히 중요하게 작용했거나,

---

2) C. G. Jung, "General Aspects of Dream Psychology", pp. 255-260.

3) 분석가가 되기 위해서는 물론 전문적이고, 긴 훈련 과정이 필요하다. 그러나 이 글에서 다루고자 하는 것은 그런 전문적인 과정이 아니라, 우리가 나 자신의 꿈에 관해서 이해하고, 이웃 사람과 함께 영적인 훈련을 하는 데 필요한 원리를 파악하고자 하는 데 있다. 따라서 이 장에서는 그 범위 안에서 꿈에 관한 융의 사상들을 고찰하고자 한다.

4) C. G. Jung, "On the Nature of Dreams", C. G. Jung, *Collected Works* VIII, pp. 281-297.

깊은 인상을 주었던 것들이 있을 것이다. 그런 것들은 더 깊이 다루어야 한다. 또한 그 꿈을 꾼 다음의 느낌 역시 중요하게 고찰되어야 한다. 그 느낌이 긍정적인 것인지, 부정적인지 하는 것에 따라서 그 꿈이 우리에게 전달하고자 하는 의미가 달라지기 때문이다. 더구나 꿈꾼 다음의 느낌이 부정적인 경우 우리는 그 꿈에 관해서 특히 더 주의해야 한다.

셋째, 꿈의 해석에서는 꿈꾼 이의 연상이 무엇보다도 중요하다. 그래서 우리는 꿈에 나타난 이미지에 대해서 꿈꾼 이가 어떤 연상을 가지고 있는가 하는 것을 살펴보아야 한다. "이 꿈 이미지에서 생각나는 것은 무엇인가?" "여기 나오는 이 사람, 이 이미지가 나에게 불러일으키는 것은 무엇인가?" "이 사람은 왜 내 꿈에 나타난 것일까?" "이 이미지는 지난 날 내 삶의 어떤 사실과 관계되는 것일까?" 하는 것 등에 대한 깊은 관찰을 하는 것이다. 프로이트가 꿈의 이미지에는 하나의 의미밖에 있을 수 없다고 주장한 반면, 융은 꿈속에 나오는 모든 이미지는 꿈꾼 이의 과거 경험에 따라서 서로 다른 의미를 가질 수 있다고 주장하였다. 예를 들어 말하면, '개'에 관해서 갑(甲)이라는 사람과 을(乙)이라는 사람이 느끼고 있는 감정은 그들이 과거에 개에 대해서 어떤 경험을 했는가 하는 것에 따라서 전혀 다를 것이다. 따라서 갑에게 있어서 개의 의미와 을에게 있어서 개의 의미는 다를 수밖에 없다. 그러므로 융은 꿈을 해석할 때에는 꿈꾼 이의 연상에 대한 고찰이 무엇보다도 중요하다고 강조하였다.

마지막으로, 꿈 해석에서 필요한 것은 꿈의 이미지에 대한 확충(amplification)이다. 확충이란 그 이미지가 꿈꾼 이의 개인적인 경험 사실을 떠나서 사회적·문화적·신화적으로 어떤 의미를 지니고 있는지를 고찰하는 것이다. 왜냐하면 우리가 이 세상을 살면서 개인적으로 경험하는 사건이나 사물들 이외에 사회적·문화적·신화적인 문제도 우리의 정신생활에 많은 영향을 미치기 때문이다. 더구나 꿈속에서 본 이미지가 꿈꾼 이가 잘 알 수 없는 것이거나, 그의 경험 세계와 멀리 떨어져 있을 경우, 우리는 그 이미지에 대한 인류의 보편적인 의미를 살펴보는 확충 방법(method of amplification)을 사용할 수밖에 없다. 그 이유는 꿈꾼 이가 거기에 대해서 연상할 내용이 별로 없어서 그 의미를 파악하기 어렵기 때문이다. 때때로 그 이미지들은 인간의 집단적 무의식에서 나온 원형적인 이미지일 경우가 많다. 이때 그 의미를 파악하기 위해서는 그 이미지에 대해서 충분히 확충을 해야 한다.

융은 확충 방법을 대단히 중요시했다. 그래서 그 자신이 어떤 이미지의 의미를 캐기 위해서 이집트 종교, 동양 종교, 연금술 등을 파고들기도 하였다. 확충이란, 말하자면 어떤 이미지에 관해서 어느 개인이 체험한 것이 아니라 인류가 여태까지 경험해서 인류에게 남겨 놓은 상징적인 의미를 파악하고자 하는 방법이다.[5]

2. 꿈의 구조

모든 꿈은 어떤 전형적인 형태 아래서 진술된다. 자신의 꿈에 관해서 말하는 사람들은 제일 처음 자신이 어떤 장소에 있다고 진술한다. 예를 들어 말하면, 꿈꾼 이가 어떤 방 안에 있다거나, 길거리에 있다거나, 전쟁터에 있다고 말하는 것이다. 그다음 국면에서 꿈꾼 이는 줄거리의 전개에 관해서 말한다. 자신이 방 안에 있는데 집 밖에 도둑놈이 나타났다거나, 길거리에 서 있는데 멀리서 자동차가 다가온다거나, 전쟁터에서 적(賊)이 나타났다고 진술하는 것이다. 세 번째 국면에서 사태는 절정에 도달하게 된다. 도둑놈을 쫓으려고 소리 지르는데 목소리가 나오지 않아서 쩔쩔매거나, 자동차가 자기를 향해서 돌진해 오는 것을 보고서 두려움에 사로잡히거나, 적이 나타나서 도망치는 것이다. 마지막 국면은 소진의 단계다. 갑자기 도둑놈이 사라지거나, 자동차

----

5) 융의 확충법은 프로이트의 자유연상(free association)과 대단히 다른 것이다. 자유연상이 그 이미지에서 떠오르는 것을 차례로 떠올리면서 무의식의 내용을 의식화하고자 하는 것이라면, 확충이란 하나의 이미지를 중심으로 해서 꿈꾼 이의 연상과 인류의 보편적인 연상을 수집해서 그 이미지가 의미하는 것을 찾아가는 방법이다.

가 내 앞에 와서 멈춰 서거나, 적이 없어지는 것이다. 물론 경우에 따라서는 도둑놈이 들어와서 깜짝 놀라 잠에서 깨거나, 자동차에 치이거나, 적이 꿈꾼이를 죽여 버려서 꿈에서 깨어날 수도 있다. 어쨌든 사건이 더 이상 전개되지 않고 꿈에서 깨게 되는 것이다.[6]

꿈의 첫 번째 국면에서 우리는 그 꿈이 무엇에 관한 꿈인가 하는 사실을 읽을 수 있다. 즉, 그 꿈이 꿈꾼 이의 어떤 종류의 정신적인 상황에 대해서 말하는가 하는 단초(端初)를 발견할 수 있는 것이다. 예를 들어 말하면, 꿈꾼 이가 집 안에 있다면 그 꿈은 그의 정신 상태가 어떤지에 관해서 말해 주는 꿈일 것이다. 왜냐하면 집이란 흔히 사람들의 정신 상태를 상징하고 있기 때문이다. 꿈꾼 이가 길거리에 서 있다면 그 꿈은 그 거리가 연상시키는 분위기에 따라서 그것과 관계되는 그의 정신적인 상황을 말해 주는 꿈일 것이다. 그리고 그가 전쟁터에 있다면 그가 지금 어떤 갈등 상태에 빠져 있다는 사실을 말해 준다. 전쟁터란 바로 그의 마음속에서 벌어지는 전쟁을 의미하기 때문이다. 어쨌든 장소에 대한 진술에서 우리는 그 꿈이 꿈꾼 이의 정신의 어떤 측면을 말해 주는가 하는 사실에 주목해야 한다.

두 번째 국면에서 꿈은 문제의 소재를 향해서 진행된다. 도둑놈이 나타나거나, 자동차가 돌진해 오거나, 적이 다가오는 것이다. 이때 꿈속에서는 새로운 등장인물이나 이미지가 나타나서 지금 꿈꾼 이에게서 문제가 되는 것은 어떤 것이라고 말해 준다. 도둑놈, 자동차, 적 등이 가진 상징적인 의미가 그에게서 문제가 되는 것이라고 말해 주는 것이다. 그러므로 꿈꾼 이는 이때 나타난 이미지의 상징적 의미에 관해서 주목해야 한다.

세 번째 국면은 문제의 초점에 관해서 말해 준다. 꿈꾼 이가 도둑놈을 쫓으려는데 쫓지 못하거나, 자동차가 돌진해 오는 것을 막지 못하거나, 적이 두려워서 도망치는 것을 보여 주는 것이다. 이 국면에서 주목할 것은 꿈꾼 이가 지금 자신의 정신적인 상황에 어떻게 대처하고 있는가 하는 점이다. 따라서 우

6) cf. M. A. Mattoon, *op. cit.*, pp. 249-251.

리는 여기에서 그가 어떻게 반응하고, 행동했는가 하는 점에 주목해야 한다. 그에게 만약에 어떤 문제가 있다면, 지금 그가 그렇게 행동했기 때문에 문제라는 사실을 이 장면이 말해 주기 때문이다.

마지막 단계인 소진 단계는 꿈에 따라서 나타나기도 하고 나타나지 않기도 한다. 이 단계에서는 보통 이 꿈에서 꿈꾼 이가 느끼는 감정이 나타난다. 그가 안도의 한숨을 내쉬거나, 죽어서 의아한 느낌을 가지게 되는 것이다. 이런 감정에서 우리는 이 꿈이 그에게 어떻게 작용하고 있는가 하는 사실을 알게 된다. 긍정적인 느낌을 주는 꿈이라면 큰 문제가 없지만 부정적인 느낌을 주는 꿈이라면 이 꿈에 관해서 더 깊이 고찰해야 하는 것이다.

3. 꿈 해석의 두 차원

융은 꿈의 해석에는, 첫째 객관적인 수준, 둘째 주관적인 수준이 있다고 주장하였다.[7] 먼저, 객관적인 수준에서 꿈을 해석할 때 우리는 꿈에 나타난 이미지를 실제의 인물, 장소, 사물과 연결시켜서 해석한다. 꿈에 나타난 친구나 동료를 실제의 친구나 동료와 연결시켜서 해석하는 것이다. 이렇게 해석할 때 우리는 그 객관적인 대상에 대한 우리의 무의식적이며 주관적인 느낌이 어떻다는 것을 알게 된다. 우리가 우리 바깥 상황이나 의식 상황과 맺고 있는 관계를 살펴보고 어떤 깨달음을 얻을 수 있는 것이다. 이때 우리에게 어떤 깨달음이 오면, 우리는 그것을 가지고 우리 삶의 태도를 바꿀 수 있게 된다. 예를 들어 말하면, 필자와 상담한 어떤 사람은 사업에 실패해서 경제적으로 매우 곤궁한 처지에 있었다. 그는 어느 날 버스에 올라탄 꿈을 꾸었는데, 버스 앞쪽에 그의 형이 타고 있는 것을 보았다. 그는 그의 형이 그를 돌아다보기를 학수고

7) C. G. Jung, "General Aspects of Dream Psychology", pp. 267-272. cf. T. B. Kirsch, "Dreams" (미간행 한국분석심리학회 강연 원고), pp. 2-7.

대했는데, 그의 형은 끝내 그를 돌아보지 않아서 섭섭하게 생각하였다.

그러면 이 꿈이 말하려는 것은 무엇인가? 이 꿈의 의미는 명백하다. 그가 형의 도움을 기다리지 말고, 또 자기를 도와주지 않는 형에 대해서 원망하지 말고, 자기 문제를 스스로 해결해 나가야 한다는 것이다. 그래야만 그가 자신의 모든 에너지를 현재의 곤경을 극복하는 데 투자해서 그것을 극복할 수 있기 때문이다. 버스에서 형은 앞쪽에 있고, 그는 뒷쪽에 있었다는 사실은 그가 지금 처해 있는 형편이 형보다 열등하다는 것을 말해 준다. 형이 뒤돌아보기를 기다렸다는 것은 형이 그를 도와주기를 학수고대했음을 나타낸다. 그러나 형은 끝내 그러지를 않았다. 그래서 그는 의식 상황에서 형을 원망하고 있었는데, 이 꿈은 그의 의식에 대한 무의식의 보상이었던 것이다. 이 꿈을 통해서 깨달음을 얻은 그는 자신의 약한 감정을 정리하고 자기 일에 정진할 수 있었다. 그 감정을 정리하자 그는 한결 나은 기분이 될 수 있었다.

한편 키르쉬(T. Kirsch)는 우리가 종종 꾸는 꿈인 어른이 된 다음에도 어릴 때 살던 집에서 살거나, 지금의 아내나 남편과 같이 그 집에 가는 꿈 역시 객관적으로 해석되어야 한다고 주장하였다. 즉, 꿈에 나오는 그 집은 우리가 정말 어릴 때 살던 집으로서, 그 꿈이 말해 주는 것은 우리가 아직도 어린 시절의 의식적인 상황을 벗어나지 못했으므로 그 시절로부터 분화되어야 할 필요가 있음을 그 꿈이 말해 준다는 것이다.[8]

두 번째로 주관적인 수준의 해석은 우리가 꿈에 나타난 이미지들을 모두 우리 정신 요소로 돌려서 해석하는 것이다. 꿈에 나타난 친구나 동료를 실제의 친구나 동료로 해석하지 않고 그 친구나 동료에게서 연상되는 내 인격의 어떤 성향이나 요소로 해석하는 것이다. 이런 해석을 통해서 우리는 나 자신의 정신적인 요소들, 즉 무의식적인 성향, 감정, 사고 들이 어떤 상태에 있는가 하는 사실을 알 수 있으며, 그것을 우리 의식에 통합시킬 수 있다. 그래서 융은 주관적인 해석에는 통합적인 측면이 있다고 주장하였다. 예를 들어 말

---

8) T. B. Kirsch, *op. cit.*, pp. 5-6.

하면, 우리가 꿈속에서 산발을 한 여자를 보았다면 그 여자를 실제의 어떤 여자로 파악하는 것이 아니라, 우리 정신 속에 있는 어떤 여성적인 요소로 파악하는 것이다. 그러면서 우리 속에 있는 그 요소가 어떤 점에서는 매우 혼돈된 상태에 있다고 해석하는 것이다.

융은 우리가 잘 알지 못하는 인물이나 장소 등은 특별히 주관적인 수준에서 해석해야 한다고 주장하였다.[9] 그러나 어떤 꿈을 주관적으로 해석해야 할 것인지, 아니면 객관적으로 해석해야 할 것인지는 언제나 쉬운 일이 아니라고 덧붙였다. 왜냐하면 객관적으로만 해석하면 그가 꿈꾼 이의 내면적인 문제를 모두 다루지 못하고 말며, 주관적으로만 해석하면 꿈꾼 이가 현실과 유리되고 말기 때문이다. 키르쉬는 특히 잘 아는 사람에 대한 꿈일 경우 그것이 그 사람에 대한 우리의 느낌을 말하는 것이므로 객관적으로 해석해야 할 것인지, 아니면 우리의 정신적인 요소로서 주관적으로 해석해야 할 것인지 어느 누구도 단언할 수 없다고 주장하였다.[10]

하지만 융은 객관적인 수준에서의 해석이 때때로 유용할 수도 있지만, 많은 경우에서는 통합적인 기능을 가지고 있는 주관적인 수준에서의 해석이 더 유용하다고 강조하면서 그 자신의 꿈 해석을 예로 들면서 설명하였다. 언젠가 융은 A 씨와 갈등 상태에 있었다. 그때 그는 점차 그 잘못의 원인이 그에게보다는 A 씨에게 더 많다는 결론을 내렸다. 그 무렵에 그는 어떤 꿈을 꾸었다. 그 꿈속에서 그는 어떤 변호사에게 어느 문제에 관해서 상의하였는데, 나중에 그가 5,000프랑이나 되는 깜짝 놀랄 만한 돈을 청구하여서 반발하였다. 이 꿈에 대한 해석에서, 융은 먼저 객관적인 수준에서 해석하였다. 이 변호사는 그가 학창 시절을 떠올리게 만들었다. 왜냐하면 그가 학창 시절에 이 변호사처럼 많은 논쟁과 토론을 했기 때문이다. 곧 이어서 그는 이 변호사에게서 A 씨

---

9) C. G. Jung, "General Aspects of Dream Psychology", pp. 266–267. cf. M. A. Mattoon, *op. cit.*, p. 255.

10) cf. T. B. Kirsch, *op. cit.*, p. 7.

를 연상하였다. A 씨 역시 이 변호사처럼 그에게 너무 많은 것을 요구했기 때문이다. 또 그는 이 꿈을 꾸기 전에 어떤 가난한 고학생이 찾아와서 그에게 5,000프랑이나 되는 돈을 요구했음을 떠올리면서 이 학생에게서 A 씨를 떠올렸다. 그 무렵에 A 씨가 공부를 시작했기 때문이었다. 이렇게 해석하는 것은 전형적으로 객관적인 수준의 해석이다. 그 이유는 그가 이렇게 해석함으로써 그의 반대자를 평가절하시키고, 무시함으로써 그의 마음에 평화를 찾을 수도 있기 때문이다.

그러나 실제로 이 꿈을 꾸고 난 다음에 융의 마음은 편안하지 못했다. 왜냐하면 이 변호사가 너무 많은 돈을 요구해서 불쾌했기 때문이다. 그래서 융은 이 꿈을 다시 주관적인 수준에서 해석하였다. 물론 이 변호사와 A 씨가 연관될 수도 있다. 그러나 이 변호사가 그에게 학생 시절을 연상하게 했다는 사실은 의미 있는 일이었다. 그래서 그는 이 변호사에게서 그의 마음속에 있는 자기-의(自己-義)가 아닌가 하고 생각했다. 왜냐하면 그가 학생 시절에 그렇게 논쟁을 즐겨했던 것은 그에게 자기-의가 많이 있었기 때문이었다. 이렇게 생각하자 그는 변호사에게서 연상되는 A 씨가 바로 자기 자신임을 알게 되었다. 즉, 상황에 제대로 적응하지 못하고 그에게 너무 많은 것만을 요구하는 그 자신으로 보게 되었던 것이다. 이렇게 해석하자 그에게서 문제는 분명해졌다. 너무 자기-의만 앞세우지 말고 그 변호사에게서 연상되는 정신적인 요소를 통합해야 하기 때문이었다. 이런 해석이야말로 그에게 더 많은 도움을 주는 것이라고 융은 강조하였다.[11] 그래서 그는 많은 경우 객관적인 해석보다는 주관적인 해석이 더 도움이 된다고 강조하였다. 같은 맥락에서 융의 제자인 폰 프란츠도 우리 꿈의 85% 정도는 주관적인 차원에서 해석해야 한다고 주장하였다.[12]

이렇듯이 꿈의 해석에서는 꿈꾼 이의 연상이 매우 중요하다. 그래서 융은

11) C. G. Jung, "General Aspects Of Dream Psychology", pp. 268-272.
12) F. Boa, *The Way of the Dream: Conversation on Jungian Dream Interpretation with M. -L. von Franz*(Boston: Shambhala, 1994), p. 38.

확충을 하기 전에 되도록이면 많이 개인적인 연상을 하라고 주장하면서, 꿈을 해석할 때는 다음과 같은 세 가지 원칙을 잊지 말아야 한다고 강조한다. 첫째, 꿈이란 무의식의 표현이다. 그러므로 꿈 이미지에서는 언제나 상징적인 의미를 파악하도록 해야 한다. 둘째, 꿈의 의미는 꿈꾼 이가 가장 잘 알고 있으므로 꿈꾼 이의 연상을 중요시해야 한다. 셋째, 꿈은 사실로 취급되어야 하며, 꿈의 의미는 꿈이 지니고 있는 것 이외에 다른 어느 의미도 있을 수 없다. 다시 말해서, 꿈에서 현현된 의미와 잠재적 의미를 구분하려고 하기보다는 그 꿈의 사실이 말하고 있는 것을 토대로 해서 의미를 해석해야 하는 것이다.[13]

4. 꿈과 융의 심리학

꿈을 주관적인 수준에서 해석할 때, 꿈에 등장하는 인물이나 사물이 객관적인 대상으로서의 그 인물이나 사물이 아니라, 우리의 정신을 구성하는 요소라고 하는 융의 주장은 어떻게 가능할 수 있는가? 그리고 그의 주장을 우리는 과연 받아들일 수 있는 것일까? 이 점을 살펴보기 위해서는 먼저 꿈과 관계되는 그의 심리학에 관해서 고찰해야 한다.

1) 무의식의 자율성

융은 사람들의 무의식에는 자율성(autonomy)이 있다고 주장하였다. 즉, 무의식은 그것이 개인에게 기원을 두고 있는 것이든, 집단적으로 주어지는 것이든 간에 때때로 자아의 의도와 관계없이 저절로 튀어나와서 스스로 실현되고자 하는 속성이 있다는 것이다. 무의식이 가진 이 자율성은 신경증 증상들이나, 실언(失言), 실책(失策) 등 의식이 약화되었을 때면 언제나 나타나서 사

13) C. G. Jung, *op. cit.* & "On the Nature of Dreams", C. G. Jung *Collected Works* VIII, pp. 281-297.

람들을 당황하게 만든다. 특히 무의식을 구성하고 있는 요소인 콤플렉스 (complex)는 과거에 충격적인 경험이나 어떤 계기 때문에 하나의 핵(核)을 중심으로 해서 형성되어 그 주위에 그와 관계되는 정신적인 내용을 모아 두었다가 그것과 관계되는 상황에서 저절로 나타나 당사자로 하여금 미숙하고, 어색한 반응을 하게 하여 그가 그 상황에 제대로 적응하지 못하게 하는 대표적인 내용이다: "사실상 콤플렉스라는 것은 그 자신의 독립된 정신생활을 가지고 있는 2차적인 인격 혹은 부분 인격과 같은 태도를 나타내고 있다."[14] 꿈의 이미지들 역시 마찬가지다. 그것들 역시 꿈꾼 이의 정신을 구성하고 있는 부분 인격들인 콤플렉스나 원형들로서 사람들이 잠자는 동안 의식이 약화된 틈을 타고 나타나서 어떤 인물이나, 사물들로 인격화되어서 여러 가지 일을 하고 있는 것이다.

2) 그림자와 아니마/아니무스

사람들의 무의식을 구성하고 있는 콤플렉스 가운데서 융이 그림자 (shadow)라고 이름 붙인 것이 있다. 그림자란 그의 인격을 구성하고 있는 정신적인 내용이지만, 그가 자신의 정신 요소라고 인식하지 못하고 있는 요소들이다. 그래서 융은 그림자를 가리켜서 사람들이 자신이 아니라고(not-I) 생각하고 있지만 그의 또 다른 자아(alter ego)라고 말한다. 대부분의 경우 그림자를 이루고 있는 내용들은 그것이 그에게 불쾌하거나 유해하게 생각되어서 자아가 배척해 버린 요소들이나, 의식될 기회를 잃어버려서 미분화된 채로 남아 있는 원시적인 심성 또는 심리적인 특성들이다. 예를 들어 말하면, 사람들이 자기 속에 있다고 인정하기 싫어하는 미숙하고 열등한 속성들이나, 그가 아직 분화시키지 못한 특성을 말하는 것이다.

융은 영국의 작가 스티븐슨의 소설 『지킬 박사와 하이드 씨』에서 그 두 사

14) C. G. Jung, 『종교와 심리학』, 이은봉 역(서울: 경문사, 1980), p. 21.

람이 실제로는 한 사람의 두 인격이었듯이, 모든 사람 속에는 인격의 긍정적인 측면과 부정적인 측면이 동시에 존재한다고 주장하였다. 그러면서 긍정적인 측면을 자아, 부정적인 측면을 그림자라고 불렀다. 이렇게 따지면 흥부와 놀부, 콩쥐와 팥쥐도 사실은 한 사람의 두 인격이라고 말할 수 있는 것이다. 그러나 그림자에는 부정적인 측면만 있는 것이 아니다. 그가 아직 자신이 그렇다고 인식하지 못하는 긍정적인 측면도 있을 수 있다. 긍정적인 측면은 우리가 다른 사람을 찬미할 때, 우리 내면에 우리도 인식하지 못하는 긍정적인 그림자를 그에게 투사시키고 찬미하기가 쉽다.

그림자는 투사(projection)에 의해서 가장 잘 포착된다. 투사란 사람이 자기 내면에 있는 어떤 인격적인 특성을 깨닫지 못할 때, 다른 사람에게 그것을 부어 놓고 그가 그렇다고 생각하는 정신작용을 말한다. 그래서 사람들은 많은 경우 자기에게도 그런 측면이 있다는 사실을 인식하지 못하고 어떤 사람이 '인색하다' '난폭하다' '호색적이다'라고 비난한다. 왜냐하면 그를 비난하는 순간 무의식적인 자아-방어기제가 작동하여 자기는 그렇지 않다고 자위할 수 있기 때문이다. 실제로 그에게 그런 속성이 전혀 없다고 한다면 그는 다른 사람에게서 그런 특성을 발견하지 못했거나, 발견했다고 할지라도 그렇게 열을 내고 비난하지 않았을 것이다.

투사 이외에 그림자는 자율성을 가지고 꿈속에서 인격화되어서 나타난다. 친구나 동료나 가족 가운데 누구나, 아니면 자신이 알지 못하는 사람 등으로 나타나는 것이다. 그림자가 이런 모습을 하고 나타날 때, 우리는 그것이 그에게서 연상되는 우리 인격의 어떤 특성 또는 정신적인 요소라고 생각해야 한다. 다시 말해서 우리 인격의 일부를 이루는 부분 인격이라고 생각해야 하는 것이다. 꿈에서 그림자는 꿈꾼 이와 동성(同性)으로 나타난다고 융은 말하였다. 즉, 꿈꾼 이가 남자일 경우, 그의 꿈에서 도둑놈이나 거지가 나타났다면, 그 도둑놈이나 거지는 그의 인격의 그림자라고 해석해야 한다는 것이다. 그들이 나타난 것은 그가 그 도둑놈이나 거지에서 연상되는 어떤 인격적인 특성을 발달시키지 못해서 그의 인격이 통합을 이루지 못하고 있기 때문이다.

꿈에서 그림자가 꿈꾼 이와 동성으로 나타난다면, 꿈에서 이성(異性)의 모습으로 나타나는 이미지들은 과연 무엇인가? 융은 그 이미지들을 사람들의 정신 속에 있는 또 다른 요소인 아니마/아니무스라고 말하였다. 아니마/아니무스란 사람들에게 그의 자연적인 성(性)과 반대되는 성의 특성을 나타내게 하는 요소로서, 사람들이 태초부터 이성과 가졌던 종족적 경험의 소산이며, 한 개인에게서는 그가 이성 부모에게서 받은 영향을 덧붙여 그의 내면에 생겨난 정신 내용이다.[15]

사람들에게 아니마/아니무스가 있기 때문에 그들은 이성을 이해할 수 있으며, 이성과 관계를 맺을 수 있다. 아니마는 남성에게 여성과 관계되는 모든 정신적인 내용을 하게 하고, 아니무스는 여성에게 남성과 관계되는 모든 정신적인 내용을 하게 한다. 아니마/아니무스가 하는 중요한 역할은 사람에게 자신의 내면적인 상태를 알게 해 주고, 사람을 자신의 내면으로 이끄는 것이다. 즉, 아니마/아니무스는 사람이 바깥 세계에 몰두해 있을 때, 그의 자연적인 성(性)과 반대되는 특성을 통해서 그의 내면적인 상태가 어떤지 말해 주고, 그의 내면에서 진정으로 요청하는 것이 무엇인지 깨닫게 하는 것이다.[16] 그래서 아니마는 흔히 영혼의 이미지(image of soul)라고 불린다.

아니마/아니무스 역시 투사를 통해서 사람들에게 알려진다. 어떤 사람이 이성에게 첫눈에 반했다면, 그것은 그가 그에게 아니마/아니무스를 투사했기 때문이다. 앞에서도 언급했듯이 아니마/아니무스는 꿈에서 이성의 모습으로 나타난다. 그래서 어떤 남성이 꿈속에서 아름다운 여인을 보았거나 광녀(狂女)를 보았다면, 그것은 지금 그의 영혼 상태가 그렇다는 것으로 해석해야 한다.

---

15) 융은 아니마/아니무스가 원형 가운데 하나라고 하였다.
16) 사람이 외적인 삶에만 몰두하느라고 그의 내면적인 요청을 무시할 때 남성에게서는 울적한 기분이 들거나 성적인 공상을 하게 해서 그의 내면이 편안하지 못함을 말해 주고, 여성은 별 것도 아닌 일을 가지고 논리적으로 따지려고 들거나 자기주장을 굽히지 않음으로써 그의 내면 상태를 드러낸다. 남성이 울적한 기분이나 무드에 잠기는 것이나, 여성이 논리적으로 따지는 것 등은 남성의 본래적인 특성인 논리적인 성향이나 여성의 본래적인 특성인 감정적인 성향과는 정반대되는 것으로 그들의 아니마/아니무스가 열등한 형태로 표출된 것이다.

3) 자기와 개성화 과정

그림자나 아니마/아니무스 이외에 꿈속에 자주 나타나는 것은 자기(self)의 이미지다. 그런데 융이 말하는 자기는 사람들이 일상생활에서 쓰는 자기라는 말과는 그 의미가 전혀 다르다. 심리학적인 용어로서의 자기(自己)는 사람들의 정신적인 요소 가운데 하나로서, 의식과 무의식 전체를 통튼 전체(totality), 또는 인격의 중심이다. 사람의 자아(ego)가 의식의 중심이라면, 자기는 의식과 무의식 전체를 통튼 정신 전체의 중심인 것이다. 자기는 그것이 의식과 무의식 모두를 포용하고 있기 때문에 언제나 우리 의식과 무의식을 통합하여, 인격을 더 이상 분열되지 않은 하나, 즉 그가 본래 타고난 그 자신으로 만들고자 한다. 자기는 모든 무의식의 내용이 그렇듯이 언제나 스스로 실현되려는 성향이 있다. 그래서 우리 의식과 무의식 사이에 어떤 분열이 생겼거나 불균형이 이루어졌을 때 무의식의 숨은 조절자로서 이 둘 사이를 통합하려고 한다.

자기는 그것이 의식과 무의식을 통튼 하나, 즉 온전한 상을 이루고 있기 때문에 언제나 온전한 상, 사람들이 가장 완전하다고 생각하는 신(神)이나 그리스도, 부처 등의 이미지 속에서 나타난다. 그리고 기하학적으로는 사람들이 가장 완전한 상이라고 생각하는 원(圓)이나 사각형 또는 만다라(mandala) 등의 모습으로 나타나기도 한다. 그래서 꿈속에서 우리가 둥근 구멍이나, 원탁등 원과 관계되는 것이나, 사각형 또는 원과 사각형의 결합체인 만다라상을 보았다면 그것은 자기의 출현이기가 쉽다. 마찬가지로 노현자나 그리스도, 부처, 신, 바위, 보물 등 이 세상에서 가장 완전하거나 신적인 존재라고 생각되는 존재가 나타났을 때도 자기의 상징으로 해석할 수 있다.

자기가 스스로를 실현시켜서 자신의 모든 정신적인 요소를 통합하는 과정을 융은 개성화 과정(process of individuation)이라고 불렀다. 사람들이 자신의 내면에 있는 무의식적인 요소를 인식하고, 분화시켜서 의식에 통합하고, 더 이상 분열되지 않는 온전한 전체로 만들어 드디어 자기(自己)가 실현되는 것을 개성화 과정이라고 부른 것이다.

융은 무의식의 모든 작용 속에는 궁극적으로 자기의 실현 의지가 들어 있다고 주장하였다. 그 이유는 내적인 통합 요소인 자기가 무의식의 활동 안에서 내적인 지도 요인(inner guiding factor)으로 작용하여, 모든 분열되어 있는 것을 통합하려고 하기 때문이다. 꿈의 궁극적인 목적 역시 정신의 통합이다. 자기가 작용해서 사람들의 분열되어 있는 정신적인 요소를 통합하여 본래적인 전체성을 이루고자 하는 것이다. 그래서 융 분석가 제임스 홀은 꿈의 창조자를 자기라고 주장하였다: "내가 이해하는 바로는 자기는 콤플렉스 위에 기초를 두고 있는 극적인 상황을 조성함으로써 꿈을 만들어 낸다."[17] 사람은 꿈을 꿈으로써 자기의 작용을 알게 되고, 자신의 정신에서 부족한 것들을 파악하여 그것들을 보충시키고 통합함으로써 인간 정신의 본래적인 모습인 온전성(wholeness)을 이루기 위해서 우리가 꿈을 꾼다는 것이다.

5. 꿈의 해석과 꿈의 체험

꿈의 본래적인 목적이 정신의 통합에 있다면 꿈의 의미를 파악하고, 해석하는 작업은 무엇보다도 중요한 일이다. 왜냐하면 우리가 수수께끼처럼 생각돼서 곧 잊어버리고 마는 꿈의 내용들을 통해서 무의식의 욕망을 깨닫고 그것을 보충할 수 있기 때문이다. 융은 그가 치료한 환자 가운데서 꿈에서 자기(Self)를 상징하는 일종의 만다라상인 우주시계를 보고서 분열되었던 정신을 통합하고 치료된 일이 있다고 보고하였다: "이 모든 꿈 뒤에는 항상 하나의 상이 나타나는데, 이 상은 갑작스러운 시각적 인상의 형태를 취하고 이 환자에게 다가온다. ……지금은 그것이 극히 강렬한 인상을 동반하고 체험되고 있다. 환자 자신은 그것을 조화의 극치의 인상이라는 말로 표현하고 있다.

─────────────────────
17) J. Hall, *op. cit.*, p. 28

……만약 그 체험이 환자의 증상에 근본적인 영향을 미칠 수 있다면, 논증을 통해서 그 체험을 부정하는 것은 쓸데없는 노력이 될 것이다."[18]

꿈이 무의식의 표현이기 때문에 꿈의 이미지에는 많은 감정적인 에너지가 담겨 있다. 따라서 우리가 꿈을 해석하는 것은 꿈에서 알려 주는 우리 정신의 상태를 알고자 하는 것일 뿐만 아니라 꿈의 상징들이 담고 있는 에너지를 체험하고자 하는 것이다. 사실 우리는 꿈을 꾸고 난 아침에 꿈에서 본 이미지가 우리가 깨어 있을 때 접하는 사물들보다 훨씬 더 강렬하고, 생생한 것을 느끼게 된다. 또한 깜짝 놀라면서 꿈에서 깨어나거나, 매우 깊은 두려움을 가지고 깨어나기도 한다. 꿈속에 그만큼 많은 감정적인 에너지가 담겨 있기 때문이다. 그래서 융의 꿈 해석은 프로이트의 해석과 달리 어떤 꿈의 의미가 무엇이라고 단정적으로 말하지 않는다. 그 의미는 이럴 수도 있고, 저럴 수도 있다는 것이다. 결과를 중요시하지 않고 과정을 중요시하는 것이다. 다시 말해서, 꿈을 해석하는 과정에서 꿈꾼 이가 되도록이면 많은 연상을 하고, 그에 관계되는 문화적 · 신화적인 의미를 확충하여 그 꿈을 꾸게 했던 무의식 상태에 도달하고, 그 무의식을 다시 체험하고자 하는 것이 본래적인 목적이라는 것이다.

꿈 해석을 통해서 우리는 꿈속에 나타난 인물, 사물, 장소 속에 다시 들어가고 그 상황이 자아내는 의미가 무엇인지 다시 체험해야 한다. 우리가 그렇게 할 때 우리는 우리 정신의 왜곡된 부분을 알 수 있고 그것들을 교정할 수 있게 된다. 또한 대부분의 경우 우리 정신이 잘못되는 것은 우리가 너무 합리적이며, 논리적으로 이 세상을 접하고, 실용적이기만 한 태도로 세상을 살아가기 때문이다. 그러나 우리가 꿈의 그 모순되고, 불합리한 내용을 말하고, 거기 나오는 이미지들을 파헤칠 때 우리는 삶이 그렇게 논리적이고 합리적인 것일 수만은 없다는 사실을 깨달을 수 있으며, 경직된 합리성에서 나와 우리 삶의 전체적인 것을 포용할 수 있는 것이다. 이것이 꿈을 해석하는 근본적인 목적인 것이다.

18) C. G. Jung, 『심리학과 종교』, p. 97.

12

꿈의 보상적 기능과
꿈의 해석

1. 꿈과 꿈의 기능

꿈 가운데는 잠에서 깨는 순간 즉시 어렴풋하게 잊히는 꿈도 있지만, 그 광경이나 등장인물들이 너무 뚜렷해서 깨어 있을 때보다 더 생생하게 느껴지는 꿈도 있다. 또 어떤 꿈들은 그 장면이나 사건이 조금씩 변하기는 하지만 전체적인 맥락과 주제가 비슷하게 반복되는 꿈도 있으며, 사람들은 흔히 오랜 세월이 지난 다음에도 좀처럼 잊혀지지 않는 꿈을 한두 개씩은 가지고 있다. 그래서 꿈의 의미를 다 알지 못했지만 고래로부터 꿈은 신비한 것으로 알려졌다. 그 꿈이 무엇을 말하는지 잘 알지 못하지만, 무엇인가 그에게 알려 주려는 메시지를 담고 있다고 생각했던 것이다. 이처럼 꿈이 사람들에게 신비하게 느껴졌던 것은 꿈이 무의식의 작용이기 때문이다. 꿈은 의식으로 파악하지 못하는 것들을 사람들에게 알려 주면서 사람들이 받아 나온 생명의 의미를 실현시키라고 촉구하는 것이다. 그러면 무의식이 알려 주려고 하는 것은 과연 무엇이며, 사람이 꿈을 통해서 알 수 있는 것은 무엇인가?

꿈에 대한 종래의 인식 가운데서 가장 대표적인 것은 꿈을 하나의 예언적 도구로 생각하는 태도일 것이다. 이런 꿈을 꾸면 어떻고, 저런 꿈을 꾸면 어떻다는 등으로 사람들은 꿈을 구체적이고 물질적인 현상으로 환원시켜서 해석하려고 했던 것이다. 그래서 종종 돼지꿈을 꾸고 물질적인 부를 기대하거나, 용꿈을 꾼 다음 좋은 일이 생길 것을 기다리기도 하였다. 우리나라에 널리 퍼져 있는 태몽에 대한 믿음 역시 꿈의 예언적 기능에 대한 신뢰에서 나왔을 것이다. 꿈에서 가지나 오이를 보면 아들이고, 복숭아나 호박을 보면 딸이라고 기대했던 것이다. 그러나 꿈의 예언이 항상 들어맞았던 것은 아니었다. 아주 흉한 꿈을 꾸었는데 나쁜 일이 생기지 않고, 길한 꿈을 꾸었는데도 좋은 일이 생기지 않는 경우가 더 많았던 것이다. 그래서 사람들은 도무지 종잡을 수 없는 꿈을 꾼 다음 그 의미를 알지 못하자 "에이, 개꿈 꾸었네." 하고 꿈을 무시하는 경우도 많았다. 꿈의 언어인 상징에 대해서 알지 못하고, 꿈이 가지고 있는 정신적이고 주관적인 의미를 깨닫지 못했기 때문에 생긴 현상인 것이다.[1]

기독교에서도 사람들은 꿈을 중요하게 생각하였다. 구약성서에 나오는 야곱이나 요셉의 삶은 꿈과 떼어 놓고 생각할 수 없으며, 솔로몬이 지혜를 얻은 것도 꿈과 같은 환상 속에서였다. 그 밖에도 사울 왕은 노년에 이제는 하느님이 꿈을 통해서 신탁을 내리지 않는다고 탄식하였으며, 다니엘은 느부갓네살 왕의 꿈을 제대로 해석하여 높은 지위에 오르게 되었다. 신약성서에서도 예수 그리스도의 아버지 요셉은 꿈을 꾼 다음 마리아를 버리려던 생각을 돌이켜 아내로 맞이했으며, 꿈의 안내를 받아 아기 예수를 죽이려는 헤롯을 피해 이집트로 피난 갔다가 헤롯이 죽은 다음 다시 꿈의 인도를 받아 돌아왔다. 꿈

---

1) 융학파 분석가 토마스 키르쉬는 융이 말하는 예시적 기능을 예언적 기능과 혼동하지 말아야 한다고 강조한다. 왜냐하면 꿈의 예시적 기능이란 우리 내면에 지금 잠재되어 있는 것들이 연합하여 미리 실행되는 것을 의미하지 그것이 반드시 일어나는 것을 의미하지 않기 때문이다. 사람들의 내면에는 잠재된 것들이 언제나 있지만 그것들이 언제나 실현되는 것은 아니다. T. Kirch, "Dreams", p. 11.

은 예수 그리스도의 탄생과 더불어서 요셉에게 세 가지 중요한 결정을 하게
했던 것이다.[2] 그러나 성서에서 꿈을 바라보는 태도 역시 대부분의 경우에서
우리나라 민속에서와 마찬가지로 꿈을 구체적·물질적·객관적인 관점에서
파악하면서 예언적 기능에 초점을 맞추는 것이었다. 꿈에 의식을 뛰어넘는
의미가 담겨 있다고 생각했지만 아직 꿈의 근본적인 의미를 파악하지 못해서
단순하게 물질적으로 환원시켜서 해석했던 것이다.

　현대 사회에 들어와서 사람들이 꿈이 가진 정신적이고 내면적인 의미에 관
해서 관심을 기울이게 된 데에는 프로이트의 공이 크다. 그는 꿈이 단순히 미
래의 어떤 일을 예지할 수 있는 도구라고 생각하지 않고, 꿈에는 무의식의 숨
겨진 욕망이 담겨 있으며, 그 욕망을 상징적인 방식으로 드러낸다고 주장했
던 것이다. 그래서 그는 수많은 꿈을 분석한 다음 꿈을 '무의식으로 가는 왕
도'라고 강조하고, 사람들이 숨겨진 정신세계의 광대한 지평으로 나아가는
길을 열어 주었다. 그러나 프로이트의 이런 공헌에도 불구하고, 그가 꿈을 너
무 좁게 해석하려고 했다는 데 그의 한계가 있었다. 그는 먼저 사람들이 "왜
이런 꿈을 꾸는가?" 하는 인과론적인 관점에서 고찰하면서 꿈에서 소망충족
(wishfulfilment) 기능만을 보려고 하였던 것이다. 그에 따르면 꿈이란 사람이
깨어 있을 때 억압할 수밖에 없는 수많은 욕구를 충족시키는 정신작용이었던
것이다.

　프로이트의 이런 주장은 그가 무의식을 대부분의 경우에서 억압(repression)
의 산물이라고 파악했던 것과 깊은 관련이 있다. 그에 따르면 무의식을 구성하
는 요소들은 자아의 안전을 위협하는 충격적인 내용을 담고 있어서 의식에 한

---

2) 신약성서에서는 꿈보다 환상(fantaisie)이 더 중요하게 여겨졌다. 베드로는 환상을 보고 여태까지의
선교 정책을 바꾸어 이방인에게도 선교를 시작하였고, 바울은 다마스커스로 가다가 회심한 다음
환상을 보고 비슷한 환상을 보았던 아나니아에게 가서 고침을 받았으며, 사도가 된 다음 다시 환상
을 보고 동방으로 가려던 계획을 바꾸어 서방으로 선교여행을 떠났다. 그러나 꿈과 환상은 모두 무
의식의 작용으로 내면의 소리를 들려주는 정신현상이다. 성서에 나오는 꿈과 환상을 다룬 책으로
는 M. Kelsey, *God, Dreams and Revelation*(Mineapolis: Augsburg Press, 1974)과 W. G. Rollins
(ed.), *Jung and the Bible*(Atlanta: John Knox Press, 1983) 등이 있다.

번 떠올랐거나 떠오르기 전에 의식에서 쫓겨난 것들이 많은 부분을 구성하고 있다. 무의식에는 자연히 에너지가 많이 담겨 있으며 기회만 주어지면 실현되려고 한다. 그래서 꿈은 사람들이 잠을 잘 때 자아의식이 느슨해진 틈을 타고 무의식에 억압되어 있던 것들이 나와서 그 소망들을 충족시키려는 작업이라는 것이다.[3]

그러나 프로이트는 꿈에서 억압된 욕구들이 그대로 표출되는 것은 아니라고 주장하였다. 그것들이 그대로 표출될 경우 어떤 내용은 너무 충격적이라서 수면을 방해하기 때문이다. 그래서 꿈은 왜곡(distortion)과 검열(censor)을 거쳐서 나타난다. 성적인 욕망이 억압되어 있을 때 꿈에서는 그것을 직접적으로 충족시키지 않고 성기를 상징하는 다리를 쓰다듬는다거나 코를 만지는 등으로 나타난다는 것이다. 꿈의 충격적인 내용을 검열해서, 상징적인 방식으로 표현하는 것이다.

이런 생각에서 프로이트는 꿈에는 이중구조가 있다고 주장하였다. 꿈에는 그 내용이 겉으로 드러난 현현된 내용(manifast content)과 꿈의 진짜 의도인 잠재된 내용(latent content)이 있는데, 꿈의 진정한 목적은 잠재된 내용 속에 있다는 것이다. 앞에서 예로 든 것을 연장한다면 다리를 쓰다듬는 것은 현현된 내용이다. 그 행위는 사람들에게 커다란 충격을 주지 않으면서도 꿈꾼 이의 성적 욕망을 충족시킬 수 있다. 꿈꾼 이는 다리를 쓰다듬었지만, 실제로는 성기를 애무했던 것이다. 그러나 그 행위가 상징적으로 이루어져서 전혀 외설스럽지 않은 방식으로 소망을 충족시켜서 긴장이 해소될 수 있는 것이다. 프로이트가 꿈의 해석을 강조한 이유는 그 때문이다. 모든 꿈에는 잠재된 내용이 있으며, 그것이 꿈을 꾸는 진정한 목적이라는 것이다.[4]

3) S. Freud, 『꿈의 해석』, 김대규 역(서울: 동서문화사, 1978), pp. 136-143.
4) S. Freud, 『정신분석입문』, 구인서 역(서울: 동서문화사, 1975), pp. 86-246.

2. 꿈의 보상적 기능과 그 의미

그러나 융은 프로이트의 이런 인과론적 해석을 너무 편협한 것이라고 비판하였다. 사람들이 왜 그런 꿈을 꾸게 되었는가 하는 것만 파헤치며 꿈을 원인론적이고 환원론적으로만 해석할 경우 그 꿈을 꾼 진정한 목적은 망각되기 때문이다: "언제나 '무슨 까닭에(Warum)'만을 묻고 그만큼 본질적인 '무슨 목적으로(Wozu)'라는 물음에 대해서는 개의치 않는데, 이것은 환자에게 큰 손해를 끼친다."[5] 융에 따르면, 사람이 꿈을 꾸는 가장 큰 목적은 의식 상황에서 잘못된 것을 바로잡으려는 데 있다. 사람의 의식적인 태도가 일방적으로 어느 한 방향으로 나아가고, 그 당시 전개되는 삶의 모습이 '삶의 가능성의 최적도(最適度)'에서 벗어나 있을 때 꿈은 정신의 자기조정 기능에서 흘러나와 부자연스럽게 위협을 주는 장애에 대하여 방어하려고 꾸는 것이기 때문이다. 그래서 꿈에서는 종종 의식에서 소홀히 했던 것, 주목하지 않았던 것, 몰랐던 것들이 등장하고, 그것들이 중요하게 여겨진다: "꿈은 상황을 교정한다. 꿈은 아직 그 상황에 속하며 그것으로써 그 사람의 자세를 개선하는 바로 그것을 제시한다. 우리의 분석에서 꿈의 분석을 필요로 하는 이유가 바로 여기에 있다."[6]

융이 꿈에서 보상적 기능을 강조하는 것은 그의 무의식관과 깊은 관계가 있다. 그에 따르면 인간의 무의식은 프로이트의 주장과 달리 의식에서 억압되어 있는 것들로만 구성되어 있지 않고 의식의 모태가 되며, 의식과 더불어 정신의 전체성을 이루는 중요한 정신 요소다. 무의식은 의식이 폐기해 버린

---

5) C. G. Jung, 『정신요법의 기본문제』, C. G. 융저작번역위원회 역(서울: 도서출판 솔, 2000), p. 127.

6) *Ibid.*, p. 166. cf. 폰 프란츠 역시 "꿈은 일반적으로 우리가 지닌 맹점을 지적한다. 꿈은 우리가 이미 알고 있는 것을 말하는 것이 아니라 우리가 알지 못하는 것을 말하는 것이다."라고 주장하면서 융의 말에 동의하였다. F. Boa, *The Way of the Dream: Conversations on Jungian Dream Interpretation with M. -L. von Franz*(Boston: Shambhala, 1994), p. 15.

것들을 담은 쓰레기통이 아니라 의식을 거듭나게 할 수 있는 자궁인 것이다. 그래서 무의식은 의식이 외부 세계에 적응하느라고 소홀히 하거나 무시해 버린 것들을 의식에 전해 주며 정신적인 균형을 잡아 주고 정신의 전체성을 이루게 하는 것이다. 무의식의 활동은 의식의 작용을 보상하는 방식으로 이루어지기 때문이다: "의식에서 아주 중요한 부분이 무시당하고 사라질 때마다 무의식에서는 그것을 보상하려는 작용이 생겨난다."[7] 그래서 융은 자아-의식을 정신의 전체와 혼동하는 사람들을 강하게 비판하면서 정신의 전체적인 균형을 이루어야 한다고 역설하였다.

꿈의 보상기능을 강조하는 융은 자연히 꿈을 인과론적으로 파악하지 않고 목적론적으로 파악하려고 한다.[8] 융에 따르면, 모든 정신활동에는 고유한 의미와 목적이 있는데, 꿈 역시 마찬가지다. 꿈은 정신의 전체성을 이루려는 목적에서 그때 그때의 의식 상황에 따라 무의식에 배열되어 있던 것들이 잠을 잘 때 의식이 약화된 틈을 타고 나온 것이기 때문에 의식 상황에 대한 철저한 탐구 없이는 꿈을 제대로 해석할 수 없는 것이다. 그래서 그는 꿈을 해석할 때 어떤 이미지가 의식의 어떤 태도를 보상하려고 하는지 주의 깊게 살펴보아야 한다고 강조하였다: "나는 꿈을 의식 상황과 밀접한 관계에 놓는다. 의식 상황에 대한 지식이 없다면 꿈의 개략적인 해석조차 할 수 없다고 해야겠다."[9] 따라서 융은 꿈을 해석할 때 꿈에 나온 내용을 있는 그대로 다루어야 한다고 강조하였다. 프로이트가 주장한 것처럼 꿈이 어떤 것을 숨기거나 왜곡하는 것이 아니라, 꿈에 나오는 내용을 있는 그대로 파악해야 한다는 것이다. 그러면서 융은 메더의 "꿈은 상징적 표현 형태로 이루어지는 실제적인 무의식적 상황의 자율적인 자기 표현이다."라는 말을 인용하면서 그 사실을 강조하였

---

7) C. G. Jung, *Problème de l'âme moderne* (Paris: Buchet/Chastel, 1966), p. 180.

8) 물론 융은 꿈에서 보상적 기능만을 보는 것은 아니다. 그 밖에도 예시적 기능을 나타내는 꿈, 외상적인 꿈, 텔레파시적인 꿈, 경고적인 꿈도 있다고 주장하며, 예시적인 꿈에도 보상적인 기능이 있다고 덧붙인다. C. G. Jung, "General Aspects of Dream Psychology", C. G. Jung *CW* VIII (London : Routledge & Kegan Paul,1979), pp. 237-280.

9) C. G. Jung, 『정신요법의 기본문제』, p. 140.

다.[10)]

　그런데 융은 무의식의 보상(compensation)작용은 모자란 것을 단순하게 채워 주는 보충(complement)으로 인식되어서는 안 된다고 강조하였다. 보상에는 조정이나 수정의 의미까지 포함되어 있기 때문이다. 어떤 꿈에서 의식의 일방적인 태도를 보상하는 내용이 나왔을 경우, 그 사람은 그것을 의식에 동화시켜서 그 일방성을 교정해야 한다는 것이다. 그렇지 않을 경우 그는 뜻하지 않았던 사건이나 사고를 당하거나 그와 비슷한 꿈을 계속해서 꾸게 된다. 여기에서 우리는 의식과 무의식이 끊임없는 대화 속에서 정신의 전체적인 발달을 향해서 나아가야 한다는 융의 주장을 듣게 된다: "훨씬 많은 사례에서 볼 때 보상은 정상적인 심적 평형을 이루는 것을 목표로 하고 스스로 정신체계의 일종의 자가 조정임을 보여 준다."[11)] 그리하여 꿈은 언제나 정신의 전체적인 통합이라는 관점에서 의식의 태도가 잘못되어 있을 경우 그것을 수정하도록 촉구하고, 적절할 경우 그것을 재강조하는 방식으로 이루어지며; 궁극적으로 인격의 온전한 통합을 향한 커다란 틀의 기획 속에서 이루어지는 것이다.

　그러나 꿈이 어떤 것을 보상하는지 언제나 쉽게 알 수 있는 것은 아니다. 왜냐하면 보상적 정신 과정은 지극히 개인적인 것이라서 그 구체적인 내용을 파악하기는 여간 어려운 것이 아니기 때문이다. 그러므로 어떤 내용이 어떤 것을 보상하려는 것인지를 파악하려면 그때 그때의 의식 내용을 주도면밀하게 살펴보아야 한다: "보상의 성격은 그때마다 그 개인의 전존재와 밀접하게 관계하고 있다. 물론 경험이 축적됨에 따라 서서히 일정한 기본 특징이 모습을 갖추게 되지만 보상의 여러 가지 가능성은 수없이 많고 무수하다."[12)] 여기에서도 우리는 융이 프로이트와 달리 무의식을 의식과의 상관관계 속에서 파

----

10) *Ibid.*, p. 182. 융은 꿈을 깬 다음에도 의식은 무의식이 보상하려는 것이 무엇인지 주의를 기울여서 동화시켜 나가야 한다고 강조하였다.

11) *Ibid.*, pp. 215-216.

12) *Ibid.*, p. 171.

악하려는 것을 알 수 있다.[13] 그래서 융은 의식과 무의식이 긴밀한 협조 아래 의식이 무의식의 내용을 많이 동화시켰을 경우 꿈은 의식의 내용과 경향에 일치되기도 한다고 주장하였다. 꿈의 목적이 달성되어 꿈꾼 이의 정신이 어느 정도 통합되었기 때문이다.

한편 융은 꿈의 보상이 꿈꾼 이의 개인적인 문제와 전혀 관계없이 이루어지는 경우도 있다고 주장하였다. 꿈의 내용이 꿈 주체의 심리적인 상황과 전혀 무관하여 꿈을 깬 다음에도 그 의미를 도무지 알 수 없는 경우도 있다는 것이다. 그런 경우 그 꿈은 그의 개인적인 무의식에서 비롯된 것이 아니라 집단적인 보상을 이루려는 것으로 파악해야 한다. 그런 꿈은 그의 개인적인 문제와 관계되는 것이 아니라 그 당시 그가 사는 시대의 집단적인 문제가 그의 무의식을 통해서 표출되는 것이기 때문이다. 그래서 융은 꿈에서 종교적인 보상을 이루려는 주제들이 종종 발견되며, 그 역시 제1차 세계대전이 발발하기 전 큰 전쟁을 알리려는 듯한 무시무시한 꿈을 꾸었다고 주장하였다: "이런 사례에서 우리는 개개인이 어떤 의미에서는 전체 인류와 그 역사를 대변하고 있다는 사실을 항상 기억해야 한다. 인류의 역사에서 보이듯이 큰 일에서 가능했던 것은 작은 일에서도 누구에게나 가능하다."[14]

3. 꿈 사례 분석과 보상적 기능

꿈에 대한 융의 주장을 확인하기 위해서 몇 가지 분석 사례를 제시하는 것이 도움이 될 것이다.

13) 프랑스의 융학파 분석가 엘리 윔베르는 프로이트가 단순히 무의식의 작용을 파악하려고 했다면, 융은 의식과 무의식의 관계 속에서 무의식이 어떻게 작용하는지 파악하려고 했다고 주장하였다. E. G. Humbert, *L'Homme aux prises avec l'inconscient* (Paris: A. Michel, 1994).

14) C. G. Jung, 『정신요법의 기본문제』, p. 167. cf. C. G. Jung, *Memories, Dreams, Reflections* (New York: Vintage Books, 1965). pp. 175-177.

(1) 의식과 무의식의 갈등을 나타내며, 본능적 측면에 대한 관심을 촉구
   하는 꿈

융은 프로이트가 꿈에는 검열과 왜곡이 이루어지고, 현현된 내용과 잠재된 내용이 있다고 주장한 것과 달리, 꿈에는 감추는 것이 없으며 인간의 정신적 상태를 그대로 드러낸다고 주장했는데, 그것을 잘 보여 주는 40대 중년의 전문직에 종사하는 남성의 다음과 같은 꿈이 있다: "길을 가는데 새가 앉아 있어서 잡았다. 나는 그 새에게 먹이를 주고, 길들인 다음 날려 보내려고 하였다. 얼마가 지난 다음에, 그 새를 날려 주려고 했는데, 그때 갑자기 개 두 마리가 나타나서 나에게 가까이 왔다. 나는 새가 그 개들에게 잡혀 먹힐 것 같아서 새에게 빨리 달아나라고 하였다. 그 새는 개를 피해서 힘껏 날아가다가 어느 정도 간 다음 과수원 같은 곳에 떨어졌는데, 그 주위에서는 새들이 많이 날아다니고 있었다. 그래도 개는 계속해서 그 새를 쫓으려고 하였다. 그러면서 꿈에서 깨었다."

융의 이론을 따르면, 이 꿈에서 현현된 내용과 잠재된 내용은 달리 구분되지 않는다. 이 꿈은 숨기는 것 없이 꿈꾼 이의 정신적 상태를 그대로 드러내는 것이다. 그러나 상징적인 방식으로 드러내기 때문에 이해하기가 쉽지만은 않다.[15] 그러면 이 꿈이 말하려는 것은 무엇인가? 그것은 꿈꾼 이의 내면적인 갈등인데, 그것은 이 꿈에서 새와 개로 대비되어 나타난다. 새에 대한 꿈꾼 이의 연상은 새는 하늘을 나는 동물이고, 꿈에서 그 새는 하얀 새였던 같았고, 하얀 새는 다시 비둘기, 성령을 연상시킨다고 하였다. 그 반면에 개는 집에서 기르는 동물이고, 어릴 때 학교에 가면서 개가 길거리에서 교미하는 것을 본 것이 떠오른다고 하였다. 꿈꾼 이에게서 새는 정신성, 정신적인 가치 또는 꿈꾼 이의 종교성과 관계된다면, 개는 그에게 있는 동물적인 것들, 본능의 영역에 속한 것들, 특히 성적인 것들과 관계되는 것을 나타낼 것이다.

그런데 그는 꿈에서 새에게 먹이를 주고 길들이지만 개에게는 관심이 없었

---

15) C. G. Jung, *Dream* (Princeton, N. J.: Princeton University Press, 1974), p. 3.

고, 그가 새를 날려 주려고 할 때 갑자기 나타났다. 그는 그에게 있는 본능적인 것을 무시하였고 정신적인 것에만 관심을 기울이고 있었던 것이다. 그는 전문직에 종사하고 있으며 기독교인으로서 정신적인 것과 종교적인 것에는 많은 관심을 기울이지만, 본능적인 것에는 소홀히 하는 의식의 태도를 이 꿈은 그대로 보여 주는 것이다. 그래서 그다음에 개는 갑자기 나타나서 새를 공격한다. 그에게 본능적인 부분이 틀림없이 존재하는데, 그가 그것을 무시하고 정신적인 가치들만 추구하니까, 자신의 존재 증명을 하려고 무의식에서 튀어나와 그것을 공격하는 것이다. 그에게서 본능적인 것들이 개로 나타난 것은 그가 자신의 내면에 있는 본능적 충동을 무시하거나 억압했기 때문에 동물적인 수준으로 작용하였다. 그는 본능적인 것 가운데서 성적인 충동을 두려워했는데, 여름에 지하철에서 노출이 심한 여성이 근처에 있으면 불안이 심하다고 하였다. 그러다가 어떤 날 친구들과 진탕 술을 마시고 후회하는 경우도 있었다. 개가 느닷없이 공격해 오는 것을 막지 못하는 것이다.

이 꿈이 보여 주는 것은 꿈꾼 이의 이런 정신적인 상태다. 자신에게 있는 성욕의 비롯한 본능적인 것을 도외시하고 정신적인 가치만 추구하기 때문에 때때로 정신적인 것과 본능적인 것이 갈등을 일으키고, 본능적인 것이 공격하는 것을 상황을 보여 주면서 정신적인 균형을 맞추도록 촉구하는 것이다. 꿈꾼 이가 무의식의 보상을 제대로 이해하고 의식과 무의식 사이의 균형을 이루면 그는 무의식의 느닷없는 공격을 받지 않는다. 그의 의식과 무의식은 조화를 이루기 때문이다. 꿈이 사람들의 삶에 도움을 주려는 것은 그와 같은 점이다.

(2) 동생과의 관계를 개선하고 감정기능을 발달시키기를 촉구하는 꿈

꿈의 보상적 기능을 단순하지만 더 분명하게 보여 주는 꿈에는 다음과 같은 것이 있다. 꿈꾼 이는 고등학교 2학년으로 매우 지적이고 예민한 소년인데, 특수목적 고등학교에 다녔고, 기독교 가정에서 자라났다. 그는 초등학교 때부터 틱장애로 고통을 받았는데, 야단을 심하게 맞거나 시험 때 등 긴장이 심해지면 증상은 더 심하게 나타났다. 그는 학업문제와 교우관계 등 때문에 상담을 하게 되었는데, 어느 날 다음과 같은 꿈을 꾸었다: "동생이 자동차 면허를 따서 집 앞 슈퍼에 아버지 차를 몰고 나가자고 하여 나는 조수석에 앉아서 같이 갔다. 올 때는 나도 운전할 수 있다고 하면서 내가 운전석에 앉았는데, 네거리에서 차가 맞은 편 방향에서 오는 것을 보고 두려운 생각이 들어서 운전을 못하게 되었다. 차는 네거리에 멈춰 서서 꼼짝하지 않는 것이었다. 나는 진땀이 났는데, 동생이 운전을 하니까 네거리를 빠져나올 수 있었다."

그의 말에 따르면 동생은 놀기나 좋아하고, 공부는 별로 하지 않는 천하태평인 성격으로, 그와 정반대였다. 그가 지적인 유형으로 혼자서 책을 보거나 컴퓨터에 매달리는 편이라면, 동생은 감정적이고 친구도 많아 밥을 먹고 나가면 해가 져야 들어오는 편이었다. 하지만 동생은 공부를 잘하지 못하였고, 어머니에게 야단을 자주 맞아서 내심 동생을 깔보고 있었다. 그러나 꿈에서는 그와 정반대되는 장면이 그려진다. 그에게는 운전면허가 없었는데, 초등학생인 동생에게는 운전면허가 있었고, 동생이 운전할 때에는 아무 문제도 없었는데 그가 운전을 하자 곧 문제가 생긴 것이다.

이 꿈이 말하려는 것, 즉 이 꿈이 보상하려는 것은 두 가지다.[16] 객관적 수준에서 볼 때 동생을 깔보지 말고 동생과 좋은 관계를 형성하라는 것이다. 왜냐하면 동생에게는 그에게 없는 어떤 우월한 것이 있기 때문이다. 그의 의식은 알지 못하지만 그의 무의식은 그것을 알고 있으며, 꿈은 그에게 그것을 알려 주는 것이다. 한편 주관적 수준에서 보면 이 꿈은 그에게 너무 지적인 태도만 추구하지 말라고 촉구하는 듯하다. 그가 모든 관심을 공부하는 것에만 몰두하고 그에 못지않게 중요한 정서적인 영역과 인간관계의 영역을 무시하는

---

16) cf. 융은 꿈을 해석하는 방법에는 꿈에 나오는 이미지를 객관적인 삶에서 경험하는 그 대상으로 해석하는 객관적 수준의 해석과 꿈에 나오는 이미지를 꿈꾼 이의 정신 요소로 해석하는 주관적 수준의 해석이 있다고 주장하였다. 객관적 수준에서 해석하는 경우 그 대상과의 관계 개선에 초점을 맞추고, 주관적 수준에서 해석하는 경우 정신 요소의 통합에 초점을 맞춘다고 주장하였다. T. B. Kirch, "Dreams", p. 7.

그의 잘못된 태도의 수정을 지적하는 것이다. 왜냐하면 그의 의식적인 태도와 가까운 꿈 자아(dream ego)가 운전했을 때는 차가 멈추어 섰지만, 그의 감정적인 기능을 의미하는 동생이 운전했을 때는 잘 나갔기 때문이다. 그러므로 그는 꿈에서 동생으로 나타난 그의 또 다른 측면, 즉 그가 열등하다고 생각한 측면(alter ego)을 의식에 동화시켜야 할 것을 무의식에서는 말하는 것이다.

(3) 여성성을 발달시키고 감정기능의 회복을 촉구하는 꿈

같은 맥락에서 감정기능에 대한 발달을 촉구하는 30대 중반 여성의 꿈이 있는데, 이 꿈도 전형적인 유형에 속한다. 이 여성은 유아원 교사로 일하고 있었는데, 직장 상사와의 갈등 때문에 한 직장에 오래 다니지 못하였다. 여성성이 발달하지 못하여 인간관계에 문제가 있었고, 감정기능이 발달하지 못하여 감정의 기복이 많았던 것이다. 그녀는 때때로 우울증 때문에 고통받았는데 분석 초기의 꿈에서는 냉장고 음식들이 얼어붙는 것과 얼음이 나오는 꿈이 많았다. 자연히 그녀는 감정이 메말랐고, 어떤 때는 얼음을 대하는 듯한 냉정한 태도를 보이는 경우가 많았다. 그녀의 삶에서도 아무 활기가 느껴지지 않았으며, 그녀는 삶에서 "재미 있는 것, 흥미 있는 것이 없다."라고 하였다. 모든 것이 얼어붙은 듯, 그저 그것이 형식적으로 거기에 있어야 하기 때문에 있는 것과 같은 삶을 살고 있었다.

자연히 그녀는 다른 사람들과 관계하는 것에서 불편을 많이 겪었으며, 세상살이가 어렵다고 하였다. 그러나 분석이 진행되면서 그녀는 자신의 문제가 어디에 있다는 것을 알게 되었으며, 그녀가 좀 더 좋은 어머니가 되어야 한다는 사실을 깨달으면서 감정기능이 살아나기 시작했는데, 어느 날 다음과 같은 꿈을 꾸었다: "나는 직장에서 집으로 가는 길인데, 동네 입구에 어떤 상인이 작은 용달차에 꽃과 토마토, 사과를 팔고 있었다. 그 사람은 나에게 토마토를 사라고 했는데, 토마토의 진홍빛이 인상적이었다. 내가 토마토를 샀는지 사지 않았는지는 분명하지 않지만, 토마토의 빛깔이 아주 붉었던 것이 인상에 남는다."

이 꿈에서 보상하려는 것은 두 말할 것도 없이 그녀의 감정기능인데, 그것은 꽃, 사과, 토마토 등으로 나타난다. 왜냐하면 꽃은 그 색깔과 아름다움으로 사람들의 감정을 매우 자극하며, 사과와 토마토의 붉은색 역시 감정을 자극하기 때문이다. 더구나 사과나 토마토를 먹으면 기분이 좋아진다. 그런데 꿈에 나오는 상인은 그녀에게 빨간 토마토를 사라고 한다. 토마토에 대한 그녀의 연상은 안이나 속이 모두 붉은 과일(야채)이라는 것이다. 그런데 꿈에서 토마토의 붉은 빛이 매우 인상적이라고 하였다. 그녀의 무의식에서는 토마토의 붉은 빛을 먹고 그녀의 내면에 붉은 것을 채우라는 것이다. 그녀의 자아-의식이 에로스(eros)를 발달시키지 못하면서 살고 있는데, 이 과일들을 사 먹어 좀 더 활기 있게 살라고 촉구하는 것이다. 그래서 그녀의 무의식을 의미하는 상인은 그녀에게 토마토가 필요하다고 촉구한다. 그러나 아직은 그녀에게 때가 되지 않았기 때문에 그녀는 이 꿈에서 토마토와 과일을 사지 않은 듯하다. 그것들은 모두 그녀의 내면에 있는 것이고, 앞으로 그녀가 더 발달하면 그것들을 동화시킬 수 있을 것이다. 그러면 그녀 안에 얼어붙었던 감정기능은 되살아날 것이고, 그녀의 정신 에너지는 더 활기 있게 흐르게 될 것이다.

(4) 내향적인 태도에 대한 보상을 촉구하는 꿈

앞서 말한 것들이 정신기능에 대한 것이었다면, 다음 꿈은 정신적 태도에 대한 보상을 의미하는 꿈이다. 꿈을 꾼 이는 신학대학 4학년에 재학 중인 25세나 26세인 청년이었는데, 지극히 내향적인 성격으로 다른 사람들 앞에서 말을 하려면 몹시 긴장되고 두려워서 상담을 청하였다. 이제 대학을 졸업하면 더 많은 사람과 만나고 담임전도사로 나가야 하는데 많은 사람 앞에만 서면 위축되고 말이 떨려 나와서 고민이었던 것이다. 그래서 그는 되도록이면 다른 사람 앞에 서는 기회를 피하고 내향적인 태도만 강화시키고 있었다. 그러다가 어느 날 교육전도사로 일하는 교회의 목사님이 이제 졸업반도 되었으니 몇 달 후 주일 저녁에 설교를 하라고 해서 걱정이 태산 같았다. 여태까지 주일학교에서 교사로 아이들을 가르친 적은 있었지만, 어른들 앞에서 설교한 적이 없었기 때문이다. 그러나 목사님이 그날 다른 교회에서 설교하느라고 본 교회를 비울 수밖에 없어서 못한다고 할 수도 없는 형편이었다. 상담이 몇 주 진행된 다음 그는 다음과 같은 꿈을 가지고 왔다: "학교 캠퍼스에 어느 방송국에서 야외 녹화를 나왔다고 하는데 우리 학과 학생들 열댓 명이 잔디밭에 앉아 있었다. 방송국 아나운서가 돌아가면서 자기소개를 하라고 했는데, 내 차례가 되자 나는 아주 능숙하게 내 소개를 잘하였다."

이 꿈을 프로이트 식으로 해석하면 전형적인 소망 충족의 꿈이라고 할 수 있다. 그는 그 당시 성인예배에서 설교할 것을 두려워하고 있었는데, 꿈에서는 많은 사람 앞에서 자기소개를 멋들어지게 하고 있는 것이다. 그러나 꿈의 보상적이고 목적론적인 기능을 가지고 해석하면 해석은 달라진다. 이 꿈이 말하려고 하는 것은 그의 무의식에 아직 발달되어 있지 않은 외향적인 태도를 의식에 동화시켜야 할 것을 말하기 때문이다. 그의 내면에는 누구 못지않게 다른 사람들 앞에서 자기 의견을 말하고 자기를 주장할 수 있는 남성성(virility)이 내재해 있다. 그러나 그는 그것을 발달시키지 못해서 고통당하고 있었다. 그러므로 이 꿈은 그가 다른 사람 앞에서 말하는 것을 두려워하고, 그런 기회를 피하려고만 할 것이 아니라 그의 내면에 있는 외향적인 태도를 동화시켜야 한다는 사실을 말하는 것이다. 그것은 이 꿈에서 두 가지로 나타나는데, 하나는 자기소개를 멋지게 하는 꿈 자아(dream ego)이고, 다른 하나는 아나운서다. 아나운서는 다른 사람들 앞에서 말하는 것을 직업으로 삼는 사람이다. 그의 내면에는 아나운서가 있는데, 꿈꾼 이는 그것을 모르는 것이다. 더구나 꿈 자아는 평상시의 그와 달리 카메라 앞에서도 자기소개를 멋지게 했다. 그는 그 두려움만 극복한다면 어렵지 않게 설교를 잘할 수 있게 될 것을 보여 주는 것이다.

(5) 개인주의적인 삶의 태도에 대한 보상을 촉구하는 꿈

앞에서 말한 꿈이 정신적 태도를 보상한다면 다음 꿈은 의식의 일반적인 태도를 보상하려는 꿈이다. 꿈꾼 이는 전문직에 종사하는 50대 초반인데, 그는 교회에 열심히 다니지만 실천적이라기보다 지적인 신앙인이다. 그는 다른 사람들에게 폐를 끼치지 않으려고 하며, 자기에게 맡겨진 일은 성실하게 처리하지만 되도록 다른 사람의 일에 관여하지 않으려고 하는 성격의 사람이다. 그는 어느 날 다음과 같은 꿈을 꾸었다: "교회에서 자선바자회를 준비하는 실천위원회를 하는지 사람들이 많이 모여 있었다. 거기에는 K 씨, L 씨, P 씨 등 아는 사람들이 있었다. 누군가가 나에게 "이런 모임에 자주 참석하라."고 하였다. 나는 "이런 모임만 자꾸 가지면 무엇을 하느냐 자기 삶에 충실하는 것이 더 좋지 않느냐."라고 대꾸하였다. 그 모임의 회장으로는 예배위원장인 P 씨가 뽑혔다."

이 꿈은 꿈꾼 이의 개인주의적인 태도를 보상하려는 듯하다. 너무 개인적인 일에 몰두하고 집단적인 일에 무관심할 경우 개인과 집단의 조화 역시 대단히 중요하기 때문이다. 그래서 꿈에서는 그에게 '앞으로는 이런 모임에 자주 참석해야 한다.' 라는 소리가 들려왔다. 꿈에서는 이렇게 사람은 보이지 않지만 소리로 들려오는 경우가 있는데, 많은 경우 그 목소리를 경청해야 한다. 그것은 무의식에 있는 지혜의 소리일 수 있기 때문이다.[17] 자신의 일에 충실한 것도 좋지만, 때로는 집단적인 일에 봉사하는 것도 그에 못지않게 중요하기 때문이다. 그러나 꿈꾼 이는 여태까지 다른 사람들에게 욕을 먹지 않을 정도로만 집단적인 일에 관여하였고, 귀찮은 일에는 되도록 관여하지 않으려고 하였다. 그러나 꿈에서는 이제 그런 태도를 변화시켜야 한다고 촉구하는 것이다.

인생의 후반기에 들어서서 정말 의미 있는 삶은 개인적인 성취에만 있는 것이 아니라 다른 사람들과 어울리고 공공의 선을 이루는데도 있다는 사실을 말하는 것이다. 그것이 예배위원장인 P 씨가 회장으로 선출된 것이 말하려는

----

17) 물론 어떤 소리는 무시해야 한다. 그것이 어리석은 소리이기 때문이다. ……는 내면의 소리에는 wisdom 또는 folly가 있다고 주장하였다. 그러므로 그것을 잘 분별해야 한다고 주장하였다. D. A. Kille, "Jacob: A Study in Individuation", Rollins(ed.), W. G. *Jung and the Bible* (Atlanta: John Knox Press, 1983).

상징적인 의미일 것이다. 꿈꾼 이와 P 씨는 개인적인 친분은 전혀 없이 서로 이름만 아는 정도였는데, 이 꿈에서는 P 씨가 모임의 회장이 되었다. 그러므로 이 꿈에서 의미는 P 씨에게보다는 예배위원장이라는 직책에서 찾아야 할 듯하다. 진정한 예배란 함께 모여서 하나님을 찬양하는 데 의미가 있는데, 그의 내면에서 예배위원장이 회장으로 되었기 때문이다. 그러므로 그가 내면에 있는 예배위원장을 의식에 동화시킬 때 개인적인 성취만 추구하던 삶에서 벗어나 더 큰 삶에 대한 참여로 나아갈 수 있지 않을까 생각된다.

융은 꿈이 보상을 하는 방식에는 세 가지가 있다고 주장하였다. 첫째, 의식과 무의식이 어느 정도 조화를 이루고 있으면 꿈은 꿈꾼 이에게 의식의 태도에서 어떤 요소를 보충하고 교정하라(complement and correction)는 의미로 해석되어야 한다. 예를 들어서 말하면, 어떤 사람이 의식에서 내향적인 태도로 사는데, 꿈에서 외향적인 친구를 반갑게 만나서 악수를 하는 꿈을 꾸었다면, 그 꿈은 그가 외향적인 태도를 보충하고 삶의 태도를 조금 바꾸어야 한다는 것을 무의식에서 말하는 것으로 해석하는 것이다.

둘째, 의식과 무의식이 상당히 조화를 이루고 있으면 그때 꿈은 "지금 잘하고 있으니까 더 그렇게 하라."라는 방식으로 해석해야 한다. 같은 꿈으로 말하자면, 그는 지금 그의 외향적인 태도를 잘 발달시키고 있으니까 더 그런 방식으로 살라고 무의식은 말하는 것이다.

셋째, 의식의 태도와 무의식이 전혀 조화를 이루고 있지 못할 때의 보상은 전혀 다르게 해석된다. 즉, 그는 지금 그의 외향적인 태도를 전혀 발달시키기 못하고 있으니까 그것을 반갑게 맞아들여서 좋은 친구로 삼아야 한다고 해석해야 하는 것이다.

이렇게 꿈에서 그려지는 내용이 같을지라도 보상의 의미는 꿈꾼 이의 의식과 무의식의 관계에 따라서 서로 다르게 해석되어야 한다. 그래서 신경증의 초기에나 신경증이 거의 다 나아갈 무렵에 사람들은 정신의 전체성을 나타내는 만다라가 나타나는 꿈을 많이 꾼다. 신경증 초기에는 만다라상이 보상의 긴급성을 의미한다면, 신경증이 나아갈 무렵에 꾸는 만다라상은 격려를 의미하는 것이다. 꿈꾼 이의 의식 태도에 따라서 보상의 양상을 다르게 해석하는 것이다. 그러나 대부분의 경우 첫 번째인 보충과 교정을 촉구하는 의미로 해석한다. 의식과 무의식이 완전한 조화를 이루고 사는 경우가 그렇게 많지 않기 때문이다.

4. 결 론

꿈은 인간의 전체성을 이루는 요소 가운데서 의식에서 억압하거나 무시해 버린 요소를 의식에 다시 통합해야 할 것을 상징적인 방식으로 알려 준다. 폰 프란츠가 융을 따라서 꿈의 목표는 삶의 최적성(an optimum of life)을 이루게 하는 것이며, 꿈을 만드는 것은 정신의 내적 중심(inner centre of the psyche) 또는 내면에 있는 영적 인도자(inner spiritual guide)라고 주장한 것은 그 때문이다. 꿈이란 우리 내면에서 의식과 무의식을 초월하여 그 중심이 되는 자기(Self)가 의식의 일방적인 태도를 보상하기 위해서 밤마다 사람들에게 편지를 보내는 것이라는 말이다.[18] 그러므로 사람은 꿈이 자신에게 무엇이 잘못되어 있고, 어떤 곳에서 제대로 적응하지 못하는지 지적하는 것들을 제대로 파악하여 의식에 동화시켜야 한다. 그렇지 않을 경우 그 보상은 위험한 방식으로 이루어질 수도 있다. 그러기 위해서 의식은 끊임없이 무의식과 대화를 하고 무의식에서 알려 주는 것을 머리로만 인식할 것이 아니라 구체적인 삶을 통하여 살아야 한다. 이렇게 의식과 무의식이 깊은 대화 속에서 정신적인 삶에서 잘못된 것들을 변화시킬 때 꿈은 사람을 좀 더 높은 통합으로 이끌어간다. 융이 말한 개성화로 이끌어 가는 것이다: "겉보기에 일회적인 보상 행위는 일종의 큰 기획 속에 배열되고 있음을 알 수 있다. 보상 행위는 ……의미 없는 산만한 나열에 불과한 것이 아니라 마치 계획된 단계를 거쳐 지나가는 발전

---

18) F. Boa, *The Way of the Dream*, p. 17, p. 27.

또는 정리 과정이다."[19]

　우리 삶은 단순히 먹고 사는 것에만 신경을 쓰거나, 자아의 안위에만 몰두하는 데 의미가 있는 것이 아니라 생명의 근본적인 목적을 이루는 데 있다. 그래서 내면의 깊은 곳에 자리 잡은 내적 중심은 꿈이나 여러 가지 방식으로 내면의 소리를 들려준다. 그러므로 사람은 그 메시지들이 흘러나올 때마다 종교적인 태도를 가지고 경청해야 한다.

　폰 프란츠는 오늘날 가장 보편적인 신경증상은 안절부절못하는 태도(restlessness)이며, 그것은 현대인의 꿈에 여러 가지 형태로 나타난다고 주장하였다. 현대인이 외적인 삶에 몰두하느라고 무의식과 접촉하지 못하여 무의식에서 정신 에너지가 뒤집어 엎어져서(bottled-up) 흘러넘치는 바람에 안절부절못하고 늘 무엇엔가 쫓기는 듯한 삶을 산다는 것이다. 현대인이 근거도 없이 불안해하거나 과도하게 성적이거나 무의미감이나 공허감에 휩싸이는 것은 이 에너지를 통합하지 못해서 그런 것이다.[20] 그러나 우리는 우리 자신이나 현대인이 안절부절못하는 모습을 너무 많이 보고 있다. 그렇다면 이제 어떻게 할 것인가?

19) C. G. Jung, 『정신요법의 기본문제』, p. 217.
20) F. Boa, *op. cit.*, p. 29.

13
단군신화에 대한
분석심리학적 해석 시론

1. 우리 사회의 정신분석과 신화

우리나라에서는 근래 들어 여러 가지 사건과 사고가 계속해서 일어나 많은 사람을 불안하게 한다. 그런 사건과 사고가 일어날 때마다 원인을 규명하고 대책을 제시하지만, 그것은 그때뿐이고 또 다른 사건과 사고가 마치 자기 차례를 기다리는 맹수처럼 우리를 노리고 있다가 갑자기 들이닥쳐 우리를 더욱더 두렵게 만든다. 이런 사건과 사고를 당할 때마다 언제나 느끼는 것은 그것들이 모두 철저하게 인재(人災)라는 안타까움이다. 이 모든 사건과 사고 뒤에는 요즘을 사는 우리의 성정(性情)이 너무 포악하고 조급하며, 너무 탐욕스럽고, 자기중심적인 모습이 숨어 있다.

사실 요즘 우리나라 사람들은 모든 일을 할 때 너무 성급하게 하려고 서두른다. 다른 사람을 배려하려는 생각은 전혀 없고, 자기 이익만 챙기려고 너무 급하게 군다. 눈앞의 이익에만 급급할 뿐 그 일을 수행하고, 완성하는 데서 오는 기쁨은 안중에도 없다. 그래서 원칙은 언제나 뒷전으로 밀리고, 모든 일을 그저 적당히 넘기려고만 한다. 장기적이고 종합적인 정책을 세우기보다는 단기적이고 임기응변적인 처방만 일삼기도 한다. 그러면 이런 사건과 사고에서 우리는 어떻게 해야 하는가? 그것은 우리 사회가 전체적으로 변화되는 수밖에 없다. 변화되어도 그저 겉모양만 살짝 바뀌는 것이 아니라, 속사람까지 철저하게 변화되어 새로운 존재로 변환되어야 한다. 이제는 더 이상 조급하게 굴 것이 아니라 시간을 두고 기다리며, 임기응변에 급급할 것이 아니라 원칙을 지키면서 살아야 하는 것이다. 나만 생각하고, 모든 것을 나 편한 대로 하고, 자의적인 잣대로 모든 것을 잴 것이 아니라, 다른 사람의 사정을 생각하며, 다른 사람들과 함께 사는 방법을 모색해야 하는 것이다.

그러면 이런 변화는 어떻게 가능한가? 우리가 인격의 변환을 말하고, 우리 존재에 근본적인 물음을 던질 때 우리는 무의식의 심층에 내려가야 한다. 좀처럼 낫지 않는 정신의 병을 고칠 때 사람들이 분석가를 만나서 신경증 증상들이 담고 있는 무의식의 상징적 의미를 규명하고, 꿈의 이미지들을 분석하듯이 우리 사회의 신경증적 증상을 분석하고, 우리 사회의 망상적인 꿈을 분석해야 하는 것이다. 한 개인의 경우라면 그의 무의식을 분석하고, 그 무의식의 의미를 찾아낼 수 있다. 그러나 사회 전체의 무의식은 어떻게 분석해야 하는가? 다행스럽게도 우리는 한 사회 집단의 무의식은 그 집단의 신화나 설화에 담겨 있다는 사실을 알고 있다. 따라서 우리가 우리 민족의 신화와 설화를 분석할 때, 우리는 우리 민족의 숨겨져 있는 원망(願望)을 알 수 있으며, 지금 우리 사회가 병리적인 현상을 보이고 있다면 그 원인이 무엇인지 찾아낼 수 있다. 그래서 우리는 앞으로 우리의 가장 오래된 신화인 단군신화를 분석심리학적으로 분석하면서 우리는 누구이고, 지금 우리에게 필요한 것은 무엇인가 하는 점을 고찰해 보고자 한다.

2. 신화란 무엇인가

1) 신화에 대한 접근 태도

신화가 정말 우리에게 어떤 방향을 제시해 줄 수 있는가? 신화는 다만 호랑이가 담배를 먹는다거나, 곰이 변하여 여인이 되었다는 등 허황된 이야기만 하는 것이 아닌가? 기껏해야 수선화는 어떻게 해서 생기게 되었으며, 목련은 어떻게 피어나게 되었는가를 우화적으로 이야기하는 신뢰할 수 없는 이야기가 아닌가 하는 의심도 많이 있다. 프랑스의 종교학자 미셸 멜랑(Michel Meslin)은 사람들은 일반적으로 신화에 대해서 다음과 같은 세 가지 태도를 보이고 있다고 주장하였다.[1]

첫째, 합리적인 태도다. 여기에 속하는 사람들은 인간의 정신에는 사물을 합리적인 방식으로 설명할 줄 아는 로고스적(logos) 측면과 사물을 직관적이며 우화적으로 설명하는 미토스적(muthos) 측면이 있는데, 인간 사고는 미토스에서 로고스로 발달해 나간다는 전제를 가지고 있다. 그런데 신화는 고대적 세계관인 미토스에서 나온 것으로서 인간의 상상력에 의한 허구(fiction)라는 것이다. 즉, 신화는 인간의 사고가 유아적이며, 전논리적 단계에 속해 있을 때, 이 세상을 설명하기 위해서 지어 낸 이야기라는 것으로서, 전혀 믿을 수 없으며 우스꽝스러운 것이라는 말이다. 현대 사회에는 이런 태도를 가지고 있는 사람들이 제일 많다. 신화를 순전히 환상적인 허구로 보고, 신화에서 인간 정신의 유치성과 병리성만 찾아내려고 하는 사람들이 제일 많은 것이다.

그러나 이런 태도는 신화 역시 하나의 언어로서 그 안에 일관된 체계가 들어있으며, 인간 삶의 진리를 표명하는 또 다른 표현 방식이라는 사실을 망각하고 있는 것이다. 그래서 말리노프스키나 레비-스트로스 등은 이런 진화론

---

1) M. Meslin, "Mythe et Sacre", *Initiation à la Pratique de la Theologie* (Paris: Cerf, 1982), pp. 63-82.

적인 사고를 반대하고 신화 속에서 그 신화를 살던 사람들의 사회체계나 조직체계를 읽어 내려고 하였다. 여기서 신화에 대한 두 번째 접근 방식이 대두된다. 즉, 신화에 대한 사회학적이며 민족학적인 접근 태도다. 이들에게 신화는 결코 통제되지 않은 상상력의 산물이 아니라, 해석 가능한 하나의 언어이며, 인식 유형이다. 우리는 신화 속에서 그 신화를 살던 사람들이 이 세상과 관계를 맺었던 관계 유형과 방식을 살펴볼 수 있으며, 그들이 오랜 세월에 걸쳐서 여러 가지 사물과 전체적이며 직관적으로 관계를 맺으며 파악했던 사물의 본성을 알 수 있다는 것이다. 이때 얻게 되는 인식은 합리적인 분석에 의한 인식이 아니라, 그들이 이 세상과 맺었던 관계 속에서 나온 인식이다. 따라서 우리는 신화분석을 통해서 고대인들이 그들 집단의 가치를 지켜가며, 그 사회를 유지해 나갔던 정서적 인식(connaissance de type affectif)의 내용을 파악할 수 있다. 클로드 레비-스트로스를 비롯한 많은 구조주의 인류학자들은 이런 관점에서 신화를 분석하고, 그들의 삶에 관해서 탐구하였다.[2]

셋째, 심리학적인 접근 태도다. 프로이트나 융에 따르면, 신화는 꿈과 마찬가지로 인간 무의식의 산물이다. 그래서 신화에 나타나는 수많은 사람과 사건의 이미지는 마치 한 개인의 꿈속에 등장하는 사람과 사건이 그 꿈을 꾼 사람의 무의식적 심상이듯이 어느 부족 집단의 무의식적 심상을 나타낸다는 것이다. 다만, 신화와 꿈 사이에 다른 점이 있다면, 꿈이 한 개인의 무의식을 반영하는 반면 신화는 그 신화를 공유하는 부족 집단의 무의식을 반영하고 있다는 점이다.[3] 그러나 신화에서 인간의 무의식을 보는 프로이트와 융 사이에는 차이가 있다. 프로이트가 신화에서 인간의 억압된 욕망의 표상을 읽으려고 한다면, 융은 신화에서 실현되기를 기다리는 인간의 행동 유형을 찾아내려고 한다. 다시 말해서, 프로이트가 신화에서 억압되어 있는 무의식적이며,

2) Claude Levy-Strauss, "The Story of Asdiwal", G. Leach (ed.), *The Structural Study of Myth and Totemism*(London: Tavistock Publications, 1967). pp. 1-48.
3) cf. Joseph Campbell, 『세계의 영웅 신화』(서울: 대원사, 1993), p. 25.

유아적인 충동을 찾아내려고 한다면, 융은 집단적 무의식의 원형을 찾아내려고 하는 것이다. 프로이트와 융의 이런 차이는 그들의 무의식에 대한 정의가 다르기 때문이다. 프로이트에게 무의식이 억압된 욕망의 창고였다면, 융에게 무의식은 의식의 작용을 보상하는 무한한 가능성의 원천이었던 것이다. 그러므로 융에 의하면, 신화는 인간의 삶에서 발견되는 모든 존재의 진정한 의미를 보여 주고, 인간의 삶의 조건(condition)을 나타내며, 인간 존재의 전일성(全一性)을 보여 주는 것이다.[4] 더구나 신화는 우리 삶이 위기에 빠져 있을 때, 우리 삶의 본질을 밝혀 주고 우리에게 새로 나아갈 방향을 제시해 주기도 한다.[5]

2) 신화의 의미와 기능

현대 사회에서 일반적으로는 신화를 불신하는 합리적인 태도가 보편화되어 있지만, 근래 들어서 신화의 또 다른 진실을 인정하는 접근 태도 역시 많은 주목을 받고 있다. 그런데 우리가 현재 우리 사회에서 일어나고 있는 많은 불행한 사건에 초점을 맞추고 그것을 극복할 방도를 모색하고자 한다면, 우리는 신화의 무의식적인 의미에 관해서 좀 더 깊이 탐구해야 한다. 왜냐하면 "신화는 우리가 궁극적으로 지향해야 하는 것, 우리 안에서 우리가 찾아야 할 것을 가르쳐 주기 때문이다. ……우리가 너무 외적 가치에만 집착해서 움직이는 바람에 가장 중요한 내적 가치, 즉 살아 있음과 밀접한 관계가 있는 삶의 황홀을 잃어버렸을 때 신화는 우리에게 대단히 중요하게 다가오기"[6] 때문이다.

---

4) M. Meslin, *op. cit.*, pp. 69-71.
5) 그래서 융은 "신화는 사람들의 무의식 과정을 표현한다. 그 이야기들을 다시 되풀이하여 무의식 과정을 재생해 주며, 그것들을 다시 모으게 한다. 그리하여 의식과 무의식의 접촉을 재수립하게 한다." C. G. Jung, *Collected Works*, IX(I), p. 180.
6) J. Campbell, *op. cit.*, pp. 36-54.

(1) 거룩한 이야기 · 진실한 이야기 · 모범이 되는 이야기로서의 신화

M. 엘리아데는 신화의 특성을, 첫째 거룩한 이야기, 둘째 진실한 이야기, 셋째 모범이 되는 이야기라고 주장하였다.[7] 신화가 거룩한 이야기라는 말은 신화가 시간이 생기기 이전의 시간을 이야기하고, 사건이 생기기 이전의 사건을 이야기하며,[8] 시간의 시발점에서 태초(ab initio)에 일어난 원초적인 사건, 신성한 역사를 말하고 있기 때문이다. 즉, 신화는 이 세계가 시작되던 신성한 때의 초인간적인 계시를 말하며, 신이나 반신적(半神的) 존재들이 행한 일들을 말해서 우리에게 우리 조상들이 신들과 어떤 관계를 맺었고, 신들이 과거에 이 세상에 어떻게 존재했는지를 말함으로써 우리가 이 세상의 무의미한 일상성에서 벗어나 거룩한 세계, 초월적인 세계로 들어갈 수 있게 해 주는 것이다.

둘째, 신화가 진실한 이야기라는 말은 모든 신화가 태초에 무엇이 실제로 일어났으며, 무엇이 완전히 현현했는지에 관해서 말하고 있기 때문이다. 신화는 우주의 시작과 동시에 무엇이 어떻게 창조되었으며, 인간은 그의 동료나 신들과 어떤 관계를 맺으며 살아왔는지를 보여 준다. 그리고 지금 이 세상에 존재하는 것들이 과거에는 어떻게 의미 있게 존재했었고, 신들과 어떻게 관계를 맺었는가 하는 역사를 말해 주고 있다. 그래서 미셸 멜랑은 신화는 진리의 한 형태라고 주장하였다.[9] 그러나 여기서 말하는 진실은 역사적 진실이 아니라, 실존적인 의미에서의 진실이다. 신화는 역사적 사실을 이야기하는 것이 아니라, 우리 삶의 진실을 상징적인 방식으로 이야기하는 것이다.[10] 따라서 어떤 신화가 어떤 사물의 기원에 관해서 이야기하고 있다면, 그것은 그 사물의 역사적 기원을 말하는 것이 아니라 하나의 전체 체계로서의 우주를 우리가 어떻게 파악하고, 그 속에서 우리 삶의 조건은 어떤가를 말하는 것이

7) M. Eliade, Myths, *Dreams and Mysteries*(New York: Collins, 1968), p. 23f.
8) V. Grigorieff, *Mythologie du Monde entier*(Paris: Marabout, 1987), p. 10.
9) M. Meslin, *op. cit.*, p. 70.
10) cf. W. B. Clift, 『융의 심리학과 기독교』, pp. 88-91.

다.[11)]

　　마지막으로, 신화가 모범이 되는 이야기라는 말은 신화가 우주의 시작과 동시에 실제로 일어난 거룩한 사건을 이야기해 주므로 그것이 우리 행동의 규준이 되는 모범을 제공하기 때문이다. 신화는 신이나 우리 조상신이 행한 모든 것, 즉 그들의 창조적 활동에 관해서 이야기한다. 신화에 의하면, 우리의 식사 관습, 농경 기술, 성행위 등은 모두가 신이 그렇게 정해 주었거나, 신들이 실제로 그렇게 했으니까 우리도 따라서 하는 것이다. 사람은 신화에 나와 있는 모범을 따라서 살기만 하면 아무런 위해도 입지 않는다. 그 행동들은 신들이 행한 그대로 행하는 것으로서 이미 거룩한 영역에 속해 있기 때문이다. 이와 반대로 인간이 주도권을 지니고 행하는 일들, 즉 아무 모델도 없이 행하는 것은 세속적인 영역에 속해 있어서 공허하고 환상적이며 궁극에 가서는 비현실적인 행동으로 된다.[12)] 그러므로 사람들이 이 세상의 가혹한 무의미성과 불확실성에 빠져서 고통받지 않으려면 반드시 신화의 모범을 따라야 한다. 우리가 신화의 모범을 따를 때 우리는 실재적인 세계에 더욱더 깊이 참여할 수 있으며, 무규범적이고 주관적이며 탈선적인 행위 때문에 길을 잃을 위험에서 벗어나게 된다.[13)] 현대인이 허무감과 무의미감 때문에 고통을 받고 있다면, 그들에게 이처럼 모범이 되는 신화가 없기 때문이다. 왜냐하면 그들의 내면에 깊은 차원을 가지고 있는 종교적 인간으로서의 인간은 신이나 문화영웅 혹은 신화적 조상신을 모방하지 않는 한 진정한 인간이 될 수 없기 때문이다.

---

11) cf. 수선화의 기원에 대해서 이야기하는 나르시스(narcisse)의 신화는 역사적으로 실제 있었던 이야기를 전하는 것이 아니라 우리가 자기애(narcissisme)에 빠질 때 우리에게 어떤 일이 일어나는가 하는 점을 말하는 것이다. 신화는 이런 의미에서 진실한 이야기다.

12) M. Eliade, 『성과 속』, pp. 73-74. cf. 우리가 지금 일주일에 6일 동안 일하고 일곱 번째 날을 쉬는 것도 천지창조 때 하나님이 그렇게 하셨기 때문에 그 모범을 따르고 있는 것이다. 즉, 달력을 만들었을 때의 사람들이 기독교적 세계관을 가지고 있었던 것이 관습으로 굳어졌던 것이다.

13) *Ibid.*, p. 77.

3. 단군신화의 현재적 의미

신화가 우리에게 우리 자신의 정체를 알게 하고, 우리의 삶에 모범을 보여 주며, 우리를 의미의 세계와 연계시켜 준다면, 우리는 단군신화를 어떻게 읽어야 할 것인가? 여태까지 우리나라 학계에서 단군신화를 해석하고자 하는 시도는 여러 각도에서 행해져 왔다. 그러나 대부분의 연구는 단군신화 속에서 그 당시의 사회상을 파악하거나, 고조선의 역사성을 입증하려는 목적 아래 행해져 왔다.[14] 물론 이런 연구들도 나름대로 가치는 있다. 그러나 우리가 신화 속에 들어가 그것이 제시하는 상징적 의미들을 파악하고, 신화를 우리 몸으로 살고자 한다면 우리는 신화를 심리학적으로 분석하여 그 상징들이 우리 내면에서 불러일으키는 반향에 응답해야 한다.[15]

단군신화 이야기

단군신화에 대한 번역본은 많이 있다. 그런데 리상호의 번역을 통해서 읽으면 다음과 같다. 여기서 그의 번역본을 택한 이유는 그의 번역이 순우리말로 되어 있으며, 이해하기도 쉽기 때문이다: "고기에 이르기를 옛날 환인의 지차 아들 환웅이란 이가 있어 자주 나라를 가져볼 뜻을 두고 인간 세상을 지망하더니 그 아버지가 그 뜻을 알고 아래로 삼위태백 땅을 내려다 보매 인간들에게 크나큰 리익을 줌즉 한지라 이에 천부인 세 개를 주어 보내여 여기를

----

14) cf. 리상호, "단군설화의 역사성", 강인숙, "단군신화와 역사", 국조봉안회 편저, 『단군신화와 역사』(서울:동신출판사, 1992). 정진홍, "신화의 구조적분석-단군신화의 종교적 함의를 해독하기 위한 시도", 『종교학서설』(서울: 전망사, 1982). 황종렬, "'웅녀 이야기'에 대한 신학적 성찰" I, II. 『기독교사상』(439, 440. 1995. 7, 8).

15) 이 연구는 단군신화의 해석시론이다. 즉, 단군신화 이본(異本) 등을 살펴보고, 단군신화에 나오는 모든 상징의 의미를 해석하는 본격적인 연구가 아니라, 단군신화에 나오는 곰과 호랑이의 상징적 의미에 초점을 맞춘 시론인 것이다. 그 이유는 근래 우리나라에서 일어나는 대형 사건과 사고들을 지켜보며 어떻게 이 문제들에 대처해야 할 것인가 하는 문제에 초점을 맞추었기 때문이다.

다스리게 하였다. ……때마침 곰 한 마리와 범 한 마리가 있어 같은 굴에 살면서 항상 신령스러운 환웅에게 사람으로 화하게 해달라고 빌었다. 이때에 환웅신은 령험 있는 쑥 한 타래와 마늘 스무 개를 주면서 말하기를 '너희가 이것을 먹고 백날 동안 햇빛을 보지 않으면 쉽사리 사람의 형체로 될 수 있으리라.'고 하였다. 곰과 범은 이것을 얻어먹고 스무하루 동안 기를 하여 곰은 계집의 몸이 되고 범은 기를 못해서 사람의 몸으로 되지 못하였다. 곰 계집은 혼인할 자리가 없었으므로 매양 신단수 아래서 어린애를 배도록 해달라고 빌었다. 환웅은 잠시 사람으로 화하여 그와 혼인하여 아들을 나으니 이름을 단군왕검이라 하였다. 그는 당나라 요임금이 즉위한 50년 경인에 평양성에 도읍하고 비로소 조선이라 일컬었다. 또 도읍을 백악산 아사달에 옮기었는데 그곳을 또 궁홀산이라고도 하고 또 금미달이라고도 하니 1천5백 년 동안 나라를 다시렸다."[16]

이 이야기를 심리학적 의미 단락에 따라서 나누어 보면 다음과 같이 된다.

① 환인의 서자 환웅이 그가 사는 하늘에 뜻을 두지 못하고, 세상을 지망하다가 아버지를 떠나 인간 세상으로 온다.
② 인간 세상에 온 환웅은 이 세상에서 정치와 교화를 베푸는데 때마침 곰 한 마리와 호랑이 한 마리가 사람으로 화하게 해 달라고 환웅에게 빈다.
③ 환웅은 이들에게 쑥 한 타래와 마늘 스무 개를 주고 굴 속에 들어가 백일 동안 햇빛을 보지 않고 살면 사람이 될 수 있다고 한다. 결국 곰은 사람이 되고 호랑이는 사람이 되지 못하였는데, 환웅은 사람이 된 곰과 혼인한다.
④ 이들 사이에서 단군이 태어나고, 단군은 조선을 세운다.

16) 일연, 『삼국유사』, 리상호 역(서울: 도서출판 신서원, 1990), pp. 55-59.

1) 아버지 집을 떠나기와 새 인격의 탄생

모든 신화와 설화는 집단적 무의식의 심리 과정을 나타내고 있다. 특히 융학파 분석가인 폰 프란츠는 모든 설화는 여러 가지 다른 방식으로 한 개인의 인격의 핵심이며 궁극적인 지향점인 자기(Self)의 작용을 나타낸다고 주장하였다.[17] 그러므로 우리는 단군신화에서도 우리 민족이 궁극적으로 지향해 나가야 할 정신 과정을 읽어 낼 수 있는 것이다. 단군신화의 시작은 환인의 서자 환웅이 하늘에 뜻을 두지 못하고, 세상을 지망하다가 아버지를 떠나 인간 세상으로 오는 것으로 되고 있다. 단군신화의 시작 대목에서 우리가 주목할 문제는 두 가지다.

첫째, 환웅이 환인의 서자라는 사실이다. 대부분 신화 속에서 주인공은 어떤 문제를 가지고 태어난다. 우리나라 무조신화(巫祖神話)인 바리데기 이야기에서 바리데기는 아버지가 바라지 않았던 일곱 번째 딸이었으며, 심청전에서 심청에게는 어머니가 없었고 아버지는 눈이 멀었으며, 그림(Grimm) 동화집에 나오는 「세 개의 깃털(Die Drei Federn)」이야기에서 주인공인 막내아들은 다른 두 형에 비해서 지능이 좀 모자란 바보였다. 이렇게 신화나 설화의 시작은 여러 종류의 결핍(manque)으로 시작되며, 그 결핍을 보상하는 이야기로 전개된다. 여기에서도 환웅은 서자였다. 서자는 과거의 엄격한 장자세습제 사회에서 태어나면서부터 장자에 비해서 어려움을 많이 갖는다. 그래서 환웅은 상속받지 못할 하늘나라에 뜻을 둘 수 없어서 인간 세상에 뜻을 두었다.

그러나 신화적 영웅에게 있어서 불리한 삶의 조건은 그에게 많은 어려움을 야기하지만 동시에 커다란 기회도 된다. 그 불리함이 없었다면 그는 영웅으로 다시 태어나지 못했을 것이기 때문이다. 신화적 영웅의 삶에 불리한 조건이 있는 것은 한 개인이 인격적 성숙을 향해 나아가는 것은 그의 삶이나 정신에 어떤 문제가 생겨났을 때 비로소 시작되기 때문이다. 사실 사람들은 모든

17) M. -L. von Franz, *An Introduction to the Psychology of Fairy Tales*, pp. 1-2.

것이 잘 되고 순조로우면 자신의 삶에 안주해 버리고 만다. 그러나 어떤 문제가 생기면 그것을 극복하기 위해서 노력을 다하게 된다. 그 과정에서 그는 자기 자신을 되돌아보고, 자신의 결점을 고치게 되는 것이다. 더구나 견딜 수 없을 것 같은 어려움을 참고 견디면서 인내를 배우고, 인격의 모난 부분을 다듬어 간다. 단군신화에서도 환웅은 서자로 태어나서 자신에게 미래의 희망을 주지 못하는 하늘을 포기하고 인간 세상으로 떠난다. 그러면서 많은 체험을 하는 것이다.

둘째, 환웅이 아버지를 떠난다. 환웅이 아버지와 아버지 나라를 떠난다는 것은 환웅으로 표상되는 한 개인의 자아가 그의 무의식을 분화시키고, 그 무의식 세계로부터 분리되며, 집단의식에서 벗어나는 것을 의미한다. 아버지 나라란 사람들의 유아적인 세계 및 그 세계와 관계되는 무의식, 그리고 그가 살고 있는 사회의 집단의식을 의미한다. 한 사람이 하나의 인격적인 존재로 성장하려면 그는 반드시 아버지나 어머니로 표상되는 유아적인 세계와 무의식 세계를 떠나고, 그의 삶에 지배적인 영향을 미치는 집단의식으로부터도 떠나야 한다. 어린아이일 때 사람은 그의 부모, 특히 어머니와 자신을 동일시한다. 어머니와 무의식적으로 융합되어 있는 것이다. 그러나 청소년기에 도달하면 사람은 반드시 부모로부터 분리되어야 한다. 분리되지 않으면 그는 부모와 다른 또 하나의 인격체로 존재할 수 없다. 그는 다만 그의 부모의 연장일 뿐 정상적인 성인이라고 할 수 없는 것이다. 원시 사회의 입문식(initiation)에서 '상징적인 죽음과 재생'이 행해지는 것은 이 때문이다. 그래서 융은 "의식의 발달은 어머니와의 구분, 부모 및 가족으로부터의 구분에서 생겨나며, 무의식과 본능의 세계에서 어느 정도 분리되어야 이루어질 수 있다. 그러나 사람들에게 잃어버린 이 세계에 대한 열망은 계속 남아있기 마련이다."[18]라고 말했다.

이런 떠남의 주제는 창세기에도 여러 번 나온다. 아브라함은 '본토, 친척, 아비의 집'을 떠났으며, 야곱 역시 그의 형을 피하여 아버지 집을 떠났다. 어

18) C. G. Jung, *Métamorphose de l'âme et ses symboles*, p. 373.

린이는 때가 되면 그에게 쉬워 보이고, 익숙하고, 따스해 보이는 세계, '어린이의 세계'로부터 떠나야 한다. 예수님 역시 열두 살 때 유월절에 "내가 내 아버지 집에 있어야 할 줄 알지 못하셨습니까"(눅 2: 49)라고 말하면서 정신적으로 부모를 떠났다. 사람들은 육친의 부모를 떠나야 비로소 하나의 인격체가 되어 하느님과 관계를 맺을 수 있는 것이다. 우리 인격이 발달하는 것은 결국 의식이 무의식이라는 용암 덩어리로부터 삶에 필요한 정신 요소를 하나하나 분화시키는 과정이기 때문에 부모님과 떠나고, 부모님의 연장인 집단의식과 떠나야 독립적인 인격체가 되어 하느님 앞에 서게 되는 것이다. 그래서 환웅은 아버지 나라를 떠나야 했다.

그러나 이런 떠남은 결코 쉬운 일이 아니다. 무의식이 언제나 어머니의 품 같은 아늑함을 주고, 끈끈이 풀 같이 유혹하기 때문이다. 분석심리학에서는 어머니에게서 긍정적인 측면만을 보지 않는다. 어린이를 자기 발치에서 떠나지 못하게 하여 그의 성장을 방해하는 부정적인 측면도 보고 있다. 신화 속에서 자기 아이를 잡아먹는 어머니(la mère dévoratrice)는 어머니의 이런 측면을 가리킨다. 얼마나 많은 어머니들이 자녀가 하나의 인격적인 독립체라는 생각을 하지 못하고, 자기의 가치관만 따르라고 강요하는가? 그러므로 사람들은 어머니를 떠나고, 아버지를 떠나야 한다. 융에게서 어머니는 특히 무의식을 가리킨다. 무의식은 분화되지 못할 경우 사람을 그 늪에 집어넣고 그를 무의식의 미분화되고 원시적인 폭력에 빠지게 하기 때문이다.

많은 신화에서 영웅이 용이나 괴물을 물리치는 것 역시 이러한 떠남의 또 다른 모습이다. 용은 물과 관계 있으며, 물은 무의식과 관계가 있기 때문에 영웅이 용을 물리치는 것은 자아의식이 무의식의 영향력에서 벗어난다는 것을 의미한다. 영웅은 용을 물리치는 과정에서 순결한 처녀나 공주를 만나는데, 그것은 그가 무의식으로부터 분화되는 과정에서 '정신 속에 있는 여성적인 요소(아니마)'와 만나는 것을 의미한다.[19] 무의식의 파괴적인 세력에서 벗

---

19) 융은 사람들이 어머니로 표상되는 과거의 내적 인격에서 분리되어야 새로운 내적 인격이 조성될

어나 이제 인격 통합의 길에 나서게 되는 것이다. 그러므로 개성화 과정에서 환웅이 아버지 나라에서 떠나는 것은 대단히 중요한 과정이다. 그가 여태까지 소중하게 여겼던 관계들을 희생시켜야 거기에 부어졌던 에너지가 새로운 관계에 부어질 수 있기 때문이다.[20] 단군신화에서도 환웅은 아버지 나라를 떠나서 웅녀를 만나게 된다.[21] 자아가 아니마를 만나면서 정신적 여행을 심화시키는 것이다.

2) 곰과 호랑이

두 번째 이야기는 환웅이 인간 세계에 내려와 교화와 정치를 베풀다가 곰과 호랑이로부터 사람으로 변하게 해 달라는 부탁을 받는 것이다. 폰 프란츠는 신화, 설화, 꿈에 나오는 동물들은 모두 인간과 같은 형태와 성질을 가진 동물(anthropomorphic animal)이라고 주장하였다. 이 동물들은 인간의 심리적 요소의 운반체라는 말이다. 따라서 이 동물들은 진짜 동물이기보다 우리 정신 속에서 그 동물의 속성과 관계되는 요소를 나타내는 정신적 요소다. 예를 들어 말하면, 우리가 꿈에서 개를 보았다면 그 개는 실제의 개가 아니라, 우리 내면에 있는 개와 관계되는 본능적 요소를 나타내는 것이다. 단군신화에서도 마찬가지다. 단군신화에 나오는 곰과 호랑이 역시 진짜 곰과 호랑이가 아니라 개성화 과정에서 통합해야 할 어떤 인격적 요소다. 그러면 곰과 호랑이는 우리의 어떤 요소를 나타내는가? 이 문제를 파악하기 위해서 우리는 신화나 설화 속에는 수많은 원형적 표상이 담겨져 있으며, 그것은 인간의 정

수 있는 것을 신화와 민담에서 '정신 속에 있는 여성적 요소(아니마)'를 만나는 것으로 그려진다고 주장하였다. 단군신화에서 아니마는 웅녀로 나타났다.

20) Denyse Zemor, "Incest Et Separation", *Separation Differenciation*(Paris: Cahiers Jungienss de Psychanalyse, 1989. p. 39.

21) 무의식 세계에서의 분리는 몇 차례에 걸쳐서 이루어지는데 이렇게 아버지 나라를 떠나는 것으로 그려지기도 하고 아버지 집을 떠나 용이나 괴물과 격렬하게 싸우는 것으로 그려지기도 하는데 단군신화에서는 그다음의 싸움은 없는 것으로 나온다.

신적 발달 과정을 묘사하고 있다는 사실에서 출발해야 한다.

(1) 어머니와 누이가 없는 환웅의 가정

환웅이 서자라는 사실 이외에 단군신화에서 발견되는 또 다른 결핍은 이 신화에 여성적인 요소가 전혀 등장하지 않는다는 것이다. 우리는 단군신화에서 환웅의 어머니가 누구이고, 환웅의 누이가 있는지 없는지에 대한 사실을 읽을 수 없다. 정상적인 가정에서는 으레 있기 마련인 여성적인 요소가 단군신화에는 하나도 없다. 신화나 설화의 시작 부분에는 어떤 결핍이 등장하고 그 이야기는 보통 결핍이 충족되면서 끝나는 구조로 마무리된다. 그래서 폰 프란츠는 이야기의 서두에 특히 여성적인 요소가 등장하지 않으면, 그 이야기는 여성적인 구속(redemtive) 기능이 그 주제가 되기 쉽다고 주장하였다.[22] 설화의 주인공이 여성적인 요소를 만나서 그로부터 도움을 받거나, 결혼을 함으로써 새로운 세계가 전개된다는 것이다. 앞에서 말한 그림(Grimm)의 「세 깃털 이야기」에서도 옛날에 어느 왕과 아들 셋이 있었는데 그 왕은 누구에게 왕국을 물려줄지 몰라서 고민을 한다. 그러나 그에게는 고민을 같이 상의할 아내나 딸이 없었다. 그래서 이 이야기는 결국 세 아들이 여자를 하나씩 만나서 결혼을 하고, 그 아내들이 왕이 내는 문제를 풀면서 그 문제를 가장 잘 푼 막내아들과 며느리가 아버지 나라를 상속받는 것으로 끝이 난다. 여성적인 요소가 문제를 해결하고 구원을 가져다주는 것이다.[23] 또한 아일랜드 설화 가운데 「에오카이드 왕의 다섯 아들」 이야기도 마찬가지다. 이 설화 역시 왕과 다섯 아들이 사냥 나갔다가 길을 잃어버리는데 다섯째 왕자가 노파로 변한 아름다운 여인을 만나, 왕국을 다스리는 지혜를 얻는 것으로 끝이 난다.[24] 결핍되었던 여성적 요소가 결합되어서 문제가 해결되는 것이다.

사실이 그렇다면 우리는 신화나 설화의 시작은 이미 그 이야기의 결말을

---

22) M. -L. von Franz, *op. cit.*, pp. 27-28.

23) M. -L. von Franz, *op. cit.*, Ch. IV, V, VI.

24) J. Campbell, 『세계의 영웅신화』, pp. 114-116.

어느 정도 암시한다고 말할 수 있다. 왜냐하면 시작에서 문제를 제시하고, 끝에 가서 문제의 해결을 그리기 때문이다. 우리가 아는 신화 가운데는 이야기의 서두에 왕이 죽을 병이 걸렸는데 버림받았던 딸이 생명수를 떠와서 왕을 다시 살리는 이야기나,[25] 어느 왕과 왕비에게 아기가 없었는데 우여곡절 끝에 아기를 얻게 되는 이야기는 많이 있다. 이 이야기들을 심리학적으로 분석하면 우리 인격에 잠재되어 있는 요소들이 제대로 발달되지 않아 처음에는 고생했지만 결국 그 요소들이 발달하면서 문제가 해결되는 것을 암시하는 것이다. 이 견해를 따르자면 단군신화가 말하고자 하는 점 역시 환웅이 웅녀(熊女)를 만나 단군을 낳고, 조선이 건국된다는 것이 단군신화의 중요 주제임이 명확해진다. 자아(환웅)가 아니마(여성적인 요소, 웅녀)를 만나서 자기(단군)의 탄생이 이루어진다는 것이다. 그러면 환웅이 웅녀를 만나 결혼하는 것이 우리 속에 있는 아니마를 만나서 아니마의 도움을 받는 것이라고 주장할 수 있는지 단군신화에 나오는 상징들을 해석해 보겠다.

(2) 호랑이와 양의 원리: 열정, 폭력성, 탐욕성

호랑이는 아시아 북부에서 동남아시아와 서아시아까지 분포되어 있는 육식동물인데, 동작이 매우 빠르고, 용의주도하게 행동하며, 매우 잔인하다.[26] 호랑이는 밀림 속에서 억압되어 있었기 때문에 매우 공격적인 성향을 가지고 있어서, 열정, 폭력성, 참을 수 없는 탐욕 등을 나타낼 수 있으며, 고삐가 풀린 욕망의 파고(波高) 속에 잠겨 있는 무의식의 모호성을 상징한다. 호랑이가 가지고 있는 이런 열정적이고, 모호한 이미지는 플루타크 영웅전에도 나온다. 플루타크에 의하면 그리스의 남신 디오니소스는 호랑이로 변신하여 알페시베(Alphesibee)를 유혹한다.[27] 단군신화에서도 호랑이는 곰처럼 오래 참지

25) cf. 서대석, "바리공주 연구", 『한국무가의 연구』(서울: 문학사상사, 1980), pp. 199-254.
26) 김호근, 윤열수, 『한국의 호랑이』(서울: 열화당, 1992), p. 142. 『세계대백과사전』(서울: 동서문화사, 1994. pp. 17723-17724.
27) J. Chevallier & A.Gheerbrant, *Dictionnaire des Symboles*(Paris: Bouquins, 1982), pp. 949-950.

못해서, 사람이 되지 못했다. 호랑이의 미숙함과 조급성이 두드러지는 것이다. 우리는 이와 같은 자연적인 특성 속에서 호랑이는 곰과 달리 남성적인 특성이나 여성의 남성 같은 성향을 읽을 수 있다. 호랑이는 호전적이고, 적극적이며, 행동적이기 때문이다. 알타이 신화 연구가 박시인 역시 "곰은 호랑이와 비교하면 성질이 유순하여 여성적이다. 호랑이는 성질이 용맹하여 남성적이고 여자가 되지 못하였다."[28]라고 하면서 호랑이에서 남성적인 모습을 읽어냈다.

역사적인 기록에 나와 있는 호랑이는 어떤가? 앞에서 말했던 플루다크 영웅전에 나오는 디오니소스는 그리스 신화에서 전형적인 남신이다. 따라서 디오니소스가 다른 모습이 아니라 호랑이로 변했다면, 호랑이는 남성적일 수밖에 없다. 왜냐하면 상징적인 의미가 풍부한 그리스 신화는 어느 한 단어의 의미도 소홀히 하지 않기 때문이다. 또한 중국 연금술에서 호랑이는 음(陰)의 원리인 용과 대극적인 관계에 놓여서 양(陽)을 상징하고 있다. 프랑스의 종교학자 장 쉬발리에는 『상징사전』에서 "호랑이는 일반적으로 힘과 사나움을 나타내며, 활동성과 에너지를 나타낸다. ……이것은 점착성과 수동성과는 반대된다. ……중국에서 다섯 마리의 호랑이는 제국을 지키는 전사(戰士)로 생각된다."라고 하면서 호랑이의 남성적인 측면을 언급하고 있다.[29]

우리나라에서도 호랑이는 남성적인 무용(武勇)의 상징이었으며, 임신한 여자가 꿈에서 호랑이를 보면 아들을 낳는 것으로 생각했다.[30] 연암 박지원의 『호질(虎叱)』에서도 호랑이는 준엄한 심판관의 역할을 하는데, 심판관이라면 여성적 이미지보다는 남성적 이미지다. 마찬가지로 우리나라 설화 가운데는 호랑이의 보은담(報恩譚), 인정담(人情譚) 등을 그려 내거나 호랑이를 희화화시킨 이야기들도 많지만, 더 많은 이야기는 호랑이에서 맹수의 포악성을 두

---

28) 박시인, 『알타이신화』 (서울: 청노루, 1994), p. 131.

29) J. Chevallier & A. Gheerbrant, op. cit., p. 950.

30) 김호근, 윤열규, op. cit., pp. 16~17, p. 108. 그러나 꿈에서 호랑이를 보았는데 여자아이를 나으면 팔자가 사납다고 생각했다. 여자와 호랑이는 속성이 맞지 않는다고 생각했기 때문이다.

드러지게 그리고 있다.[31] 이 기록들을 살펴보면, 우리는 호랑이에게서 여성적인 이미지보다는 남성적인 이미지를 더 짙게 느낄 수 있다. 만약에 호랑이를 여성적인 이미지로 본다고 할지라도[32] 호랑이는 그의 여성성을 충분히 발달시키지 못했기 때문에 그의 여성성이 원시적인 형태로 나오는 정신적 요소라고 말할 수밖에 없다. 왜냐하면 단군신화에서 호랑이는 사람으로 되지 못했기 때문이다. 심리학적으로 말한다면 여성의 인격 속에 있는 남성적인 요소인 아니무스(animus)의 부정적인 요소가 너무 지배적이라 주위 환경에 제대로 적응하지 못하는 존재를 의미하는 것이다. 그러므로 단군신화에 나오는 호녀는 한 사람의 무의식 속에 있는 아니마의 발달하지 못한 부분을 말할 것이다. 그 부분은 결국 자아-의식과 통합되지 못하고 무의식 속으로 들어가 버렸다.

(3) 곰과 음의 원리: 모성성, 유순성, 희생성

곰은 10만여 년 전에 살았던 네안데르탈인의 뼈와 함께 출토되는 것으로 보아서 오랫동안 인류와 더불어 살았던 동물임을 알 수 있다.[33] 또한 곰은 북반구에서 많이 서식하기 때문에 스칸디나비아의 랩 족, 러시아 내륙, 동북아시아 일대, 에스키모, 북아메리카 인디언들 사이에는 곰을 숭배하는 곰 문화대가 형성돼 있으며, 서 있는 모습이 사람과 비슷해서 일본 홋카이도, 사할린, 쿠릴열도에서는 특히 신성시하고 있다. 곰 역시 야생동물이기 때문에 호랑이 못지않게 난폭하지만 사람들은 곰에서는 그렇게 난폭한 모습을 보는 것 같지 않고, 호랑이와 달리 여성적인 이미지로 많이 생각하고, 곰에게서 모성적인 측면, 치유적인 측면을 많이 보고 있다.[34] 로쉐트리(Rocheterie)는 "곰은

---

31) *Ibid.*, p. 15.

32) 로쉐트리는 호랑이가 여성 원리인 음의 상징이라고 주장하면서, 꿈에서 호랑이는 그의 성적이며, 감정적인 특성 때문에 원시적 여성의 위험하고 불안한 힘을 나타낸다고 주장하기도 한다. J. de la Rocheterie, *La Symbologie des rêves*(Paris: Imago, 1986), pp. 245-246.

33) 『세계대백과사전』(서울: 동서문화사, 1992). pp. 1243-1244.

34) 『시튼의 동물기』에 보면 어미 곰이 새끼 네 마리를 애지중지 기르며, 회색 곰 와브가 땅에 대해서

모성애가 특히 깊은 동물이다. 곰은 새끼가 약하기 때문에 어미 곰이 새끼에게 쏟는 보살핌은 특히 인상적이다. 그런 까닭에 중세에는 곰을 성모와 많이 연관지어서 생각했었다."라고 말하였다.[35] 그리스 신화에서도 곰은 달의 여신 아르테미스와 관계되고 있으며, 베른에서 아르티오(Artio) 여신은 곰을 의미한다.

중세 유럽의 문장(紋章)에서 곰은 음으로서 양인 멧돼지와 대극적인 관계에 놓여 있었다.[36] 또한 곰은 겨울잠을 자기 때문에 달과 동일시되어 여성적인 동물로 생각되었다. 그래서 곰은 꿈에서 무의식의 모성적인 측면과 무의식의 위험한 힘을 나타낸다. 곰이 가지고 있는 여성적인 이미지는 신화나 설화에서 많은 이야기로 그려진다. 아이누 족 설화에 의하면 곰은 기근이 심할 때 선량한 아이누에게 일부러 잡혀서 그들에게 모피와 살을 선물하는 희생적인 어머니의 모습으로 그려져 있다. 우리나라 설화에서는 곰과 관련된 설화가 호랑이에 관한 설화에 비해서 대단히 적다. 임석재가 수집한 『한국구전설화』 가운데서 곰이 그 제목으로 나오는 설화는 다른 지역 설화에는 없고, 「평안북도편」과 「충청남북도편」에만 나오는데, 그나마 「평안북도편」에도 총 194편 가운데 호랑이가 제목으로 나오는 설화가 15편이며 곰이 제목으로 나오는 설화는 3편에 불과하다. 그리고 「충청남북도편」에도 각각 한 편이 있을 뿐이다. 그런데 「충청북도편」 '음승(淫僧)과 처녀와 곰'에서 곰은 처녀 대신 짚둥이 속에 들어가고, 「충청남도편」에 나오는 곰나루(熊津) 설화에서 암곰은 여자로 되어 나무꾼과 결혼하여 아들딸을 낳고 살다가 우여곡절을 겪는 이야기[37]가 나오는 데 이 설화들 속에서 곰은 여성으로 그려져 있으며, 여성의 특성이 모성애, 희생, 참음 등으로 인격화된 것으로 볼 수 있다.

집착이 매우 강한 것이 그려져 있다. 모든 새끼에게서 본래적인 영토는 그 어미의 몸이며, 이것이 나중에 땅으로 연결된다. 땅은 특별히 어머니를 의미하기 때문이다. 여기서도 우리는 곰이 여성적인 이미지와 가까운 것을 읽을 수 있다. cf. M. -L. von Franz, *op. cit.*, pp. 55-56.

35) J. de la Rocheterie, *op. cit.*, pp. 187-188.
36) J. Chevallier & A. Gheerbrant, *op. cit.*, pp. 716-719.
37) 임석재, 『한국구전설화』(서울: 평민사, 1991), pp. 212-213.

(4) 아니마와 아니무스: 우리 인격의 내면에 있는 이성적인 요소

융은 우리 내면에는 수많은 대극적(對極的)인 요소가 존재한다고 주장하였다. 의식과 무의식, 자아의 밝은 측면과 어두운 측면(융 그림자), 외적 인격과 내적 인격, 사고(思考)와 감정 등이 그것이다. 그런데 우리는 이 대극적인 요소들을 끊임없이 인식하고, 통합시켜 나가야 한다. 자아의식이 이 대극적 요소 가운데 어느 하나만 강조하고 발달시킬 때, 그 요소는 우리 인격에 지배적인 위치를 차지하게 되고, 정신은 균형을 잃게 된다. 그리하여 우리가 기대하지 않고 있을 때 이 요소는 반란을 일으키고 의식의 표면을 뚫고 나와서 의식을 지배하게 된다. 융은 이런 현상을 에난시오드로미(enantiodromie)라고 명명하면서, 우리가 건강한 정신생활을 해나가기 위해서는 이 현상을 특히 조심해야 한다고 주장하였다.[38] 이 원초적인 대극상은 삶에서 빛과 어둠, 남과 북, 건조함과 습기참 등 많은 상징적인 모습으로 나타난다.

그러나 이 대극상이 가장 극명하게 드러나는 것은 남성과 여성의 성 차이에서다. 나 자신이 어떤 성(性)에 속해 있다는 사실을 인식할 때, 우리는 정체성을 인식하고, 그 정체성에 맞도록 우리 인격을 발달시키기 때문이다. 그러나 우리가 자연적인 성 역할만 발달시킬 때, 우리 인격은 온전해질 수 없다. 그 역할만 발달시키는 것은 우리가 우리 집단에서 제시하는 가치만 추종하는 것이지, 우리 내면의 요청을 따라 사는 것이 아니기 때문이다. 이때 우리에게서는 의식만 과발달(過發達)되어 삶의 유연성이 없어지고, 삶의 흐름에 왜곡이 생긴다. 우리가 너무 합리적·조직적·규격적으로 되기 때문이다. 그래서 분석심리학자 W. 스타인버그는 "전통적인 성의 특성과 동일시를 잘한 사람은 청소년기에는 심리적으로 적응을 잘한다. 그러나 성인이 되어서는 불안을 잘 느끼게 되고, 신경증에 종종 빠져든다. 그리고 자기 자신을 잘 용납하지 못하게 된다."[39]라고 말하였다.

38) C. G. Jung, *Type Psychologique*, pp. 424-425.
39) W. Steinberg, *Masculinity*(Boston: Shambhala, 1993), p. 8.

(5) 영혼의 안내자: 아니마/아니무스

그런데 융은 우리 정신 속에서 우리의 내면적인 욕구를 표현하고, 우리를 영혼의 세계로 인도하는 것은 우리의 자연적인 성(性)과 반대되는 성의 이미지, 행동양식, 정서적 반응이라고 주장하였다. 다시 말해서, 한 남자 속에서 그의 내면적 욕구는 여성과 관계되는 이미지나 행동양식, 정서적 반응을 통해서, 한 여자 속에서 그의 내면적 욕구는 남성과 관계되는 이미지나 행동양식, 정서적 반응을 통하여 나타나며, 그것들은 우리의 정신 속에 하나의 정신적 요소로 존재한다는 것이다. 융은 남성 속에 있는 여성적인 요소를 아니마(anima), 여성 속에 있는 남성적인 요소를 아니무스(animus)라고 하였다. 아니마와 아니무스는 꿈이나 환상 또는 행동을 통해서 나타나 우리에게 영혼의 상태를 보여 주고, 우리를 영혼의 세계로 이끌어간다. 그러므로 우리가 인격을 성숙시키기 위해서는 우리에게서 이성(異性)의 모습으로 나타나는 이 요소들을 유심히 관찰하고 그 요청에 귀를 기울여야 한다. 폰 프란츠가 아니마를 가리켜서 자기실현의 안내자라고 한 것은 그 때문이다.[40] 사실 무의식 속에는 의식이 인식하고, 실현시켜야 하는 요소가 많이 있다. 그러나 사람들은 그의 환경에 적응하느라고 무의식적 요소를 소홀히 하고 무시한다. 그때 우리 삶은 경직되고, 개인이나 사회는 위험에 빠져든다. 그때 우리는 우리 속에 있는 이성(異性)의 메시지를 듣고 그 메시지가 제시하는 방향으로 나가야 한다.

단군신화가 그 시작에서부터 성의 대극 문제로 출발하는 것은 의미심장한 일이다. 곰과 호랑이로 상징되는 긍정적이거나 긍정적이지 않은 여성적 특성이 인식되고 분화, 통합되어야 우리 정신이 균형을 되찾을 수 있다는 사실을 강조하기 때문이다. 단군신화의 앞부분에는 다른 신화와 달리 의식적인 측면, 합리적인 측면이 많이 기술되어 있다. 어쩔 수 없는 사랑 때문에 괴로워하거나, 한 사람이 다른 사람을 만나서 관계를 맺고 우여곡절을 겪는 모습이 나오지 않고, 환웅이 천부인 세 개를 가지고 인간 세계에 내려와 풍백(風伯),

---

40) M. -L. von Franz, *op. cit.*, pp. 69-70.

우사(雨師), 운사(雲師)와 더불어 사람들에게 농사를 짓게 하고, 질병을 고치며, 형벌을 다스리고, 선악을 알게 하였다는 이야기만 나와 있는 것이다. 그러나 합리적이기만 한 삶은 문제를 일으키게 된다. 풍부한 감정생활이나 가치생활, 그리고 복잡한 인간사 속에서 관계를 맺으며 사는 것과 관계되는 여성적인 요소가 보충되어야 비로소 참다운 삶이 전개될 수 있는 것이다.

(6) 남성성의 특징: 객관적 관심, 로고스, 합리성, 바깥 세계 지향적

단군신화가 우리에게 인격의 여성적인 요소를 인식해서 더 발달시킬 것을 촉구한다면, 우리는 우리 인격에서 여성적인 요소는 무엇이고, 남성적인 요소는 무엇인가 하는 것을 좀 더 깊이 있게 살펴보아야 한다. 우리가 보통 남성적인 것이라고 말하는 것의 특성은 대체로 다음과 같은 네 가지다.

첫째, 남성성은 도구적·행동적인 특성으로 나타난다. 다시 말해서, 남성성은 우리가 바깥 세계에 적응하고, 우리로 하여금 목표를 세워서 그 목표를 성취하도록 행동하게 하는 것이다. 자연히 남성성은 우리에게 바깥 세계 지향적이며, 과제 지향적으로 되게 한다.

둘째, 정신기능적인 측면에서 남성성은 합리적·논리적·자기주장적 특성을 나타낸다. 우리가 객관적인 세계와 접촉하고, 거기에 적응하며, 거기에서 어떤 성취를 이루기 위해서 필요한 정신적 태도인 것이다. 여기에서 남성성은 분별, 판단, 통찰 등의 기능과 관계가 있다.

셋째, 상징적인 의미에서 남성성은 미래, 희망, 약속 등을 표상한다. 어린이에게 아버지는 그가 이상적으로 그리고 있는 미래상이며, 동일시할 대상이다. 그가 자신의 내면에 있는 모호한 무의식적 욕망을 승화시키고, 적응해 갈 때 궁극적으로 도달할 수 있는 모습인 것이다. 그래서 남성성은 우리를 현실에서 벗어나 앞으로 부르는 미래적인 요소와 권위, 규율, 규범과 관계가 있다.

넷째, 남성성은 강함, 공격성, 경쟁 능력, 성취 의욕, 독립성 등을 나타낸다. 동물적이며 충동적이고 적극적인 이니시어티브 등 외부 세계와 싸우며 자기 삶을 지켜 나가려는 특성이 종래 남성의 역할이었고, 그 결과 남성적인

이미지와 결부되었던 것이다.[41]

남성이 가진 이 모든 특성을 융은 현대적인 표현으로 '객관적 관심'에 해당되는 로고스(logos) 원리라고 말하였다.[42] 이런 남성성은 일하는 사람, 재판관, 교사, 승려, 예언자 등의 이미지로 나타나며, 신화에서는 정복하는 영웅, 위대한 왕, 현자(賢者), 제우스, 디오니소스, 아폴로 등의 신, 악마, 그리고 황소, 염소, 개, 독수리 등의 동물로 나타난다.[43]

남성은 자신의 남성성을 잘 발달시켜야 한다. 그렇지 않을 경우 그의 남성적인 모습은 발달하지 않고 무의식 속으로 들어가 그림자와 결합되어 열등하고 파괴적인 모습으로 나타나기 때문이다. 여성도 마찬가지다. 여성의 정신 속에도 남성적인 특성이 깃들어 있다. 그러므로 여성도 아니무스라고 부르는 그의 남성적인 특성을 잘 발달시켜야 한다. 그러지 않을 경우 아니무스는 왜곡되며 파괴적인 모습으로 나타나 삶 전체를 문제에 빠뜨린다. 대표적인 문제로서 아니무스가 부정적으로 작용할 때 여성은 객관적으로 입증되지도 않은 사실을 객관적으로 옳은 것이라고 정서적으로 믿으며, 남들도 다 그렇게 생각한다고 완강하게 주장한다. 또한 사물의 겉에만 관심이 있지 내용에는 관심이 없으며, 객관적인 것과 주관적인 것을 구분하지 못한다. 남성성의 특성인 로고스가 왜곡되어 버리는 것이다. 그래서 무의식적인 합리성, 권력에 대한 열망, 자기주장, 공격성, 구분하기만 하려는 충동에 사로잡히며, "사람들은 반드시 어떻게 해야 한다."라고 당위적으로 요구만 한다.[44]

(7) 여성성의 특성: 정신적으로 관계맺기, 에로스, 풍부한 감성, 삶 지향적

여성성의 특성은 남성성의 특성과 대극적인 관계에 있다. 남성성이 로고스

41) cf. W. Steinberg, *op. cit.*, pp. 2-7.
42) C. G. "Jung, Woman in Europe", p. 123.
43) A. B. Ulanof, *op. cit.*, p. 41.
44) 요즘 우리 사회의 자기 과시적이고 '목소리 큰 사람이 이기는' 풍토와 결부시켜서 생각해 보면 많은 시사점을 찾아볼 수 있다.

로 상징된다면, 여성성은 결합하고, 참여하며, 관계 맺는 에로스로 상징된다. 융은 "로고스가 현대적인 용어로 객관적 관심이라고 한다면, 에로스의 개념은 현대적인 용어로 말하면 정신적으로 관계 맺기(psychic relatedness)다."[45] 라고 말했다. 그러므로 여성성의 특성은 에로스의 원리에 따라서 다음과 같은 네 가지 특성을 지닌다.

첫째, 사회적으로는 가정적이며 관계지향적이고 수동적인 특성을 지니고 있다. 남성성이 외부 세계에 맞서고, 적응하며, 성취를 지향하는 데 초점을 맞추고 있다면, 여성성은 가정으로 들어와 가족 구성원들을 품어 주고, 그들과 관계를 맺어 그들을 다시 사회에 돌려보내는 데 초점을 맞추고 있다.

둘째, 정신기능적으로 여성성은 수용성, 공감적 능력, 정서적 표현 등과 관계된다. 그래서 사람이나 사물을 논리적으로 파악하기보다는 직관적으로 파악하며, 이론화하기보다는 구체적인 감정을 느끼는 데 익숙하다.

셋째, 여성성은 미래보다는 현실을 중요시하며, 추상적인 희망보다는 현재의 삶을 중요시한다. 그리하여 양육하고 보살피는 능력과 관계된 불변성, 안정성, 보수성의 기초가 된다.

넷째, 여성성은 친절, 조화, 참여, 부분이 되기 등 어머니 및 모성과 관계된 특성을 나타내고 있다. 그래서 율라노프는 에로스로 표상되는 여성성은 아이를 배고, 보호하고, 긴장을 풀어 주며, 어둠으로부터 빛으로 인도하는 선량한 어머니를 상징한다고 주장하였다.[46]

남성이 전통적으로 바깥 세계와 관계를 맺고, 새로운 일을 일으키는 데 관여했다면, 여성은 가정을 지키고, 남성이 일으킨 일을 지키고, 이어갔기 때문이다. 이런 여성성은 아이를 기르는 어머니, 변호사, 보육가, 예술가, 사제 등의 이미지로 나타나며, 신화나 설화 속에서는 길을 안내하는 여인, 지혜로운

45) C. G. Jung, "Woman in Europe", p. 123.
46) A. B. Ulanof, *op. cit.*, pp. 155-158. cf. 율라노프는 여성성을 에로스와 형태갖기(modality)의 두 가지 특성으로 설명하였다.

할머니, 순결한 처녀, 공주, 헤라, 아프로디테, 아르테미스 등의 여신, 그리고 곰, 두꺼비, 개구리 등 지하세계와 관계되는 동물로 나타난다.

(8) 아니마의 발달

남성들은 그들의 페르조나로 나타나는 남성성을 잘 발달시켜야 할 뿐만 아니라, 무의식에 있는 아니마를 잘 발달시켜야 하고, 여성들 역시 그들의 여성성을 잘 발달시켜야 한다. 그러지 않을 경우 남성들은 감정이 미숙하거나 불안정해서 고통을 받으며 여성들의 경우는 아니무스의 공격을 받아서 많은 어려움을 겪게 된다. 그림 동화집에 나오는 '마술 걸린 공주'는 그런 예를 잘 보여 주고 있다. 그 이야기 속에서 마술 걸린 공주는 그녀의 구혼자들에게 풀기 어려운 수수께끼를 내고, 구혼자들이 그 수수께끼를 풀지 못하면 그들을 모두 죽여 버린다.[47] 그녀는 아무와도 관계를 맺지 못하고 여성의 덕성인 생명을 탄생시키지 못하는 것이다. 이것은 자신의 여성성을 발달시키지 못하는 여성이 그녀 인격의 핵심인 자기(自己)를 탄생시키지 못하는 모습을 상징적으로 그려 내는 것이다.

남성 역시 마찬가지다. 남성 역시 자신의 내면에 있는 여성성을 인식하고, 그것을 분화시키며, 인격에 통합시켜 나가야 한다. 그러지 않을 경우 남성의 내면에 있는 아니마는 발달할 기회를 잃어버려서 무의식의 다른 열등한 요소에 감염되어 원시적이고 파괴적인 모습으로 나타난다. 그래서 융은 개성화 과정에서 아니마/아니무스의 분화와 통합이 가장 복잡한 문제라고 주장하였다. 남성이 아니마에 사로잡혀 있을 때 그는 어떤 막연한 그리움이나 불안감에 사로잡히며, 우울증과 무력감의 포로가 되고, 열광과 질투, 편집증에 시달리게 된다. 그래서 융은 사람들은 자기 내면에 있는 이성(異性)을 발견하고, 이성의 인도를 따라 남성성과 여성성을 성적인 범주에서가 아니라 실제적인 의미에서 통합시켜야 한다고 강조하였다.[48]

----

47) M. -L. von Franz, *op. cit.*, pp. 100-101.

　　상징적으로 이 모습은 자웅동체(雌雄同體)인 안드로진(androgyne)이나 헤르마프로디테(hermaphrodite)로 표현되어 왔다. 우리가 정신적으로 안드로진이 될 때, 우리는 우리 내면에 있는 모든 대극적인 요소를 더 잘 분화시키고, 통합시킬 수 있으며, 집단의식에서 분화되어 우리 자신의 인격으로 존재할 수 있다. 따라서 도덕적 판단을 하는 데에서도 매우 성숙한 태도로 임할 수 있으며, 자기존중감을 가지고 살 수 있게 된다. 또한 서로 다른 상황에서 좀 더 유연하게 대처할 수 있게 된다. 원만한 인격, 개성화된 인격을 이룰 수 있는 것이다.

　　단군신화에서 곰이 여인으로 되었다는 이야기는 우리에게 이 사실을 말해 준다. 호랑이처럼 탐욕스럽고, 공격적이며, 외부 지향적인 것이 어느 시대에는 필요한 가치일 수도 있지만 궁극적으로는 사람이 되는 가치가 되지 못하고, 오히려 곰처럼 참고, 견디며, 희생적인 정신적 요소를 우리 내면에서 발달시켜서 그것과 우리를 동화시킬 때 비로소 사람으로 태어난다는 것이다. 그래서 율라노프는 "사람은 인간의 정신에 자동적이며, 독립적인 요소가 있음을 인정해야 한다. 그가 가지고 있는 로고스의 수월성(superiority)에 대한 오래된 신념은 이제 결정적으로 도전받는다. ……이제 남성과 여성 사이에는 새롭고 창조적인 관계가 형성될 수 있는 것이다. 여기서 여성적인 정신과 남성적인 정신 사이에서의 내면적인 통합 과정, 전인의 창조가 구체적으로 생겨나는 것이다."라고 말하였다.[49]

　　우리 내면에 있는 이성적인 요소, 특히 무시되기 쉬운 아니마/아니무스를 인식하고 동화시키는 것은 한 개인의 문제일 뿐만 아니라 한 사회의 문제이며, 시대의 문제이기도 하다. 집단으로서의 한 사회와 시대는 독립된 인격체로 작용하기 때문이다. 여성적인 특성은 그것이 가진 내면적이고 수동적인

----

48) 특히 『아이온』과 『전이의 심리학』에서 융은 개성화는 우리가 정신적으로 자웅동체(雌雄同體)가 되는 것이라고 주장하였다. C. G. Jung, *Aion*, p. 222f. C. G. *Jung, Psychologie du Tranfert*, pp. 110-120.

49) A. B. Ulanof, *op. cit.*, p. 166.

특성 때문에 외부에의 적응에 빠르지 못해서 한 개인에게서는 물론 한 사회에서도 종종 무시되기 쉽다. 그러므로 우리는 더욱더 그런 요소에 관심을 기울이고, 그 요소가 무시되지 않도록 해야 한다. 단군신화에서도 환웅(자아)은 처음에 여성적인 요소에 그리 관심을 보인 것 같지 않다. 그래서 여성적인 요소가 문제로 등장했으며, 나중에 곰과 결혼해야 했다.

3) 여성적인 요소의 수용과 입사식

세 번째 이야기에서 환웅은 곰과 호랑이에게 쑥 한 타래와 마늘 스무 개를 주고 동굴에 들어가 백일 동안 햇빛을 보지 않고 살면 사람이 될 수 있다고 말한다. 곰은 그렇게 한 결과 사람이 되어 환웅과 결혼했지만, 호랑이는 참지 못해서 사람이 되지 못하였다. 이 이야기에서 우리는 곰이 사람으로 되는 것과 사람이 된 곰과 환웅이 결혼하는 것을 보게 된다.

먼저 곰이 사람이 되는 것은 신화와 설화에서 개구리가 사람이 된다거나, 두꺼비가 사람이 된다는 등으로 종종 등장하는 것이다. 그런데 우리는 여기서 사람이 되는 조건 두 가지에 주목을 해야 한다. 첫째, 곰이 사람이 될 수 있었던 것은 곰이 동굴에 들어가서 햇빛도 보지 않고, 쑥과 마늘을 먹었을 때다. 그렇다면 동굴은 어떤 곳인가? 동굴은 "비밀한 은둔처요, 신선들이 거주하는 곳이며, 입문식(initiation)이 행해지는 장소"[50]다. 쉬발리에에 의하면, 곰은 특별히 입문식과 관련이 있는 동물이다. 그 이유는 곰이 동면을 하며, 곰이 가지고 있는 모호함과 털의 어두운 색은 금지와 연관되기 때문이다. 그래서 남캘리포니아의 포모(Pomo) 인디언은 입문식에서 문자 그대로 큰 곰과 결투를 벌이게 한다.[51] 단군신화에서 곰이 동굴에서 쑥과 마늘을 먹고 햇빛도 보지 않았다는 사실은 바로 통과제의의 하나로서 입문식을 치르는 주제를 나타낸다.

---

50) M. Eliade, 『성과 속』, p. 118.
51) J. Chevallier & A. Gheerbrant, op. cit., pp. 716-719.

입문식(入門式)은 과거 종교에서 사춘기에 도달한 소년, 소녀에게 상징적인 죽음과 부활의 의미를 담고 있는 제의를 거치게 하여 성인(成人)이 되게 하는 의식이다. 입문식에서 입문자들은 동굴이나 오두막에 갇히거나, 상징적으로 매장됨으로써 죽은 것으로 간주된다.[52] 그다음에 입문식을 주관하는 이는 이들을 죽음에서 살려 내고, 그들에게 인생을 살 수 있는 지혜와 사냥법 등을 가르치며, 마을로 데려와 축제를 베풀어 그들이 그 부족의 일원이 되었음을 공포한다. 입문자들은 입문식을 통해서 자연인으로부터 비로소 완전한 인간이 되는 것이다. 엘리아데는 입문식을 가리켜서 이렇게 말하고 있다: "입문식은 제의적인 죽음과 부활을 포함한다. 수많은 원시부족 가운데서 신입자가 상징적으로 살해당하여 참호 속에 묻히고 다시 나뭇잎들로 덮이게 되는 것은 이 때문이다. 무덤에서 일어날 때 그는 한 번 더, 이번에는 우주적인 어머니에 의해서 직접 탄생하였기 때문에 새로운 인간으로 간주된다."[53]

원시사회에서 입문식은 대단히 중요한 의미를 지니고 있었다. 사람들이 아무리 나이가 들어도 입문식을 거치지 않으면 그 부족의 일원이 되지 못하여 다른 부족과의 전투에 참여하여 전리품도 얻지 못하고, 사냥에 참여하여 사냥물도 분배받지 못했기 때문이다. 하나의 성숙한 인간으로 재탄생하지 못했기 때문이다. 과거 종교에서는 많은 통과제의(rite of passage)가 있었던 것이다.

신화에는 이런 주제들이 많이 있다. 동굴에 갇히는 것, 숲에 들어가는 것, 괴물의 뱃속에 들어가는 것 등이 그것이다. 이것들은 모두 입문식에서의 상징적 죽음을 의미한다. 그리고 거기에서 나오는 것은 재생을 의미한다. 심리학적인 의미에서도 마찬가지다. 우리가 개성화된 인간으로 태어나려면 우리는 우리 내면의 동굴에 들어가서 무의식의 많은 요소를 분화시키고, 통합시

---

52) 엘리아데는 "어디서든지 이 의식은 후보자를 그의 가족에게서 격리시키는 일과 숲속에서 일정기간 은둔생활을 하게 하는 일로 시작된다. 여기에 죽음의 상징이 존재하게 된다. 숲, 정글, 어둠은 피안 또는 하계(下界)를 상징한다."고 말한다. M. Eliade, *op. cit.*, p. 145.

53) M. Eliade, *op. cit.*, p. 111.

켜야 한다. 융은 사람은 생물학적으로만 태어나는 것이 아니라 신비한 방법
으로 다시 한 번 태어나 신의 삶에 참여하게 되며, 이런 방식으로 다시 태어난
사람은 영웅이나 반신(半神)이 된다고 주장하였다. 그러므로 많은 신화가 이
런 재탄생의 과정을 그리고 있는 것은 이상한 일이 아니다. 단군신화에서 곰
이 동굴에 들어갔다는 것도 입문식의 주제를 의미한다.[54] 곰은 이제 입문식
을 거쳤으므로 사람이 될 수밖에 없다.

입문식이란 자연적인 것을 인간적인 것이나 신적인 것으로 변형시키는 과
정이다. 자연(自然)을 문화(文化)와 영(靈)으로 변환(變換)시키는 과정인 것이
다. 곰은 동굴 속에서 쑥과 마늘을 먹었다. 쉬발리에에 의하면, 쑥과 마늘은
그 독한 냄새 때문에 뱀을 쫓고, 흡혈귀를 쫓으며, 악마를 쫓는 약용식물로 사
용되어 왔다. 특히 쑥은 제의에서 정화제로 많이 쓰여 왔고, 쑥을 태운 향은
하늘과의 교신을 가능케 한다고 여겨 왔다. 마늘 역시 디오니소스적인 성격을
가지고 있는 제의에서 제관은 그 손에 마늘로 된 묵주를 가지고 재생의 의식
을 거행하였다. 그 이유는 마늘이 영혼을 재생시키는 역할을 한다고 믿어 왔
기 때문이다.[55] 곰이 쑥과 마늘을 동굴 속에서 먹었다는 사실은 그가 동굴 속
에서 끊임없이 그의 영혼을 정화시키고, 재생시키는 의식을 행했다는 사실을
의미한다. 참다운 사람, 거듭난 사람이 되는 데 필요한 시련인 것이다.

(1) 우리 정신의 열등하고 어두운 요소의 용납

두 번째로 곰이 사람으로 된 주제에서 단군신화는 우리에게 더욱더 중요한
사실을 깨우쳐 주고 있다. 그것은 환웅이 곰의 생활방식을 있는 그대로 받아
주었다는 사실이다. 곰은 동면을 하는 동물이다. 그러므로 환웅이 곰과 호랑
이에게 제시한 과제는 처음부터 곰에게 유리한 과제였다. 환웅이 남성적이

---

54) 단군신화에서는 환웅이 동굴에 들어가지 않고 곰이 동굴에 들어가 사람으로 변했고, 신이었던 환
  웅이 사람이 되어 곰과 결혼하는 이중적 탄생이 이루어지고 있다.
55) J. Chevallier & A. Gheerbrant, *op. cit.* pp. 16-17, p. 77.

고, 공격적인 요소를 인정해 준 것이 아니라 여성적이고, 수동적인 요소를 받아 주었다는 말이다. 사실 우리가 인격의 열등하고 어두운 요소를 용납하고 받아들이면 그 열등하고 어두운 요소는 의식화되며, 더 이상 열등하고 어두운 모습을 보이지 않게 된다. 우리 의식에 통합되고 발달하게 되는 것이다. 우리가 우리 안에 있는 어떤 열등감을 부정하고, 그것을 의식하기를 거부한다면, 그 열등감은 우리에게서 결코 없어지지 않는다. 그러나 우리가 그것이 형성될 수밖에 없었던 과거의 삶을 용서하고 그 열등감을 받아들이면 우리에게서 그 열등감은 인격을 한 차원 더 높일 수 있는 전기를 마련해 준다. 열등감이 훌륭하게 극복되는 것이다. 그래서 폰 프란츠는 "사람들이 자기의 완고한 편견을 극복하고, 그의 낮은 차원과 충동에 관대한 태도를 보이면 아니마는 갑자기 변화되고, 높은 차원으로 발달된다."[56]라고 말하였다. 곰이 아름다운 여인으로 변환되는 것이다.

　　앞서 말한 그림 동화집의 「세 개의 깃털」 속에서도 막내아들이 결혼하게 되는 것은 그가 개구리 말을 듣고 개구리를 안고 물로 뛰어들어 개구리가 아름다운 공주로 변한 다음이다. 개구리를 개구리로 받아 주어 개구리가 더 이상 열등한 동물로 머물지 않고, 사람이 된 다음인 것이다. 우리 정신 속에서 아니마는 우리에게 어떤 막연한 느낌이나 공상, 상상의 형태로 나타난다. 또한 성적인 관심이나 공상의 형태로 떠오른다. 이때 우리는 보통 그것을 무시하거나 억누를 때가 많다. 그것이 저차원적이고, 열등하기 때문이다. 그러나 우리가 그렇게 할 때 아니마는 의식화되지 못한다. 계속해서 무의식에 그 내용을 알지 못하는 욕망이나 공상의 형태로만 존재하게 되는 것이다. 그 대신 우리가 그것이 지금은 성적인 욕망이나 공상의 형태를 띠고 있지만, 그 이외에 어떤 상징적인 의미를 지니고 있다고 생각하여, 그 내용을 무시하지 않고 그것을 따라간다면 그것은 우리 속에서 공주로 변할 수 있다. 우리가 처음에 아니마의 열등한 면을 받아들이기가 어렵지, 일단 받아들이기만 하면 그것은

----

56) M. -L. von Franz, *op. cit.*, p. 74.

그렇게 어려운 일이 아니다. 곰이 처음에는 백일 동안 동굴 속에 있어야 사람이 될 수 있다고 했었는데, 나중에 21일 동안만 있었어도 사람이 될 수 있었기 때문이다. 무의식의 은총이 작용했던 것이다. 문제는 우리가 인격의 열등한 요소, 어두운 요소를 인정하고 인격의 일부로 받아들이는 것이다.

(2) 신성혼: 환웅과 웅녀의 결혼

다음으로 사람이 된 곰과 환웅의 결혼 주제를 살펴보자. 우리는 이 주제에서 왕의 결혼(noces royales) 또는 신성혼(hierosgamos)의 모티프를 본다. 제석신(帝釋神)의 아들 환웅과 웅녀가 결혼하는 것이다. 신성혼의 모티프는 연금술과 신화에서 매우 중요한 주제다. 연금술에서 신성혼은 서로 정반대되는 두 요소가 결합되어(union des opposées) 새로운 화합물을 생성하고, 신화에서 신은 다른 존재와 육체적 결합을 함으로써 인척관계를 맺고, 이 관계를 통해서 새 시대를 열어 갈 새로운 존재가 탄생하기 때문이다. 그래서 연금술에서는 이러한 종류의 결합을 달과 해의 결합, 왕족의 형제자매의 결합, 어머니와 아들의 결합 등의 상징으로 묘사하며, 이 결합을 특별히 융합의 신비(mysterium coniunctionis)라고 부른다. 종교에서도 신성혼 주제는 이집트 신화에서 오시리스(Osiris)와 이시스(Isis)가 결혼하여 호루스(Horus)를 낳는 등 천지창조 기사에서 종종 나타난다. 그래서 엘리아데는 "많은 종교에서 우주적 창조는 천신과 어머니인 대지 사이의 신성혼에 따른 결과다. 우주창조 신화는 탁월하게 모범적인 신화이며, 인간 행동을 위한 모델로 기여한다."[57]라고 말하였다. 단군신화에서도 신성혼이 나타난다. 신(神)인 환웅이 사람으로 변하여 웅녀와 결혼하고, 그 사이에서 새로운 시대를 열 단군이 태어나는 것이다.

그런데 우리는 신화에서의 신성혼이 사실은 인간의 정신 속에서 전개되는 드라마임을 알아야 한다. 그 이유는 앞에서도 언급했듯이 "어떤 단어가 신-인동형동성론적이면 신-인동형동성론적일수록 그 단어는 인간의 상상력에

---

57) M. Eliade, *op. cit.*, p. 112.

서 나오는 것, 즉 무의식적인 것"[58]이기 때문이다. 신성혼의 모티프는 인간 정신에서도 매우 중요한 이미지다. 신성혼이 그려 내는 것은 우리 정신의 대극적인 것이 서로 결합하여 새로운 존재인 자기(Self)를 탄생시키기 때문이다. 이때 태어나는 것은 우리 인격의 새로운 중심이다. 의식과 무의식을 통합하는 요소로서 인격의 핵(核)인 것이다. 이제 우리 정신은 자기를 중심으로 해서 새로운 질서를 창출하며, 서로 대극되는 다른 요소를 통합시켜 나가게 된다. 중요한 신화나 설화에서 평범한 사람이 나오지 않고, 왕이나 신이 나오는 것은 자기가 인격의 평범한 요소가 아니라 핵심이 되는 요소, 중심이 되는 요소이기 때문이다. 즉, 자기의 탄생은 평범한 가정에서가 아니라, 인격의 심원(深園)에서 태어나야 하기 때문이다.

그런데 신성혼이 있기 전에는 반대되는 두 요소 사이의 격렬한 충돌이나 주인공이 어둠 속에 잠기는 일이 일어난다. 오시리스는 그의 형제 세트와 싸우다 죽으며, 곰은 동굴 속에서 21일이나 있어야 했다. 이것은 새로운 탄생을 이루기 전에 반드시 필요한 일이다. 자기가 탄생하기 위해서는 대극과의 직면, 투쟁, 극복이 필요하기 때문이다. 단군신화에서 환웅이 웅녀와 혼인했다는 이야기는 심리학적으로 말해서 자아가 그의 무의식에 있던 아니마의 두 가지 측면 가운데서 좀 더 공격적이고 거친 측면(호랑이)보다 좀 더 부드럽고 관계 지향적인 측면(곰)을 받아들여서, 그 측면이 충분히 발달하게 하여(여자로 되게 하여) 자아에 통합되게 했다는 사실을 의미한다.

4) 단군의 탄생과 조선 건국

마지막 이야기는 환웅과 웅녀 사이에서 단군이 탄생하고, 조선이 건국된다는 이야기다. 그런데 단군은 1,500년 동안이나 나라를 다스렸다. 이 이야기는 모든 신화나 설화의 끝이 그렇듯이, 주인공이 '잘 먹고 잘 사는' 식으로 끝이

---

58) C. G. Jung, *Psychologie du Transfert*, p. 20.

난다. 설화가 '잘 먹고 잘 사는' 것으로 끝나거나, '아들딸 낳고 오래오래 사는' 식으로 끝나는 것은 그 이야기를 듣던 사람을 이제 다시 현실 세계로 돌려보내기 위해서다. 왜냐하면 그 이야기에서 이제는 더 들을 것이 없어졌기 때문이다. 그러나 신화에서 가장 중요한 사실은 언제나 바로 이 앞에서 제시된다. 단군이 탄생하고 조선이 건국되는 것이다. 단군의 탄생에서 우리는 새로운 존재의 탄생을 본다. 그는 이제 새 나라를 열어 갈 존재다.

신화에서 주인공은 삶의 원리를 새롭게 한다. 그 전에 밤의 바다를 항해하거나, 고래 뱃속에 들어가거나, 숲 속을 헤매다가 새 땅에 도달하여 새 시대를 여는 것이다. 단군신화에서도 단군이 탄생하면서 새 나라가 창건된다. 사람을 널리 이롭게 할[弘益人間] 나라, 조선이 건국되는 것이다. 그 나라는 이제 과거처럼 경색되거나, 빡빡한 나라가 아니다. 자기의 삶을 지키기 위해서 다른 나라를 침략하고 억압하는 파괴적인 나라가 아니라 같이 살고, 같이 나누며, 자기를 희생하여 다른 사람들을 살리는 나라다. 생명의 흐름이 원활하게 흐르는 나라다. 이제 단군이 탄생했으니 나라가 세워지게 되었다. 왜냐하면 단군은 환웅이 새롭게 변형된 모습이기 때문이다.

단군신화에서 환웅은 처음에 우울한 모습으로 그려진다. 그가 장남이 아니라서 자신의 현실 세계인 하늘나라에 뜻을 두지 못하고, 인간 세계에 뜻을 두고 있었다는 사실은 이것을 의미한다. 그는 환인의 서자로서 다른 형제들과 경쟁하기 위해서 많은 애를 썼을 것이다. 그는 자기의 주된 기능을 과발달(過發達)시키면서 자신의 열등한 면과 어두운 면을 억압했는지도 모른다. 그 결과 아니마는 심하게 왜곡되어 있었다. 그의 무의식이 원시성에서 벗어나지 못했기 때문이다. 이런 상태에서 우울해지는 것은 자연적 귀결이다.

아니마는 남성의 마음속에서 생명의 흐름을 나타낸다. 그래서 아니마의 문제를 이해하지 못하고, 동화시키지 못한 사람은 내면적인 삶의 리듬을 따라가지 못하여 경색되고 따분한 삶을 살게 된다. 종종 우울증에 빠지고, 무력감에 시달리게 되는 것이다. 이런 현상을 가리켜서 폰 프란츠는 "아니마를 억압하면 영을 상실하게 되고, 정신적 에너지가 상실되며, 아니마에 굴복하면 인간적인 것을 상실하고 사납게 된다."고 말하였다.[59] 그래서 환웅은 아버지 나라를 떠나 인간 세상으로 올 수밖에 없었다. 정신적 순례를 시작한 것이다. 이 과정에서 그는 그동안 그가 발달시키지 않아서 동물적인 상태로까지 퇴화되었던 아니마를 나타내는 웅녀를 발견했다. 그리고 그녀를 자신의 일부로 인정했고, 결혼하였다. 이제 그에게서 아니마의 문제가 해결된 것이다. 여기서 새로운 존재가 탄생되고, 새 나라가 세워지는 것이다. 단군과 환웅은 둘이 아니라 하나다. 단군은 환웅이 변형된 모습인 것이다. 환웅이 자연적인 본성을 가진 존재라면 단군은 이제 통과제의를 거쳐서 영적으로 변형된 모습으로, 환웅이 자연인(l'homme naturel)이라면 단군은 영적인 인간(l'homme spirituel)인 것이다.

(1) 자기의 탄생

　분석심리학적으로 말하자면, 단군의 탄생은 자기(自己)의 탄생이다. 우리 인격에 새로운 중심이 생겨났다는 말이다. 사람은 보통 자아가 인격의 중심인 줄 알고 살지만, 우리 인격의 중심은 자아가 아니라 집단적 무의식 안에 있는 자기(Self)다. 융에 의하면, 자기는 우리 정신의 중심이며, 정신의 전체성(totalité)을 나타내고, 정신의 초월성을 나타낸다. 자기는 무의식의 시원(始源)으로서 무의식 속에 있지만 그 안에 의식과 무의식을 모두 포함하고 있기 때문에 무의식까지 초월하며, 정신의 전체성을 나타내는 것이다. 자기의 이런 초월성 때문에 자기는 우리 정신 속에서 서로 반대되는 두 요소가 서로를 배척하면서 갈등 상태에 있을 때 그 두 요소를 제3의 자리에서 통합시킬 수 있다.[60] 자기는 우리가 의식에만 관심을 기울이지 않고 무의식에 관심을 기울이며, 정신 에너지를 우리 밖의 세계에만 투여하지 않고 내면에도 투여할 때 우리 속에서 서서히 그 모습을 드러낸다. 환웅이 곰으로 표상된 무의식의

---

59) M. -L. von Franz, *op. cit.*, pp. 68-70, p. 106.
60) *Ibid.*, pp. 161-162.

요소와 여성적인 요소를 받아들이고, 그것을 인식하고 통합했을 때 자기가 탄생하는 것이다. 이렇게 해서 탄생한 자기는 우리 인격에 새로운 중심이 된다. 이 중심은 그 전과 같이 편협하고 모가 난 중심이 아니라, 모든 것을 포용한 새로운 중심이다. 그 안에서 과거의 원시적이며, 열등했던 요소는 이제 새로운 인격의 중심을 따라서 그 독성이 중화되어 역동적이고 창조적으로 분출되게 된 것이다. 그리하여 새로 태어난 환웅, 단군은 조선을 건국한다.

우리는 조선의 건국에서도 중요한 상징이 숨어 있는 것을 볼 수 있다. 조선의 건국은 단군신화가 전체성을 상징하고 있을 때 건국되는 것이다. 단군신화에 등장하는 인물은 처음에 환인, 환웅, 웅녀 등 세 명이었는데 나중에 단군이 탄생하였을 때 비로소 네 명이 된다. 그리고 이때 조선이 건국된다. 융에 의하면, 3이라는 숫자는 남성적인 숫자다. 3은 완전하고 역동적인 초월적 신성을 나타내는 숫자다. 그러나 4는 3과 달리 땅과 관계되는 현실적이고 온전한 것을 나타내는 여성적인 숫자다. 그래서 사람들은 전통적으로 전체적인 것을 나타낼 때 4라는 숫자를 사용하였다. 그 예로 사람들은 방위를 나타낼 때도 동서남북의 네 방향을 생각했으며, 계절을 나타낼 때도 봄, 여름, 가을, 겨울이라는 네 계절로 구분했다. 우주의 방위와 시간을 넷으로 구분해야 가장 완전하다고 생각했던 것이다.[61] 그래서 신화에서 원형적인 것이 탄생할 때는 언제나 부족했던 것이 보충되어 넷을 이루면서 탄생한다.

단군신화에서 조선이 창건된 것은 이런 맥락이다. 조선은 이 세상에서 가장 완전한 나라, 가장 원형적인 나라의 탄생인 것이다. 그 나라는 이 세상의 모든 불완전성을 포용하고, 모든 어두운 요소를 포용하여 새로운 존재로 변형시키는 나라다. 환웅은 그 나라를 창건할 수가 없다. 아직 변화되지 못하여 완전한 존재가 아니기 때문이다. 조선의 창건은 완전한 존재인 단군이 탄생하고, 단군을 통해서 모든 것이 완전해진 다음에야 비로소 가능한 것이다. 이

---

61) cf. Bernard Kaempf, "Trinité ou Quaternité", *Etude Theologique et Religieuses* (1987, 1), pp. 59-79.

렇게 볼 때 조선은 단군의 또 다른 모습인지도 모른다.

4. 결론: 자기를 찾은 삶

1) 곰을 살려내기

지금까지 살펴본 것들을 종합해 보면, 우리는 단군신화를 우리 정신이 통합되어 나가는 과정을 그린 이야기로도 읽을 수 있다. 우리가 인격 발달 과정에서 내면에 있는 모든 대극적인 요소를 통합하여 새로운 인격으로 변형되어나가는 과정으로 생각할 수 있는 것이다. 단군신화를 이렇게 읽을 때 단군신화가 우리에게 전하는 메시지는 명확하다. 우리 자아(환웅)가 여성적인 요소와 무의식적인 요소를 무시하지 말고 그 인도를 따라서 우리 인격에 통합시켜야 한다는 것이다.

우리는 앞에서 남성성의 특징을 사회적으로는 도구적이고 합리적이며, 정신기능적으로는 너무 논리적이기만 하고 자기주장적이라서 경쟁 능력, 강함, 성취 의욕, 공격성을 나타낸다고 주장하였다. 그래서 남성성은 상징적으로 우리에게 미래와 희망과 약속을 의미한다고 덧붙였다. 이러한 남성성은 한 남성이 유아기에서 벗어나 건전하게 성장하는 데 많은 기여를 한다. 그가 어머니 품을 떠나서, 하나의 독립된 인격을 갖춘 성인으로 살게 되는 데 길잡이가 되는 것이다. 그러나 그가 일단 그의 남성성을 성공적으로 동화시키고 한 사회에 제대로 적응했다면, 그는 그 집단이 제시하는 남성상에서 벗어나 자기 나름대로의 독특한 인격을 형성해야 한다. 이제 더 이상 바깥 세계로만 나아가지 말고, 내면세계로 들어가며, 과제 지향, 성취 지향에서 벗어나 관계 지향, 삶 지향으로 나아가야 하는 것이다. 그래서 융은 우리는 인생의 전반기에는 환경에 적응하기 위하여 바깥 세계 지향적으로 살아왔다면, 인생의 후반기에선 죽음에 적응하기 위해서 내면세계 지향적으로 살아야 한다고 주장하였다. 그렇지 않을 경우 우리 삶에는 많은 어려움이 찾아온다. 우리 내면에서 무의식적인 욕구가 발달하지 않아서 원시성을 보이기 때문이다.

우리는 인생의 후반기에 자신의 인격을 제대로 통합시키지 못하는 사람의 모습을 남성적이기만 한 사람, 독선적이기만 한 사람에게서 많이 볼 수 있다. 이런 사람에게서는 그의 남성적인 특성이 아니마의 원시성에 감염되어, 감정적으로 변질돼 있다. 그에게는 인간적인 따스함이 없고, 감정의 표현도 아주 어색하다. 인간적인 약점을 보이려 하지 않기 때문이다. 그런 사람은 성적으로 퇴폐적이고, 잔인하고, 폭력적으로 될 수도 있다. 권위와 규범이 없고, 모든 것을 편법적이고 자의적으로 처리하려고 한다. 이런 병리적인 모습을 우리나라에서 요즘 일어나는 사고와 범죄의 모습에서 두드러지게 찾아볼 수 있다. 우리 사회에서 성공하기 위하여 수단과 방법을 가리지 않고 다른 사람을 짓밟고 올라서려는 경쟁심과 약한 사람을 왕따시키고 착취하려는 풍조에서 호랑이의 잔인성은 그대로 드러나고 있으며, 수뢰와 탈세와 부정에서 정치인들이나 기업가들의 탐욕스러운 호랑이의 포효를 듣는다. 우리가 이대로 살아가다가는 우리에게는 아무런 희망도 미래도 있을 수 없다. 모두 탐욕스럽고, 난폭한 호랑이로 변하고 마는 것이다. 재미있는 것은 요즘 우리나라에서 그려지는 호랑이들이 과거 민화 속에 나오는 우화적인 모습이 아니라 "동물원에서나 볼 수 있는 사나운 호랑이 모습만 하고 있어 친근감이 가지 않는다."[62]는 것이다. 우리나라의 병리적인 모습이 화가의 무의식을 통해서 이미 표출되는 것이다.

우리는 이제 변형되어야 한다. 환웅에서 변형되어 단군으로 되어야 하는 것이다. 우리 속에 있는 곰을 살려 내 곰의 모성애와 희생을 실현하고, 은근과 끈기를 이루어야 하는 것이다. 우리가 우리 내면에 있는 곰 할머니를 살려 낼 때 우리는 나만 생각하지 않고, 다른 사람의 어려운 사정에 좀 더 깊이 공감할 수 있으며, 다른 사람들을 좀 더 따뜻하게 받아들일 수 있을 것이다. 남들보다

---

62) 김호근, 윤열수, *op. cit.*, p. 34.

더 많은 물질을 얻으려고 다른 사람을 밀쳐 내지도 않고, 일등만 하려고 야심에 불타오르지도 않을 것이다. 오히려 약하고 뒤진 사람들이 올 때까지 그들을 기다리고, 그들을 위해서 길을 닦을 수 있는 것이다. 그러면 우리 내면에 있는 여성성을 발견하고, 곰의 모성애를 기르기 위해서는 어떻게 해야 하는가? 우리는 이제 너무 효율성만 강조하고, 경쟁만 부추기며, 모든 일을 할 때 빨리빨리 성취하려고만 해서는 안 된다. 효율적이지는 않지만 모두가 받아들일 수 있고, 빠르지는 않지만 함께 살아갈 수 있으며, 남들보다 조금 덜 가졌지만 근원적인 욕구와 관계되는 일들에 가치를 두어야 하는 것이다.

2) 호돌이와 곰두리

요즘 우리나라에서 이루어지는 일들을 살펴볼 때 우리는 단군신화라는 탁월한 민족신화가 전하는 메시지를 너무 무시하면서 살고 있는 듯하다. 우리 사회에서는 지금 모든 사람이 너무 호랑이가 되어 바깥 세계의 가치만 추종하기 때문이다. 물론 우리나라가 경제 개발의 기치를 높이 들고 해외 진출에 매진했을 때 호랑이의 적극성과 진취적인 태도가 필요하기는 했다. 그러나 호랑이로 표상되는 남성적인 가치만을 계속해서 강조하기에는 인간의 삶이 너무 복합적이라는 데 문제가 있다. 이제 우리는 앞서 이뤄 놓았던 열매들을 더 충실히 가꿔 나가기 위해서 변화되어야 한다. 더욱더 여유 있고, 인간적인 모습을 갖추어야 하는 것이다.

우리 사회가 남성적인 모습과 호랑이적인 성향에 경도되어 있는 것을 우리는 지난 1988년 올림픽 경기의 상징 동물에서 잘 찾아볼 수 있었다. 그때 하계 올림픽의 상징 동물은 곰, 까치, 다람쥐 등 많은 동물 가운데서 호돌이로 선정되었다. 우리 사회가 집단적으로 다른 동물들보다 호랑이가 우리를 더 잘 나타낸다고 생각했기 때문이다. 그 당시 우리는 곰처럼 느리고, 부드러운 모습보다는 호랑이처럼 날래고 적극적인 삶을 살기를 원했던 것이다. 그러나 모든 것에는 양면성이 있듯이 호랑이가 가진 날래고 진취적인 모습에도 부정적인 모습이 있는데, 지금 우리 사회에서 벌어지는 많은 문제는 호랑이의 부정적인 모습을 반영하고 있는 듯하다. 탐욕스럽고, 자기중심적이고, 다른 사람을 배려할 줄 모르는 모습들이 그것이다. 그 결과 우리 사회는 사고투성이, 문제투성이 사회로 되어 가고 있다. 그러나 이제 우리 사회에는 곰처럼 서두르지 않고, 자기 희생적이며, 자기 인격의 완성을 이루는 사람들이 필요하다.

우리는 그 당시 있었던 또 다른 상징을 보게 되는데, 그것은 하계 올림픽 다음에 있었던 장애자 올림픽 경기의 상징 동물이 곰두리였다는 사실이다. 그때 우리 사회는 곰 두 마리가 이인삼각(二人三脚)으로 같이 뛰어가는 곰두리를 장애자 올림픽의 상징 동물로 채택하였다. 곰 두 마리가 약한 곰을 없신여기지 않고 한 발 한 발 착실히 나아가는 모습을 상징으로 채택했던 것이다. 이 상징은 그때 우리 사회가 어느 방향으로 나아가야 진정한 삶을 살 수 있는지를 무의식적으로나마 알고 있었던 것을 의미한다. 약하고 열등한 사람을 무시하지 않고, 이인삼각으로 서로에게 부족한 것들을 보충해 줄 때 우리 사회가 인간적인 사회로 된다는 사실을 알고 있었던 것이다. 호랑이이기를 그만두고 곰처럼 느리지만 인내심을 가지면서 나아갈 때 진정한 사람이 되고, 올바른 사회가 된다는 사실을 알고 있었던 것이다. 왜냐하면 탁월한 모범이 되는 단군신화가 우리 마음속에서 살아 있었기 때문이다. 그러므로 우리 사회는 모든 구성원이 자기중심성에서 벗어나 다른 사람과 함께 살고, 다른 사람을 보살피는 심성을 기를 때 좀 더 성숙하고 인간다운 사회로 나아갈 수 있을 것이다. 그러나 아쉬운 것은 곰두리가 올림픽 본경기의 상징 동물이 아니라 장애자 올림픽 경기의 상징 동물이었다는 사실이다. 우리 사회에서 곰이 나타내는 가치는 여전히 무의식에 머물러 있는 것이다.

14

악의 문제와 그 극복에 관한 고찰
-C. G. 융의 그림자 이론과 흥부전에 대한
분석심리학적 해석을 중심으로

1. 현대의 전환기적인 상황과 악의 문제

인간의 삶에서 악에 대한 질문은 회피할 수 없는 물음이다. 사람은 이 세상에서 무의미한 듯이 보이는 고통 때문에 악을 체험하고, 그 고통에서 벗어나기 위해서 악의 의미를 캐묻기 때문이다. 그러나 악에 대한 질문은 신에 대한 질문처럼 유한한 인간의 인식을 초월해 있어서 대답하기가 쉽지 않다. 악은 인간보다 먼저 존재했으며, 악의 존재 범위 역시 인간을 초월해 있기 때문이다.[1] 여기에서 우리는 악의 문제에 관한 명확한 규명은 처음부터 불가능하다는 사실을 알게 된다. 하지만 사람들은 여태까지 끊임없이 악의 본질에 대해서 물었고, 그것을 통하여 악을 극복하려고 해 왔다. 자신이 겪는 악이 무엇

---

1) 프랑스의 해석학자 폴 리쾨르는 에덴동산에서 뱀이 아담보다 먼저 존재했다는 창세기 기사는 악이 인간보다 먼저 있었고 인간과 함께 시작되었음 나타내는 상징적 표현이며, 예수 역시 잘못된 일에 대해서 "원수들이 그렇게 했다."라고 함으로써 악이 인간보다 먼저 존재했음을 인정했다고 주장하였다. P. Ricoeur, *The Symbolism of Evil*(Boston: Beacon Press, 1967), p. 238, p. 255.

이라는 것을 알 때 사람들은 삶과 자신의 체험을 하나로 통합하고, 새로운 의미 세계로 들어갈 수 있었기 때문이다.

현대 사회에 들어와서 악에 대한 문제는 점점 더 시급한 문제로 대두되고 있다. 과학기술이 발달하면서 사람은 굶주림, 질병, 궁핍 등 많은 문제를 어느 정도 극복하게 되었지만, 생명공학과 컴퓨터 공학 등의 발달로 새로운 윤리 문제에 부딪히게 되었고, 의식이 점점 더 분화되면서 더 많은 정신적인 문제에 직면하게 되었기 때문이다. 더구나 현대인은 서로 다른 문명권과의 접촉으로 선악의 판단 기준이 모호해져서 윤리적인 혼란 상태에 빠져 있다. 인류는 지금 예전과 전혀 달라진 사회 속에서 새로운 가치관과 윤리관을 확립해야 하는 새로운 도전에 직면하게 되었다. 현대 사회에 만연되어 있는 불가지론, 허무주의, 냉소주의 등은 현대 사회의 이런 전환기적 상황을 반영하는 것이다. 현대인은 지금 새로워진 환경에서 과거의 가치관이 흔들리면서 불안해하고 있으며, 아직 새로운 가치관을 정립하지 못해서 고통받는 것이다.

현대 사회에 들어와서 사람들이 발견한 것 중에서 가장 중요한 사실은 인간의 내면에 있는 악일 것이다. 현대인은 인지가 발달하고 의식이 분화됨에 따라서 악은 그전까지 그들의 밖에만 있는 것으로 생각하고 잘못의 원인을 항상 밖에서 찾으려고 했는데, 이제는 악이 밖에만 있는 것이 아니라 그들의 내면에도 있으며 내적인 악이 외적인 악보다 더 심각할 수 있다는 사실을 깨달은 것이다. 이러한 깨달음은 현대 예술에서 가장 뚜렷하게 나타났다. 과거 사람들은 동화나 그림 속에 인간과 인간의 삶을 아름답게만 그렸는데, 이제 더 이상 그렇게 그리지 않는 것이다. 특히 사실주의나 자연주의 이래 현대 예술에서는 인간의 내면에 있는 공격성, 폭력, 탐욕, 불안 등 추악한 면들을 부각시키고 있다. 발자크나 카뮈의 소설과 피카소나 뭉크의 미술 작품은 물론 현대 영화에서는 인간이 이제 더 이상 천사가 아니고, 내면에서 수많은 악마가 꿈틀거린다고 증언하고 있다. 이러한 사실을 살펴볼 때 현대인의 가장 커다란 과제는 내면에 있는 악을 통합하고, 악과 더불어 사는 방법을 배워야 한다는 것을 깨닫게 된다. 그래서 이 장에서는 이런 문제들 앞에서 악에 대한 일반적인 고찰을 살펴본 다음, 융이 말하는 심리적인 악의 개념인 그림자에 대한 그의 생각을 살펴보고, 우리 민담 소설 『흥부전』에서 악을 어떻게 극복하려고 하였는가 하는 사실에 관해서 살펴보려고 한다.

2. 악에 대한 신화적 · 종교적 고찰

폴 리쾨르는 악을 경험적인 입장에서 크게 두 가지로 나누었다. 하나는 '저지른 악(le mal commis)'이고, 다른 하나는 '당한 악(le mal subi)'이다. '저지른 악'이 폭력, 살인, 절도 등 개인에게 도덕적인 책임을 물을 수 있는 것으로서 도덕적 악 또는 죄라고 한다면, '당한 악'은 홍수, 지진, 태풍, 질병 등 물리적 악 및 타인의 범죄 행위로부터 당하는 악인 고통(苦痛)으로 체험된다.[2]

한편 라이프니츠는 악을 객관적인 입장에서 도덕적 악(le mal moral), 물리적 악(la mal physique), 형이상학적 악(le mal métaphysique)으로 구분하였다. 도덕적 악은 저지른 악, 물리적 악은 당한 악과 많은 부분 일치하지만 형이상학적 악은 사유의 영역에서 발견되는 개념이라 설명을 필요로 한다. 형이상학적 악이란 철학자 라이프니츠가 범주화한 악인데, 어떤 것이 그의 근원에서 떨어져 있어서 야기되는 결핍이나 부족을 의미한다. 예를 들어 말하면, 플로틴(Plotin)에게서 영혼(靈魂)은 그 자체로서 나쁜 것은 아니지만, 그것이 만물의 근원인 일자(Un)로부터 멀리 떨어져 있고, 몸이라는 물체와 관계되어 있기 때문에 나쁘게 되었다. 그래서 영혼은 존재에 어떤 결핍이 있으며 끊임없이 일자와 하나가 되어 존재를 충만하게 하려고 한다. 이렇게 될 때 형이상학적 악은 죄보다 선행하게 된다.[3]

2) P. Ricoeur, *Le Mal, un défi á la philosophie et á la théologie*(Genève: Labor et Fidei, 1996), p. 15. C. Crignon, *Le Mal*(Paris: Flammarion, 2000), p. 11에서 재인용.
3) Leibniz, *Essai de théodicée*(Paris: Flammarion, 1969), pp. 108-118. C. Crignon, *Le Mal*, pp. 87-90에서 재인용.

1) 신화적인 설명

사람들은 자신들이 겪는 악을 이해하기 위해서 제일 처음 신화적으로 설명하려고 했다. 사람들은 악을 직관을 통해서 설명하려고 했던 것이다. 가장 오래된 신화 가운데 하나인 바빌로니아 신화와 이집트 신화에서는 악신 티아마트(Tiamat)와 세트(Set)가 태초부터 존재했다고 주장한다. 악은 인간이 창조되기 전에 이미 존재했다는 것이다. 또한 그리스 신화에서는 판도라의 상자가 열리면서부터 악과 불행이 인간의 삶에 들어왔다고 설명한다.[4]

리쾨르는 이런 신화들을 정리하면서 악의 기원에 대해서 말하는 신화는 크게 네 가지 종류가 있다고 주장하였다.[5] 첫째 유형은 수메르-아카디아 신화나 바빌로니아 신화처럼 신의 창조(théogonie)에 관한 신화다. 이 신화들에서는 천지가 창조되기 전에 혼돈이 있었으며, 혼돈을 극복하려는 투쟁으로부터 신과 천지가 창조되었다고 말한다. 악은 질서가 만들어지기 이전의 혼돈과 동일시되고, 천지창조 이전부터 존재했다는 것이다. 그러므로 악의 극복은 신이 혼돈을 물리치고 이 세상에 질서를 세웠듯이, 세상의 무질서를 극복하는 것을 통해서 끊임없이 이루어져야 한다.

둘째 유형은 오이디푸스 신화나 프로메테우스 신화처럼 그리스 신화에 나오는 비극적인 유형이다. 이 신화들에서 신화적 영웅은 그에게 주어진 비극적 운명을 피하려고 무진 애를 쓰지만 결국 비극을 맞고 만다. 비극은 인간의 유한성 속에 이미 내포되어 있고, 악은 신의 시기심과 그것을 자극하는 인간의 교만(hybris)에서 생긴다는 것이다. 이런 비극 앞에서 악을 극복하는 방법은 비극적인 영웅의 불행에 같이 공감하여 울고, 아름다운 노래로 슬픔을 정화하는 것밖에 없다. 인간의 운명에 비극은 이미 존재하고 있으며, 눈이 먼 악한 신의 자의성(恣意性) 앞에서 인간은 너무 무력하기 때문이다.

---

4) F. Petit, 『악이란 무엇인가?』, 강성위 역(서울: 이문출판사, 1984), pp. 12-13. cf. M. Eliade, 『성과 속』, 이동하 역(서울: 학민사, 1983), pp. 39-45.

5) P. Ricoeur, *The Symbolism of Evil*, pp. 175-210, pp. 211-231, pp. 232-278, pp. 279-305.

셋째 유형은 성서에서 말하는 아담의 타락 신화다. 이 신화에서 아담은 뱀의 유혹을 물리치지 못해서 선악과를 따 먹었고, 그 결과 악은 인간의 삶에 들어왔다. 악의 기원과 인간의 기원은 동시적이거나 선행하며, 악은 인간의 행위에 의해 생겼다는 것이다. 그렇기 때문에 인간은 원죄로부터 떠날 수가 없다. 여기에서 악의 극복인 구원은 인간이 새로워지지 않는 한 불가능하게 된다. 그래서 기독교에서 구원은 사람들이 새로운 아담인 예수 그리스도의 대속적 죽음과 부활이라는 종말론적인 사건을 믿고 새로워질 때 가능하게 된다.

마지막 유형은 그리스의 오르페우스 신화에 나타나는 것과 같은 유배된 영혼(l'âme exilée)의 신화다. 신적인 특성을 가진 인간의 영혼이 육체 속에 갇혀 있어서 죽음과 악에서 벗어날 수 없다는 것이다. 이런 유형의 생각들은 고대 그리스 사상이나 영지주의 등 영육이원론을 주장하는 사고에 많은 영향을 끼쳤으며, 현대 사회에서도 이런 생각을 가진 사람들이 많다. 이런 신화들에서 구원은 사람들이 영혼의 신성을 깨닫고 육체에서 벗어날 때 이루어진다. 사람들이 파토스로 가득 찬 육에서 벗어나 로고스를 찾아나갈 때 구원받는다는 것이다.

2) 종교적인 설명

그다음에 등장하는 것이 종교적인 설명이다. 모든 종교 역시 사람들이 체험하는 악의 원인을 규명하고, 악을 극복할 수 있는 방법을 좀 더 구체적으로 모색한 것이다. 그렇지 않을 경우 사람들은 모호하고 불확실한 이 세상에서 평안하게 살 수 없기 때문이다. 그런데 악의 문제를 설명하는 종교의 입장에는 크게 두 가지가 있다. 하나는 조로아스터교나 마니교처럼 악을 선에 반대되는 하나의 원리라고 하면서 악과의 투쟁을 강조하는 유형이고, 다른 하나는 불교나 유교 및 대부분의 토속 종교처럼 악을 하나의 원리로까지 생각하지는 않지만 불가피한 현상으로 보고 악을 삶 속에서 통합하려는 유형이다.

조로아스터교에 따르면, 선신 아후라-마즈다는 생명, 빛, 진리의 원천이고 악신 아리만은 죽음, 어둠, 거짓의 원천인데, 이 두 신은 각각 선과 악이라는 두 개의 영적인 영역의 지배자로서 이 세상에서 패권을 차지하기 위해서 끊임없이 싸우고 있다. 이 싸움에서 아후라-마즈다가 이기면 이 세상에는 선의 원리가 충만하여 생명과 빛이 가득 차게 되지만, 아리만이 이기면 악의 원리가 지배하여 죽음과 어둠이 가득 차게 된다. 아리만은 단순히 악의 현상만 가리키지 않고, 이 세상 있는 모든 악의 원천인 악의 원리가 되는 것이다. 조로아스터교의 영향을 많이 받은 마니교도 이 세상에 선과 악은 철저하게 분리되어 있고, 악이 잠시 이기는 것 같지만 결국 선이 궁극적으로 승리하게 된다고 강조하며, 사람은 현재의 상태보다 훨씬 더 높은 존재라는 사실을 깨닫고 신적 지혜(théosophie)를 통해서 구원받아야 한다고 주장하였다.[6]

그러나 불교에서 악은 인간의 실존에서 불가피하지만 본질적인 것은 아니라고 주장한다. 악은 악의 원리에서 나오는 것이 아니라 악한 힘에서 나오며, 인간의 마음은 청정심(淸淨心)으로서 악심(惡心)을 극복할 수 있기 때문이다. 그래서 불교에서는 악의 원인보다 악의 결과인 고통에 대해서 더 많은 관심을 기울였다. 불교는 인간의 삶을 고통으로 보고, 그 고통에서 벗어나기를 추구했던 것이다. 불교에서 고통의 원인은 전생의 업(業)과 무명(無明)이다. 그러므로 사람은 피할 수 없는 고통을 물리치려고 할 것이 아니라 그것을 받아들이고, 현상계가 모두 환상이라는 사실을 깨달아 고통에서 벗어나야 한다.[7]

곽신환은 유교에서도 선악은 뚜렷하게 구분되지 않아 유교철학에서 악의 문제는 철학적 논의의 중심에 선 적이 없다고 주장하였다. 먼저 유교의 우주론인 주역에서 선은 음양(陰陽)이 순환하는 도를 따르는 것이고, 악은 도(道)를 단절시키는 것이라고 가르쳤으며, 공자는 군자는 의(義)를 따르고 소인은

6) J. A. Sanford, *Evil*(New York: Crossroad, 1982), pp. 16-18. cf. 기독교에서 바알세불이라고 불리는 악마는 파리대왕으로서 파리의 모습으로 이 세상에 들어왔다는 아리만의 다른 이름이다.

7) 김지견, 「악에 대한 불교적 이해」, 「고통에 대한 불교적 이해」, 한국정신문화연구원 편, 『악이란 무엇인가』(서울: 도서출판 창, 1992), pp. 143-157, 269-285. cf. J. A. Sanford, *op. cit.*, pp. 45-48.

이(利)를 따른다고 하면서 의를 선, 자기중심적인 이익의 추구를 악이라고 가르쳤다. 또한 『중용』에서는 '본성을 따르는 것이 도(率性之謂道)'라고 하면서 악은 인간의 본성적인 것이 아니라고 주장하였고, 맹자는 사람들에게는 '남에게 차마 하지 못하는 마음(不忍人之心)'이 있어서 사람들은 본래 선하지만 과도한 이기적 욕망에 사로잡힐 때 황폐하게 된다고 주장하였다. 그러다가 송대 이후 유교에서는 선이란 '천리를 보존하고 인욕을 없애는 것(存天理滅人欲)'이라고 주장하면서, 절제가 없으면 사람은 물질과 다름없게 된다고 경계하였다.[8] 악을 영적인 것이라기보다는 하나의 현상이나 인간의 도덕적인 문제로 보았던 것이다.

한편 기독교는 페르시아 종교처럼 선악을 철저하게 구분하는 이원론적 입장에 서 있지는 않지만, 로마제국의 극심한 탄압을 받으면서 로마제국을 악, 기독교를 선과 동일시하면서 점차 선악을 뚜렷하게 구분하는 태도를 취하게 되었다. 구약성서에서 야훼는 선과 악을 모두 통합한 전체적 존재이기 때문에 선악은 모두 야훼로부터 온다고 생각하였다. 하느님은 이 세상에 죄가 가득 차게 되자 홍수를 내려서 온 세상을 징계하였고(창세기 7장), 소돔과 고모라에 유황과 불을 퍼부었다(창 191: 29). 또한 사울이 다윗을 시기하여 왕궁에서 미친 듯이 소리쳤을 때 성서는 사울이 "하느님이 보내신 악한 영(evil spirit)에 사로잡혔다."(삼상 18: 10)라고 했으며, 발람이 탄 나귀는 야훼가 보낸 천사가 칼을 빼든 모습을 보고 앞으로 나아가지 못하여 발람의 길을 가로막았다(민 22: 22~23)고 기록하는 등 물리적 악이나 도덕적 악의 원인을 야훼에게서 찾았다. 그러나 이런 태도는 포로기를 거쳐 신구약 중간시대에 이르면 바뀌게 된다. 유대인은 한편으로 그들이 당하는 이유 없는 고통을 악 때문

---

8) 곽신환, 「악에 대한 유가철학적 이해」 「고통에 대한 유가 철학적 해석」, 한국정신문화연구원 편, 『악이란 무엇인가?』, pp. 161-166, pp. 298-308. cf. 유교에서 고통의 원인에 대한 생각에는 명(命) 사상과 인간의 행악에 대한 보응(報應) 사상이 있었는데, 명으로 받아들이며 극복하려는 경우가 더 많았다. 그러나 퇴계 이황은 이(理)는 순전하지만, 기(氣)에는 청(清), 탁(濁)이 있을 수 있어서 불선(不善)인 악이 나올 수 있다고 주장하였다. 이상은, 『퇴계의 생애와 학문』(서울: 예문서원, 1999).

이라고 설명해야 했으며, 다른 한편으로는 그들이 사는 지역의 이원론적 풍조에 영향을 받았기 때문이다.[9]

다음으로 신약성서에서도 악에 대한 생각은 예수 그리스도에게서는 통전적인 것이었지만 바울과 요한에 이르러서는 조금씩 변화되는 것을 살펴볼 수 있다. 먼저 예수 그리스도는 날 때부터 눈이 먼 사람(요 9: 3)과 실로암 탑 붕괴로 죽은 사람들(눅 13: 4)의 경우를 들어서 죄와 벌의 직접적인 상관성을 부정하고, 하느님은 선한 사람이나 악한 사람에게 똑같이 해와 비를 내려 주시고(마 5: 45), 가라지와 밀이 추수 때까지 같이 있을 것(마 13: 42)이라고 주장하면서 악이 창조의 불가피한 부분임을 역설하였다. 이 세상에 선과 악이 병존하는 것 같지만 더 큰 차원에서 볼 때 모든 것은 하느님의 위대한 경륜 속에서 통합된다는 것이다.[10]

그러나 바울은 선이라는 이상을 위해서 악은 반드시 극복되어야 하며, 악을 미워하고 선에 속하라고 강조하였다(롬 12: 9). 기독교인은 곧 임박할 예수 그리스도의 재림을 위해서 자기 자신을 철저히 선과 동일시하면서 기다려야 한다는 것이다. 바울의 이런 태도는 그가 인간의 내면에 있는 인격의 어두운 부분을 직시하였기 때문이다(롬 7: 24). 그러나 바울의 이런 주장은 기독교인에게 내면의 악을 억압하게 하였고, 악에 대해서도 강박적인 태도를 취하게 하였다. 샌포드는 그 결과 기독교인은 자신의 내면에 있는 어두운 부분을 통합하고, 다른 사람들에게 관용적인 태도를 취하기보다는 다른 사람을 정죄하고 편협한 삶을 살게 했다고 비판하였다.[11]

그다음 요한 공동체에 이르면 이런 태도는 박해 상황과 더불어 더욱더 분열적으로 바뀐다. 그 전까지 유대교 공동체에서 살던 그리스도인들이 성전에서 쫓겨나고, 예수 그리스도의 재림이 지연되면서 내부적으로 배교자들이 늘어나 그리스도교 공동체가 위기에 처하게 되었기 때문이다. 그들은 자연히 그들

9) cf. J. A. Sanford, *op. cit.*, pp. 25–35.
10) *Ibid.*, pp. 37–39.
11) *Ibid.*, pp. 70–73.

이 믿는 그리스도와 자기네들을 절대선, 배교자들과 외부의 박해자들을 절대
악으로 생각해야 했다. 이런 생각에서 그들은 하느님과 자기들은 빛과 진리,
배교자들과 박해자들은 어둠과 거짓으로 구분하였다(요한일서 1, 2장). 더구나
그들은 외부의 박해가 심해지자 예수 그리스도나 바울에게서 찾아볼 수 없었
던 적그리스도라는 개념을 제기하게 되었으며(요일 2: 18-27, 요이 1: 7) 종말론
적인 입장에서 악에 대한 철저한 응징을 강조하게 되었다.[12] 기독교에서 죄와
악에 대한 관점은 점차 통합되지 못하고 분열적이며 강박적인 경향으로 변한
것이다.

3. 악에 대한 심리학적 고찰

1) 분석심리학에서의 악: 그림자의 정의와 특성

분석심리학자 C. G. 융은 악과 고통의 문제를 심리학적인 입장에서 살펴보
려고 하였다. 그러면서 그는 인간의 내면에는 그것이 가진 부정적인 특성 때
문에 자아-의식에서 쫓겨난 정신 요소가 존재하며, 그것들은 인간의 삶에 수
많은 도덕적 문제를 일으킨다고 주장하고, 그것을 그림자(shadow)라고 불렀
다: "그림자는 주체가 자신으로서 인정하기를 거부하는 모든 것, 그래서 직
접적으로나 간접적으로 인정해 주기를 강요하는 모든 것을 의인화한 것이다.
예를 들어 말하면, 우리의 열등한 특성들이나 의식과 양립할 수 없는 성향들
을 가리키는 것이다."[13] 그림자는 인격을 구성하는 요소들이지만 아직 자아
에 동화되지 못한 '또 다른 나'인데 그 요소들이 때때로 악으로 경험된다는

---

12) *Ibid.*, pp. 22-42. M. W. Newheart, "Johannine Symbolism", D. L. Miller, *Jung and the Interpretation of the Bible* (New York: Continuum, 1995), pp. 71-91.

13) C. G. Jung, *The Archetypes and the Collective Unconscious* (Princeton: Princeton University Press, 1980), *CW* 9-i, pp. 284-285.

것이다.

　그림자는 그것이 어둡고 바람직하지 않아서 의식을 동화하는 것을 거부하여 무의식으로 들어가 버린 요소들과 의식에서 배척하지는 않았지만, 아직 발달하지 못해서 미숙하고 원시적으로 남아 있는 요소들로 구성된다. 의식에서 배척된 요소들은 우리가 흔히 악하다고 하는 것들로 우리에게 비난받을 만한 생각이나 행동을 불러일으킨다: "자기 자신 속에는 없다고 부정하지만 다른 사람들이 분명히 볼 수 있는 성질들과 충동들, 즉 이기주의, 정신적 태만과 불성실, 비현실적 공상들, 책략과 계략, 부주의와 비겁, 돈과 재산에 대한 과도한 소유욕 ……등 사소한 죄악들이 그것이다."[14] 또한 미숙하고, 원시적인 성향들은 반드시 악한 것은 아니지만 역시 인격에 그늘을 형성하는데, 이 요소들은 내면에 있는 열등하고 세련되지 못한 요소들로 인간적인 한계 때문에 생기는 것들이다: "그것은 충동적이거나 부주의한 행위에서도 똑같이 본색을 드러낸다. 미처 생각하기 전에 험담이 튀어나오고, 음모가 꾸며지고, 틀린 결정을 내리게 되고, 의도하거나 의식적으로 원하지 않았던 결과에 직면하게 된다."[15]

　미국의 융학파 분석가 존 샌포드(J. A. Sanford)는 자아 이상(ego ideal)과 페르조나(persona)가 그림자 형성에 커다란 역할을 한다고 주장하였다. 자아 이상은 자아가 그렇게 되기를 바라거나 의식적인 인격을 구성하는 이상적인 것들이나 표준을 말하는데, 그것은 부모, 사회, 종교, 또래집단 등으로부터 전해진다. 사람은 이 세상을 살면서 의식적으로 그들이 가르쳐 주는 것들을 선택하고 자아를 거기에 맞추려고 하여, 그 기준에서 벗어나는 것들은 의식에서 배척되어 그림자를 형성하게 된다.[16] 한편 페르조나는 한 사회가 사람들에게 그렇게 하기를 기대하는 역할이나 기대를 말하는데, 사람들이 페르조

---

14) M. -L. von Franz, 「개성화 과정」, C. G. Jung et al., 『인간과 무의식의 상징』, 이부영 역(서울: 집문당, 1983), p. 173.
15) M. -L. von Franz, op. cit., pp. 173-174.
16) J. A. Sanford, op. cit., p. 49.

나를 따를 때 많은 경우 그의 본성적인 측면을 거부하기 쉽다. 인간에게 있기 마련인 약점을 드러내지 않고 사회에서 바람직하다고 하는 모습만 보이려고 하는 것이다.[17] 그 결과 그의 내면에 있는 어둡고 미숙한 요소들은 그림자로 된다.

그림자란 우리 안에 있지만 우리가 직면하기를 꺼리는 모든 열등하고, 아직 우리 몸으로 살지 않은(unlived) 요소들인 것이다. 그러나 그것들도 본래 우리 인격을 구성하는 요소들이기 때문에 언제나 우리 의식에 동화되려고 하며, 우리가 그것들을 거부하면 할수록 그림자는 더 짙어진다. 그래서 그림자는 때때로 사람에게 위험하거나 반사회적인 공상을 하게 하며, 그것이 갑자기 나타날 때는 미숙하거나 과격한 행동을 하게 해서 문제를 일으키게 된다. 우리 안에 있는 어둡고, 부정적인 요소를 의식하고, 그것들이 더 어두워지지 않도록 살려 내야 하는 것이다: "내가 그림자라고 부르는 것은 사람들의 인격 가운데서 열등한 측면을 가리킨다. 그림자의 가장 낮은 차원의 것은 동물의 본능과 구별하기 매우 어렵다. ……사람들이 그림자를 인식하지 못할 때 그것은 본능의 냉혹하고 위험한 양상을 지니게 된다."[18]

이와 같은 그림자에는 우리가 주목해야 하는 몇 가지 특성이 있다. 첫째, 그림자는 대부분 개인무의식과 관계되는 것이기 때문에 의식 가까이 있으며, 다른 무의식 내용에 비해서 의식화되기가 쉽다. 물론 융은 그림자는 원형의 하나로서 집단적 무의식에 속해 있으며, 악마나 마귀 등은 집단적 무의식에 속한 내용이 투사된 것이라고 주장하지만, 대부분의 그림자는 개인무의식의 내용에 속한 것이라는 말이다. 그래서 개성화 과정에서 제일 처음 시작되는 것이 그림자의 통합이다. 그렇다고 해서 그림자의 통합이 간단한 문제라고 생각해서는 안 된다. 그림자는 다른 무의식 내용들처럼 너무 잘 변해서 인식하기가 여간 까다로운 것이 아니다. 그래서 융은 그림자의 의식화와 통합은

---

17) E. Neumann, *Depth Psychology and a New Ethic* (Boston: Shambhala, 1990), pp. 38-40.
18) C. G. Jung, *Aïon* para. 254.

평생 동안 해야 하는 작업이라고 강조하였다.[19]

둘째, 그림자는 의식으로부터 배척되었거나 아직 의식화된 적이 없는 무의식의 내용들이기 때문에 그림자에는 정동적이고 자율적인 특성이 있다. 그래서 그림자에는 많은 에너지가 담겨 있으며, 그것이 나올 때 사람들은 정동이 통제되지 않은 상태에서 행동하여 그림자의 폭력에 희생당하게 된다.[20] 그림자에 위험한 측면이 있다면 그림자에 이런 특성이 있기 때문이다. 또한 그림자는 인격의 낮은 차원에 속한 정신적 요소이기 때문에 의식적 인격보다 훨씬 더 집단적 감염을 잘 받는다. 대부분의 악은 집단이 커지면 갑자기 증가한다. 그래서 사람들은 집단에 속해 있을 때 그림자의 부정성의 지배를 더 잘 받고, 다른 사람들이 나쁜 짓을 하면 자기도 곧 그렇게 하게 된다. 그림자의 이런 특성을 가리켜서 폰 프란츠는 내성적인 사람들은 혼자 있을 때 자기가 내성적이라는 사실에 별로 불만이 없지만, 집단 속에 들어가 야심적인 사람들과 접촉하면서 그들의 외향성에 자극을 받아서 야심적으로 된다고 주장하였다.[21]

셋째, 생각할 수 있는 것은 그림자는 자아에 있는 권력 추동(power drive)과 깊은 관계를 가지고 있다는 점이다. 자아에는 종종 자기(self)의 자리를 차지하고 인격의 중심인 양 행동하려는 권력 추동이 있는데, 그림자는 자아의 그런 성향과 관계가 깊다는 것이다. 융은 "그림자는 다르게 하고 싶은 무의식의 마음이며 그 열등한 인격 속에는 의식생활의 법과 규칙을 따르지 않으려는 온갖 불순종이 들어있다."라고 말한다.[22] 기독교 신학에서도 인간에게 있는 이 성향을 파악하여 원죄라고 불러왔으며, 사탄은 인간이 하느님에게서 등을

19) J. A. Sanford, *op. cit.*, p. 66. cf. 이부영, 『그림자』, p. 83.

20) "……그림자에는 정동적이고, 자율적인 측면이 있으며, 그에 따라서 사람들을 붙들고, 사로잡는다. 정동은 어떤 작용을 하는 것이 아니라, 사람들에게 엄습하는 것이다." C. G. Jung, *Aïon*(Paris: Albin Michel, 1983), para. 20–21.

21) M.-L. von Franz, *Shadow and Evil in Fairy Tales*(Zurich: Spring Publications,1974), p. 8. M.-L. von Franz, 『개성화 과정』, p. 173.

22) 이부영, op.cit., p. 76. cf. J. A. Sanford, *op.cit.*, pp. 115–116.

돌리도록 끊임없이 유혹한다고 주장하였다. 그러나 융은 인간의 이런 성향은 자아가 집단적 무의식으로부터 분화되게 하며, 진정한 윤리적 행위 역시 이 성향 때문에 가능하다고 주장하면서 그림자의 긍정적인 측면도 지적하였다.[23]

넷째, 그림자는 사람들이 인식하지 못할 때 밖으로 투사되는 속성을 가지고 있다. 사람들은 자기에게 어떤 부정적인 특성이 있다는 사실을 알지 못할 때, 그것을 다른 사람들에게 있는 것으로 보고 밖에서만 찾으려고 하는 것이다. 자기 눈에 있는 들보는 보지 못하고 다른 이의 눈에 있는 티만 보는 것이다. 이때 사람들은 자기 분열을 일으키고 삶으로부터 소외되는데, 그림자가 문제를 일으키는 것은 대부분 투사작용 때문이다. 투사를 통해서 사람들은 자신의 내면과 단절되고, 인격이 해리(解離)되어 환상 속에서 살기 때문이다. 그래서 융은 개성화 과정에서 투사를 거두어들이고 그림자를 동화시키는 것이 무엇보다 중요하다고 강조하였다.

마지막으로, 그림자는 열등하고 원시적인 것일 뿐만 아니라 창조적인 특성도 있다. 그림자에 열등하고 원시적인 특성이 있다면 그것은 그림자가 아직 충분히 발달하지 못해서이지, 그림자 자체가 악하고 열등한 것은 아니다. 그림자는 특히 인생의 후반기에 도달하여 그동안 사용했던 에너지가 낡아졌을 때, 우리 삶에 새로운 활력과 역동성을 줄 수 있는 원천이 된다. 융이 그림자의 통합을 강조한 것은 그림자에 있는 창조성 때문이다. 자아가 그림자와 올바른 관계를 맺을 때, 그림자는 단순히 통합되는 것이 아니라 창조적으로 변환되는 것이다.[24]

---

23) 노이만 역시 인간에게 이런 성향이 없다면 창조나 구원도 있을 수 없다고 주장하였다. E. Neumann, *Depth Psychology and a New Ethic*, p. 141.

24) J. A. Sanford, *op. cit.*, pp. 51-52. 융은 이런 변환 과정을 연금술을 통해서 관찰하였다. 연금술에서도 처음 비천한 광물들은 연금 과정을 통해서 결국 귀중한 현자의 돌로 변환된다.

2) 그림자의 문제와 작용

노이만은 그림자에 대한 사람들의 태도에는 대체로 세 가지가 있다고 주장하였다. 첫째, 사람들은 자신의 내면에 그림자가 있다는 사실을 알지 못할 때 그림자를 무시하게 된다. 이때 사람들은 자기 안에 있는 자아 이상이나 자기가 사는 사회의 집단적 가치와 동일시하면서 자신의 내면에 있는 어두운 본성을 인식하지 못하고, 인격의 중요한 부분과 접촉하지 못하며 산다. 그때 그들의 삶은 피상적으로 되거나, 천박해진다. 그의 인격에는 밝고 긍정적인 것들만이 아니라 어둡고 부정적인 것들 역시 존재하는데, 그것을 알지 못하고 밝은 쪽만 부각시키느라고 가식과 기교에 가득 차기 때문이다.[25] 이때 인격에서 떨어져 나간 부분들은 문제를 일으키게 된다. 무의식에 들어가 보상적인 힘을 축적하고, 의식을 자극하여 의식과 해리(解離)되어 자율적으로 작용하는 것이다. 그래서 사람들은 원하지도 않은 생각이나 환상이 떠올라 강박적인 행동을 하거나, 이유 없는 불안에 시달리고, 불면증에 걸리기도 한다. 여러 가지 신경증상을 보이고, 분열 정도가 심할 경우 정신병에 걸리는 것이다.[26]

둘째, 사람들은 내면의 그림자를 발견하고 질겁하여 그림자를 억제하거나 억압하는 경우도 많다. 자신의 내면에 자신도 모르는 어둡고 음습한 요소가 있다는 사실을 발견하고, 그것이 자신을 덮치지 않을까 두려워서 그 요소들을 억누르는 것이다. 이때 사람들은 그의 인간적인 측면을 망각하고, 집단적 가치만 따라서 살려고 한다. 자기 속에 있는 의심스러운 욕망이나 충동을 억누르고 사회적으로 좋다는 측면만 보이려고 하는 것이다. 그때 사람들은 그렇지도 않으면서 '……인 척하게' 된다. 대부분의 사람은 억제를 통해서 그림자의 문제를 해결하려고 한다. 규율, 훈련, 금욕을 통해서 자신의 내면에 있

---

25) *Ibid.*, p. 68.

26) J. Yandell, "Foreword", E. Neumann, *Depth Psychology and a New Ethic*, p. 2. 이부영, *op. cit.*, p. 129, pp. 188-191.

는 부정적인 성향들을 억누르려고 하는 것이다. 그러나 노이만은 억제나 억압은 그림자에 대한 근본적인 해결책이 될 수 없다고 강조하였다.[27]

　마지막으로, 사람들은 내면에 있는 그림자를 발견하고, 그것과 싸우려고 하기보다는 그림자와 동일시하여 그림자에 휩쓸리고 마는 것이다. 이들은 그림자와 맞서 싸우는 데서 오는 긴장을 이기지 못하고 그림자의 유혹에 지는 사람들이다. 그러나 그림자에 한번 사로잡히면 그림자는 점점 더 커져서 나중에는 그림자로부터 헤어 나오지 못하게 된다. 그래서 노이만은 이렇게 원시적인 단계에 있는 사람들에게는 금욕과 훈련이 더 필요하다고 주장하였다.[28] 그 밖에도 악에 사로잡히는 경우는 사람들이 너무 준비 없이 악에 직면하거나, 악을 너무 안이하게 볼 때, 또는 악에 단호하게 대처하지 못할 때가 있다. 그림자의 문제를 예리하게 묘사한 스티븐슨의 소설 『지킬 박사와 하이드 씨』에서 지킬 박사는 그의 내면에 있는 그림자에 너무 준비 없이 안이하게 대처했다가 결국 그림자에 사로잡히고 말았다.

　샌포드는 그림자를 억제 · 억압하거나 그림자와 동일시하는 것은 모두 자신의 내면에서 생기는 긴장이나 죄의식에서 도피하려는 태도라고 비판하였다. 사람들이 자신의 내면에서 어둡고 추악한 본성을 발견하면 그것과 밝고 이상적인 도덕적 책무 사이에서 생기는 긴장을 견디고 그 대극을 좀 더 높은 차원에서 통합해야 하는데, 사람들은 대극 사이에서 긴장이 생기면 그것을 피하려고만 한다는 것이다. 그러나 인간의 정신은 의식과 무의식, 자아와 그림자, 외향성과 내향성 등 수많은 대극으로 되어 있기 때문에 대극의 긴장에

----

27) E. Neumann, *op.cit.*, pp. 34-36, pp. 40-42. 분석심리학에서는 억제와 억압을 조금 다르게 설명한다. 억제가 자아의식이 기존의 윤리적 가치와 조화를 이루지 못하는 인격적 특성과 성향을 배제하였지만 그것들이 여전히 자아의식과 관계를 맺는 것이라면, 억압은 의식에서 배제된 내용이 자아의식과 완전히 단절된 채 의식의 통제에서 벗어나 자율적으로 작용하게 되는 것을 의미한다. 따라서 억압의 경우 문제는 훨씬 더 심각해진다.

28) *Ibid.*, pp. 110-111. cf. 샌포드는 그림자에는 에너지가 충만하고 매혹적이라서 사람들을 잡아당기는 힘이 있다고 주장하였다. 그래서 사람들은 그것이 악이라는 사실을 알고도 거기에 끌려간다. J. A. Sanford, *op. cit.*, p. 110.

서 벗어날 수가 없다. 그러므로 자아는 자아와 그림자 사이에서 생기는 긴장을 의식의 명료한 태도를 가지고 견디면서 더 높은 차원에서 통합해야 한다.[29] 여기서 우리가 알 수 있는 것은, 사람들이 자신의 천성 이상으로 선하거나 악하게 살려고 하지 말아야 한다는 것이다. 그림자와 동일시해서도 안 되지만 그림자를 무시해서도 안 되는 것이다. 대부분의 경우 사람들은 자신의 본성을 망각하고 그가 사는 집단의 윤리적 가치와 동일시해서 자아 이상이나 페르조나만 따라서 살려는 경우가 많다. 그렇게 될 때 그들은 전체적인 인격으로서가 아니라, 인격의 지극히 작은 일부분으로서 존재할 수밖에 없다.[30]

3) 그림자의 의식화와 통합

이처럼 그림자가 의식화되고 통합되지 않을 경우, 그림자는 많은 문제를 야기하고, 신경증이나 정신병을 불러오기도 한다. 그래서 융은 신경증의 중요한 원인은 양심의 갈등에 대답을 요구하는 도덕적 문제이며, 신경증 치료는 기술적인 문제가 아니라 도덕적인 문제라고 강조하였다. 신경증 치료는 그림자를 의식화하고, 인격에 통합하여 정신의 해리를 막고 온전한 인격으로 살 때 이루어진다는 것이다. 하지만 그림자를 의식화하고 통합하기가 그렇게 쉬운 것은 아니다. 그것이 단순히 자기 안에 어떤 어둡고, 부정적인 요소가 존재한다는 사실을 인식하는 것만으로 이루어지는 것도 아니고, 그림자를 따라서 사는 것도 그림자를 통합하는 것이 아니기 때문이다. 더구나 그림자는 영적인 문제로서가 아니라 권력욕이나 성욕 등 하나의 콤플렉스처럼 느껴져서 사람들은 그 증상들만 없애려고 해서 해결이 더 어려워진다. 자신의 좀 더 깊은 실존의 문제로 받아들이지 못하는 것이다.

사정이 이럼에도 불구하고, 폰 프란츠는 사람들은 너무 자신의 그림자의 문

29) *Ibid.*, p. 105.
30) *Ibid.*, p. 23. E. Neumann, *op. cit.*, p. 111.

제에 대해서 진지한 태도로 임하지 않는다고 개탄하였다. 사람들은 현실의 문
제에 너무 매달리면서 자신의 내면에 어떤 문제가 있는 것을 알지도 못하거
나, 그것을 안다고 할지라도 거기에 직면하려고 하지 않는다는 것이다: "무의
식을 심각하게 받아들이고 그것이 제기하는 문제들과 대결하는 데는 많은 용
기가 필요하다. 대부분의 사람은 너무 나태하여 자신이 의식하는 자신의 행동
의 도덕적 측면 같은 것들조차 깊이 생각하지 못한다. 그들은 무의식이 자신
에게 어떻게 영향을 미치고 있는지를 고려하기에는 너무 게으른 것 같다."[31]

　　우리 삶의 완성은 인격이 전체성을 이루고, 인격의 모든 요소가 제대로 작
동해야 이루어질 수 있다. 그러므로 우리 내면에 있는 그림자도 인격에 통합
되고, 그 존재를 인정받아야 한다. 그래서 모든 문화에서는 그림자를 사회 표
면에 이끌어 내고, 사람들로 하여금 그것을 보고 경험하게 하는 장치가 있었
다. 사회 전체적으로 이루어지는 카니발이나 광대놀이, 탈춤, 바보 우화 등은
모두 그림자를 적절히 배출하게 하는 장치들이었다. 그림자가 이렇게 건강하
게 표출되지 않을 경우, 사람들은 그림자를 어느 한 약자에게 투사시켜서 그
를 속죄염소로 삼고 자신의 그림자를 보지 않으려고 하기도 한다. 우리나라
나 일본의 각급 학교에서 이루어지는 '왕따'나 이지메는 그림자의 병적 배출
구인 것이다.[32]

　　그러면 그림자를 어떻게 의식화하고, 통합할 것인가? 그림자를 통합하기
위해서는 먼저 개인의 뚜렷한 의식이 필요하다. 집단적 가치나 집단의식에
함몰되지 않은 개인의식이 필요한 것이다. 그래서 개성화 과정에서 자아는
무엇보다도 먼저 자아 이상이나 페르조나와의 동일시에서 벗어나야 하는 것
이다. 그다음에 자아의식은 자신의 개인적인 악을 집단의 악으로부터 분화하
고, 자신의 악에 대해서 뚜렷하게 인식해야 한다. 자신의 내면에는 집단적인
것으로 책임을 돌릴 수만은 없는 약하고, 악하며, 반사회적이고, 추하고, 속

31) M.-L. von Franz, *op. cit.*, p. 182.
32) 이부영, *op. cit.*, pp. 215-220.

좁은 측면들이 있다는 사실을 인식해야 하는 것이다.[33] 하지만 그렇게 하는 것이 쉬운 일은 아니다. 그래서 융은 그림자의 문제에 직면하는 데는 용기가 필요하다고 강조하였다.

　그다음에 우리는 그림자를 인정하고, 그것을 우리 자신의 일부로 받아들여야 한다. 여태까지 나의 밖에만 있는 것으로 생각했던 어둡고, 위험한 특성들이 내 안에도 있으며, 나의 인격의 떼어놓을 수 없는 일부라는 사실을 인정하고, 동화시켜야 하는 것이다. 그렇게 하기 위해서 어떤 특성은 의도적으로 표현하기도 해야 한다. 의도적인 표현은 그림자에 맹목적으로 사로잡혀 있는 것과 다르기 때문이다. 한편으로는 그림자를 표현하면서 그 과정을 관찰하는 자아가 있어서 그림자에 사로잡히지 않는 것이다. 그런 과정을 거쳐서 그림자의 어두움은 완화되고, 변환되어 자아의 일부로 통합되게 된다.[34]

　그러나 그림자의 문제를 자아의식만 가지고 해결할 수 있는 것은 아니다. 그림자 문제의 해결에는 아니마의 도움이 무엇보다도 필요하다. 아니마는 무의식의 더 깊은 층에 속해 있고, 의식되기를 바라는 무의식의 정감을 담고 있어서 아니마의 무드와 환상을 분화시키면 무의식의 심층을 파고 들어갈 수 있기 때문이다. 그래서 융은 아니마를 영혼의 안내자라고 불렀고, 수많은 신화나 민담에서 지하 세계에 있는 악을 퇴치하는 데 여성적인 도움이 등장한다. 그러므로 폰 프란츠는 우리가 그림자의 문제 때문에 정서적으로 혼란에 빠졌을 때, "내가 왜 이렇게 혼란에 빠졌을까?" 하고 깊이 따져 보면 우리 내면에 있는 악마적인 힘이 무엇을 하려고 하는지 알 수 있으며, 그림자를 통합할 수 있게 된다고 주장하였다.[35]

　그림자를 통합하는 데 또 하나 중요한 것은 꿈과 투사다. 꿈에는 의식이 배

33) 여기에 대해서 노이만은 이렇게 말하고 있다: "일반적인 악으로부터 '나의' 악을 분화시키는 것이 자기 인식의 요체인데, 개성화의 여정에 있는 이들은 자기 인식을 하지 않으면 안 된다." E. Neumann, *op. cit.*, p. 80.

34) *Ibid.*, pp. 78-81. cf.이부영, *op. cit.*, pp. 197-199.

35) M. -L. von Franz, *Shadow and Evil in Fairy Tales*, pp. 68-70.

제시킨 탐욕, 공격성, 비겁, 나태성 등이 상징적인 모습으로 나타나고, 투사
는 사람들에게 강한 정감(affection)을 자극하기 때문이다. 그러므로 꿈에 나
타나는 나와 동성의 인물이 만들어 내는 수많은 상징의 의미를 분석하고, 다
른 사람들이 자극하는 감정의 뒤에 숨은 그림자를 깨달을 때, 우리는 그림자
를 의식화하고, 환상에 가득 찬 삶에서 벗어날 수 있는 것이다. 그러나 이 모
든 과정은 이성(理性)의 능력만으로 되는 것이 아니라 무의식이 움직여야 하
고, 무의식 속에 있는 하느님의 형상인 자기(Self)가 움직여야 하는 것을 잊어
서는 안 된다. 궁극적으로 인간 정신의 대극을 통합하는 주체는 자기(自己)이
기 때문이다.[36]

4. 『흥부전』에 대한 분석심리학적 고찰

『흥부전』에는 선악형제담, 동물보은담, 무한재보담 등 민담의 전형적인
형식이 많이 들어 있으며, 본래 민담으로 전승되다가 판소리로 불렸고, 최근
19세기경 소설로 정착되었다. 『흥부전』의 민담적 특성은 흥부전의 첫 대목에
서부터 양반이었던 흥부와 놀부가 성도 분명치 않은 점에서 드러난다. 경판
본(京板本)에서 흥부와 놀부는 성 없이 이름만 나오고, 세창본에서는 연씨, 신
재효본에서는 박씨로 나오는 것이다.[37] 가문과 출생 신분을 무엇보다도 중요
하게 생각했던 조선시대에 성도 모르는 흥부와 놀부가 살았다고 『흥부전』은
시작하는 것이다. 흥부·놀부에게 성은 중요하지 않고, 이 이야기는 언제, 어
디서나 있을 수 있는 이야기라는 것이다. 어느 누구나 흥부·놀부가 될 수 있

---

36) M.-L. von Franz, '개성화 과정', pp. 180-181. cf.이부영, *op. cit.*, pp. 90-91. 샌포드는 그림자를
　통합하는 과정에서 아니마/아니무스가 많은 도움을 준다고 하였는데, 여기서는 깊이 들어가지 않
　기로 한다. J. A. Sanford, *op. cit.*, p. 105.
37) 서대석, "흥부전의 민담적 고찰", 인권환편, 『흥부전연구』, pp. 50-52. 연(燕)씨는 흥부가 제비 다
　리를 고쳐 주어 부자가 된 것, 박(朴)씨는 제비가 물어다 준 박씨를 심어서 부자가 된 것과 관계된
　것일 뿐 흥부의 진짜 성에는 관심이 없었던 것이다.

으며, 홍부전이 사실은 무의식의 실상을 보여 주는 이야기라는 것이다.

그래서 홍부 · 놀부는 실제적인 인물로 그려지지 않고, 전형적인 인물로 그려진다. 홍부는 형에게 모든 재산을 빼앗기고도 불평하지 않았고, 형의 집에 식량을 얻으러 갔다가 매만 맞고 돌아와서도 아내에게 "형이 서울 가고 아니 계시기에 그저 왔습네."[38]라고 거짓말하는 선하기만 한 인물이고, 놀부는 "초상난 데 춤추기, 불붙는데 부채질하기 ……아이 밴 계집의 배 차기, 우물 밑에 똥누기"(『홍부전』, 17) 등 온갖 심술을 도맡아서 하는 악인의 전형인 것이다. 홍부 · 놀부에게는 선과 악이 비정상적으로 과장되어 비현실적으로 묘사되는 것이다.

우리는 여기에서 홍부 · 놀부가 두 인물이 아니라 사실은 한 인물이며, 우리 속에 있는 자아의 밝은 면과 어두운 면을 대표하는 표상이라는 사실을 알게 된다.[39] 홍부가 이상을 향해서 나아가려는 성향이라면, 놀부는 그와 반대로 치닫는 인간 본성의 또 다른 성향인 것이다. 그러므로 우리는 홍부전에서 자신의 내면에 있는 악의 문제와 그 해결을 향해서 고심했던 우리 조상들의 내적 투쟁의 흔적을 찾아볼 수 있다. 홍부전에서 홍부와 놀부는 형과 아우인 두 사람으로 그려지지만, 분석심리학적 관점에서 볼 때 홍부는 한 사람의 인격에서 자아로, 놀부는 그의 대극(opposite)인 그림자로 생각할 수 있는 것이다. 놀부는 한 사람이 그의 자아를 홍부처럼 선(善)과만 동일시하려고 할 때, 그가 타고난 또 다른 인격이 무의식화되어 그림자로 된 것을 의미하는 것이다. 왜냐하면 사람들이 너무 착하려고만 하면, 그에게서 본능적인 측면에 속한 인격은 더 왜곡되기 때문이다. 이렇게 민담에 나오는 인물들을 개별적인 인물들로 보지 않고, 한 사람의 인격을 구성하는 각각의 정신 요소로 보는 것

---

38) 『홍부전-경판 25장본』(이하 『홍부전』이라 한다), 김태준, 『한국고전문학전집 14 · 홍부전/변강쇠가』(서울: 고려대민족문화연구소, 1995), p. 27.

39) 국문학연구에서도 홍부와 놀부를 두 인물이 아니라 한 인물로 파악하여 둘 사이의 화해를 중심으로 고찰한 연구도 있다. cf. 이문규, "홍부전의 문학적 특질에 대한 고찰", 인권환 편, 『홍부전연구』, pp. 439-459.

은 꿈을 주관적 수준에서 해석할 때와 마찬가지다. 그때도 꿈꾼 이로 나오는 인물을 그의 자아로, 동성으로 나오는 인물을 그림자로, 이성으로 나오는 인물을 아니마/아니무스로 해석한다.

1) 『흥부전』에 나타난 악과 그림자

(1) 놀부의 악

놀부에게 나타난 악은 융이 그림자라고 부른 인격의 어두운 측면의 전형적인 모습이다. 사람들이 인격에 동화시키려고 하지 않는 인격의 부정적인 모습이나, 인격의 내부에서 아직 발달하지 않은 측면인 것이다. 『흥부전』 속에서 그것은 흥부가 너무 선하려고만 해서 그의 무의식으로 들어가 버린 그림자로 나타난다. 놀부의 악에서 제일 먼저 발견할 수 있는 것은 도덕적 열등성이다. 놀부는 자기중심적인 탐욕의 노예였고, 인색하기 그지없었으며, 모든 것을 돈으로 환산했고, 다른 사람들에게 해를 입히면서도 자기 이익을 위해서는 모든 일을 다했던 사람이다.[40] 그는 동생의 재산을 빼앗았고, 시장에 가서는 터무니없는 값으로 우격다짐하면서 물건을 팔았으며, 멀리 가는 길손의 노비를 빼앗았다. 놀부의 자기중심적 탐욕은 흥부가 곡식을 얻으러 왔을 때 흥부에게 한 사설에서 잘 드러난다: "곡식이 있다한들 너 주자고 노적을 헐며, ……찬밥이나 주자한들 새끼 낳은 거먹 암캐 부엌에 누었거늘 너 주자고 개를 굶기며, 지게미나 주자한들 구중방 우리 안에 새끼 낳은 돝이 누었으니 너 주자고 돝을 굶기며 ……"(『흥부전』, 22-23). 동생인 흥부와 흥부 자식이 굶어죽건 말건 자기가 기르는 개나 돼지 새끼만 잘 받아서 기르면 된다는 것이다.

또한 놀부는 강한 사람에게 약하고, 약한 사람에게 강한 권력 콤플렉스를 보이고 있다. 그가 탄 박에서 나온 듣도 보도 못한 양반 상전에게는 "소인이

---

40) 조동일, "흥부전의 양면성", 인권환 편, 『흥부전연구』, p. 289.

과연 자세한 내용을 몰랐사오니 속량을 할진대 얼마나 하리이까"(『흥부전』, 63)라고 굽실거리며 생명처럼 아끼는 돈 이만 냥이나 바치고, 초라니패가 덜미를 잡자 "아이고 아이고 초라니 형님, 이것이 웬일이요, 생사람을 병신 만들지 말고 분부하면 하라는 대로 하겠습니다."(『흥부전』, 61)라고 하면서 오천 냥을 바치며, 왈짜패가 금강산 구경 가는 데 노자 돈을 내라니까 사족을 쓰지 못하고 오천 냥을 바친다. 자기보다 약한 사람을 짓누르고, 무자비하게 돈을 뜯어내는 것과는 딴판인 것이다.

이 밖에도 놀부는 시기, 질투가 심해서 흥부가 부자가 되었다는 말을 듣고 흥부에게 달려가 심술을 부리고 보는 것마다 탐을 내 결국에는 값비싸 보이는 화초장을 빼앗아 갔다. 또한 그는 호색하여 물동이 인 여자들에게 입을 맞추었고, 빚 값에 남의 계집을 빼앗았으며, 여승을 보면 겁탈했고, 부자가 된 흥부 첩의 손목을 잡아끌었으며, 흥부 아내에게 권주가를 부르게 하는 등 색정적 면모도 보인다.[41] 사람들이 흔히 가지고 있는 돈, 권력, 성에 대한 콤플렉스를 벗어 버리지 못했던 것이다.

다음으로 놀부에게는 집단적 가치를 따르지 않는 악덕(惡德)과 악이라고까지 할 수 없는 심술이 있었다. 또한 그는 유교 사회의 근본 강령인 효나 제를 무시했으며, 폭력적이기까지 한 반사회적 인물이었다. 그에게서 흥부와의 우애는 찾아볼 수 없었고, 제사 지낼 때도 돈이 아까워 제수(祭需) 대신 돈을 올려놓았으며, "무죄한 놈 뺨 때리기, 늙은 영감 덜미 잡기, 곱사장이 엎어 놓고 발꿈치로 탕탕 치기" 등을 일삼았다. 더구나 자기와는 아무 이해관계도 없는 "호박에 말뚝 박기, 논두렁에 구멍 뚫기, 우는 아이 볼기 치기, 갓난 아이 똥 먹이기" 등 마치 심술보가 하나 더 달려 있는 사람처럼 행동하였다.

놀부의 이러한 그림자 인격을 신재효는 놀부의 아버지에 대한 반감에서 찾는다. 흥부 · 놀부의 아버지는 흥부만 사랑하여 흥부에게는 공부를 시켰지만, 놀부에게는 그렇게 하지 않았기 때문이다: "아버님 계실적에 나는 생 일만 시

---

41) 강용권, "흥보가 창본의 비교적 고찰", 인권환 편, 『흥부전연구』, p. 84.

키고서 작은 아들 사랑스럽다고 글공부시키더니, 너 매우 유식하구나……." [42)
사정이야 어찌 되었든 놀부는 속이 온통 뒤틀린 것 같은 반사회적인 행동을 일삼았던 것이다.

　우리는 이러한 놀부에게서 융이 말한 그림자의 일반적 특성을 찾아볼 수 있다. 그의 악은 사람 누구에게나 있는 집단적인 것이었지만 그의 독특한 성장 환경에서 구체화된 개인적인 것이었으며, 미리 생각하거나 어떤 계산을 한 다음에 나오는 것이 아니라 우는 아이를 보거나 불 붙는 데를 보면 저절로 나오는 자율적인 것이었다. 더구나 그의 그림자는 흥부가 곡식을 얻으러 왔을 때 '성낸 눈을 부릅뜨고 볼을 치며 호령' 하면서 긴 사설을 늘어놓는 것에서 볼 수 있듯이 정동적(emotional) 특성을 보이고 있으며, 흥부가 부자가 되었을 때 도적질한 것이 아니냐고 억지부리듯이 투사되는 것이었다. 또한 그의 악은 그가 아무리 박을 타도 화(禍)만 나오지만 끝까지 박을 타는 것에서 볼 수 있듯이 일단 시작된 다음 더욱더 커져서 결국 다른 악으로 패망하는, 악의 전형적인 모습을 보이고 있다.

(2) 흥부의 악

　『흥부전』에서 흥부는 전형적으로 선한 인물로 등장하지만, 그에게서도 인간에게 있는 또 다른 그림자의 모습을 볼 수 있다. 그는 무능하고, 무책임했으며, 나태하고, 비굴했다. 그의 무능은 아버지가 죽기 전까지 아버지에게 생활방편을 모두 의존하게 했고, 형 놀부에게 쫓겨난 다음에도 가솔을 제대로 먹여 살리지도 못한 것에서 드러난다. 그래서 아이들은 매일 젖 달라, 밥 달라 졸라댔고, 아이들 옷도 입히지 못하여 멍석에 머리 나올 구멍만 뚫어서 옷이라고 입혀서, 한 아이가 변소에 가면 다른 아이들도 같이 갈 수밖에 없었다. 그런데 아이는 서른 명이 넘도록 나아서 사정은 더 말이 아니었다. 이런 그의 무책임성은 집을 지을 때도 나타났다. 그는 돌이나 나무로 집을 짓지 않고 수

---

42) cf. 설성경, "동리의 박타령 사설연구", 인권환 편, 『흥부전연구』, p. 100.

수깡으로 지었으며, 방안에 들어 누워 기지개를 켜면 발은 마당으로 나가고, 머리는 뒤꼍으로 나갔으며, 엉덩이는 울타리 밖으로 나가서 도저히 집이라고 할 수 없는 것이었다.

그의 가장 큰 문제는 나태성이었다. 그는 자기 힘으로 집안을 일으키려는 생각 없이 빌어먹으려는 생각으로 이왕이면 전곡이 많아 인심이 좋은 곳으로 간다고 원산, 강경, 법성리 등으로 다녔으며, "아궁이의 풀을 뽑으면 한 마지기 못자리는 넉넉히 할 만한 정도"로 게을렀던 것이다. 그러다 보니 자연히 예의 염치가 없어지고, 비굴해져서 매품 팔 궁리나 하고, 매품을 팔 때도 양반 신분에 중인인 아전이 자기 대신 다른 사람에게 매품을 팔게 할까 봐 굽신거린다.

흥부의 그림자는 그가 본성 이상으로 선하려고만 했기 때문에 생긴 현상이다. 왜냐하면 사람들이 본성 이상으로 선하려고 하면 당분간은 그렇게 살 수 있지만, 시간이 지나면 억눌려 있던 그림자가 대극의 역전을 일으키기 때문이다. 그것은 흥부의 다음과 같은 모습에서도 살펴볼 수 있다: "홍보의 마음씨는 저의 형과 아주 달라, ……굶어서 죽을 사람 먹던 밥 덜어 주고, 얼어서 병든 사람 입었던 옷 벗어 주기, 노인이 짊어진 짐 자청하여 져다 주고……." (『박홍보가』, 101)라는 뒷면에 홍부는 그의 아내에게 "염치없는 홍보 소견에 가장 티를 내느라고 가속이 더디 왔다, 짚었던 지팡이로 매질도 하여 보고, 입에 맞는 반찬이 없다고 앉았던 물방아집 불도 놓아 보려 하고, 별꼴을 매양 부렸다."(『박홍보가』, 105)라고 하면서 그의 내면에서 선과 정반대되는 응어리가 자라는 것을 그리기 때문이다. 다른 사람이 보는 데서는 착하기만 한 사람이 혼자 있을 때나 집에서는 전혀 딴판 일 수 있듯이, 홍부의 속에서는 그림자가 자라났던 것이다. 그래서 분석심리학에서는 본성 이상으로 착해지려고 할 때 문제가 생긴다고 강조한다. 선은 자신의 악을 인식하여 통합한 다음에 형성되는 것이다.

(3) 놀부의 박에서 나타난 악

놀부의 박에서 나타난 화(禍) 속에서 우리는 당시 민중을 괴롭혔던 사회적 악이 그려진 모습을 볼 수 있다. 그것들은 단순히 놀부를 징계하려고 했던 것이 아니라 민중을 괴롭혔던 그 당시 사회의 혼란과 폭력의 와중에서 그것을 극복하려고 했던 민중의 풍자적인 항거였던 것이다. 놀부가 탔던 첫 번째 박에서 나온 것은, 세창본에 의하면, 양반 상전이었다. 놀부의 삼대 전 조상의 양반 상전이 나와서 호령하면서 면천(免賤)하려면 돈을 내야 한다는 생트집을 부리는 것이다. 삼대 전 조상이라면 놀부로서는 알 도리가 없는 위인이다. 그러나 이만 냥을 내지 않으면 다시 잡아들여 종으로 삼겠다고 행패를 부린다. 이것은 두 말할 것도 없이 조선시대 말 양반들의 가렴주구와 신분제 사회에서 이유 없이 수탈당하는 민중의 아픔을 그려 내는 모습일 것이다.

그다음에 민중을 괴롭혔던 것은 노승, 팔도무당, 팔도소경 등으로 표상되는 종교적 수탈이다. 하루하루 먹고 살기 바쁜 민중에게 이들은 살이 끼었다, 화가 있다고 하면서 겁을 주고, 불안하게 하여 불공을 드리거나 굿을 하게 하였다. 그리하여 민중은 먹고 살 것도 없는데 이들 종교집단에게 수많은 돈을 빼앗겼다.[43] 이 시대에는 또 다른 폭력도 있었는데, 그것은 사회 해체로 공권력이 약화된 틈을 타고 나온 상제, 등짐장사패, 초라니패, 사당거사패, 왈자패 등이었다. 종교적 수탈이 정신적인 측면에서 행해진 것이라면 이들의 수탈은 좀 더 노골적으로 행해졌다. 그래서 이들은 박에서 나오자마자 놀부의 멱살을 잡거나, 찢고, 차고, 굴리며, 주무르고, 잡아뜯어 혼을 빼어 돈이며, 전답문서를 모두 빼앗아 패가망신하게 했다. 양반에게 수탈당하고, 종교집단에게 수탈당하는 것으로도 모자라서 같은 천민의 폭력 등쌀에 시달렸던 민중의 고통을 고발하는 것이다.[44]

놀부의 박에서 우리는 폭력적인 상황과 더불어 그 당시 사회의 금전만능주

---

43) cf. 현대 사회에서 종교적 수탈은 신흥종교에서는 물론 기성종교계의 일부에서도 행해지고 있다.
44) 임용식, "흥부전 주제의 고찰", 인권환 편, 『흥부전연구』, pp. 371-374.

의 풍조도 함께 고찰할 수 있다. 흥부전은 그 전에 나타난 소설과 달리 경제적
인 문제가 첨예한 관심사였으며, 돈 때문에 효제(孝悌)의 윤리도 저버렸고,
계집을 빼앗겼으며, 매품을 파는 등 물질주의적 가치관이 크게 부각되었던
것이다. 그래서 놀부의 박에서 나오는 군상들은 모두 돈이면 해결되었다: "중
도 양반도 무당도 초라니도 사당거사패도 왈자도 소경도 예외 없이 당당한
기세로 달려들었다가 돈만 비치면 그만 물러서는 것이었다."[45] 요즘 우리 사
회에서 보는 금권주의 풍조가 조선시대 말부터 시작되는 것을 보는 것이다.
그때부터 우리 사회는 모든 것을 돈으로 계산하고, 돈으로 교환하며, 돈으로
해결하려는 바람에 정신적인 것은 모두 억압되어 그림자 속으로 들어가고 말
았다.

2) 『흥부전』의 악에 대한 대처

분석심리학적으로 말하자면 『흥부전』에서 흥부와 놀부가 고통을 당하는
것은 한 사람의 인격에서 자아와 그림자가 통합되지 못하여 그가 실생활에서
여러 가지 어려움을 겪는 것을 의미한다. 그것이 『흥부전』에서는 흥부가 형
의 집에서 쫓겨나 가난 때문에 고생하는 것으로, 놀부가 나이가 든 다음에도
아버지가 흥부만 편애했다고 원망하는 등 유아적인 상태에서 벗어나지 못하
였고, 앞에서 살펴보았듯이 돈, 권력, 성 콤플렉스 등에서 벗어나지 못하여
고통당하는 것으로 그려졌다. 한 사람의 인격이 제대로 통합되지 못하여 정
신 에너지가 분열되어 삶에서 제대로 기능하지 못하는 것이다. 그때 사람들
은 어떤 때는 흥부처럼 아주 선한 모습으로 나타나지만, 또 다른 때는 놀부처
럼 그와 정반대되는 모습으로, 특히 그에게 만만한 사람들에게는 가혹한 모
습으로 나타나는 것이다.

흥부는 처음에 아무 준비 없이 쫓겨나 여기저기 유리걸식하다가, 놀부에게

---

45) 임형택, "흥부전의 역사적 현실성", 인권환 편, 『흥부전연구』, pp. 341-345.

찾아와 도와달라면서 자신의 고통을 회피하려고 했지만 나중에는 고통을 적극적으로 받아들이면서 극복하고 있다. 그래서 그는 동네 부자 집에 가서 짚을 얻어 짚신 장사도 하고, 김매기, 풀 베기, 가마 메기, 자갈 줍기, 모내기, 풀무 불기, 편지 전하기, 술짐지기 등 닥치는 대로 일을 하면서 가난을 버텨내었다. 참고 견디면서 자신에게 다가온 고난을 이기려고 했던 것이다. 그러자 부자 집으로 시집와 고생을 하지 않았던 흥부 아내도 나서서 밭 매기, 김장하기, 벼 훑기, 방아 찧기, 베 짜기, 장 달이기, 풀 뜯기, 절구질하기 등을 하면서 흥부를 도왔다. 그러나 흥부와 흥부 아내가 아무리 고생을 해도 고생을 면하지 못하자 흥부 아내는 가난을 비관하여 자살하려고 했다가 실패하기도 하였다. 그러다가 이듬해 흥부는 제비 다리를 고쳐 주고 박씨를 얻고, 그것을 심어서 금은보화를 얻게 되었다. 그러나 놀부는 흥부가 제비 다리를 고쳐 주어 부자가 되었다는 말을 듣고, 제비 다리를 부러뜨렸다가 패가망신하고 흥부집에 들어와 개과천선하였다.

흥부전의 이런 이야기를 심리학적인 관점에서 살펴보면, 우리는 자아가 처음에는 자신의 문제에 대해서 뚜렷한 인식을 가지지 못했지만, 나중에는 뚜렷이 의식하고 악에 대처해 나갔던 것을 살펴볼 수 있다. 그것은 흥부가 짚신 장사를 한 사실에서 상징적으로 나타난다. 짚신은 땅을 딛는 것이며, 소유권과 정체성 또는 그의 관점(view point)이나 입장(stand point)을 상징적으로 나타낸다.[46] 흥부가 그 전까지는 이 세상을 비현실적으로 살았지만, 이제는 자신의 가난을 현실로 받아들이고 뚜렷한 의식으로 대처하게 되었다는 것이다. 그래서 흥부는 술이라도 팔겠다는 아내에게 "자네 그것 웬 소린가. 자네 시켜 술 팔겠나? 가사는 임가장이니 내가 가서 품을 팔 테니, 자네는 집에서 채전이나 가꾸고, 자식들 길러내소."(『박흥보가』, 123)라고 말하는 사람으로 변화되었다. 자아가 자신의 현실을 직시하여, 책임지려는 것이다.

이렇게 이제 흥부는 고난을 피하지 않고 그대로 받아들이는 사람으로 변화

46) J. Chevalier & A. Gheerbrant, *Dictionnaire des symboles*(Paris: Robert Laffont, 1982), pp. 902~903.

되었다. 자기 몸으로 그대로 겪고 동화시키려고 했던 것이다. 흥부가 했던 김매기, 풀 베기, 모내기 등의 노역은 자아가 무의식 속에 들어가서 무의식을 탐구하는 작업을 의미할 것이다. 무의식의 탐색은 흥부가 했던 일처럼 아주 힘든 일이기 때문이다. 그런데 악에는 나름대로의 시간 규칙이 있어서 물러갈 시간이 되지 않으면 물러가지 않는다. 이때는 참고 기다려야 한다. 시간이 가기 전에 조바심치며 고난을 물리치려고 하면 일은 더욱더 꼬이고 만다. 그러므로 고통이 찾아왔을 때 사람들은 그것을 몸으로 겪으면서 무의식에 들어가 무의식을 살피고, 분화시켜야 한다.

그의 아내가 그를 도와 나선 것은 아니마의 도움이라고 할 수 있다. 아니마는 남성 속에 있는 여성적인 요소로 자아의식을 내면에 있는 초월적 요소인 자기에게 안내하는 영혼의 안내자다. 자아의식이 무의식에 들어가 내성(introspection)을 시작하자, 아니마가 작동하기 시작한 것이다.[47] 융은 악의 극복은 여성적 요소의 도움이 없으면 해결할 수 없다고 강조하였다. 자아는 아니마의 안내를 통해서 자기에게 다가간다는 것이다. 흥부전에서 아니마적 요소는 제비를 보살피는 흥부의 따뜻한 마음에서도 찾아볼 수 있다.[48] 제비집에 구렁이가 들어가서 제비 새끼가 떨어지자 흥부는 "제비 다리를 싸고 실로 찬찬 동여 찬 이슬에 얹어 두어" 잘 낫게 했던 것이다. 자아가 본능적인 요소를 억누르지 않고 잘 보살피는 것이다. 융은 영혼이 악에 빠지지 않으려면 영혼이 악보다 더 큰 힘으로 가득 차 있거나, 따뜻하게 돌보아 주는 공동체에 속해 있어야 한다고 주장하였다.[49] 사람들이 내면에 있는 중심에 도달하여 자신을 통합하려면 보살펴 주는 여성상의 도움이 필수적이라는 것이다: "여기

47) cf. 흥부 아내는 "불쌍한 흥보댁이 부자집 며느리로 먼 길을 걸어 보았겠나. 어린 자식 업고 안고 울며불며 따라갈 때……"(신재효, 『박흥보가』, 103)에서 볼 수 있듯이 일을 전혀 해 보지 않았던, 무의식 속의 여성상이다. 흥부의 아내가 시집오기 전에 일을 많이 하지 않았다는 것은 흥부에게 아니마가 발달하지 못했음을 의미한다. 그래서 흥부전에서 문제 해결은 아내의 도움보다는 제비의 도움으로 이루어진다.
48) cf. 이부영, *op. cit.*, p. 241.
49) J. A. Sanford, *op. cit.*, p. 108.

에서 갑자기 모든 상황을 역전시키는 것은 아니마 형상이다. ……모든 것을 또 다른 차원으로 돌려놓으려면 어떤 예기치 못했던 일이 생길 때까지 갈등을 참고 견디어야 하는 것이다."[50] 그래서 샌포드는 『흥부전』처럼 선악의 대극 문제를 다룬 스티븐슨의 소설 『지킬 박사와 하이드 씨』에서 지킬 박사가 악의 문제를 극복하지 못하고 자살하는 것으로 끝나는 것은 거기에 여성적인 도움이 없었기 때문이라고 주장하였다.[51]

　『흥부전』에는 제비라는 도움을 주는 동물이 나오고, 그것이 결정적인 것으로 작용한다. 민담에서 도움을 주는 동물은 우리 내면에 있는 본능적 요소를 의미하는데, 사람들은 종종 본능적인 요소를 억압하거나 무시하여 커다란 문제에 봉착하곤 한다. 그러나 흥부는 제비 새끼의 다리가 부러졌을 때 정성껏 돌봐 주어 제비가 강남에 무사히 가게 하였다. 그러면 제비의 다리를 고쳐 주었다는 이야기에 담긴 의미는 무엇인가? 제비는 봄을 가장 먼저 알리는 천상적인 동물이고, 강남은 상징적으로 강을 건넌 천상적 세계다. 그러므로 이 사실이 말하는 것은 흥부가 그의 내면에 있는 본능적 요소, 특히 집단적 무의식에 있는 정신적 본능이 약화될 때 그것을 의식하고 다시 북돋워서 집단적 무의식의 기반과 연결되었다는 사실을 의미할 것이다. 왜냐하면 제비가 다녀온 강남은 집단적 무의식의 세계이기 때문이다. 그 결과 자아를 의미하는 흥부는 자기와 좋은 관계를 맺을 수 있었으며 박 속에서 수많은 보물을 얻었다. 그전까지 인격이 해리된 상태에서 당했던 리비도의 결핍을 극복하고 풍요하게 되었다는 것이다. 그것을 더 상징적으로 나타내기 위하여 『흥부전』에서는 박을 등장시킨다. 박은 넝쿨식물로 그 넝쿨을 타고 하늘로 올라갈 수 있는 식물이며, 그 열매인 박은 둥글다. 원만하고, 우주적이며, 통전적인 자기의 상징인 것이다. 그래서 흥부는 박을 통해서 그전까지 분열되었던 선과 악을 하나로 통합하고, 부자가 되었다. 모든 대극의 갈등은 종식되고, 인격

50) M. -L. von Franz, *Shadow and Evil in Fairy Tales*, p. 60.
51) J. A. Sanford, *op. cit.*, p. 105.

은 통합된 것이다.

그러나 『흥부전』은 거기서 끝나지 않는다. 놀부를 포용하고 놀부가 개과천선해야 하는 것이다. 이러한 『흥부전』의 결말은 이와 유사한 다른 민담과 다르다. 왜냐하면 『흥부전』과 비슷한 구조를 가진 선악형제담이나 모방담은 끝부분에서 악하고 모방한 쪽이 대부분 죽거나 벌을 받게 되는데, 『흥부전』에서는 놀부가 모든 재산을 털린 다음 흥부 집으로 찾아와 개과천선하기 때문이다. 이것은 아마 조선시대의 형제우애라는 유교적 도덕과 불교의 개과천선 사상이 『흥부전』에 용해되었기 때문일 것이다. 그러나 분석심리학적인 관점에서 보면 융이 말하는 그림자의 통합 방법을 잘 말해 준다. 악을 미워할 것만이 아니라 동화시켜야 한다고 말하기 때문이다.

여기에서 우리는 『흥부전』에서 우리 민족 역시 융보다 앞서서 악을 통합하는 지혜를 실천했음을 알 수 있다. 우리 민족 역시 악을 부정하지 않고, 통합하려고 했던 것이다. 그 결과 악은 더욱더 크게 통합되고, 자아와 그림자가 통합되어 인격은 더 전체성을 지니게 된다.

3) 『흥부전』과 악을 통합하려는 민중의 지혜

이처럼 흥부전은 작품을 통해서도 악을 통합하고 있다. 그러나 우리는 『흥부전』이 판소리나 소설이라는 외적인 형식을 통해서도 감상자들에게 악을 통합하게 하는 것을 볼 수 있다. 왜냐하면 작품 속에 나타난 흥부의 선과 놀부의 악이 비현실적으로 과장되어 듣는 이로 하여금 웃음을 자아내게 하고, 그것을 통하여 독자는 자신의 내면을 불쾌하지 않게 들여다볼 수 있기 때문이다. 먼저, 흥부가 놀부에게 곡식을 얻으러 갈 때를 묘사한 대목을 보면, "편자 없는 헌 망건에 박 쪼가리 판자 달고, 물렛줄로 당끈 달아 대가리 터지게 동이고, 갓만 남은 중치막 동강 이은 헌 술띠를 흉복통에 눌러 띠고……."(『흥부전』, 23)로 되어 있으며, 흥부의 선함을 강조하는 대목에서는 "장마 때 큰 물가에 삯 안 받고 건네주기, 남의 집에 불이 나면 세간 지켜 주고 ……수절과부

보쌈하면 쫓아가서 빼어 놓기 ……남의 일만 하느라고 한푼 돈도 벌지 못하니 놀보가 오죽 미워하겠는가."(『박흥보가』, 101)라는 대목이 나온다. 흥부는 아무것도 없는 주제에 체면만 차리느라고 우스꽝스럽게 허세 부리며, 제 코가 석자인데 그저 착하려고만 했던 것이다. 이런 흥부의 모습을 보고 있으려면 놀부가 아니더라도 속이 터지고 말 것이다.

한편 놀부의 심술을 묘사하는 대목에서는 "배 앓는 사람 살구 주고, 잠든 사람 뜸질하기, 내달리는 사람에게 발 내치고 ……열리는 호박 넝쿨을 끊고, 패는 곡식은 모가지 뽑기……." 등 68가지나 나열하고, 부자가 된 흥부 집에 가서도 속이 뒤틀린 소리만 하며, 흥부 자식들이 절을 하자 흥부에게 "너 닮은 놈 몇 되느냐?"라고 물었고, 붉고 좋은 비단보를 청동화로 백탄 불에 내던진다. 도무지 있을 수 없는 일들이 생기는 것이다. 흥부와 놀부의 비정상적인 모습을 보고 웃지 않을 수 없는 것이다.

앙리 베르그송은 웃음이란 생명의 지속적인 흐름을 거스르는 딱딱하고 기계적인 현상들이 나올 때 터져 나오며, 웃음을 통해서 그것들을 징벌하는 것이라고 정의하였다.[52] 생명의 흐름은 유연한 것인데 그것과 어울리지 않게 경직된 흐름이 일방적으로 나올 때 사람들은 웃음을 터뜨리고 자신을 돌아보게 된다는 것이다. 우리는 흥부의 체면만 차리거나, 놀부의 악하기만 한 모습을 보고 웃음을 터뜨린다. 그러나 웃음과 함께 무엇인가를 깨닫게 된다. 그것이 실제로는 있을 수 없는 일이지만, 그와 비슷한 모습으로 우리 속에 숨어 있는 내면의 악이라는 사실을 깨닫게 되는 것이다.[53]

그래서 샌포드는 유머는 그림자 문제에 대처하는 데 매우 중요하다고 강조

---

52) H. Bergson, 『웃음: 희극의 의미에 관한 시론』, 김진성 역(서울: 종로서적, 1983), pp. 8-15. cf. 프로이트는 웃음은 표상들의 대조, 의미와 무의미의 대립, 당혹과 깨달음 등 무엇인가 드러나지 않은 것, 숨겨진 것을 끄집어 낼 때 나온다고 하였다. S. Freud, 『농담과 무의식의 관계』, 임인주 역 (서울: 열린책들, 1997), pp. 11-20.

53) 민담에서 악마는 이런 경직성을 보인다. 그래서 악마와 어떤 내기를 하면 악마는 계속해서 같은 방식으로 행하기 때문에 그것을 이용하면 내기에서 이기게 된다. 이것은 일방적인 것은 악이라는 사실을 보여 준다.

하였다. 유머를 듣고 웃는 것은 우리 내면에 있는 그림자 인격인데, 유머는 우리에게 숨겨진 열등하고 두려워하는 정동(emotion)을 나타내며, 그림자는 유머를 통해서 이완된다는 것이다.[54] 『흥부전』은 그것을 듣고 웃음을 터뜨리는 사람들에게 어느 사이엔가 자신의 내면에 있는 악을 깨닫게 한다. 그리하여 자신의 내면에 있는 탐욕, 성욕, 권력욕 등을 들여다보게 하는 한편, 그것을 향해서 일방적으로 치달으려는 경직된 욕망을 들여다보게 한다.

이 밖에도 『흥부전』에는 그 전의 고대소설들과 달리 똥, 오줌, 유방, 성행위 등 인간의 생리현상에 관한 금기어들이 거리낌 없이 사용되고 있으며, 그것들은 웃음과 함께 전달된다.[55] 그 현상들이 더럽거나 위험한 것이 아니라, 자연스러운 것으로서 그것들이 우리 내면에 있음을 깨닫고, 억압하지 말아야 한다는 것이다. 조선시대 우리 조상은 이런 생리현상이 우리 삶에 없는 듯이 억압하거나 억제하였다. 그래서 우리 몸은 억압받았고, 몸과 관계되는 여성적인 것, 물질, 현실은 무시되어 온전한 인격 발달을 불가능하게 하였다. 그러나 흥부전은 웃음을 통해서 그런 문제를 고발하고, 그런 태도는 문제 해결의 근본적 대책이 될 수 없다고 주장하는 것이다.

5. 결 론

우리 삶에서 악은 결코 피할 수 없는 것이기 때문에 사람들은 악으로 인한 고통을 완화하기 위해서 끊임없이 악의 본질과 기원과 극복책에 대하여 탐구하였다. 그리하여 사람들은 악을 직관적으로 파악하여 신화적인 방식으로 설명하거나, 예술적인 방식으로 표현하거나, 종교적인 방식으로 제의나 수행을 통하여 극복하려고 하였다. 그런데 악에 대한 논의는 현대 사회에 들어와서

---

54) J. A. Sanford, *op. cit.*, 53. 샌포드는 유머 감각이 없는 사람은 그림자에 사로잡혀 있으며, 그런 사람들은 다른 사람들을 용서하지 못한다고 덧붙였다.
55) 전용오, "흥부전의 문학적 위치", 인권환 편, 『흥부전연구』, pp. 533-537.

점차로 도덕적 악에 대한 탐구로 좁혀지고 있다. 형이상학적 악은 인간의 경험 영역을 벗어나 다룰 수 없게 되었고, 물리적 악은 과학기술의 발달로 언젠가 극복될 수 있기 때문이다. 이 문제에 대해서 C. G. 융은 내면의 악인 그림자는 의식화되고, 통합되어야 한다고 강조하였다. 그렇지 않을 경우 우리가 모르는 또 다른 나인 그림자는 끊임없이 자신의 존재를 알리고, 우리 삶에 통합되려고 하면서 우리 삶에 수많은 문제를 불러일으키기 때문이다. 그림자는 꿈이나 투사, 실수나 실언은 물론 심한 경우 신경증이나 정신병 증상으로 나타나 우리를 괴롭히는 것이다.

　그러나 여태까지 그림자에 대한 대처는 판도라가 악이 튀어나오는 상자 뚜껑을 황급하게 다시 닫았던 것처럼 자신의 내면에 있는 어두운 모습이 두려워서 억누르려만 해 왔다. 금욕이나 절제나 훈련 등을 통해서 우리 속에 있는 부정적인 특성과 만나지 않고 그것들이 없는 듯이 해 왔던 것이다. 하지만 세계의 민담이나 우리 민담에서는 그런 의식적인 태도는 문제 해결에 아무 도움도 되지 않는다고 가르쳐 준다. 그림자는 덮어 버릴 것이 아니라, 의식되어야 하고 통합되어야 한다는 것이다. 그것은 민담에서 출발한 고대소설『흥부전』에서도 마찬가지다. 흥부가 처음 그에게 닥쳐온 가난을 거부할 때 고통스럽기만 했지만, 나중에 그것을 적극적으로 받아들이고 가난을 극복하려고 노력했을 때 가난은 제비의 도움으로 극복될 수 있었다고 주장하는 것이다. 다시 말해서, 우리 내면에 있는 악의 실체를 의식화하고 받아들이고 수많은 본능적인 요소를 받아들일 때 악은 극복될 수 있다고 강조하는 것이다.

　분석심리학적으로 볼 때,『흥부전』은 단순히 선한 사람은 복을 받고, 악한 사람은 망한다는 이야기를 재미있게 들려주는 것만이 아니다. 그 이야기의 뒷면에서 우리는 조상들이 해결하려고 했던 커다란 삶의 문제인 내면적 악에 대한 투쟁 이야기를 읽어 볼 수도 있다. 다시 말해서,『흥부전』은 모든 사람에게는 선하고 긍정적인 측면과 악하고 부정적인 측면이 있으며 그것들이 대립될 때 사람들은 고통받는데, 악은 그 실재를 적극적으로 받아들일 때 극복될 수 있다고 주장하는 것이다.

『흥부전』에서 인간의 양면성은 흥부와 놀부라는 인물로 대극적(對極的)으로 그려지고 있다. 흥부는 선량하고 양심적이며 인정이 많지만 무능하고 소극적이며 게으른 사람이었다. 반면에 놀부는 악하고 비양심적이며 몰인정하지만 유능하고 적극적이며 부지런한 사람이었다. 모든 면에서 흥부와 놀부는 정반대였다. 그러나 『흥부전』을 잘 들여다보면 흥부와 놀부는 이 세상에 실제로 존재할 수 있는 인물이 아니다. 우리가 생각할 수는 있지만 너무 선악의 극단에 서 있어서 실제로 존재하기에는 거리가 있는 인물이다. 우리 무의식에 있는 선과 악을 표상하는 자아와 그림자인 것이다. 여기서 우리는 조상들이 『흥부전』을 통해서 그들이 싸워 왔던 내적 투쟁의 이야기를 한 세대에서 다음 세대로 전해 주었음을 알 수 있다. 우리 속에는 서로 정반대되는 두 가지 성향이 있으며, 그것들은 언제나 문제를 일으킬 수 있고, 그것이 문제를 일으키면 어떻게 대처해야 할지를 알려 주는 것이다. 흥부의 문제는 그가 너무 착하고, 밝은 측면만 살려고 했다는 점에 있었다. 인간은 신이 아니기 때문에 모두 어떤 한계와 약점을 가지고 있는데 흥부는 자신의 내면에 있는 어두운 부분을 무시하고 착하게만 살려고 해서 그의 내면에서는 자기도 모르게 악한 놀부가 자라고 있었고, 그 결과 그 사람은 수많은 고통을 받았다는 것이다. 그러므로 사람들은 모두 자신의 인간성을 인정하고, 내면에 있는 어두운 부분을 인식하고 통합해야 한다. 그러면 그림자들은 창조적으로 변환되어 삶에 새로운 활력소가 된다. 『흥부전』이 전하려는 심리학적 의미는 이것이다.

이러한 『흥부전』의 메시지는 오늘날의 세계에서 더욱더 필요하다. 오늘날 서로 다른 문명들이 만나서 선악의 구분이 모호해졌고, 과학기술의 발달로 새로운 윤리적 문제에 봉착하게 되었으며, 타자와의 만남이 더욱더 늘어나 타자와의 관계를 어떻게 설정할 것이냐 하는 문제가 초미의 관심사로 떠올랐기 때문이다. 사람들은 자신의 내면에 있는 악을 의식하지 못할 때, 그것을 다른 사람들에게 투사시켜 놓고 그것을 그의 본래적인 특성으로 생각하여 그를 미워하고, 그와 다투게 된다. 개인 사이의 불화나 집단 사이의 분쟁, 국가 사이의 전쟁의 많은 부분은 이런 투사 때문에 생기는 것이다. 그러나 『흥부전』은 우리에게 우리 내면에 내가 가장 싫어하고 미워하는 어둠이 있으며, 그것을 의식화하고 통합해야 한다고 가르친다. 그러기 위해서 우리는 의식을 명료하게 하고, 선악 사이의 대극의 긴장을 견디어야 한다. 그 긴장을 견디기 힘들어서 악을 억제·억압하거나 악의 유혹에 넘어가 긴장에서 도피하려고 하지 말고 악을 의식화하고 통합해야 하는 것이다. 그러나 악의 통합은 자아의 의식적 노력으로만 되지 않는다. 자아의식이 무의식에 들어가 무의식을 분화시키고 통합하는 과정에서 무의식에 있는 여성적 요소의 도움으로 자기를 만날 때 이루어지는 것이다. 그때 그림자는 창조적으로 변환되어 우리 삶을 폭넓게 하고 우리 삶에 새로운 차원을 열어 준다. 놀부가 변화되어 흥부와 화해하고 개과천선했듯이, 우리 삶에 새로운 차원이 전개되는 것이다.

15

여성의 개성화와 심청전에
대한 분석심리학적 해석 시론

1. 들어가는 말

민담은 특정한 지역이나 인물과 관계없이 비현실 세계에서 전개되는 이야기를 담고 있으며, 그 이야기들 속에는 요정이나 신인동성론적인(anthropo-morphic) 동물 등 신기한 존재들이 많이 등장하곤 한다. 어떤 민담에서는 선녀나 요정이 전혀 등장하지 않지만 그 이야기들 역시 현실 세계에서는 도저히 일어날 수 없는 비현실적인 이야기들을 담고 있으며, 주인공들은 상상의 세계 속에서 적을 무찌르거나 지하 세계에 다녀오기도 한다. 전혀 믿어지지 않는 신비함으로 가득 찬 이야기인 것이다.[1] 그래서 융의 제자이자 민담 해석의 대가인 폰 프란츠는 민담은 단순히 흥밋거리로만 만들어진 이야기가 아니라 그 속에 원형적 주제를 담고 있는 무의식의 산물이라고 주장하였다. 우리가 민담의 이야기를 들을 때 비록 처음 듣는 이야기일지라도 친근하게 느끼

---

1) S. Thompson, 『설화학원론』, 윤승준, 최광식 역(서울: 계명문화사, 1992), pp. 25-26.

고 잘 잊어버리지 않거나, 아무리 같은 이야기를 여러 번 들어도 싫증이 나지 않는 이유는 그것이 우리 내면의 진실을 이야기하기 때문이다.[2]

융에 의하면, 원형(原型)이란 모든 사람의 내면에 살아 있는 정신 요소로서 사람들에게 정동적인(émotionel) 체험을 하게 한다. 우리가 꿈에서 어떤 충격적인 이미지를 보았거나, 어떤 사람에게 첫눈에 반했다면 그것은 원형의 작용 때문이다. 원형이란 우리 마음속에 존재하면서 정신생활의 많은 부분을 지배하는 정신 요소인 것이다. 폰 프란츠에 의하면, 민담은 본래 어떤 지방에서 실제로 일어났던 특별히 정동적인 체험에서 생겨난다. 어떤 사람이 그의 정신을 온통 뒤흔들어 놓는 원형적인 체험을 한 다음, 그것을 다른 사람들에게 이야기하면, 그 이야기는 다른 사람들에게도 감동적으로 여겨진다. 그리하여 그것이 또 다른 사람들에게도 전달되고, 이렇게 전달되는 과정에서 여러 가지 심리적인 것이 덧붙여져 민담으로 정착되는 것이다. 그러므로 민담은 어느 한 사람의 창작물이 아니라 많은 사람의 무의식이 합작에 의해 만들어진 집단적인 이야기다. 민담(folktale)과 비슷한 것으로는 전설(legend)과 신화(myth)가 있다. 그러나 전설은 어느 지역이나 인물을 중심으로 해서 이루어져 있고, 신화는 그 당시 국가의 특별한 문제가 두드러지게 나타나는 등 의식적이고 문화적인 요소가 첨가되어 있다는 점이 민담과 다르다. 민담이 좀 더 근원적인 이야기로서 무의식의 요소를 더 많이 담고 있는 것이다.[3]

민담이 무의식의 원형적 주제를 담고 있는 것은 똑같은 주제가 언제, 어디서나 여러 가지 민담 속에서 발견되는 데서도 알 수 있다. 이 세상에는 세부적인 구성만 다를 뿐 영웅의 탄생과 버려짐, 영웅이나 괴물의 싸움, 도움을 주는 동물의 등장 등 비슷한 소재(motif)를 품은 이야기가 많이 있는 것이다. 여기에서 우리는 민담에 등장하는 인물들이 실제로 어떤 특정한 사람을 가리키는 것이 아니라 원형적인 존재로서 심리적 요소라는 사실을 알 수 있다. 다시

2) M.-L. von Franz, *Shadow and Evil in Fairy Tales*(Zurich: Spring Publications, 1973). pp. 112-121.
3) *Ibid.*, pp. 14-18. cf. S. Thompson, *op. cit.*, pp. 7-11.

말해서 민담의 등장인물은 어느 누구라도 될 수 있는 보편적 인간상이며, 모든 사람의 내면에 들어있는 정신 요소일 수 있다는 사실을 알게 되는 것이다. 그래서 폰 프란츠는 민담의 영웅들이 그리는 것은 자아의 원형적 측면이라고 주장하였다.[4]

　민담의 주인공들은 인간의 삶을 통해서 구체적으로 실현되고 완성되어야 하는 이상적 자아의 모습, 다시 말해서 인간 정신의 중심인 자기(自己)와 올바른 관계 속에서 작용하는 자아를 나타낸다는 것이다. 그러므로 우리는 민담 속에서 단순히 재미있는 옛날 이야기만 들을 것이 아니라, 그것이 말하려는 심리학적 의미를 찾아 읽어야 한다. 우리 삶에 새로운 모형과 가능성을 제시해 주는 심리적 요소를 찾아야 하는 것이다.[5]

2. 『심청전』의 기본 줄거리

　『심청전』은 『춘향전』이나 『흥부전』과 함께 우리나라에서 가장 널리 읽혀 왔던 고전소설 가운데 하나다. 『심청전』은 소설뿐만 아니라 판소리와 무가로도 불려왔는데 『심청전』의 유화(類話)로는 『삼국사기』나 『삼국유사』에 나오는 '효녀지은설화' '거타지설화' '관음사연기설화' 등이 있다. 『심청전』의 여러 이본(異本)이나 근원설화에 대한 연구들을 살펴볼 때 『심청전』은 인신공희설화와 효행설화를 근간(根幹)으로 하고, 태몽설화, 용궁설화, 맹인개안설화가 덧붙은 이야기인 것을 알 수 있다.[6] 『심청전』은 본래 여러 가지 민담이 합해져서 하나의 커다란 민담으로 정착되었고, 그것이 무가나 판소리로도 전해 오다가 다시 고전소설로 만들어진 것이다. 그러므로 우리가 『심청전』의

---

4) M. -L. von Franz, *La femme dans les contes de fée*(Paris: A. Michel, 1993), pp. 24–38.
5) M. -L. von Franz, *An Introduction to the Psychology of Fairy Tales*(Zurich: Spring Publications, 1973), p. 45.
6) 최운식, 『심청전연구』(서울: 집문당, 1997), p. 10, p. 125.

여러 이본을 비교 · 고찰하면서 『심청전』의 소설적 구성 요소들 가운데서 덧붙은 부분들을 제거하면 『심청전』에서 민담적 요소를 추출해 낼 수 있으며, 거기에서 수많은 무의식의 상징적 의미를 읽어 볼 수 있는 것이다. 『심청전』에서 이야기하는 심청의 죽음, 용궁행, 꽃 속에서의 환생, 아버지의 개안 등은 단순히 재미만을 위하여 기록된 것이 아니라 그 안에서 우리 삶의 보편적이고 집단적인 무의식적 진실을 이야기하려는 것임을 알게 되는 것이다.

『심청전』의 이본에는 목판본, 필사본, 활자본 등 수십 종이 있는데, 그 발행연대는 대체로 19세기 말에서 20세기 초다. 『심청전』의 무대가 되는 시기 역시 이본마다 다른데, 제일 먼저 발행되었을 것으로 추정되는 한남본에는 대명 성화년간, 그다음에 발행된 송동본에는 대송원풍년간, 비교적 나중에 나온 활자본에서는 대명성화년간을 고려 말년으로 바꾼 것이 보인다.[7] 대명성화년간은 명 헌종(1464~1487년) 때이고 대송원풍년간은 송 신종(1080~1085년) 때로서 커다란 의미가 없는 고대소설에서 많이 등장하는 허두다. 그러나 신문관본에서 굳이 대명성화년간을 고려 말로 바꾼 것에는 의미가 있어 보인다. 왜냐하면 그것은 고려에서 조선으로 넘어 가는 시기이고, 그 판본들이 발행된 시기 역시 또 다른 전환기인 19세기 말에서 20세기 초이기 때문이다.[8]

『심청전』의 이야기는 이본에 따라서 내용이 조금씩 달라지지만, 커다란 줄거리는 변하지 않는다. 『심청전』의 공통된 이야기, 즉 민담적 요소들을 살펴보면, 심청은 여러 대에 걸쳐서 벼슬을 했지만 가난해진 고귀한 가문에서 어렵게 얻은 무남독녀다. 심청의 어머니는 아이를 낳지 못하다가 기자신공(祈子神功)을 드린 다음 심청이를 낳았지만 심청을 나은 지 얼마 되지 않아 세상을 떠나고 시각장애인인 아버지가 어렵게 그녀를 기른다. 심청이는 자란 다음 아버지를 봉양하는데, 어느 날 심 봉사는 저녁이 되어도 돌아오지 않는 심청이

---

7) *Ibid.*, p. 21, p. 28, p. 71.
8) 이 문제에 관해서는 다음에 밝히기로 한다.

를 찾아 나섰다가 물에 빠지고 화주승에게 구출된다. 심 봉사는 공양미 삼백 석을 바치면 눈을 뜰 수 있다는 말을 듣고 시주를 약속하지만 나중에 후회한다. 그러나 심청은 아버지의 눈을 뜨게 해 주려는 마음에서 자기 몸을 팔고 선인(船人)들에게 팔려가 인당수에 몸을 던진다. 바닷속에 빠진 심청은 용궁에 갔다가 용왕의 도움으로 꽃을 타고 돌아온다. 어느 날 바다에 핀 아름다운 꽃을 본 선인들은 그 꽃을 따서 왕에게 바친다. 왕은 꽃 속에 있는 심청이를 발견하고 그녀를 왕비로 책봉한다. 심청이는 아버지를 찾으려고 맹인잔치를 열었다가 잔치에 온 아버지를 만나는데 심 봉사는 죽은 줄 알았던 심청이를 보고서 깜짝 놀라서 눈을 뜬다. 그다음 심청이와 심 봉사는 오래오래 잘 산다.[9]

3. 『심청전』에 대한 분석심리학적 해석

모든 민담이 그렇듯이, 『심청전』의 무대가 되는 시기와 장소는 확실하지 않다. 이본에 따라서는 확실한 시간과 장소를 말하지 않은 채 시작되는 판본도 있고, 무대가 대명성화년간 남군 땅이나 대송원풍년간 황주 도화동, 또는 대송원풍년간 황해도 황주성 도화동이 되기도 하며, 고려 말 남군 땅이나 명나라 시대 양주가 되기도 한다.[10] 『심청전』이 실제로 언제, 어디서 일어났는지는 중요하지 않은 것이다. 그 이야기가 집단적 무의식에서 일어나는 사건이라 언제, 어디서나 일어날 수 있는 이야기라는 의미다.

『심청전』에서 제일 처음 찾아볼 수 있는 문제는 수많은 영웅신화에서 발견되는 불임(不姙)의 주제다. 심 봉사와 곽씨 부인은 결혼한 지 오래도록 아이가 없어 탄식하다가 기자신공을 드린 다음 딸을 얻게 된다. 이런 종류의 불임 주제는 성서에서 이삭이나 세례 요한이 어머니의 오랜 불임 후에 태어났고, 제

---

9) *Ibid.*, p. 111.
10) 최운식, *op. cit.*, p. 22, p. 28, p. 47, p. 65, p. 71.

우스나 오이디푸스가 오랜 세월 동안의 아버지의 영아 살해 이후 어렵게 태어나는 것과 같은 맥락이다. 신화적 영웅들은 이 세상에 태어나기가 그렇게 어려운 것이다.[11] 그러면 이 사실이 말하려는 심리학적 의미는 무엇인가? 그것은 한 사람이 자신의 인간적인 한계를 극복하고 심리적인 영웅이 되기는—분석심리학적으로 말해서 자신의 인격을 온전히 통합하고 개성화를 이루기는—여간 어려운 일이 아니라는 말이다. 그래서 그들은 영웅은 태어나기 전에 이 세상에서 고통을 당하거나, 죽을 고비를 넘기는 것이다.

그다음에 눈에 띄는 주제는 심청이 현생에서도 양반 가문에서 태어났지만, 전생에서도 어머니 곽씨 부인이 서왕모(西王母)의 딸인 선녀가 하강하는 꿈을 꾼 다음 태어난 비범한 존재라는 사실이다. 이것 역시 수많은 신화, 설화의 주인공들이 한결 같이 왕자나 공주인 것과 같은 주제다. 그러면 신화와 설화의 주인공들은 왜 모두 왕자나 공주이거나 비범한 존재인가? 폰 프란츠는 그것은 그들이 사실은 인간이 아니라 심리적 요소이기 때문이라고 주장하였다: "민담에서 볼 수 있는 첫 번째 주제는 영웅의 기적적인 출생의 주제다. 신화나 민담의 주인공들은 일상적인 방식으로 이 세상에 태어나지 않고 기적적으로 태어나는 것이다. ……영웅들이 그렇게 비현실적인 방식으로 태어나는 것은 그들이 사실은 사람이 아니라 정신적 내용이라는 사실을 말해 준다."[12] 신화나 설화의 주인공들은 실제로 존재하는 인물이 아니라, 우리 삶의 중요한 진리를 일깨워 주는 정신 요소라는 것이다. 사실 모든 사람의 자아는 왕자나 공주처럼 귀중한 정신 요소로서 궁극적으로 개성화 작업을 이루어야 하는 것이다.

그래서 폰 프란츠는 신화나 설화에 등장하는 영웅은 다른 정신 요소들과 조화를 이룬 상태에서 작용하여 인간 정신이 궁극적으로 추구해야 하는 모습

11) 프랑스와즈 돌토는 예수님의 탄생 후 있었던 헤롯 왕의 영아 살해도 영웅의 탄생 시 종종 발생하는 어려움을 암시하는 불임 주제의 변형이라고 주장하였다. F. Dolto, 『인간의 욕망과 기독교복음』, 김성민 역(서울: 한국심리치료연구소, 2000), pp. 31~48.
12) M.-L. von Franz, *La femme dans les contes de fée*, p. 32.

을 나타내는 자아(自我)로서 자기(自己)가 실현되는 무대라고 주장하였다: "영웅은 생명력을 제대로 흐르게 함으로써 그 나라에 그 전까지 아무 열매도 맺지 못하던 상태를 마감하게 하고, 꽃을 활짝 피울 수 있는 건강을 되찾게 해 준다."[13] 심청전에서의 심청은 어머니가 죽고, 아버지가 눈이 멀어 생긴 절망적인 상황을 적극적으로 타개하였다. 그러므로 심청으로 표상되는 우리 자아 역시 우리 내면이 자기와 올바른 관계를 맺지 못하여 혼돈 상태에 빠져 있을 때, 심청이처럼 우리 삶에 생긴 절망을 극복하고 우리 자신을 새롭게 태어나게 해야 한다.

또 한 가지 우리 눈을 끄는 것은 심청이와 심 봉사가 살던 환경이 매우 가난했다는 사실이다. 심 봉사는 곽씨 부인이 죽은 다음 젖동냥을 하면서 심청이를 길렀고, 심청이는 아버지를 봉양하기 위해서 남의 집일을 해야 했다. 심 봉사가 비록 양반 가문에서 태어났지만 밭 한 뙈기 없이 가난했던 것이다. 우리나라 민담에서는 이렇게 찢어지게 가난한 상태가 종종 그려져 있다. 『흥부전』에서 흥부나 '우렁 미인' 등 수많은 민담에서 주인공들은 가난 때문에 고통받는 것이다.[14] 여기에는 우리 민중이 옛날에 실제로 매우 가난했기 때문이라는 이유도 있을 것이다. 그러나 이부영은 가난하다는 것은 심리학적으로 리비도의 결여나 감정적 가치의 결여를 의미하며, 그것은 우리 민중의 내적 상태가 그만큼 각박했기 때문이라고 주장하였다.[15] 우리 민중은 여러 가지 좋지 않은 환경 속에서 리비도의 고갈과 감정적 가치가 결여된 상태에서 그것을 극복하려고 애써 왔다는 것이다.

---

13) *Ibid.*, p. 40. 융은 인간의 정신에는 중심이 되는 요소인 자기(Self)가 존재하며, 자기는 인격 전체를 통합시키는 중요한 정신 요소라고 주장하였다. 여기서 융이 말하는 자기는 스스로를 가리키는 일상용어로서의 자기와 다른 것이다.

14) 임동권, 『한국의 민담』 (서울: 서문당, 1996), pp. 101-104, pp. 177-180.

15) 이부영, 『한국민담의 심층분석』 (서울: 집문당, 1995), p. 94, p. 38.

(1) 아버지의 눈멈과 집단의식의 문제

모든 민담이나 신화는 대개 앞부분에서 주인공이 해결해야 하는 문제를 제시하는데 『심청전』에서도 마찬가지다. 심청이의 아버지 심 봉사는 눈이 멀었고, 심청은 아버지의 눈을 뜨게 해야 하는 것이다. 그러면 눈이 멀었던 아버지가 눈을 뜨게 된다는 사실이 나타내는 의미는 무엇인가? 집단적인 차원에서 살펴볼 때 아버지는 집단의식을 나타낸다. 한 집단에서 가장 지배적인 의견이나, 그 집단을 이끌어 가는 지배이념의 상징인 것이다: "왕이 그러하듯이, 아버지는 습관적이며 의식적인 태도, 집단규범, 율법 등을 나타낸다."[16] 개인적인 차원에서 볼 때 아버지, 왕, 족장 등은 한 사람의 정신 안에서 현재 그의 삶을 이끌고 가는 지배적인 정신구조를 나타낸다.[17] 우리 정신의 가장 깊은 곳에서 정신 전체의 중심이 되고, 정신 전체의 흐름을 조절하는 내적 조절 체계(self-regulating system)를 상징적으로 나타낼 수 있는 것이다. 그래서 한 가정에서 아버지가 올바로 서면 그 집이 안정되듯이, 자아가 자기와 올바른 관계를 맺으면서 살면 정신적인 삶에 아무 문제가 없게 된다.

모든 사회에는 그 사회를 이끌어 가는 집단의식, 또는 지배이념(idéologie)이 있으며, 그것은 사회가 변화되면서 같이 변화된다. 따라서 사회는 그 전과 달리 많이 달라졌는데도 불구하고 지배이념이 변화되지 않을 경우, 사회 구성원들은 시대에 뒤떨어진 이념 때문에 고통을 받고 사회는 혼란에 휩싸이게 된다. 그 사회에 새로운 바람을 불어넣어 줄 새로운 지배이념을 암중모색하는 것이다.[18] 마찬가지로 한 개인도 어느 시기까지 어떤 정신체계를 가지고

16) M. -L. von Franz, *op, cit.*, p. 193. 『심청전』이 말하려는 심리학적 의미를 살펴볼 때 우리는 개인적 차원의 해석과 집단적 차원의 해석으로 나누어 볼 수 있다. 개인적 차원에서 볼 때 『심청전』이 여성의 개성화 과정을 말하는 것이라고 할 수 있다면 집단적 차원에서 볼 때 그것은 한 사회의 집단의식의 변환을 말하는 것이라고 할 수 있다.

17) 폰 프란츠는 왕, 족장, 아버지가 정신의 자율적 체계의 중심인 자기(Self)의 상징을 나타낼 수 있다고 주장하였다. "그러므로 그(왕)는 우리가 그를 자기의 상징이라고 볼 수 있는 특징들을 많이 가지고 있다." M. -L. von Franz, *An Introduction to the Psychology of Fairy Tales*, p. 37.

18) 그래서 정신분석가인 에릭슨은 "인간은 자기 시대의 몇몇 시기와 자기 일생의 몇 단계에는 공기를

살았지만, 나이를 먹고 경험이 달라지면 그 전까지 그를 지배했던 낡은 정신 체계를 벗어 버리고 새로운 정신체계를 가지고 살아야 하는 것이다. 그런데 『심청전』에서는 심청이의 아버지가 눈이 먼 것으로 나온다. 집단의식(또는 지배이념)이 시대적인 상황과 맞지 않아서 집단을 제대로 이끌어 가지 못하게 된 것이다.[19] 이런 상황은 민담에서 종종 왕이나 아버지가 노쇠하거나 아파서 아들에게 왕위를 양위하거나 병을 고쳐야 하는 것으로 나타난다. 그 전까지 한 나라나 가정을 제대로 이끌어 왔던 지도력에 문제가 생겨서 새로운 왕이 등극하거나 영약(靈藥)을 구해서 치유해야 하는 것이다.

그런 이야기는 그림 동화집에 있는 「세 개의 깃털」이나 우리나라 무조신화인 「바리공주 이야기」에서도 찾아볼 수 있다. 어느 왕이 너무 늙어서 아들들에게 과제를 내 주고, 그것을 가장 잘 해결한 아들에게 왕위를 물려주거나, 아버지에게 버림을 받았던 바리공주가 갖은 고생을 다해서 영약을 구하여 아버지의 병을 고치는 것이다. 이때 신왕(新王)의 등극이나 치유(治癒)는 과거의 지배이념이 정체되어 더 이상 기능을 발휘하지 못할 때 새로운 질서로 교체되는 것에 대한 상징이다.[20] 심리학적으로 말해서, 집단의식이 고루하여 더 이상 사회를 이끌어가지 못하고 구태의연한 주장만 일삼아 사회발전이 정체될 때, 새로운 의식이 나타나 구질서를 갱신하는 것이다. 이것은 개인에게 있어서도 마찬가지다. 의식이 무의식의 수많은 정신 요소를 통합한 다음 어느 시점까지는 제대로 살았지만 더 이상 새로워지지 않아서 달라진 상황에 적응하지 못하고 삶에 위기가 닥쳐 왔을 때, 의식은 다시 무의식의 요소를 통합하여 더 높은 단계로 나아가야 하는 것이다.[21]

다."라고 하였다. E. H. Erikson, 『청년 루터』, 최연석 역(서울: 도서출판 인간, 1982), pp. 20-21.

19) 개인적인 차원에서는 그의 자아가 자기와 올바른 관계를 맺지 못하여 삶에 커다란 위기가 찾아오는 것이다.

20) cf. M. -L. von Franz, op. cit., pp. 33-82. M. -L. von Franz, Shadow and Evil in Fairy Tales, pp. 26-27.

21) M. -L. von Franz, La femme dans les contes de fée, p. 224. 사람들이 너무 오랫동안 의식에만

『심청전』에서 아버지가 눈이 멀었다는 것은 이와 같은 상태를 나타낸다. 민담의 무대가 되는 사회에서 아버지로 대표되는 집단의식, 전통적 사고, 특히 남성적인 원리가 너무 경직되어 제대로 작용하지 못하고, 앞으로 나아가지 못하는 것이다. 이때 집단의식은 새로워져야 한다. 그 전까지 그것이 한 사회를 제대로 이끌어 왔을지라도 이제 달라진 세계에서는 달라져야 하는 것이다. 폰 프란츠는 이런 상태에 빠져 있을 때, 민담에서는 아버지의 역할이 불분명하고 모든 것이 여성 중심으로 이루어진다고 강조하였는데, 『심청전』에서도 마찬가지다.[22] 『심청전』에서 심 봉사는 적극적인 역할을 전혀 하지 못하고, 모든 것은 심청이를 중심으로 해서 전개된다. 그래서 사람들은 그 전까지 사회를 이끌어 왔던 집단의식을 따라서 외적인 일에만 관심을 가질 것이 아니라 무의식에 들어가서 무의식과 접촉하고 무의식에 있는 여성적 요소인 아니마의 인도를 받아야 한다. 아니마는 의식보다 덜 경직되고 편견도 적기 때문에 새로운 시대정신을 도출해 낼 수 있기 때문이다.[23]

이 사실을 구체적으로 살펴보면, 『심청전』의 무대가 되는 것은 비교적 후대에 편집된 신문관본에서 고려 말로 나타난다. 고려시대의 사회질서가 무너지고 조선시대로 바뀌는 전환기를 『심청전』의 무대로 삼은 것이다. 그러면 신문관본 편집자는 다른 모든 것은 한남본을 따르면서 왜 시대만 고려 말로 바꾼 것일까? 이렇게 바뀐 데는 틀림없이 어떤 이유가 있을 것이다. 그것은 어쩌면 그전까지 고려시대를 이끌어 왔던 불교의 지배이념이 눈먼 상태처럼 되었을 때, 『심청전』에서 심 봉사가 눈을 뜬 것처럼 새로운 지배이념이 나타나 조선시대로 넘어갔다는 사실을 지적하려는 것이 아니었을까? 왜냐하면 신문관본이 발간된 것이 일제 강점기인 1913년인데, 이때 편집자는 그전까지

몰두하고 있으면 일상성에 빠지고, 우월기능을 너무 탕진할 때 그것은 더 이상 제대로 작용하지 않아 문제를 일으키게 된다. 폰 프란츠는 같은 방식으로 계속 살면 아니마와 에로스가 모두 피폐해진다고 주장하였다. *Ibid.*, p. 133.

22) *Ibid.*, p. 230.

23) M. -L. von Franz, *Shadow and Evil in Fairy Tales*, pp. 60-69.

조선시대를 이끌어 왔던 유교의 지배이념이 더 이상 조선사회를 이끌어가지 못하니까 어서 속히 새로운 지배이념이 나타나야 한다는 사실을 고려 말의 상황으로 빗대어 말한 것이 아닐까 한다.

그런데 『심청전』에서 문제가 되는 것은 곽씨 부인이 너무 일찍 죽어서 상황이 더 각박하게 되었다는 데 있다. 눈먼 심 봉사를 도와서 심 봉사로 하여금 그의 가정을 올바르게 이끌어 가야 할 곽씨 부인이 일찍 죽은 것이다. 남자에게 있어서 아내는 남성의 의식을 보충하고, 남편에게 활력을 불어넣는 무의식적이고 본능적인 측면과 감정적인 기능을 자극하는 존재다.[24] 심리학적으로 말해서 아니마의 대표인 것이다. 그러나 심 봉사는 이제 아내의 죽음과 더불어 정신에 새로운 힘을 불어넣어 줄 무의식의 접촉 창구를 잃어버렸다. 그러지 않아도 전통적이고, 남성적인 원리가 경색되어 여러 가지 문제를 일으켰는데, 그것을 바로잡아 줄 여성 원리가 억압된 것이다.[25]

융에 의하면, 아니마는 남성의 내면에 있는 생명의 흐름으로, 남성에게 정동과 정조(情操)를 전해 주는 다리가 된다. 그가 아니마를 가리켜서 영혼의 인도자라고 주장한 것은 그 때문이다. 따라서 아니마의 문제를 이해하지 못하고 그것을 분화시켜, 동화하지 못하는 사람들은 내면의 리듬을 따라서 살지 못한다. 그래서 그들은 영(靈)을 상실하고, 정신 에너지가 고갈되어 우울증에 빠지거나 분노에 사로잡히고, 탐욕과 성적 공상에 빠져서 고통당하게 된다.[26] 아니마가 그림자와 결합하여 부정적인 작용을 하는 것이다. 이때 그는 아니마로부터 악마적인 힘을 벗기고, 그림자가 창조적으로 작동하게 해야 한다.[27] 그런데 사람이 그림자에 사로잡히는 것은 의식에만 몰두하여 무의식과의 관계를 소홀히 했기 때문인 경우가 많다. 자신의 내면을 들여다보기보다는 외적인 일에만 몰두하여 무의식에 억눌려 있던 정신 요소가 자동적으로

---

24) 이부영, *op. cit.*, p. 95.
25) cf. *Ibid.*, p. 95.
26) M. -L. von Franz, *An Introduction to the Psychology of Fairy Tales*, pp. 103-108.
27) *Ibid.*, p. 119.

표출되어 여러 가지 문제를 일으키는 것이다. 그러나 그때 자아가 스스로 그림자의 문제를 해결하려고 해서는 안 된다. 그럴 경우 그림자는 점점 더 짙어지고 만다. 그때는 오히려 무의식에 들어가 환상들이 의미하는 바를 주시하면서 내면의 흐름을 따라가야 한다. 그때 우리는 기대하지 않았던 것들을 보게 되고, 그 전보다 더 높은 차원으로 넘어가게 된다. 그래서 폰 프란츠는 그림자의 창조적 해결을 가능하게 하는 것은 아니마라고 주장하였다.[28]

심청이 어렵게 살고 고생했던 것은 대부분 그녀의 어머니가 너무 일찍 죽었기 때문이다. 객관적인 차원에서 해석할 때 그것은 어느 집단에 여성적인 요소가 결핍되어 감정적인 교류가 적고, 따스함이 결여되어 집단 구성원들이 모두 고통받는 것을 가리킨다. 기존의 지배이념이 더 이상 통하지 않자, 모든 것을 엄격한 규율이나 '법과 질서'로 기계적으로 다스리려고 하느라 사회 전체가 경직되는 것이다. 심청이는 전통적 가치인 효(孝)로써 그 문제를 극복하려고 하였다.[29] 아버지를 봉양하고, 몰락한 집안을 일으키기 위해서 이 집 저 집 다니면서 일을 열심히 했던 것이다. 그러나 그것은 근본적인 해결책이 될 수 없었다. 심청이 아무리 애를 써도 몸만 고단할 뿐 가난을 벗어날 수 없었고, 집안을 일으킬 수 없었기 때문이다. 다시 말해서, 그런 사회에서 모든 것을 남성원리로만 다스리려고 하자 사회 전체에 리비도가 고갈되어 활기 없는 사회가 되고 메마르기 짝이 없는 사회가 될 뿐 근본적인 해결은 불가능하다는 것이다.

이 사실을 주관적인 차원에서 해석하면 여성은 보통 내면과의 관계가 단절되어 내적 흐름이 막힐 때 그 문제를 해결하기 위하여 외적인 일에 몰두하고 집단적인 가르침이나 종교적인 가르침을 맹종하는데, 그것은 근본적인 해결책이 될 수 없다는 것이다. 우리는 이런 사실을 주변에서 흔히 찾아볼 수 있

---

28) M. -L. von Franz, *Shadow and Evil in Fairy Tales*, pp. 60-61.

29) 『심청전』의 주제를 보통 '효'라고 하는데, 그것은 잘못된 것이다. 왜냐하면 심청이가 인당수에 몸을 던진 것은 유교적인 의미에서 결코 효라고 할 수 없기 때문이다.

다. 즉, 내면적인 통합을 이루지 못해서 삶의 허무감을 느끼거나 건강염려증 때문에 고통을 당하는 등 여러 가지 정신적인 문제에 봉착한 여성은 자신의 문제를 해결하기 위해서 외적인 일이나 교회 일에 매달리는 등 외적인 삶에서 돌파구를 찾으려고 하지만, 그것들은 모두 근본적인 도움을 줄 수 없는 것이다. 진정한 구원은 밖에 있는 것이 아니라 그들의 내면에 들어가서 내적인 성숙이 이루어지기를 기다려야 하는 것이다.

신화나 설화에서는 이런 사람들에게 종종 외부적인 도움이 다가와 주인공들을 도와준다고 이야기한다. 초자연적인 도움이 다가와 주인공들과 어려움을 함께 나누는 것이다. 그것은 『심청전』에서 장 승상 부인이나 심 교리 부인의 알뜰한 보살핌으로 나타났다. 그녀들은 아직 나이 어린 심청이로 표상되는 자아에 부족한 보살피는 모성원리, 심청이의 돌아가신 어머니를 대체하는 긍정적인 모성원리일 것이다.[30] 사람들은 보통 이런 모성원리의 도움으로 자신의 내면을 좀 더 통합하게 되며 앞으로 나아가게 된다. 그러나 심청이가 모든 문제를 극복하기에는 아직 갈 길이 멀었다. 집단적인 차원에서 볼 때 집단의 지배이념이 경색되어 있고 사회가 제대로 작동하지 않아서 많은 사람이 고통받고 있으며, 개인적인 차원에서 볼 때도 아직 내면적인 통합을 이루지 못하여 삶이 무료하고 의미감을 느끼지 못하는 것이다.

그래서 폰 프란츠는 자기 능력을 모두 발휘하지 못하고 살면 신경증에 걸리거나, 내면에서 죄의식 생겨서 우울하거나 불안하게 된다고 주장하였다. 무엇인가 해야 하는데 그것을 하지 못하니까 그에 관계되는 정신 에너지가 파괴적인 방향으로 흐르는 것이다. 이런 사실을 우리는 자기 계발의 욕구를 억누르고 결혼한 여자들이 종종 결혼생활에 불만을 느끼고 무력감이나 우울증에 빠지는 것에서 찾아볼 수 있다.[31] 그러나 이런 문제들은 결코 의식적이고, 외향적인 방식으로 해결되지 않는다. 오히려 자신의 내면에 들어가서 자

---

30) M.-L. von Franz, *La femme dans les contes de fée*, p. 232.
31) *Ibid.*, pp. 139-141.

기를 파괴적인 방향으로 이끌어 가는 에너지의 궁극적인 목적이 무엇인지 관찰하면서 그 이미지가 뚜렷해질 때까지 참고 기다려야 한다. 자신의 무의식적인 욕망의 근본적인 의미를 알고 그것을 자아에 통합해야 하는 것이다.

(2) 인당수 투신과 무의식으로 들어감

다음으로 우리가 주목하게 되는 것은 심청이의 희생 모티프다. 심청이가 아버지의 눈을 뜨게 하기 위하여 자기 몸을 팔아 인당수에 뛰어드는 것인데, 고대 신화나 민담에 자주 등장하는 인신공희(人身供犧)에 관한 주제다. 우리는 이런 주제를 그리스 신화 테세우스 이야기나 심청전의 근원 민담들인 '거타지설화'나 '관음사연기설화'에서도 찾아볼 수 있다. 테세우스는 처녀공양을 받는 미궁에 대신 들어가서 괴물 미노타우르스를 죽이고, 거타지도 풍랑을 잠재우기 위해서 인신공양이 되지만 풍랑을 일으켰던 늙은 여우를 죽이며, 관음사 연기설화의 홍장도 제물로 바쳐지지만 결국 구원받는 것이다.[32]

그러면 『심청전』에서 심청이 인신공희되어 인당수에 뛰어드는 것은 무엇을 의미하는가? 그것은 심리학적인 의미에서 자아가 무의식에 침잠하는 것을 의미한다. 혼란 상태에 빠진 정신적 삶을 극복하기 위해서 정신 에너지를 외부적 삶으로부터 회수하여 무의식에 몰두하는 것이다.[33] 사람들이 무의식의 원천에서 떠나 의식적인 삶에만 몰두하거나 정신기능 가운데 어느 한 가지만 발달시킬 때 그들의 삶은 혼란에 빠지고 탈진하게 되기 때문이다. 이때 그들이 다시 삶의 생동적인 흐름을 회복시키려면 그들은 무의식과의 관계를 회복하고 무의식에서 일어나는 여러 가지 이미지를 살펴보아야 한다. 심청이처럼 외적인 일에 몰두하던 것에서 벗어나 내면세계에 몰두해야 하는 것이다. 그것은 심청이가 투신하게 된 동기가 사나운 풍랑이고, 심청이가 투신한 다음

32) R. Graves, *Les Mythes grecs* (Paris: Fayard, 1967), pp. 360-363. 일연, 『삼국유사』(서울: 을유문화사, 1995), pp. 175-178. 최상수, 『한국민간전설집』(서울: 통문관, 1958), pp. 100-101. 임동권, 『한국의 민담』(서울: 서문당, 1996), pp. 101-104.
33) M. -L. von Franz, *op. cit.*, p. 145.

용궁에 가는 것에서 두드러지게 나타난다. 심리적으로 말해서, 풍랑이란 정신적인 불안정을 의미하고, 용궁은 우리 내면에 있는 생명력의 원천, 창조의 원천을 의미하는 것이다.

사람은 무의식의 근원에서 멀어질 때 삶의 의미를 느끼지 못하고 여러 가지 정신적인 문제에 봉착하게 된다. 이때 우리 삶에서 중요한 것은 하나도 없고, 삶은 표류 상태에 빠지고 만다. 그래서 사람들은 무력감에 시달리거나, 퇴행적인 열정에 사로잡혀서 삶을 탕진하게 되기도 한다.[34] 이때 사람들은 내면 깊은 곳으로 들어가야 한다. 무의식의 미분화된 세력에 압도당하지 말고, 그곳에서 굳건한 자아-의식을 가지고 그것이 의미하는 바를 궁구(窮究)해야 하는 것이다. 그러면 잠재되었던 가능성은 창조적인 작업으로 실현되고, 문제 해결이 가능하게 되기도 한다.[35] 그래서 영웅들은 광야에서 헤매거나 동굴이나 물속에 던져져 죽음을 맛보기도 한다. 그곳이 자연적인 인간에서 영웅으로 재탄생하는 자궁이기 때문이다.

이때 그들이 해야 하는 것은 묵묵히 참고, 무의식의 개화(開花)를 기다리는 것밖에 없다. 왜냐하면 무의식과의 관계는 아주 천천히 이루어지기 때문이다.[36] 그러는 대신 의식이 무엇인가를 이루려고 하면 상황은 더욱더 악화되고 만다. 그러나 사람들은 대부분의 경우 현재의 고통이 너무 힘들어 그것을 없애려고 애쓰다가 일을 망치곤 한다. 그래서 폰 프란츠는 "여성 원리와 관계되는 상황(남자에게서 아니마의 문제나 여성에게서 여성성과 관계되는 것)에서 시간은 가장 중요한 요소다. 다른 어느 것도 도와줄 수 없고 오히려 일을 망치고 만다."[37]라고 강조하였다. 심청이가 한 일은 그런 것이다. 용궁에서 철저히 수동적인 상태로 그에게 오는 옥진 부인과 용왕을 만나고 그들이 시키는 대로 따랐던 것이다. 다시 말해서, 무의식의 여러 가지 이미지를 살펴보면서 그

34) M. -L. von Franz, *Shadow and Evil in Fairy Tales*, p. 92
35) cf. M. -C. Dolghin, *Les Saisons de l'âme*(Paris: Dervy, 1999), p. 92.
36) M. -L. von Franz, *Shadow and Evil in Fairy Tales*, p. 74
37) M. -L. von Franz, *La femme dans les contes de fée*, p. 85.

것들을 동화시키거나 분화시켰던 것이다. 구원이 찾아오는 것은 이렇게 내성화 작업에 전념할 때다.

심청이의 수동적인 태도는 그녀가 공양미 삼백 석에 팔리는 것이 의도적인 행위가 아니라 심 봉사의 시주 약속 때문이라는 사실에서 한층 더 강화되어 나타난다. 심청이는 무엇인가 자기 스스로 이루려고 나섰던 것이 아니라 자기 삶을 성실하게 살면서 그에게 다가오는 현실을 그대로 받아들였던 것이다. 신재효의 판소리 본에서는 심청이의 효심을 강조하기 위해서 심청이가 스스로 선인들에게 몸을 파는 것으로 그려져 있다. 그러나 다른 이본들은 물론 그다음에 나온 다른 이본들에서도 신재효본을 따르지 않고, 한결같이 심 봉사가 화주승에게 공양미 삼백 석을 약속한 것으로 되어 있다. 심청의 수동적인 태도를 강조하는 것이다. 우리는 여기에서 심청전의 주제는 결코 효(孝)에만 있는 것이 아니라 심리학적인 의미에서 무의식 세계의 탐구에 있다는 사실을 알 수 있다.[38]

민담에는 이렇게 아버지가 가난 때문에 어린 딸을 상인이나 악마에게 파는 주제가 종종 등장한다. 앞에서 말했던 관음사연기설화도 그렇고 그림의 동화 집에 나오는 「손 없는 소녀」도 마찬가지다.[39] 폰 프란츠는 이런 이야기는 심리학적으로 말하자면, 자기가 타고난 창조적 재질을 감당하지 못하는 여자들이 자기-실현 과정에서 겪는 어려움을 말하는 것이라고 주장하였다.[40] 이런 여자들은 창조적인 가능성을 타고났지만 아버지로 표상되는 부정적 아니무스 때문에 그것을 실현시키지 못해서 정신 에너지가 퇴행하여 우울증이나 무력감에 시달리는데, 그들은 그 고통을 해결하기 위해서 외부적인 삶에 몰두

38) cf. 최운식, *op. cit.*, p. 56.

39) 「손 없는 소녀」 이야기는 옛날에 가난한 아버지가 숲 속에서 악마를 만나 부자가 되게 해 주겠다는 말에 꼬임을 당해서 물레방아 뒤에 있는 것을 주기로 약속했는데, 악마와 약속할 때 물레방아 뒤에 있던 것은 사과나무가 아니라 그의 딸이라서 할 수 없이 딸을 악마에게 팔 수밖에 없었다. 그래서 그 딸은 여러 가지 시련을 겪다가 어렵게 구원받게 된다. M. -L. von Franz, *La femme dans les contes de fée*, pp. 123-129.

40) M. -L. von Franz, *op. cit.*, p. 123.

하는 대신 무의식에 들어가 무의식의 불분명한 정감(affect)이나 동기들을 분화시켜야 한다는 것이다. 이런 주제는 콩쥐나 신데렐라 등 많은 민담의 주인공들이 보리, 콩, 밀, 겨 등이 뒤섞인 자루에서 낟알을 골라내야 하는 과제를 수행해야 하는 것으로 표상되기도 한다. 그런 분화 과정을 거쳐야 그들의 내면에서는 자아-의식이 강화되고 새로운 창조성이 꽃피우게 되는 것이다.[41] 그러나 이때 무엇보다도 중요한 것은 그들이 무의식에 들어가 시간을 기다리는 것이다. 외적으로 무엇인가를 하는 것이 아니라, 무의식에 들어가서 모든 것을 자신의 몸으로 겪어야 하는 것이다.

그들이 무의식의 미분화된 정신 요소를 충분히 분화시키지 않을 경우 그들은 수많은 고통을 당하게 된다. 아니마가 그림자에 오염되어 여러 가지 어려운 문제에 봉착하고, 때때로 성적인 문제와 결부되기도 하는 것이다. 그런 혼란이 『심청전』에서는 심 봉사가 심청이가 죽은 다음 뺑덕 어미와 동거하면서 재산을 다 빼앗기고 고통을 겪는 것으로 나타난다. 심 봉사는 심청이 살아있을 때는 비록 가난했을망정 예의와 염치를 아는 양반의 풍모를 잃지 않았지만 심청이 죽은 다음 급격하게 타락하고 마는 것이다. 그런데 심 봉사의 타락 이야기는 비교적 초기 판본에는 별로 나타나지 않지만 후대에 오면서 없어서는 안 될 이야기로 자리 잡게 되는데, 그것은 이 이야기가 사람들에게 없어서는 안 될 감흥을 주었기 때문이다.[42] 무의식의 어떤 것과 조응하였기 때문인 것이다.

(3) 심청의 환생과 새로운 탄생

다음 이야기는 심청이의 죽음과 재생의 모티프다. 심청이는 죽은 다음 용궁에 가서 어머니 옥진 부인과 용왕을 만난다.[43] 심리학적으로 보면 그녀에게 결핍되었던 모성원리를 회복하고, 용왕으로 상징되는 자기를 만나는 것

---

41) *Ibid.*, p. 255.
42) 최운식, *op. cit.*, p. 72.
43) 완판본 계열 이본에서는 심청이 옥진 부인을 만나는 것으로 되어 있다. 최운식, *op. cit.*, p. 114.

이다. 용왕은 바닷속 깊은 곳에 있는 용궁의 주인으로, 집단적 무의식의 핵(核)이다. 이부영에 따르면, 용왕은 생성과 풍요의 상징으로 모성상과 관련되어 있으며 치유와 재생 행위와 밀접한 관계에 있다.[44] 왜냐하면 용왕은 종종 죽은 사람도 살리는 영약(靈藥)의 수호자이기 때문이다. 그런데 강전섭본(本)에 의하면 용왕은 심청을 제물로 받은 악룡(惡龍)을 죽인다.[45] 심리학적으로 말해서 그동안 자아-의식에 여러 가지 부정적인 그림자를 드리웠던 정신 요소가 자기의 올바른 작용 때문에 훼파(毁破)되는 것이다.

어떤 의미에서 볼 때, 악룡은 자기의 부정적인 측면인 그림자라고 할 수도 있다. 동해용왕의 또 다른 측면인 것이다. 자기(Self)에는 이렇게 긍정적인 측면만 있는 것이 아니다. 사람들이 정신의 어떤 부분에만 몰두하여 대극적 요소들이 불균형 상태에 빠지면, 자기의 그림자가 나타나 정신건강을 심하게 위협하기도 하는 것이다. 우리가 정신 에너지를 창조적으로 사용하지 못하면 우리 내면에서 부정적인 힘이 작용하여 우리를 혼란에 빠뜨리는 것이다. 그러나 우리가 다시 무의식의 메시지에 귀를 기울이고 대극의 균형을 이루면 정신 에너지의 흐름은 순조롭게 된다. 그래서 폰 프란츠는 용이 있는 곳에는 반드시 여의주가 있다고 강조하였고,[46] 우리나라 민담에서도 도깨비는 언제나 수많은 보물을 가지고 있다. 우리를 괴롭히는 파괴적인 정신 에너지를 분화시킬 때, 더 큰 창조성에 도달할 수 있는 것이다. 그리하여 심청이는 용궁에서 얼마 동안 지낸 다음 꽃을 타고 다시 이승으로 돌아왔다. 오랜 기간 동안의 무의식 작업을 거친 다음에 모든 문제를 극복하고 창조적인 작업을 할 수 있게 된 것이다.

꽃의 상징을 살펴보면, 꽃은 움직이지 않으며, 꽃받침으로 비나 이슬을 받을 수 있어서 여성적 수동성을 나타낸다. 또한 꽃잎들이 조화와 균형을 이루고 있어서 우주적 조화를 나타내 자기의 상징이 되기도 한다.[47] 그래서 십자

---

44) 이부영, *op. cit.*, p. 224.
45) 최운식, *op. cit.*, p. 65.
46) M.-L. von Franz, *op. cit.*, p. 238.

가의 성 요한은 꽃에서 영혼의 이미지를 보았으며, 도교에서는 영의 상징으로 생각했다. 특히 물 위에 뜬 연꽃은 태초부터 있었던 생명의 출현으로 여겼다. 그래서 연꽃은 생명을 낳는 여성의 성기로 여겼고, 이집트에서는 태양도 연꽃으로부터 빛을 받아 비추는 것으로 생각되었다.[48] 아이가 꽃에서 태어나는 신화와 민담이 많고 심청이의 재생이 꽃을 통해서 이루어진 것은 그 때문이다. 이 사실을 심리학적으로 해석하면, 정신 에너지가 무의식의 창조적 원천과 접촉하여 새로운 탄생이 이루어지는 것을 의미한다. 그 결과 한 개인이나 집단은 이제 새로운 질서 속에서 살게 된다: "한 집단이 그렇게 작용하는 한, 한 개인이나 집단 전체는 정말 자유스럽게 살 수 있게 된다."[49] 자기가 제대로 작동하여 정신이 전체적인 균형을 이루고 자유롭고 창조적인 삶을 살게 되는 것이다. 그 전에 자기(自己)와 올바른 관계를 맺지 못하던 자아가 죽고 자기와 올바른 관계 속에서 작용하는 새로운 자아가 탄생하게 된 것이다. 그것은 심청이가 죽고 다시 태어나야 가능한 일이었다고 『심청전』은 말한다. 과거의 자아가 죽고 새롭게 자아와 자기가 올바른 관계를 맺을 때 바람직한 삶을 살 수 있다는 것이다.

(4) 아버지의 개안과 집단의식의 변환

심청이는 왕비가 된 다음 심 봉사를 찾으려고 무진 애를 썼지만 찾지 못하자 왕을 설득하여 맹인 잔치를 연다. 하지만 심 봉사는 처음 그 소식을 듣지 못하여 잔치에 가지 못하다가 잔치가 거의 끝날 무렵 그 소식을 듣고 참석하여 심청이를 만난다. 심 봉사는 심청이를 떠나보낸 다음 말할 수 없는 고생을

---

47) cf. B. Hannah, *Encounters With the Soul* (Santa Monica: Sigo Press, 1981), pp. 68-70. 여기에서 심청이의 환생무대가 된 연꽃은 모성원형을 나타낸다고 해야 할 것이다. 자연적인 심청이는 죽고, 무의식에서 수많은 영적 투쟁을 거친 다음 다시 태어나는 심청이의 재생의 그릇인 것이다.

48) J. Chevalier & A. Cheerbrant, *Dictionnaire des Symboles* (Paris: Edition R. Laffont, 1982), pp. 447-449, pp. 580-582. 또한 연꽃에는 꽃잎 여덟 개가 극도로 조화와 균형을 이루기 때문에 만다라상 속에 그려지며, 힌두교에서는 태초의 바다에서 잠자는 비쉬누를 나타내기도 한다.

49) M. -L. von Franz, *Shadow and Evil in Fairy Tales*, p. 47.

하다가 죽은 줄 알았던 심청이를 만나자 깜짝 놀라서 눈을 뜨게 된다. 『심청전』의 절정(climax)인 것이다. 여기서 발견되는 심 봉사의 개안(開眼) 주제 역시 민담에서 종종 발견되는 주제다. 눈이 먼 부모가 여러 가지 이유 때문에 깜짝 놀라서 눈을 뜨는 이야기가 민담에 종종 나타나는 것이다. '관음사연기설화'에서는 가난한 시각장애인 원량이 딸 홍장을 진나라 뱃사람들에게 팔았다가 홍장을 다시 만나서 깜짝 놀라 눈을 뜨고, 삼공본풀이 무가에서는 딸을 쫓아낸 감은장아기의 부모가 딸을 다시 만나서 눈을 뜨며, 먹을 것이 하나도 없는 가난한 며느리가 시어머니에게 지렁이를 삶아드렸는데, 시어머니가 자신이 지렁이를 먹었다는 말을 듣고 깜짝 놀라서 눈을 뜨는 것이다.[50]

이 민담에서 공통적으로 찾아볼 수 있는 것은 개안의 이유가 감정적인 충격이라는 것이다. 그러면 이 민담들에서 시각장애인들이 깜짝 놀라서 눈을 뜬다는 것은 무엇을 의미하는 것일까? 이부영은 그것을 사람들이 정신적인 고통이나 삶의 곤경 때문에 감정의 흐름이 막혀 있다가 충격적인 사건으로 감정이 되살아나면서 새로운 정신 상태에 들어가는 것이라고 주장하였다. 여러 가지 이유 때문에 정신기능이 원활하지 못하여 무감각, 무감동 상태에 있던 사람들에게 감정기능이 회복되면서 정상적인 정신활동이 가능해진다는 것이다.[51] 우리는 이런 현상을 우울증이나 무력감 때문에 고통을 받다가 종교체험을 통하여 극적으로 우울증에서 벗어나는 경우에서도 찾아볼 수 있다. 그런데 이부영은 감정의 자연스러운 발현을 통한 구원의 주제는 우리 민담에서 특히 많이 발견된다고 주장하였다: "한국 민담에서는 자연스러운 감정 표현이 악을 물리치는 수단으로 두드러지게 강조되고 있는 듯하다. 악에 대한 자연스러운 감정반응은 경악감의 직접 표시에서 보다 승화된 형태의 노래와 춤과 음악에 이르기까지 매우 다양하다."[52] 자기 부인의 방에 역신(疫神)이

50) 최상수, op. cit., pp. 100-101. 진성기, 『남국의 전설』(서울: 일지사, 1970), pp. 41-45. 최내옥, 『전북민담』(대구: 형설출판사, 1979), pp. 66-67. 최운식, op. cit., pp. 168-169에서 재인용.
51) 이부영, op. cit., p. 219.
52) 이부영, op. cit., p. 156.

있는 것을 보고 춤을 추면서 승화된 감정을 표현했던 처용이나 노래를 부름
으로써 도깨비들에게 많은 보물을 받았던 혹부리 영감은 자연스러운 정서의
표현이 얼마나 중요한지 말해 준다는 것이다. 이런 민담이 우리나라에서 특
히 많이 발견되는 것은 우리 민중이 여태까지 감정을 많이 억압하여 화병에
잘 걸렸던 것과 깊은 관계가 있을 것이다. 그리하여 이 민담들은 우리가 감정
을 억압하기보다는 자연스럽게 분출함으로써 눈을 뜨거나, 행복하게 된다는
사실을 말해 주는 것이다.

폰 프란츠도 여성의 자기-실현은 감정을 통해서 오는 경우가 많은데, 정서
는 올바로 표출될 수 있도록 분화되고 통합되어야 한다고 강조하였다. 여성
에게서 깨달음은 많은 경우 감정적인 영역이나 감정적인 방식으로 오는데,
그렇게 되려면 그들은 먼저 자신의 감정을 충분히 분화시켜야 한다는 것이
다.[53] 그렇게 할 때 심 봉사가 눈을 뜬 것처럼 개인의 인격은 변화되고, 집단
도 새로워진다. 그러나 신화와 민담은 사람이 무의식에 있는 것을 통합하고
자기를 실현하는 것이 언제나 쉬운 일은 아니라고 주장한다. 왜냐하면 수많
은 신화와 민담은 인간이 신으로 되거나, 신의 영역에 침입하는 것을 신(神)
들은 참지 못한다고 말하기 때문이다. 그래서 인간이 신처럼 강해지려고 할
때 신들은 인간을 남자와 여자로 갈라놓았으며, 인간이 신의 영역을 침입하
려고 했을 때 바벨탑은 무너질 수밖에 없었다.[54] 다시 말해서, 집단적 무의식
속에 있는 신적인 것이 인간화되는 것은 대단히 어려운 일인 것이다. 그러므
로 자아는 너무 서두르지 않으면서, 무의식의 미분화된 힘에 사로잡히지 않
도록 무의식을 분화시키고 통합해 나가야 하는 것이다.

---

53) M. -L. von Franz, *La femme dans les contes de fée*, p. 97, p. 202, p. 210, p. 262.
54) *Ibid.*, p. 44

4. 결론: 한국 사회에 주는 『심청전』의 전언

그러면 『심청전』에 담긴 심리학적 의미는 무엇인가? 그것은 자아-의식이 심청처럼 집단적 무의식 안에 있는 자기(Self)의 인도 아래 정신의 전체성을 이루고 살려면 심청이 인당수에 투신했던 것처럼, 그렇지 못했던 과거의 자아가 죽고 새로운 자아가 태어나야 한다는 것이다. 자아가 외부 세계나 의식에만 관심을 기울이지 말고 내면 세계나 무의식에도 관심을 기울여 무의식과의 조화를 이루며 살아야 하는 것이다. 그렇게 할 때 우리 삶은 아무 무리 없이 펼쳐지고, 모든 것은 자연의 커다란 질서 속에서 조화 있게 이루어진다. 그것은 집단적인 차원에서도 마찬가지다. 한 집단의 구성원들은 그 집단을 이끌어 가는 집단의식(또는 지배이념)이 새로운 시대에 맞도록 끊임없이 새로워진 가운데서 살아야 한다. 어떤 집단의식이 처음 형성되었을 때와 달리 변화된 환경에 들어맞지 않을 경우 그 구성원들은 말할 수 없는 고통을 받게 된다. 낡아 버린 지배이념을 방어하려는 경직된 사회 체제 속에서 사람들은 감정적인 것을 자극받지 못하고 아무 활기도 없이 살게 되는 것이다. 심 봉사가 아버지로서의 역할을 제대로 하지 못해서 심청이 고통을 받는 것과 같은 상황이 전개되는 것이다. 그럴 경우 지배이념은 달라진 상황에 알맞게 개혁되어야 한다.

『심청전』에서 사회의 모순과 민중의 고난은 심청이의 고난, 심 봉사의 무능과 방종으로 두드러지게 나타났다. 심청이는 아버지를 위해서 궂은일을 도맡아 하다가 결국 인당수에 빠지기까지 했고, 심 봉사는 극심한 가난을 해결할 능력이 없어서 어린 딸을 고생시키다가 심청을 팔기까지 했던 것이다. 더구나 심 봉사는 심청이가 죽자 예의 염치도 잃어 버리고 방종과 탈선을 일삼고 뺑덕 어미와 동거하다가 딸의 몸을 판 돈까지 탕진하고 말았다. 이 이야기는 개인적인 차원에서 볼 때 자아의 올바른 기능이 마비된 상태를 나타내고, 집단적인 차원에서 볼 때 조선말 지배계층의 무능과 부패상 및 민중의 고통을 풍자하는 장면이라고 할 수도 있다. 민담을 만들고, 즐겨 듣던 민중이 집단의식 형성의 중요한 부분이 되는 지배계층의 무능과 방탕을 야유하는 것이다. 그러나 우리는 그 야유와 풍자의 뒤에서 새로운 지배이념의 대망을 바라는 민중의 호소를 들을 수 있다.

　여러 가지 정신기능 가운데서 우월기능만 사용하면, 그것은 처음 환경에 대한 적응에 도움을 주지만, 어느 정도 시간이 지나면 피폐해지고 만다. 이제 더 이상 창조적인 작업을 하지 못하고 고갈되고 마는 것이다. 마찬가지로 한 사회를 이끌어 가는 집단의식인 지배이념도 처음에는 그 사회에 새로운 바람을 불어넣으면서 제대로 작용하지만, 계속해서 새로워지지 않으면 역기능만 불러일으키게 된다. 뻣뻣하게 굳은 채 과거의 방식만 고집하고, 사회 구성원들의 감정을 북돋우며 설득하지 못하고 일방적인 순종만 강요하게 되는 것이다. 이런 사회 속에서 사람들은 공포와 불안 속에서 전전긍긍하며 새로운 사회가 도래하기만 기다리게 된다.[55] 이때 문제의 해결책은 무의식에 잠기는 것밖에 없다. 우리 삶의 근본적인 의미와 생명의 본질적 목적이 무엇인지 내면에 들어가서 살펴보아야 하는 것이다. 그렇게 하는 대신에 자꾸 외적인 활동에만 몰두하면 사태를 그르치고 만다. 악마는 밖에만 있는 것이 아니라 내면에도 있기 때문이다. 다시 말해서, 잘못된 것은 다른 사람에게만 있는 것이 아니라, 그렇게 모순된 사회 속에서 사느라고 우리 모두의 내면에 어두운 그림자가 생겼는데, 그것을 모르고 우리가 사회의 모순을 시정한다고 하면서 다른 사람이나 집단과 대립하면 대립할수록 모두가 악마가 되어 버리고 마는 것이다. 그래서 자아는 심청이가 인당수에 뛰어든 것처럼 무의식 안에 들어가 무의식이 보여 주는 이미지를 살피고, 무의식으로부터 새로운 상징을 찾아서 그 의미를 실현시켜야 한다.

　『심청전』이 전하는 이런 메시지를 생각하면서 우리 사회는 지금 과연 어떤

---

55) 그래서 폰 프란츠는 그리스도의 이미지도 새로운 사회에서 새로워지지 않으면 처음에 가졌던 역동성을 상실하고 단순한 고백으로 남게 되므로 기독교에서는 그리스도의 이미지가 새로운 사회에서 새로운 의미를 가질 수 있도록 끊임없이 새롭게 해석되어야 한다고 주장하였다. *Ibid.*, pp. 108-109.

상태에 있는가 하고 질문해 본다. 우리 사회는 지금 새로운 세기, 새로운 사회를 맞아서 사회 구성원 모두가 사람답게 살고, 좀 더 높은 정신성을 향해서 나아갈 수 있는 집단의식을 가지고 사는가, 아니면 여전히 성공주의, 천민적 자본주의, 물질주의에 빠져서 만인이 만인에게 늑대가 되는 사회에서 사는가? 그러나 이에 대한 답변은 그렇게 긍정적인 것 같지 않다. 왜냐하면 우리 주위에서 일어나는 여러 가지 사건, 사고들이나 갈등의 표출과 해결방식을 살펴볼 때 우리는 아직도 눈먼 아버지가 가장의 역할을 제대로 하지 못하여 아직도 어린 나이에 따뜻한 부모의 사랑을 받지 못하고 고생만 했던 심청이처럼 우리 모두는 지금 우리 사회를 올바른 방향으로 이끌어 가는 올바른 이념을 찾지 못하여 많은 고통을 받고 있는 듯하다.

정말이지 지금 우리 사회의 구성원 모두는 여러 민담에 나오는 것처럼 우리 사회를 이끌어 가는 집단의식이 병든 왕이나 늙은 아버지나 심 봉사처럼 피폐해 있어서 의미 있는 삶을 살지 못하고 자기의 본능적인 욕망에만 이끌려 가느라 고통당하고 있다. 눈먼 심 봉사가 다리를 건너는 것과 같은 아슬아슬한 상황을 연출하는 것이다. 우리 사회에서 정신질환자들의 환상에서나 있을 법한 사건과 사고가 끊이지 않는 것은 그 때문이다.[56] 하지만 우리는 언제까지 이렇게 고통만 받으며 살 것인가? 이제 더 이상 이렇게 눈먼 채로 살아서는 안 되지 않는가? 그러면 우리 사회는 이제 어떻게 해야 하는가? 그것은 분명하다. 우리 모두가 심청이처럼 이제 더 이상 외형적인 것에 매달리지 말고, 우리 내면에 들어가 내면에서 울려 나오는 소리를 들어야 한다. 그것이 누구 탓이라고 손가락질만 할 것이 아니라 우리 모두가 내면의 진정한 목소리에 귀를 기울여야 하는 것이다.

----

56) 현재 우리 사회에서 일어나는 사건들과 사고들은 10년 전이나 20년 전과 비교해 볼 때 당사자들만 다를 뿐 내용은 똑같은 것을 볼 수 있다. 고위공무원이나 정치인들의 뇌물수수, 기업가들의 탈세, 공직자들의 무사안일 등은 언제나 같은 것이다. 그 사건들이 일어난 다음 대책을 아무리 제시해도 시정되지 않고, 그다음에 그보다 더한 사건과 사고가 일어나는 우리 사회는 지금 정상이 아닌 것은 틀림없는 사실이다.

우리 삶에서 정말 중요한 것은 외적인 부나 권력, 명예를 얻는 데 있는 것이 아니라 나를 통합하고, 나에게 주어진 본성을 찾아서 사는 것이다. 그러나 우리가 이런 사실을 머릿속으로는 알고 있지만 몸으로 살지 못하는 것은 개인적인 측면에서는 우리 자아가 무의식의 원천에서 너무 멀리 떨어져 있기 때문이고, 집단적인 측면에서는 우리 사회를 이끌어 가던 정신성(spirituality)이 너무 낡아 버렸기 때문이다. 그 결과 우리 사회의 집단의식은 삶의 진정한 모습에서 너무 멀리 벗어나 있고, 우리 모두는 고통을 받고 있다. 내면적으로는 물론 사회적으로도 우리 삶의 에너지를 모두 쓸데없는 경쟁과 다툼에 투여하고 있는 것이다. 『심청전』이 말하려는 것은 바로 이것이다: "이제 더 이상 허망하기 짝이 없는 허상에 붙들려 고생하지 말라. 너의 옛 자아를 벗어 버리고 삶의 진정한 의미를 바라보라. 그리고 다시 새로운 모습으로 태어나라."

심청이가 죽고 새로운 심청이가 태어났을 때, 그 나라에는 새로운 세계가 시작되었다. 아내가 없었던 왕은 새로운 왕비를 맞아서 결혼을 했고, 심 봉사는 눈을 뜨게 되었던 것이다. 그 전까지 혼돈에 빠졌던 삶이 왕의 결혼이라는 축제를 맞아서 활기차고 즐겁게 되살아났던 것이다. 현재를 사는 우리 삶에 여러 가지 문제가 있고 사는 것도 즐겁지 않다면 그것은 무엇인가 잘못되어 있기 때문이다. 개인적인 차원에서는 자아가 무의식의 깊은 곳에서 우리 삶을 이끌어 주는 자기와 올바른 관계 속에 있지 못하기 때문이고, 집단적인 차원에서는 우리 사회의 집단의식이 생명의 본질적인 흐름과 어긋나 있기 때문이다. 이때 필요한 것은 무의식에 들어가 내면을 들여다보는 것밖에 없다. 우리가 꿈이나 환상이나 적극적 상상을 통해서 무의식에 들어가 무의식이 그려내는 수많은 이미지 속에서 우리 삶의 진실을 깨닫고 그것을 실현시키는 것밖에 없는 것이다. 심청이가 인당수 깊은 곳에서 어머니 옥진 부인과 용왕을 만났듯이, 긍정적인 모성원리와 자기를 만나서 정신을 통합해야 하는 것이다. 그때 비로소 우리에게는 옛 사람이 죽고 새 사람이 태어나는 창조가 이루어지고, 우리 삶은 개인적인 차원에서는 물론 집단적인 차원에서도 새로운 출발이 가능해질 것이다.

16

서양 연금술에 대한
분석심리학적 고찰

1. 연금술의 의미와 역사

연금술은 흔히 철이나 구리 같은 비천한 금속으로 금이나 불사의 단약(丹藥)을 만드는 비술(秘術) 정도로만 알려져 왔다. 연금술사들이 실제로 무엇을 하는지 알 수 없도록 은밀하게 작업하였고, 그 기술도 극히 제한된 사람들에게만 비전(秘傳)되었으며, 그 기록 역시 무슨 말인지 알 수 없으리만큼 상징으로 가득 차 있기 때문이다. 그런 특성을 가진 연금술은 기원전 2~3세기 무렵 그리스 철학과 이집트의 기술을 바탕으로 해서 헬레니즘 사회에서 시작되었다. 그 당시 그리스에서는 탈레스, 엠페도클레스, 헤라클리트 등으로부터 이어지는 자연철학의 발달로 물질의 본질을 규명하려는 풍조가 확산되어 있었고, 이집트에서는 시체를 미라로 보존하여 영혼의 불멸성을 보장받으려는 화학기술이 발달해 있었는데, 연금술은 그 둘을 모태로 해서 태어난 것이다.[1]

---

1) 이집트 사람들은 미라를 만들면서 그 몸을 나중에 호루스로 부활한 오시리스와 동일시하여 불사를

서양 사회에서 연금술은 1세기 초부터 2, 3세기까지 잠시 성행하였는데, 그것을 부추긴 것은 그 당시의 종교적 상황이었다. 그때 로마는 제국으로 되면서 각지의 종교가 합쳐져 종교 혼합 양상을 띠게 되어, 모든 지역의 종교가 고유한 특색을 잃고 주신(主神), 모신(母神), 미(美)의 신 등 원형적인 신(le dieu archétipique)들로 규격화되자 좀 더 개인적이고 가슴에 호소하는 신앙을 추구하는 사람들이 이집트나 동방에서 온 신비한 제의를 토대로 해서 연금술을 만들었기 때문이다. 그러다가 연금술은 10세기경까지 유럽 사회에서 거의 발달하지 못하였고, 아랍 세계에 전해져 7, 8세기경부터 10세기까지 아랍에서 발달하였고, 십자군 전쟁으로 유럽에 역수입되어 12세기경부터 기독교가 쇠퇴하기 시작하는 16, 17세기 다시 흥성하게 되었다. 그러나 계몽주의가 시작되면서 연금술은 그 안에 내포된 비합리적인 특성과 모호성 때문에 다시 쇠퇴하여 오늘에 이르고 있다.[2]

화학(la chimie)이라는 단어가 연금술(l'alchimie)에서 나왔듯이, 연금술은 현대 화학에 결정적인 영향을 끼쳤다. 연금술사들이 여러 가지 물질에 수은, 유황, 소금 등을 섞어서 용기에 넣고 가열하여 물질을 용해시켰다가 다시 응고시키면서 여러 가지 화학적인 변화를 살펴보면서 현대 화학의 기초를 쌓았기 때문이다. 그러나 연금술을 단순히 실험과학으로만 생각해서는 안 된다. 진정한 연금술사들은 화학작용을 통해서 물질로서의 금만 만들려고 했던 것

꿈꾸었는데, 이집트인들의 이런 사상은 연금술에 전해졌다. 그 사실은 'alchimie'의 어원이 아랍어로 'el-kimya'인 것에서 알 수 있는데, 'kimya'는 'khem(검다)'는 뜻을 가진 말로 고대 사회에서 이집트를 가리키는 말이었다. 여기에서 연금술은 이집트와 깊은 관련을 가진 것을 알 수 있다. S. Hutin, *L'Alchimie*(Paris: PUF, 1981), p. 7. cf. J. 린지는 연금술이 활발하게 이루어졌던 때를 기준으로 하여 헬레니즘 연금술을 기원 전 200년부터 기원 후 600년까지, 아랍 연금술을 기원 후 1000년부터, 라틴 연금술을 1100년부터 1700년까지로 구분하고 있다. Jack Lindsay, *The Origins of Alchemy in Graeco-Roman Egypt*(New York: Barnes and Noble, 1970), pp. 101-102. J. Raff, *Jung and the Alchemical Imagination*(Maine: Nicolas-Hays, Inc, York Beach, 2000), pp. xii-xiii에서 재인용.

2) 그 후 연금술의 실험과학적인 측면은 화학으로 발달하였고, 정신적인 측면은 쇠퇴하였으나, 융에 의해서 다시 조명되고 있다. M. -L. von Franz, *Alchimie et Imagination Active*(Pierre, Paris: La Fontaine de, 1989), p. 7.

이 아니라 물질을 구성하고 있는 사물의 진정한 본성이나 실존의 궁극적 신비를 찾으려고 했기 때문이다. 그래서 16세기에 활동했던 연금술사 도른(Gerhard Dorn)은 연금술사들이 관심을 기울였던 것은 물질의 겉으로 드러난 모습이 아니라, 물질 속에 숨겨져 있는 본질(l'essence cachée)인 실체(la substance)나 영(esprit)이었다고 주장하면서, 그들은 하느님이 태초에 물질 속에 씨앗의 형태로 주입시켜 놓은 세계의 혼(anima mundi)를 찾으려고 하였다고 주장하였다. 그러므로 연금술사들이 물질을 용해시키거나 부패시켜서 태초의 상태처럼 만들면, 그 속에서 실체인 '금'을 얻을 수 있을 것이라고 생각했다는 것이다.[3]

　이렇게 볼 때 연금술사들은 단지 물질로서의 금보다 좀 더 높은 차원의 금, 다시 말해서 물질 속에 깃들어 있는 신적 본성을 찾으려고 했음을 알 수 있다. 연금술사들이 또 다른 이름으로 '현자(philosopher)'라고 불리면서 물질의 신성과 그 신비적 변환 과정을 찾으려고 했던 것은 그 때문이다. 이와 같은 배경을 가진 연금술은 자연히 종교적인 색조를 지니지 않을 수 없었다. 그래서 연금술은 그 당시 헬레니즘 사회에 널리 퍼져 있던 영지주의(gnosticisme)와 기독교의 영향을 받으면서 발달하였다.

　영지(la gnose)란 본래 과학적 지식이 아니라 참여를 통한 인식, 즉 신비적 융합을 통한 인식을 의미하는데, 영지주의는 그런 지식을 추구하는 종교혼합주의 운동이었다. 그러므로 영지주의자들의 주된 관심사는 사람이 어떻게 하면 물질 세계에서 불가피한 고통으로부터 해방되어 빛의 세계에 참여할 수 있는가 하는 '구원'의 문제였다. 영지주의에 따르면, 인간에게는 아직도 영적 세계의 원리가 남아 있기 때문에 구원받을 수 있는 존재이고, 인간은 이 세상에 온 구원자인 에온(aeon)이 가져다 준 지식에 의해서 구원받을 수 있다는 것이었다. 왜냐하면 인간의 영혼이 신적 충만에 다다를 때까지 상승운동을

---

3) 여기에 대해서 폰 프란츠는 다음과 같이 말하고 있다: "대부분의 화합물인 물체의 겉모습을 분해시키고 익혀서 추출할 수 있는 것은 그 씨앗이며 정자(精子)다. 도른이 말한 금을 얻을 수 있는 것은 거기에서다." M. -L. von Franz, *op. cit.*, p. 49.

하면서 만나는 마성적 힘들 앞에서 에온으로부터 얻은 영지(靈知)를 통해서 그들의 이름과 내력 등을 말하면 물리칠 수 있기 때문이다.[4] 연금술은 이런 철학적 기반을 가진 영지주의에서 물질과 정신의 이원론, 물질 속에 담겨진 영적 원리에 대한 사상, 구원에 이르는 비밀스러운 지식의 중요성, 신비적 마술 등 많은 영향을 받았다.

다른 한편, 서양 연금술은 그것이 자라난 풍토를 이루었던 신플라톤주의 사상과 기독교 사상에도 많은 영향을 받았다. 그래서 기독교와 연금술 사이에는 서로 대응시켜 볼 수 있는 개념이 많이 있다. 예를 들어 말하면, 동정녀와 메르쿠리우스, 성령과 유황불, 그리스도와 현자의 돌(la pierre philosophale), 속 사람과 안트로포스 등이 그것인데, 이러한 유비들에 매료된 연금술사들 가운데는 연금술이 기독교와 반대되지 않고 기독교 신앙을 강화시켜 준다고 주장하는 이들도 많이 있었다.[5] 하지만 연금술이 발달했던 시기를 살펴보면, 기독교가 처음 형성될 무렵인 1세기, 종교개혁이 시작되기 전인 14, 15세기, 기독교가 쇠퇴하기 시작하는 17세기인데, 이 시기는 모두 기독교가 사람들의 내면적인 욕구를 제대로 충족시켜 주지 못하는 시기임을 알 수 있다. 연금술은 좀 더 개인적이고 직접적인 하느님을 찾으려는 사람들—융이 말하는 내향적인 사람들—이 기독교에 대한 대안(代案)으로 선택했음을 알 수 있는 것이다. 그래서 융은 연금술사들은 기독교가 쇠퇴하기 시작할 때 누미노제를 가진 원형이 출현하자 거기에 사로잡힌 사람들이라고 주장하면서 "……연금술은 (인류 지성사의) 표면을 지배하는 기독교와 더불어 지하의 흐름을 이루고 있다."[6]라고 주장하였다. 그런데 오늘날 연금술에 관한 서적들이 많이 출판되고 있으며, 연금술과 밀접한 관계를 가진 점성술이나 미신, 비의 등이 다시 성행하는 등 연금술에 대한 관심이 다시 높아지고 있다면 그것은 무엇을 의미하는 것일

---

4) P. Tillich, ed. by I. C. Henel, 『폴 틸리히의 그리스도교 사상사』, 송기득 역(서울: 한국신학연구소, 1983), pp. 63–67.

5) C. G. Jung, *Psychologie et Alchimie*(Paris: Buchet/Chastel, 1975), p. 502.

6) *Ibid.*, p. 33.

까? 현대 사회에서 기독교가 다시 피상적으로 되어 가고 현대인의 내면적인 욕구를 충족시켜 주지 못해서 그러는 것은 아닐까?[7]

2. 연금술과 분석심리학

스위스의 분석심리학자 C. G. 융이 연금술에 관심을 가졌던 것도 같은 이유에서였는데, 그가 연금술과 만나게 된 데에는 운명적인 측면이 있다. 먼저 그는 연금술을 연구하기 전인 1918~1926년에 영지주의에 대해서 연구하였다. 이때 그는 프로이트와 헤어진 다음 그의 독자적인 심리학 사상에 기반을 마련하려고 했는데, 영지주의자들의 주장에 무의식적인 의미가 담겨있음을 간파했기 때문이다. 그러나 그 당시 영지주의에 관해서 알려진 자료는 거의 없었다.[8] 그래도 그는 영지주의를 통해서 연금술에 대해서 알게 되었고, 연금술 서적을 구입해서 살펴보았다. 그러나 그때까지만 해도 그는 연금술에 대해서 충분히 이해하지 못했는데, 1926년 어느 날 그와 연금술의 접촉을 암시하는 결정적인 꿈을 꾸었다. 그가 어느 날 북이탈리아의 커다란 제후의 저택에 들어갔는데, 그의 등 뒤에서 육중한 문이 닫히면서 그가 '17세기에 갇히게 되었다.'는 농부의 외침을 들었던 것이다. 물론 이때 그는 그 꿈의 의미를 알지 못했다.

그러다가 그는 1928년 중국학자인 리처드 빌헬름으로부터 『태을금화종지』라는 중국 도교 연금술서의 독일어 번역본을 받고 깜짝 놀랐다. 그 책에는 그

---

7) cf. 폰 프란츠는 기독교와 연금술 사이의 이런 관계에 주목하면서, 연금술사들 가운데는 다음과 같은 세 가지 종류의 사람들이 있었다고 하였다. 첫째, 연금술을 순수과학으로만 생각했던 사람들, 둘째 연금술에 종교적인 문제가 내포된 줄 모르고 기독교화하려고 했던 사람들, 셋째 종교적인 문제가 내포된 것을 알고 기독교와 다른 점에 대해서 고뇌했던 사람 등이다. M.-L. von Franz, *Alchimie et imagination active*(Paris: Edition Jacqueline Renard, 1989), p. 39.

8) 영지주의에 대한 자료가 나그 함마디에서 발굴된 것은 1945년이기 때문이다. cf. M. Scopello, *Les Gnostiques*(Paris: Cerf, 1991).

가 1927년부터 여러 번 꾸었던 황금의 성에 관한 만다라 그림이 많이 있었기 때문이다. 그래서 그는 중국 연금술에 매료되었고, 그에 대응하는 짝인 서양 연금술 문헌을 찾아서 연구에 몰두하기 시작하였다: "나는 곧 나의 분석심리학이 연금술과 이상하리만큼 연관을 가지게 되는 것을 알아차렸다. 연금술사들의 체험이 곧 나의 체험이 되었고, 그들의 세계가 어떤 의미에서는 나의 세계로 되었다."[9] 연금술은 그의 필생의 작업에 주어진 원물질(prima materia)이 되었고, 그는 그가 의미도 모르고 꾸었던 꿈처럼 정말 연금술이 가장 발달하였던 17세기에 갇히게 되었던 것이다. 그 후 융은 연금술에 매달린 지 7년 만에 처음으로 1935년 에라노스 모임에서 연금술에 관해서 강의하였고, 1944년 『심리학과 연금술』, 1946년 『전이의 심리학』, 1951년 『아이온』, 1955~1956년 『융합의 비의』 등을 발표하였다. 무의식 속에서 자기(Self) 원형을 찾으려고 했던 그에게 있어서 현자의 돌을 찾으려고 했던 연금술은 역사적인 근거를 마련해 주는 보루였던 것이다.

1) 무의식의 내용과 투사

융에 의하면, 연금술이 쇠퇴하게 된 것은 연금술사들이 계몽주의의 영향으로 17세기 말 이후 증류기와 도가니 등을 버리고 철학적인 탐구에만 몰두하여 연금술이 화학과 철학으로 갈라지게 된 다음부터다. 그 전까지만 해도 연금술사들에게 물질과 정신은 분열되지 않은 하나의 전체였고, 연금술사들은 그들의 내면에서 일어나는 명확하게 파악되지 않는 정신작용을 물질에 투사시켰지만, 계몽주의 이후 사람들이 명확하고 합리적인 인식만 추구하면서부터 연금술은 급속히 몰락의 길을 걷게 되었던 것이다. 그러나 융은 그 많은 연금술사들이 왜 그렇게 오랫동안 무의미하기 짝이 없는 것 같은 기록들을 남

---

9) C. G. Jung, ed. by A. Jaffe, 『C. G. 융의 생애와 사상』, 이기춘, 김성민 역(서울: 현대사상사, 1995), p. 369.

겼고, 그들의 비방(秘方)대로 작업을 해도 금은커녕 아무것도 얻을 수 없는데 왜 그렇게 끈질기게 실험에 매달렸을까 하는 의문을 가지고 연금술에 담긴 정신적 의미를 탐구하였다.[10] 그러다가 그는 연금술은 단순히 물질적인 것들만 다룬 것이 아니라, 그 속에 무의식의 내용들을 투사시킨 것이라는 사실을 알아차렸다. 연금술사들이 실험실에서 작업을 한 것은 물질을 대상으로 한 것이 아니라 그들의 내면에서 일어나는 것들을 상징적으로 나타낸 것이라는 사실을 간파하였던 것이다.

사람은 자신이 잘 알지 못하는 무의식적인 것들을 종종 외부에 있는 대상에 투사시킨다. 전혀 알 수 없는 어떤 대상을 만나면 거기에 무의식을 투사시키며 접촉을 시작하다가 그 대상을 파악하게 되면서 점차 투사를 거두어들이고 그 대상과 진정으로 만나게 되는 것이다. 이때 투사가 없으면 사람은 그 대상과 접촉할 수도 없다. 그 대상에 대해서 전혀 알지 못하기 때문이다. 사람과 사람 사이에서도 마찬가지다. 어떤 사람을 만났을 때 사람들은 먼저 그 사람을 만나기보다 자기 내면에 있는 무의식을 투사하면서 그와 만난다. 그러다가 그가 어떤 사람인지 알게 되면서 그에 대해서 진정한 인식을 가지게 된다. 이러한 투사는 동물과의 접촉에서도 나타난다. 사람들은 흔히 곰은 미련하고, 여우는 교활하고, 돼지는 욕심이 많다고 하는데, 그것은 그 동물의 진정한 속성이 아니라 사람들이 그 동물의 외모에서 풍기는 것을 보고 자신의 내면에 있는 무의식의 내용들을 투사시킨 것이다.

연금술 역시 마찬가지다. 육체의 굴레를 쓰고 그 질곡에서 벗어나려고 했던 연금술사들이 여러 가지 물질에 그들의 내면에 있는 무의식의 내용을 투사시키고, 화학실험을 하면서 그들의 내면에서 일어나는 심리적인 체험을 했던 것이다. 그들이 무의식에 대한 개념을 알지 못했기 때문에 그러한 경향은 더욱더 강화되었다. 그들이 무의식에 대해서 알고 있었다면 투사를 회수할 수 있었을 텐데 그렇지 못해서 투사가 일어나면 그들이 투사시켰던 것이 자신의 내면에서 나간 것이 아니라 그 대상의 속성이라고 쉽게 믿었던 것이다. 그래서 융은 어떤 단어가 신인동형론적일수록 무의식이나 상상력에서 나온 것이라고 강조하였다. 사람들은 잘 알 수 없는 대상에게 원형적인 이미지를 투사시키기 때문이다.[11]

융은 인간의 내면에 있는 가장 근본적인 속성은 전인(l'homme total)을 향한 지향성이라고 주장하였다. 사람들은 그의 정신을 구성하는 수많은 대극들(les contraires)을 통합하고 전체성(la totalité)을 이루려고 한다는 것이다. 그것은 사람들의 내면에 정신의 중심이 되는 요소인 자기(le soi)가 작용하기 때문이다. 융은 연금술 역시 그런 작업의 하나라고 생각하였다. 연금술사들이 기독교가 너무 교리에 얽매이고 규격화되어 인간 내면 깊은 곳에 있는 무의식적인 욕망을 충족시켜 주지 못할 때, 내면에서 일어나는 현상을 물질에 투사시키면서 그 신비적인 변환을 지켜보았다는 것이다. 따라서 연금술사들에게 물질은 단순한 무생물이 아니라 그 안에 영혼이 깃들어 있는 생명체였고, 그 정수는 금(金)이었다. 그래서 융은 연금술에서 하는 것은 우리의 경험 세계에 주어져 있지 않지만, 선험적이고 원형적인 본성으로 주어진 무의식의 내용을 실현시키는 것이라고 주장하였다.[12] 융은 연금술에서 인간 정신의 어떤 과정, 궁극적 목표를 향해서 나아가는 과정을 보았던 것이다. 그래서 융은 그들의 작업이 순전히 상징적인 것이라면 그들은 왜 실험실에서 작업을 했고, 순전히 화학적인 것이었다면 왜 상징적으로 처방을 만들었겠는가라고 질문하였다. 그들은 화학적인 실험을 하면서 심리적인 체험을 했고, 그들의 내면에서 일어나는 현상을 구체적인 물질의 변화로 보고 싶어 했다는 것이다.[13]

---

11) C. G. Jung, *La Psychologie du Transfert*(Paris: A. Michel, 1980), p. 20.

12) C. G. Jung, *Psychologie et Alchimie*, p. 365.

13) C. G. Jung, *Aion*(Paris: A. Michel, 1976), para. 186.

2) 내향화 작업과 연금술의 목표

그러므로 연금술에서 내향화 작업은 매우 중요하였다. 연금술사들은 꿈, 환상, 상상, 명상을 통해서 비전(vision)을 얻었고, 그것을 따라서 작업했던 것이다. 그 예로, 3세기에 활동했던 연금술사 조시무스(Zosime)는 그가 찾던 영원한 물(aqua permanens)을 꿈에서 여러 번 보았다고 주장하였으며, 중세의 유명한 연금술사 파라셀수스(Paracelsus)는 내적 조명의 원천은 자연의 빛(lumen naturae)이라고 주장하면서 내적 작업에 몰두하였다.[14] 연금술 작업의 토대가 되는 원물질은 하느님의 계시나 내적 조명(illumination)을 통해서 얻은 것이다. 그들에게 상상(imagination)은 단순히 정신적인 작용만이 아니라 물리적인 작용이기도 하였다. 무의식에 대해서 알지 못하던 시기에 그들은 상상을 하면 그것이 물질에 투입되어 물질을 변환시킨다고 믿었던 것이다. 그래서 그들은 연금술 작업을 하면서 상상을 하였고, 상상 속에서 비전을 얻었다. 연금술사들의 이런 생각은 무의식의 본질을 꿰뚫어 본 생각이다. 왜냐하면 무의식은 정신작용이지만 생리작용에 영향을 미칠 수도 있기 때문이다. 융은 이 점에 대해서 "그러므로 상상은 물리적이며 동시에 정신적인 생명력의 농축된 정수(精髓)다."라고 주장하였다.[15]

다른 한편 연금술사들의 작업은 미지의 것에서 출발하여 미지의 것으로 나아가는 과정이었다. 따라서 그들은 화학적 변화가 일어날 때마다 새롭게 만들어진 물질과 그 의미를 파악해야 했다. 그래서 연금술사들은 새롭게 전개되는 양상 앞에서 종종 묵상을 했다. 이때 그들의 묵상(meditation)은 단순한 반성(reflection)이 아니라 눈에 보이지 않는 외부의 타자인 신이나 천사들과의 대화였다. 그런데 연금술사들에게 신이나 천사는 외부적인 존재가 아니라 그들

---

14) C. G. Jung, *Psychologie et Alchimie*, p. 329. cf. 이유경, "서양 연금술의 심리학적 의미", 『심성연구』(제11권 제1, 2호, 통권 제15호, 한국분석심리학회, 1996).

15) C. G. Jung, *Psychologie et Alchimie*, p. 359. 어떤 점에서 상상은 결코 순전히 정신적인 작용만은 아니다. 왜냐하면 사람들이 상상했던 것들은 그다음 세기에 물질적인 것들로 실현되었기 때문이다.

이 내면에 있는 정신적인 내용을 외부에 투사시킨 존재였다. 그들은 무의식에 있는 강력한 정신 내용을 신에게 투사시켰고, 그 신과 대화를 하면서 화학실험을 했던 것이다. 그러므로 연금술사들의 묵상은 그들이 자신의 내면에 들어가서 내면의 목소리를 듣는 것, 즉 내적인 대화였던 것을 알 수 있다: "연금술사들이 했던 묵상은 창조적인 대화다. 그것을 통해서 사물들은 무의식의 잠재적인 상태에서 명료하게 드러나는 상태로 넘어간다."[16] 이렇게 될 때 연금술사들이 행했던 내향적인 전통은 물질을 통한 적극적 상상(imagination active)과 같은 것이 된다. 왜냐하면 연금술사들은 상상이나 묵상을 통해서 무의식에서 떠오르는 심상(心象)들을 만났고, 증류기나 도가니 속에서 그것들을 만들려고 했기 때문이다.[17]

이런 배경을 가지고 있는 연금술은 자연히 기독교, 유대교, 이슬람교에서 전통과 형식을 중시하는 종파보다 내성적이고 개인주의적인 것들을 추구하는 종파의 사람들에 의해서 행해지고 전수되었다. 이슬람교에서는 쿠란 중심적이고 외향적인 특성을 가진 순니파보다 개인적이고 신비한 것을 추구하는 시아파, 유대교에서는 탈무드 전승보다 신비주의적인 카발라 운동이나 하시디즘 운동에 속하는 사람들, 기독교에서는 탁발 승단에 속한 사람들에 의해서 추구되었다. 그들은 집단적이고 전통적인 의식보다는 꿈이나 내면적 비전, 개인적 계시를 통해서 신적인 존재와 관계를 맺고 그와 하나가 되려고 했기 때문이다. 그들은 묵상수련을 통해서 내면에 있는 신성에 충분히 다가갈 수 있다고 믿었고 그들이 환상에서 본 것을 연금술 과정을 통해서 물질적으로 나타나기를 기다렸던 것이다.[18]

---

16) C. G. Jung, *Psychologie et Alchimie*, p. 356.

17) M. -L. von Franz, *op. cit.*, pp. 28-30.

18) *Ibid.*, pp. 33-34. cf. 그래서 어느 연금술사는 "영의 눈을 가지고 그 표면의 밑을 바라보라. 그러면 씨앗에서 자라난 작은 나무가 보일 텐데 그 나무는 현자의 나무가 될 수 있을 것이다."라고 말하였다. C. G. Jung, *Psychologie et Alchimie*, p. 330.

3. 연금술 작업과 그 과정

1) 원물질의 추구와 그 의미

연금술에서 가장 중요한 것은 창조주가 이 세상을 만들 때 사용했던 물질인 원물질(prima materia)을 발견하는 것이었다. 원물질 속에 신적인 영(esprit)이 들어 있기 때문이다. 고대 전통에 따르면, 그 영은 물질 속에 잠길 때 어둠에 삼켜 버리게 된 정신(nous)인데, 그것은 비천한 물질을 치료하고 귀중한 물질로 만들 수 있는 능력을 가지고 있다. 원물질에 대한 생각은 고대 그리스에서 비롯되었는데, 고대 철학자들에 따르면, 이 세상은 원물질로부터 만들어졌고, 원물질은 각각의 물질이 흙, 공기, 물, 불 등이 서로 다른 비율로 섞여서 형성되기 전에 존재했던 본래적인 물질이다. 그것은 인간을 포함한 자연의 모든 유기체 형태로 육화될 수 있으며, 하나의 형상에 머무르지 않고 끊임없이 변용(變容)되는 속성을 가지고 있다. 그래서 아리스토텔레스는 원물질은 순수한 잠재태로 존재하며, 그것이 현실 속에서 실현될 때 비로소 형상을 갖추게 된다고 주장하였다.[19] 원물질은 무의식처럼 모든 가능성을 간직하고 있지만 아직 구체적인 형상을 가지지 않은 잠재태라는 것이다. 그래서 융은 연금술사들에게 있어서 원물질은 어디에나 존재하지만 그 어느 것에도 의존되어 있지 않은 자율적인 물질이며, 창조된 것도 아니라고 주장하였다.[20]

연금술사들은 원물질을 수은, 철, 납, 술, 독 등 수없이 많은 물질에서 찾으려고 했지만, 원물질이 원시적 혼돈 요소이고 스스로 변용되기 때문에 수은에서 찾으려고 하는 경우가 많았다. 중세 연금술사들이 많이 사용하던 원물질이 수은을 의미하는 메르쿠리우스로 상징되었던 것도 그 때문이다. 연금술

---

19) A. Stevens, *Jung: L'Oeuvre-Vie*(Paris: Dufelin, 1994), p. 224.

20) C. G. Jung, *Psychologie et Alchimie*, p. 411.

사들에 의하면 메르쿠리우스(mercurius)는 물질 속에 갇혀 있는 영인데, 양성적인 특성을 지니고 있다. 금속이지만 액체이고, 물질이지만 정신이며, 차지만 뜨겁고, 독이 있지만 약이 되는 대극의 복합체인 것이다. 메르쿠리우스는 용으로 상징되기도 하는데, 그것은 용이 뱀의 지하적 원리와 새의 창공의 원리를 결합된 신화적 동물이기 때문이다. 또한 메르쿠리우스는 자기 꼬리를 먹는 우로보로스(ouroboros)로 나타나기도 하는데, 그것은 스스로를 죽이고 다시 태어나는 정신의 자기 순환을 나타내기 때문이다. 메르쿠리우스는 때때로 얼굴의 한쪽은 해, 다른 한쪽은 달인 자웅동체적 인간으로도 나타나고 어린아이로도 나타나는데, 어린아이는 아직 완전히 실현되지 않은 가능성이 잠재되어 있어서 원물질과 같은 특성을 가지고 있기 때문이다.[21]

융은 이러한 특성을 가진 원물질은 분석심리학적으로 볼 때 어떤 구체적인 것이 아니라 무의식, 즉 분석자(analysant)가 분석가(analyste)와 대화를 하면서 이루어지는 혼돈 상태라고 주장하였다. 분석자는 그 혼돈 상태에서 무의식에 있는 수많은 대극을 통합하여 정신의 중심인 자기를 찾아야 하기 때문이다: "그 원물질, 또는 수세기 동안 찾아왔지만 찾지 못했던 현자의 돌은 어떤 사람들이 올바르게 예감했던 것처럼 사람 속에서 발견되어야 한다. 그런데 그 내용은 직접적으로 간파되거나 통합되지 못하고, 투사를 거쳐서 우회적으로 통합된다."[22] 사실 무의식은 원물질처럼 아직 형상을 갖추지 않은 잠재태로 되어 있고, 용이나 수은처럼 역동적으로 변화하며 여러 가지 작용을 한다. 때때로 끈질기게 달라붙는 콤플렉스처럼 사람들을 괴롭히기도 하지만 때로는 대극을 통합하여 구원을 가져다주기도 한다. 연금술사들이 무의식을 계시의 신이면서 동시에 속이는 존재인 메르쿠리우스로 의인화시킨 것은 그 때문이다. 그러므로 무의식을 다루는 작업은, 연금술사들이 실험실에서 끈기와 인내를 가지고 작업하듯이, 무한한 인내와 끈기를 필요로 한다. 그때 원물

---

21) C. G. Jung, *Psychologie et Alchimie*, pp. 376–416.
22) *Ibid.*, p. 42.

질이 대극의 혼합물로서 용해되었다가 다시 결합되듯이, 무의식은 분화되었
다가 다시 통합된다.

2) 연금술의 세 단계

연금술 과정에서 가장 중요한 것은 물질의 몸체(le corps)을 용해시키고 영
(l'esprit)을 응고시키는 것이다. 그러면 몸속에 숨어 있던 실체(la substance)가
나타나고 새롭게 변화된 몸 안에서 응고되게 된다. 그때 나타나는 것이 '현자
의 돌'이다. 여기에서 중요한 것은 물질을 해체하고, 분해시키며, 파괴시켜서
나쁜 것을 분리하는 작업이다. 그렇지 않을 경우 실체는 나타나지 않는다. 그
다음에 중요한 과정은 응고다. 추출된 실체를 처음의 몸체와 하나가 되게 하
는 것이다. 이 과정에서 연금술사들은 분리와 응고가 더 잘 되게 하기 위해서
여러 가지 용매를 사용하였고, 가열하기도 하였다.[23]

연금술사들은 실험 과정에서 색깔이 크게 세 가지로 변하는 것을 보고 그
색깔을 가지고 작업의 진행 과정을 판단하였다.[24] 첫 번째 단계는 검은색
(nigredo) 단계다. 이 단계는 원물질의 상태 또는 모든 요소가 해체된 상태다.
아직 모든 것이 혼돈 속에 있는 상태인 것이다. 그것은 심리학적으로 볼 때,
분석자가 분석가와의 대화를 통해서 무의식이 활성화되어 갈갈이 찢어지고
갈라진 것과 같은 상태다. 예수 그리스도가 부활을 앞두고 몸이 죽은 상태와
같은 것이다. 이때 사람들은 무의식에 있는 수많은 대극의 분열 때문에 우울
증에 빠지거나 여러 가지 증상을 보이면서 고통받는다. 그래서 무의식에 들
어가 자신의 내면을 살펴보기도 하고 자신의 삶 전체를 뒤돌아보다가, 인격

---

23) M.-L. von Franz, *op. cit.*, p. 51.
24) 융에 의하면 연금술에서 처음에는 melanosis(검정)-leukosis(하양)-xanthosis(노랑)-iosis(빨강)
　　등 네 가지 단계가 있다고 하면서 하얀색 다음에 노란색이 나타난다고 했는데, 15~16세기 이후
　　노란색 단계에 대한 언급은 거의 없어지고 세 가지 단계로 굳어졌다. C. G. Jung, *Psychologie et
　　Alchimie*, p. 299.

의 부정적인 부분인 그림자를 만나기도 한다. 샤머니즘에서 무당이 되기 전 무병을 앓는 상태처럼 앞으로 더 나아가야 하는 단계인 것이다. 그는 이제 더 나은 삶을 위해서 무의식 작업에 몰두해야 한다.[25]

두 번째 단계는 흰색(albedo)의 단계다. 분리되고 분해된 물질에 세제(洗劑)를 넣어서 정화시키고, 증류기 속에서 처음으로 통합이 이루어지는 상태다. 이때 모든 색깔은 합쳐져서 흰색으로 된다. 죽었던 몸체에서 영혼이 분리되고 정화되는 단계인 것이다. 융은 이 단계가 연금술에서 가장 중요한 단계라고 주장하였다. 흰색의 단계가 이루어지면 그다음 단계는 저절로 이루어지고, 이 단계가 최종적인 단계의 여명(l'aube)을 알리기 때문이다. 분석심리학적으로 말하자면, 이 단계는 분석 과정을 통해서 자아가 무의식의 흐름을 따르면서 그림자를 비롯하여 모든 억압되고 무의식화되었던 요소를 통합하는 단계인 것이다. 이때 의식은 아직 완전히 각성되지 않았지만 무의식의 요소가 많이 통합되어 사람들은 그 전처럼 무의식의 충동에 휘둘리지 않고 편안함을 느끼게 된다.[26]

세 번째 단계는 붉은색(rubedo)의 단계다. 흰색 단계에서 연금술사들이 가열을 더하여 붉은색으로 변하게 되는 것이다. 흰색 단계가 은 또는 달을 의미한다면, 붉은색 단계는 금 또는 해로 되는 것을 의미한다. 이 단계에서는 많은 신화나 설화에서 왕과 왕비가 결합하듯이 내면에 있던 남성적인 것과 여성적인 것, 밝은 것과 어두운 것, 고귀한 것과 천한 것 등 모든 대극이 융합되어 새로운 존재로 된다. 연금술의 최종적인 단계로서 현자의 돌이나 소우주의 아들(filius microcosmi), 또는 안트로포스(anthropos)가 태어나는 단계인 것이다. 분석심리학적으로 해석하면, 의식화가 많이 이루어져서 자아가 자기와의 긴밀한 관계 속에서 무의식의 요소를 통합한 상태로 되는 것이다.[27] 이렇게 볼 때 원물질에서 그 안에 있는 실체인 영을 추출하여 다시 그 몸체와 결합하려

25) A. Stevens, *op. cit.*, p. 228.
26) C. G. Jung, *Psychologie et Alchimie*, p. 302.
27) A. Stevens, *op. cit.*, p. 229.

는 연금술은 단순한 화학실험이 아니라 연금술사들의 내면에서 일어나는 정신 과정을 화학실험에 투사시킨 작업인 것이 더욱 뚜렷해진다.

3) 융 합

연금술에서 결정적인 역할을 하는 것은 융합(conjunction)이다. 연금술 작업의 초기 단계에서 모든 물질은 분해되고 용해되는데, 마지막 단계에서 분리된 요소가 다시 통합되어야 하기 때문이다: "그러므로 연금술에서 화학적 결합이나 왕의 결혼이 궁극적이며 최고의 연합의 상징으로서 중심적인 자리를 차지하고 있는 것은 이해할 만한 사실이다."[28] 과학지식이 오늘날처럼 발달하지 못했던 중세시대에 연금술사들은 오늘날처럼 화학적 결합에 대해서 구체적이고 명확하게 알지는 못했을 것이다. 그들은 다만 철과 구리를 녹여서 결합하면 어떤 현상이 나타나고, 수은을 첨가하면 어떻게 된다는 정도로만 알았을 것이다. 그래서 그들은 연금술 과정을 철을 의미하는 마르스(Mars)와 구리를 의미하는 비너스(Venus)의 결합이나 왕과 왕비의 결합 등 상징적인 방법으로 묘사하였다.[29]

융은 1946년에 발표한 『전이의 심리학』에서 중세연금술서 『현자의 장미원(Rosarium Philosophorum)』을 소개했는데, 거기에서는 연금술을 왕과 왕비가 결합되어 변화되는 일련의 그림으로 묘사되고 있다. 그 그림들에서 왕은 남성적인 원리, 왕비는 여성적인 원리 또는 의식과 무의식 등 대극적인 요소를 상징적으로 나타낸다. 두 번째 그림에서 마주보고 있던 왕과 왕비는 연금술이 진행되면서 욕조에 들어가 목욕을 하고 하나로 결합된다. 연금술의 초기 단계에서 원물질에 세척과 정화가 이루어지면서 원물질 속에 들어 있던 두 가지 원리가 하나로 통합되는 것이다. 그런데 이때의 통합은 아직 완전한 통

---

28) C. G. Jung, *La Psgchologie du Transfert*(Parisi Albin Michel, 1980), p. 53.
29) C. G. Jung, *Mysterium Conjunctionis II*(Paris: Albin Michel, 1982), p. 247.

합이 아니다. 연금술이 완성되기 위해서는 또 한 번 통합이 필요한 것이다. 그래서 왕과 왕비는 결합 후 죽음을 맞이하고, 죽은 몸으로부터 작은 사람이 하늘로 올라가는데, 여기에서 죽음은 재생을 위한 죽음이다. 의식이 무의식으로 퇴행하여 혼돈(chaos) 상태, 또는 검은색(nigredo) 단계에 빠지는 것이다.[30] 그래서 왕과 왕비가 죽은 몸 위에 하늘로부터 비가 내려서 그들을 정화시키고, 그들이 정화된 다음 아까 하늘로 올라간 작은 사람이 내려와 그들을 깨우면서 왕과 왕비는 한 몸이 되어 일어난다. 두 번째 통합이 이루어지는 것이다.[31]

『현자의 장미원』은 연금술의 마지막 과정을 한쪽 몸은 왕이고 다른 쪽 몸은 왕비인 자웅동체가 이루어지는 것으로 그리면서 그 제목을 '새로운 탄생'이라고 불렀다. 연금술의 마지막 단계에서 자기(自己)의 상징인 안트로포스가 태어나는 것을 표상한 것이다. 융은 이때 왕과 왕비의 결합은 왕(남성)으로 표상되는 의식과 왕비(여성)로 표상되는 무의식의 통합을 나타낸다고 주장하였다. 연금술의 마지막 단계에서 '현자의 돌'인 정신의 전체성이 이루어지는 것을 그렇게 형상화한 것이다.[32] 심리학적으로 말해서 이때 새롭게 태어나는 것은 과거의 자아가 아니다. 과거의 자아와 다른 자아, 좀 더 객관적으로 된 자아다. 그래서 융은 그것을 정신의 중심인 자기라고 불렀다. 인격에 새로운 중심이 만들어지는 것이다. 신화나 설화는 인격을 분열시키는 대극이 통합되고 새로운 존재가 되는 것을 매우 중요시하였다. 그래서 신화에서는 그것을

30) 이 단계는 십자가의 성 요한이 '영혼의 어둔 밤'이라고 불렀던 단계로, 신비가들이 엑스터시 후 신의 부재를 체험하는 단계와 같다. 이때 신비가들은 하느님과 합일된 다음 다시 하느님이 없는 듯한 상태에서 우울증에 빠지거나 영적인 불모 상태에 빠진다. 신비가들이 하느님과 두 번째 합일을 이룰 수 있는 것은 신의 부재 상태에서 신의 현존을 깨달을 때다. cf. 김성민, "17세기 프랑스 신비주의와 J.-M. 드 귀용의 신비체험에 대한 분석심리학적 고찰", 『신학과 실천』(한국실천신학회, 제18호, 2009), pp. 273-278.
31) C. G. Jung, La Psgchologie du Transfert, pp. 141-149.
32) C. G. Jung, 『인격과 전이』, 한국융연구원 C. G. 융저작번역위원회 역(서울: 솔 출판사, 2004), pp. 335-353.

왕과 왕비, 남신과 여신, 남신과 인간 여자의 결혼으로 나타냈고, 기독교회에
서는 신랑인 그리스도와 신부인 교회의 혼인으로 묘사하였다: "그것이 해와
달의 결합으로 나타나든, 왕자와 공주나 왕자와 왕비의 결합으로 나타나든
대극의 합일은 연금술에서 너무 중요한 역할을 해서 연금술의 모든 과정은
때때로 신성혼(hieros gamos)과 그에 뒤따르는 신비한 현상들로 나타나기도
한다."[33]

  신성혼으로부터 태어나는 '현자의 아들'이나 '현자의 장미원'에서 새로 태
어나는 안트로포스는 왕비로부터 전혀 다른 존재가 태어나는 것이 아니다.
오히려 왕과 왕비가 새롭게 변화되어 하나의 개체 속에 통합된 모습이라고
해야 한다. 그래서 융은 "아니마로 인격화되는 무의식과 자아의 통합으로부
터 의식과 무의식을 아우른 새로운 인격이 태어난다. 이때 태어나는 인격은
의식과 무의식 사이에 있는 제3의 것이 아니라 그 둘을 한꺼번에 가진 인격이
다. 그래서 그 인격은 의식을 초월해 있다."[34]라고 주장하였다. 자기는 의식
과 무의식을 초월해 있는 정신의 중심이라는 것이다. 인간의 정신 과정에서
통합과 전체성을 이루는 것은 가장 중요한 과정이다. 대극이 통합되고 정신
의 전체성이 이루어져야 정신작용이 원활하게 되기 때문이다. 그래서 연금술
사들은 원물질의 발견과 융합은 하느님의 선물이라고 믿으면서 천문(天文)을
살피면서 작업에 임했다.[35]

4) 현자의 돌

  연금술사들은 앞서 말했던 새로운 탄생의 결과 생겨난 안트로포스를 또 다
른 말로 '현자의 돌'이나 '현자의 아들(filius philosophorum)' 또는 '본래적
인 인간(homo primordial)' 등 여러 이름으로 불렀다. 그들이 생각하기에 가

33) C. G. Jung, *La Psychologie du Transfert*, p. 56.
34) *Ibid.*, p. 130.
35) C. G. Jung, *Aïon*(Paris: Albin Michel, 1976), p. 60.

장 의미 있는 이름으로 부르려고 했던 것이다. 그러면서 융은 현자의 돌에 대해서는 명확하게 알 수 없고, 다만 믿을 수 있을 뿐이라고 주장하였다. 연금술사들이 현자의 돌에 대해서 매우 모호하거나 모순되게 표현하였기 때문이다. 그러나 공통적인 것은 현자의 돌이 썩지 않을 몸으로 되어 있으며, 믿을 수 없으리만큼 미묘하고, 그 어떤 것도 뚫을 수 있을 정도로 단단하며, 네 개의 요소로 되어 있고, 그 본성이 영적이며 동시에 물질이라는 점이다: "이 세상에는 계속해서 자라나기 때문에 결코 죽지 않는 것이 있다. 최후의 심판의 순간 죽은 이들이 부활할 때 그 몸은 변형될 것이다."[36] 현자의 돌은 물질의 내면에 있는 신적인 불씨로, 불멸의 것이며 가장 완전한 실체라는 것이다. 그래서 연금술사들은 원물질 속에는 얻기 어려운 보물이 들어있다고 주장하였고, 도른은 현자의 돌은 사람들에게 마성적인 능력을 줄 수 있고 환자들의 영혼을 고칠 수 있다고 주장하였다.[37]

　현자의 돌에 이렇게 신비한 속성이 있기 때문에 기독교의 영향을 받은 연금술사들은 연금술에서 실제로 작업하는 분은 하느님이고, 현자의 돌은 하느님의 선물이라고 주장하였다. 하느님이 태초에 원물질 속에 영(esprit)을 집어넣었듯이 연금술 과정에서 물질이 분해되어 다시 원물질 상태로 되면 거기에 다시 영혼을 집어넣어 완전하게 만든다는 것이다.[38] 이 사실에 대해서 도른은 이렇게 말하였다: "금은 모든 물질 속에 숨겨져 있는 신적인 씨앗이다. ……그것은 하느님이 태초에 세상을 창조하셨을 때처럼 물질들에 가열을 하면 추출할 수 있는데 ……사람들이 그렇게 해서 금을 추출하면 그들은 하느님의 창조 작업을 재현할 수 있는 것을 가지게 된다."[39] 현자의 돌이 그리스도나 다시 죽지 않는 둘째 아담과 동일시되는 것은 그 때문이다: "처음 아담과 그의 아들들은 한시적 요소를 가지고 태어나기 때문에 그것들이 분쇄되지

36) C. G. Jung, *Psychologie et Alchimie*, p. 498.
37) M.-L. von Franz, *op. cit.*, p. 56.
38) C. G. Jung, *op. cit.*, pp. 474-477.
39) M.-L. von Franz, *op. cit.*, p. 50.

만, 현자라고 불리는 둘째 아담은 순수한 요소를 가지고 태어나기 때문에 영원하게 된다."[40]

분석심리학적인 관점에서 살펴볼 때 현자의 돌은 원형으로서의 자기다. 인간의 내면에 있는 초월적이고 신적인 중심으로서 자아보다 먼저 존재하기 시작하였고 운명의 비밀스러운 영적 안내자(esprit-guide)로서의 전체성인 것이다. 정신의 심층에 이 하느님의 불씨를 불어넣으신 것은 하느님이다.[41] 사람들이 눈앞에 보이는 외적이고 물질적인 것들만 쫓아가지 않고 본성 속에 있는 하느님의 형상을 완성시키게 하기 위해서 하느님이 담아 놓은 것이다. 개성화 과정에서 사람들은 연금술사들이 여러 가지 작업을 하면서 현자의 돌을 얻듯이 정신 에너지를 자기에게 집중시켜서 자기를 실현시켜야 한다. 인간의 무의식에는 자기에서 비롯되는 통합의 기능이 있기 때문이다. 사람들이 자기에게 의식적으로 관심을 기울이고 그것이 실현되도록 노력하면 자기는 의식적 인격의 일부가 될 수가 있다. 그래서 융은 인간 정신의 궁극적인 목표는 자기의 실현이라고 주장하였다.[42]

5) 만물의 연계성과 카이로스

연금술사들은 그들의 작업을 천문을 살펴가면서 매우 조심스럽게, 가히 종교적인 태도라고 할 수 있을 정도로 경건하게 수행하였는데, 그 이유는 그들이 다만 물질로서의 금만 얻으려고 했던 것이 아니라 물질 속에 들어 있는 신적 불꽃을 추출하려고 했기 때문이다. 그래서 그들은 그것을 추출할 수 있는 '때'를 기다리면서, 그 '때'에 맞춰서 모든 작업이 진행되도록 애썼다. 이때 그들이 말하는 '때'는 흘러가고 마는 물리적인 시간(chronos)이 아니라 정신적인 시간인 카이로스(kairos)다. 단순히 양적으로 측정할 수 있는 세속적인

40) C. G. Jung, op. cit., p. 498.
41) C. G. Jung, Aïon(Paris: Albin Michel, 1976), para. 184.
42) M.-L. von Franz, op. cit., p. 75.

시간(le temps profane)이 아니라, 그것이 반드시 일어나야 하는 '바로 그때'인 것이다. 이러한 시간 개념은 그리스인들의 독특한 사고에서 나왔는데, 폴 틸리히는 카이로스가 질적인 시간, 종교적인 시간이라고 주장하였다: "영어에서 '시의 적절(timing)'이라는 말은 시간이 가지고 있는 무엇인가 질적인 특성을 나타내기 위해서 사용하는 말이다. 우리가 하느님의 섭리적인 행위와 관련해서 타이밍이라는 말을 쓴다면 그것은 카이로스와 가까운 의미가 될 것이다."[43] 이렇게 볼 때 우리는 연금술사들의 작업을 일종의 종교적인 제의라고 하지 않을 수 없다.

연금술사들의 그런 생각은 그들이 정신(psyche)과 물질(matter)은 의식적으로 지각할 수 있는 것처럼 그렇게 뚜렷이 구분되는 것이 아니고, 인간과 인간을 둘러싸고 있는 우주 사이에는 깊은 연관관계가 있으며, 그 둘은 서로가 서로에게 밀접한 영향을 미치면서 작용한다는 직관에서 나온 것이다. 그래서 그 둘 사이에 어떤 배열이 이루어지면, '바로 그때'가 조성되고, 그에 해당되는 현상이 생기는 것이다. 융은 우리 삶에서도 이와 관계되는 현상들이 생겨난다고 주장하면서 그것을 동시성(synchronicity) 현상이라고 명명하였다. 사람들의 무의식에 원형적인 배열이 이루어질 때 그와 관계되는 일들이 예기치 않게 이루어진다는 것이다. 예를 들어 말하면, 꿈에서 어떤 것을 보았는데 그 현상이 실제로 생긴다든지, 우연이라고만 할 수 없는 현상이 비슷한 상황에서 잇달아서 일어나는 일이 생기는 것이다. 연금술사들은 우리 삶에서 일어나는 이 같은 현상을 더 큰 맥락에서 살펴보았던 사람들이다. 그들은 화학적인 구조로 되어 있는 물질의 내면적 형상은 모두 하늘에 있는 성좌처럼 물질 속에 화학적으로 배열되었다고 생각하면서, 그들 사이의 연관 아래 일어나는 현상들을 살펴보려고 했던 것이다. 그래서 그들은 금성의 자리에서는 구리, 화성의 자리에서는 철, 달의 자리에서는 은을 작용시키려고 하면서 '바로 그때'를 놓치지 않으려고 하였다. 이러한 사고는 고대 사회에 편만해 있던 소우

43) P. Tillich, *Systematic Theology* III(Chicago: The University of Chicago Press, 1963), p. 369.

주와 대우주의 상관성에서 나온 사고로서 모든 마술적 사고의 바탕이 된다. 고대인들은 우주와 인간, 정신과 물질, 외적인 것과 내적인 것 사이에는 통일성이 있어서 어느 쪽이 다른 쪽에 영향을 미친다고 생각했던 것이다.[44]

그러나 분석심리학에서 볼 때 이러한 사고는 단순히 미신적인 사고만은 아니다. 왜냐하면 정신적인 것은 물리적인 것에 많은 영향을 미치기 때문이다. 연금술사들은 대우주와 대비되는 소우주를 인간의 내면에서 찾으려고 했는데 집단적 무의식을 소우주에, 원형들을 우주에 있는 수많은 성좌와 여러 가지 물질에 투사시키면서 연금술 작업을 했던 것이다. 이들의 사고에 미분화된 요소가 발견되기도 하지만 심리학적으로 해석하면, 이들은 하늘에 있는 성좌에 집단적 무의식에 있는 원형들을 투사시키고, 그것을 다시 내면화시키지 않았나 한다고 폰 프란츠는 주장하였다. 그래서 연금술사들은 집단적 무의식의 수많은 원형의 변화를 하늘에 투사시키고, 실험용기에 다시 투사시키면서 실험을 했다는 것이다.[45] 연금술사들의 이러한 사고는 예수님이 "아직은 내 때가 되지 않았다."라고 하거나 "그날과 그때는 아무도 모른다."라고 했던 것과 같은 맥락이라고 할 수 있다.

4. 결 론

이렇게 볼 때 연금술은 단순히 물질로서의 금을 얻으려고 했던 것이 아니라, 물질 속에 들어 있는 신적 불꽃인 세계혼(anima mundi)을 추출하려고 했던 고도의 정신적 작업인 것을 알 수 있다. 연금술사들은 물질 속에 갇혀 있는

---

44) M.-L. von Franz, *op. cit.*, pp. 44-49.
45) cf. 그래서 폰 프란츠는 먹이를 찾는 쥐에 대한 포트만(Portmann)의 실험에서 실험자가 먹이를 잘 찾을 것이라고 기대하면서 보낸 것과 그렇지 않은 쥐 사이에 많은 차이가 있는 것을 인용하면서 정신과 물질 사이에는 눈에 보이지 않는 깊은 연관성이 있으며, 연금술사들은 그것을 직관했던 사람이라고 주장하였다. *Ibid.*, pp. 128-144.

영적 요소인 실체(la substance)를 추출하여, 그것을 다시 그 속에 집어넣음으로써 물질을 구원하려고 했던 것이다. 그래서 그들은 그 실체를 가장 잘 얻을 수 있는 원물질을 찾으려고 애썼고, 그것을 위해서 천문(天文)을 살피면서 경건한 태도를 취하였다. 그러면 그들이 그런 작업을 했던 이유는 무엇일까? 그것은 그들이 자신의 몸속에 갇혀 있는 영적인 부분이 자신의 존재 전체를 변화시키려는 열망이 깊었기 때문일 것이다. 그들은 자신의 몸을 통해서 느껴지는 본능적인 충동에서 벗어나 정신적인 본성이 지향하는 조화로운 삶을 살려는 무의식적 욕망을 연금술 작업에 투사시켰던 것이다.

사람은 언제나 그런 동경(aspiration)을 가지고 있었으며, 그것을 가능하게 하는 것이 자신의 내면에 들어 있다는 사실을 알았다. 그래서 그들은 거기에 여러 가지 이름을 붙이면서, 자신의 존재 전체가 구원되기를 바랐다. 그들에게서 정신적인 부분과 신체적인 부분, 영적인 욕망과 본능적인 욕망 사이의 분열이 너무 고통스러웠기 때문이다. 구원을 향한 이러한 노력은 종교적인 영역에서 신비가들에게서 행해졌고, 연금술사들 역시 다른 방향에서 똑같은 것을 추구하였다. 종교적인 영역에서 신비가들은 감각적인 세계에서 벗어나 하느님을 체험하고 영적인 원리가 그들의 존재 전체를 지배하게 되기를 바랐고, 연금술사들은 물질 속에 갇혀 있는 신적 불꽃을 추출하여 그것이 물질까지 구원해 주기를 바랐던 것이다.

융은 연금술 작업에 담긴 이러한 의미를 제일 먼저 간파하였다. 그는 연금술에서 사용되는 물질과 용어가 그것만 가리키는 것이 아니라, 그것을 초월하는 상징이라는 사실을 깨닫고 연금술 비방(秘方)에 담긴 무의식적인 의미를 해석하였던 것이다. 그러면서 그는 연금술과 종교가 하려고 했던 작업은 그가 하려는 정신치료와 같은 구조를 가지고 있다는 사실을 깨달았다. 왜냐하면 연금술이 비천한 금속을 금으로 변화시키려는 것이나, 종교가 죄 속에서 고통당하는 옛 사람을 신적 존재인 새 사람으로 변화시키려는 것이나, 정신치료가 병든 사람을 온전한 사람으로 변화시키려는 것이 모두 같은 구조를 가지고 있기 때문이다. 그래서 융은 이 세 가지 작업에 매달렸고, 연금술은 그의 심리학에 역사적이고 물질적인 기반을 제공했다고 높이 평가하였다.[46] 물질 속에 있는 세계 혼을 추출하여 다시 물질에 넣어 물질을 구원하거나, 우리 안에 있는 영을 해방시켜서 다시 우리 존재 전체를 구원하려는 작업은 자신의 꼬리를 입에 물고 있는 가상적인 뱀의 모습인 우로보로스(uroboros)에게서 잘 드러난다. 우로보로스는 자기 꼬리를 먹으면서 다시 태어나는데, 그것은 또한 자아(ego)가 집단적 무의식에 속한 자기(Self)를 의식화하여 자기가 자아를 통해서 실현되게 하려는 개성화 과정도 그대로 드러낸다. 종교, 연금술, 정신치료는 궁극적으로 같은 작업을 서로 다른 언어와 상징을 가지고 행하는 것이다.

융은 인간 정신의 목표는 개성화, 즉 인간의 정신 속에 있는 전체성인 자기를 실현시키는 것이라고 주장하였다. 그래서 사람들은 무의식 안에 있는 자기 원형을 실현시키려고 애썼고, 그것은 수많은 상징들로 표상되어 왔다. 연금술 역시 그 가운데 하나다: "그 (개성화) 과정은 누미노제적인 특성을 가진 생명의 과정이고, 그 속에서는 언제나 수많은 상징이 만들어지고 있다."[47] 그런데 인간의 내면에 아무리 자기가 들어있어도 그것을 동화시킬 수 있는 상징이 없으면 자아는 자기를 실현시키지 못한다. 오히려 자기 속에 들어있는 에너지가 의식을 뚫고 나와서 많은 문제를 일으킨다. 융은 이 사실을 그에게 찾아온 수많은 신경증환자들에게서 발견하고 신화나 설화 및 종교적 상징이 매우 중요하다고 강조하였다.[48] 연금술사들이 연금술 작업에 몰두한 것도 그 때문일 것이다. 그들 역시 무의식에서 움직이는 자기의 작용을 느끼고 그것을 표현하는 현실적인 상징이 없었기 때문에 실험실에서 여러 가지 금속 속에 그것을 투사시켜 살펴보았던 것이다. 융은 의식이 움직이지 않으면 무의식의 내용 역시 잠재적인 상태에 머무르고 의식에 통합되지 않는다고 강조하

46) 스티븐스는 융의 관심사는 연금술, 정신치료, 종교의 세 가지였는데, 연금술이 그 셋의 연결고리 역할을 한다고 주장하였다. A. Stevens, *op. cit.*, p. 222.

47) C. G. Jung, *Psychologie et Alchinie*, p. 607.

48) C. G. Jung, *Aïon*, p. 185.

였다. 개성화 과정에서 의식이 살아 있고 강력하게 작용해야 한다는 것이다. 그래서 연금술사들은 그들의 작업 속에서 끊임없이 의식과 무의식을 살펴보면서 그 통합을 위해서 노력하였다.[49]

49) C. G. Jung, *Psychologie et Alchinie*, p. 433.

결 어

지금까지 살펴보았듯이, 분석심리학은 기독교를 새롭게 해석하여 현대인에게 새로운 하느님의 이미지를 전해 줄 수 있음은 물론 성서 해석이나 영성 탐구, 정신치료를 위한 상담 등 여러 가지 분야에서 구체적인 도움을 줄 수 있다. 과거처럼 일방적으로 믿기만 강요하지 않고 그리스도인의 행동 하나하나에서 무의식적인 욕망을 읽고, 좀 더 깊은 의미에의 탐구를 가능하게 하는 것이다. 분석심리학을 통해서 우리는 현대의 그리스도인은 이제 더 이상 하느님을 맹목적으로 믿으려고만 하지 않고, 그들의 삶과 경험 속에 직접적으로 다가오는 하느님을 찾고 있음을 알 수 있었다. 그들은 여러 가지 모순과 고통이 불가피한 현실 속에서 그들이 경험하는 무의미해 보이는 악과 고통까지 통합할 수 있는 하느님의 이미지를 찾으며, 그것을 통하여 자신의 내면을 통합하고, 정신적 안정을 누리려고 하는 것이다.

현대 사회에서 사람은 합리적인 의식을 발달시켜 과학기술의 진보를 이루면서 생활의 편리함을 얻었지만 의식과 무의식의 조화가 깨어져 삶의 깊은 층으로부터 떠났고, 허무감과 무의미성 때문에 고통받고 있다. 모든 것을 효율적·실용적으로 처리하지만 그것만으로 충족되지 않는 내면의 공허가 현대인에게 점점 더 커지고 있는 것이다. 더구나 너무 급격하게 변하는 현대 사회에서 사람은 앞으로의 삶이 어떻게 전개될지 모르고, 미래의 세계에 제대로 적응할 수 있을까 하는 불안에 휩싸여 있다. 또한 고대 사회에서보다 의식이 많이 각성된 현대인은 자신에게 주어지는 것을 모두 선하고 아름답게만 보지 못하고 자신의 삶에서 수많은 모순과 악을 체험하며, 고통받고 있다. 자신의 내면에서는 물론 이 세상에서 선과 악을 동시에 발견하고 그것들을 모두 자신의 삶 속에 통합하지 못하여 괴로워하는 것이다.

현대인의 이런 고뇌에 함께할 수 있는 존재는 그 전처럼 전능하기만 한 하느님이 아니다. 슈퍼맨이나 닌자 거북이처럼 막강한 힘을 가지고 적을 물리치지만 곧 사라져 버리고 마는 전능자보다는 그들의 일상(日常)에서 함께하는 하느님을 요청하는 것이다. 현대인은 슈퍼맨이나 닌자 거북이가 주는 쾌락이 환상적인 것이고, 그런 구원자가 허구에 불과하다는 사실을 잘 알고 있다. 그래서 현대인은 자신의 삶에 내재해 있는 모순과 악은 물론 자신의 내면에서 일어나는 여러 가지 갈등과 혼돈을 명확하게 인식하고 그것들을 극복하는 과정에서 그들이 겪는 악과 고통에 함께하며 용기를 북돋아 줄 수 있는 구원자를 찾고 있는 것이다.[1] 그런 구원자는 그리스 신화에 나오는 '상처받은 치유자(the wounded healer)'나 예언자 이사야가 선포한 '고난받는 종'처럼 인간의 삶에서 경험되는 고통의 본질을 알고 거기에 동참할 줄 아는 존재다.[2]

융 역시 이런 하느님을 대망(待望)하며 살았고, 어느 정도 이런 하느님을 만나면서 살았다. 그러나 그는 이런 하느님의 모습을 기독교에서보다는 중세 연금술사들의 작업에서 더 뚜렷하게 발견하였다. 그들의 작업이 겉으로 보기에는 여러 가지 잡다한 물질을 섞어서 귀중한 금속을 얻으려는 것 같았지만, 사실은 물질이라는 어둠 속에 갇힌 고귀한 영(靈)을 추출하려는 것임을 간과했기 때문이다. 그는 연금술사들의 작업이 병든 영혼을 치유하려는 자신의

---

1) cf. C. G. Jung, *Réponse à Job*, pp. 69-86.
2) cf. F. Dolto, 『인간의 욕망과 기독교복음: 정신분석학으로 성서 읽기』, 김성민 역(서울: 한국심리치료연구소, 2000).

작업이나 인간의 육체라는 어둠을 극복하고 하느님과 하나가 되려는 기독교의 궁극적인 목표와 같다는 사실을 깨닫고, 정신치료와 연금술과 종교 사이의 관계에 대해서 연구하였다. 이런 연구를 통해서 그는 기독교에서 말하는 삼위일체 교리는 현대인이 추구하는 하느님의 이미지와 부합되지 않으며, 기독교는 이제 더 이상 현대인의 무의식적인 욕망을 충족시켜 주지 못한다고 주장하였다. 기독교에서 말하는 삼위일체 상징에서 어둠의 요소나 여성적인 요소를 전혀 발견할 수 없기 때문이다.

사실 성부, 성자 그리고 성령은 모두 남성적이고 천상적인 존재로서 너무 선하고 긍정적이기만 하다. 우리는 그 하느님 안에서 어두운 측면을 전혀 발견할 수 없으며, 그리스도인 역시 자신을 선하기만 한 하느님과 동일시하고, 악을 악마나 다른 사람들에게 투사시키고 있다. 더 나아가서 대부분의 그리스도인들은 자연과 이 세상은 물론 인간의 육체와 물질까지 모두 부정하고 하느님의 나라만 추구하고 있다. 이 세상을 살면서 어쩔 수 없이 겪게 되는 죄나 악의 문제를 외면하고, 스스로 분열되어 있는 것이다. 그러나 융은 삼위일체 하느님의 상징은 완전성(perfection)만 드러낼 뿐 전체성(totality)을 드러내지 못하며, 그 때문에 그동안 기독교에서 추구했던 윤리와 도덕은 언제나 이상으로만 제시됐을 뿐, 온전히 실현된 적이 없다고 주장하였다. 그의 생각으로는 인간의 내면과 이 세상에 있는 악은 부정되어야 할 것이 아니라 통합되고 초월되어야 하는데, 기독교에서 그 길을 차단했기 때문이다. 융은 삼위일체 교리가 과거의 사회에서 사람들에게 본능이나 이기적인 충동을 억제하게 하는 데는 효과가 있었지만, 의식화가 많이 이루어진 현대인에게는 전혀 그렇지 못하다고 주장하였다. 현대 사회에서 '신의 죽음'이 외쳐지는 것 역시 현대인이 이제 더 이상 그전처럼 순진한 믿음을 가질 수 없게 되었기 때문이다.[3]

---

3) C. G. Jung, *La Réalité de l'âme*(Paris: Libraire Générale Française, 1998), pp. 800-812. cf.융학파 성공회 사제인 샌포드는 하느님의 어두운 측면과 악 자체가 동일시되어서는 안 된다고 강조하였다. 하느님의 어두운 측면은 인간으로서는 알 수 없는 불가사의하고 신비한 측면이지만, 악은 선

그래서 현대인에게 필요한 하느님의 이미지는 사위일체적인 하느님이라고 융은 강조하였다. 그에 의하면 사위일체성은 동서남북을 가리키는 네 가지 방위나 봄, 여름, 가을, 겨울의 네 계절이나 인도에서의 네 가지 계급제도 등 인류가 시간과 공간은 물론 인간의 삶을 가장 온전하게 나눌 수 있는 숫자를 4로 생각했듯이 하느님의 모습을 가장 온전하게 드러낼 수 있는 이미지다. 그래서 그는 기독교에서 말하는 삼위일체 하느님의 이미지에는 그 안에 포함되지 않은 어두운 측면이나 여성성이 포함되어야 한다고 강조하였다.[4] 성부, 성자, 성령은 모두 남성적이고 선하기만 한데, 사람들은 이 세상에서 수많은 여성적인 가치들과 악을 체험하면서 그것들을 통합하려고 하는데, 그것은 먼저 하느님 안에서 통합되어야 하기 때문이다. 그래야 사람들은 모든 것을 통합한 하느님의 이미지를 따라서 이 세상에서 자기 삶을 통합할 수 있다는 것이다.[5]

그러나 기독교에서는 현대인들의 이런 고뇌를 외면한 채, 이 세상에 악은 존재하지 않으며 악처럼 보이는 것도 사실은 악이 아니라 선이 결핍된 것이라고 주장하고 있다. 악을 인간의 삶에서 불가피한 요소로 받아들이고, 그것을 극복하려는 것이 아니라, 악의 문제를 도피하는 데만 에너지를 소모시키는 것이다. 융은 그가 치료했던 환자들에게도 이 사실을 끊임없이 강조하면서, 그들의 내면에 있는 악인 그림자를 미워하고 없애려고 할 것이 아니라 그림자와 화해하고 친구가 되는 방법을 모색해야 한다고 강조하였다. 그는 환자들이 실제로 그들의 내면에서 그림자가 자신의 일부라는 사실을 철저히 인식하고, 체험할 때 모든 분열이 통합되고, 병이 낫는 것을 목격하였다. 하지만 기독교에서는 악을 너무 미워하고 죄를 멀리해야 한다고 강조하는 바람에 수많은 그리스도인들이 자신의 삶을 통합하지 못하고 병들고 있다. 융은 이

하고 온전한 것들을 파괴하는 것이기 때문이다. 그러므로 융적으로 말할 때 하느님에게도 어두운 측면이 있다고 하는 것과 하느님에게도 악이 있다고 하는 것은 전혀 다른 의미다. J. Sanford, *The Kingdom Within*(San Francisco: Harper, 1987), Ch. VII.

4) 악과 여성적인 요소의 관계에 대해서는 융도 명확하게 언급하지 않고 있다. 삼위를 보충할 수 있는 요소를 때로는 악으로, 또 다른 때는 여성성으로 주장하는 것이다.

5) C. G. Jung, *op. cit.*, pp. 886-891.

런 상황들을 직시하면서 기독교는 새로운 하느님상을 제시하여 현대인이 이제 더 이상 정신적인 방황을 그만두고 자신을 통합하게 해야 한다고 강조하였다.

또한 융은 기독교와 관련해서 한 가지 중요한 사실을 주장했는데, 그가 말년에 저술한 『욥에의 응답』에서 그는 인간의 정신에서 하느님의 존재 기반은 너무 미약하여 사람들은 무의식의 깊은 층에 있는 '하느님의 이미지(image of God)'를 끊임없이 돌이켜보고, 경배해야 한다고 강조한 것이다. 다시 말해서, 사람들에게 하느님의 이미지는 무의식에 속해 있기 때문에 예배를 통하여 끊임없이 의식에 끌어내어야 육신을 가지고 사는 사람들이 '하느님의 이미지'를 그들의 삶과 행동으로 드러낼 수 있다는 것이다.[6] 그러면 사람들은 왜 하느님을 그렇게 사랑한다고 하면서도 하느님을 의식 깊숙이 모시지 못하는 것일까? 그것은 사람들이 육신을 입고 이 세상을 살며, 영혼 문제보다 육신의 문제가 더 급박하기 때문이다. 육신의 문제, 이 세상의 문제는 언제나 의식적인데, 영혼의 문제와 하느님 나라의 문제는 무의식적이기 때문인 것이다. 그래서 사람들은 하느님에 대한 의심이 들 때 하느님을 붙들어 매기 위해서 더 열광적이고, 광신적으로 된다. 그러나 하느님은 바깥에서만 찾을 수 있는 분이 아니라 내면에서도 찾을 수 있으며, 똑똑히 보이는 모습에서만이 아니라, 보이지 않는 모습에서도 찾을 수 있는 분이다. 그러므로 우리는 하느님의 현존을 드러내는 수많은 상징에 "주의 깊게 관찰하고, 신중하게 고려하는 태도"[7]를 기울이면서 하느님을 찾아야 한다. 우리가 이런 하느님을 발견하고 그 하느님을 드러낼 때 '우리 안에-있는-하느님(God-within-us)'은 온전히 실현될 수 있게 된다.

---

6) C. G. Jung, *Réponse à Job*, pp. 39-41.cf. 융의 이러한 사상은 퇴계 이황이 말한 거경(居敬)과 많은 유사성이 있다. 이에 대한 연구는 다음으로 미룬다. 최영진, 『퇴계 이황』(서울: 살림, 2007).

7) C. G. Jung, *Psychologie et religion*(Paris: Buchet/Chastel, 1958), p. 18. 융은 종교란 어떤 교단이나 믿음 체계가 아니라 사람들의 삶을 온통 뒤흔들 정도로 강력한 힘을 가진 요소를 "주의 깊게 관찰하고, 신중하게 고려하는 태도"라고 주장하였다.

    이와 같은 융의 주장 가운데서 우리는 많은 점에서 동의할 수 있으며, 현대인의 고뇌에 응답할 수 있는 기독교를 회복하는 데 적지 않은 도움을 받을 수 있다. 그러나 그의 주장 가운데는 기독교와 근본적으로 다른 점들도 있다. 그 중에서 가장 중요한 것은 그가 말하는 하느님은 이 세상을 창조하고, 인간을 구원하려는 인격적인 하느님이 아니라 무의식의 원형상이라는 점이다. 그는 하느님이 당신 자신의 경륜을 가지고 이 세상을 창조하고, 이 세상을 통하여 당신의 섭리를 실현시키려고 했던 하느님에 대해서 말하지 않고 사람들의 내면에서 작용하는 정신적 요소로서의 원형상을 주장했던 것이다. 물론 그가 말하는 하느님의 이미지가 한 사람의 내면에서만 작용하는 요소가 아니라 모든 사람에게 공통적으로 영향을 미치는 객관적 정신(objective psyche)이기는 하지만, 그 요소는 스스로 존재하는 인격적인 존재일 수 없고 집단적 무의식의 한 요소일 뿐이다. 이런 하느님 앞에서 우리는 궁극적인 의미의 근거를 발견할 수 없다. 왜냐하면 하느님이 무의식의 한 요소에 불과하다면 그는 인간과 구체적인 관계를 가질 수 없을 것이고, 인간의 삶은 우연성에 떨어지고 말기 때문이다.[8] 그러나 기독교에서 고백하는 하느님은 끊임없이 인간을 부르고 사명을 맡기는 분이다. 당신의 한없는 사랑을 가지고 인간의 삶에 관심을 기울이고 당신이 창조한 세상을 구원하려는 분인 것이다. 하느님이 인격적인 존재가 아닌 경우 사람들은 그를 존경하고 숭배할 수 없다. 오히려 그가 가진 강력한 힘을 이용하여 자기 목적만 이루려고 할 것이다. 이런 존재는 인간이 가진 가장 근본적인 욕망인 '관계에의 욕망'을 충족시켜 주지 못한다. 마틴 부버가 말했듯이, "나를 너로 불러 주는 이 앞에서 한없는 의미를 발견하고 그와는 물론 다른 이웃들과도 진정한 관계를 맺을 수 없는 것"이다.[9]

    다음으로 융이 말하는 그리스도는 원형적인 존재일 뿐 역사적 예수의 모습

---

8) 물론 융이 하느님의 이미지(image of god)를 벗어나는 하느님(God)을 부정한 것 같지는 않다. 그는 심리학자로서 하느님의 이미지에 대해서만 논했을 뿐이다.
9) Martin Buber, 『나와 너』, 남정길 역(서울: 전망사, 1982). 부버는 이런 점 때문에 융을 비판하였다.

은 찾아볼 수 없다. 그는 우리와 같은 실존적인 상황에서 여러 가지 모순과 악과 유혹을 경험했고, 그것을 극복하여 하느님의 형상을 온전히 실현시킨 예수의 삶에 대해서는 거의 언급하지 않는 것이다. 물론 그는 신학자가 아니었고, 역사적인 예수의 실존적인 모습이 분명하지 않기 때문에 어쩔 수 없는 한계가 있었을 테지만, 우리는 초대교회가 고백했던 대로 예수 그리스도는 '참 하느님이며, 참 사람'이었다는 사실을 강조해야 한다. 그렇게 하지 않을 때 우리는 영지주의자들처럼 예수 그리스도의 독자성을 망각하고 무의식의 원형상만 주장하게 된다. 그러나 현대인에게 중요한 것은 그런 무의식적인 요소만이 아니라, 그들이 경험하는 것과 똑같은 삶의 조건 속에서 실제로 모든 문제를 극복했던 인간의 모델이다. 그래야 그들도 구체적인 삶 속에서 예수 그리스도처럼 그들의 문제에도 불구하고 그들 안에 있는 하느님의 형상을 실현시킬 수 있기 때문이다.[10]

마지막으로 우리는 융이 하느님에 관해서 언급하면서 그에 따르는 궁극적인 윤리에 대해서는 거의 주목하지 않는 것을 보게 된다. 그가 주장하는 '하느님의 이미지'나 분석심리학의 궁극적 목표인 개성화된 인간에게서 궁극적인 윤리성은 거의 찾아볼 수 없는 것이다. 그가 주장하는 하느님은 선과 악을 통합한 전체성이며, 개성화된 인간은 정신적인 균형을 이룬 지혜로운 인간인 것이다. 그의 심리학에서 우리는 기독교에서 말하는 사랑의 사도는 발견할 수 없는 것이다. 다시 말해서, 많은 종교에서 주장하듯이 죄와 악 때문에 고통당하는 인간에게 한없는 긍휼을 느끼는 절대자와 그 절대자를 먼저 체험하여 그렇지 못한 사람에게 다가가는 사랑을 찾아볼 수 없는 것이다. 물론 한 개인의 삶에서는 융이 제시하는 것과 같은 지혜 있는 관조의 자세가 바람직할 수 있겠지만, 절대자와의 관계 안에서 이루어지는 종교는 그럴 수가 없다. 종교는 언제나 궁극적인 가치를 실현하려고 노력했기 때문이다. 그 전개 방

---

10) 이 문제에 대해서 이 책의 제4장 참조. 그에게서 예수 그리스도의 사건은 원형적인 사건으로서 모든 사람이 그리스도처럼 성령의 도움으로 '계속되는 성육신'을 향해서 나아가야 하는 표본이다.

식이 조금씩 다르기는 하지만 기독교의 사랑(amour), 불교의 자비(charité), 이슬람교의 동정(miséricorde), 유교의 인(仁) 등은 모두 이들 종교에서 추구하는 궁극적인 가치다. 융의 그러한 태도는 그가 그렇게 해서 나타나는 사랑도 인간에 의해서 이루어지는 것이라서 곧 한계에 부딪힐 수밖에 없는 가치일 것이라는 그의 철학에 기반을 두기 때문일 것이다. 그러나 진정한 사랑이 집단적 무의식에 있는 자기에게서 나온 것이라면 그렇지 않을 수도 있을 것이다.

이러한 한계가 있음에도 불구하고 융은 현대인에게서 하느님상은 변하고 있으며, 교회는 그 변화를 인식해야 한다고 강조하였다. 특히 현대인이 느끼는 악의 문제와 여성적인 요소의 통합은 기독교에서 반드시 귀 기울여야 하는 주장이다. 왜냐하면 그것들은 과거처럼 단순하고 가부장적인 사회에서는 무시될 수 있었지만 현대 사회에서는 더 이상 그럴 수가 없는데, 기독교는 아직도 이에 충분히 대처하지 못하기 때문이다. 그러나 기독교가 현대 사회에서도 여전히 의미를 지니려면 이 문제를 해결할 수 있는 새로운 하느님의 이미지와 그 수행 방법을 제시해야 한다. 또한 그 밖에도 현대 사회에서 제기되는 생명공학과 컴퓨터 공학의 발달, 환경 파괴의 문제 등에서도 우리가 어떻게 대처해야 할 것인지 함께 고뇌해야 한다. 그렇게 될 때 기독교는 현대 사회에서도 하느님의 영원한 진리를 비출 수 있을 것이다.

참/고/문/헌

1. 융 전집

제1권 *Psychiatric Studies*

First published by Bollingen Foundation Inc., New York, tr. by R. F. C. Hull, 1957. Second Edition by Princeton University Press, 1970. Third printing with corrections and additions, 1978.

제2권 *Experimental Researches*

First published by Routledge & Kegan Paul Ltd., London and Princeton University Press, Princeton, tr. by Leopold Stein in collaboration with Diana Riviere, 1973.

제3권 *The Psychogenesis of Mental Disease*

First published by Bollingen Foundation, New York, and by Princeton University Pess, Princeton, tr. by R. F. C. Hull, 1960. Second printing with corrections and minor revisions, 1972, 1976.

제4권 *Freud and Psychoanalysis*

First published by Bollingen Foundation, New York, and by Princeton University, Princeton, tr. by R. F. C. Hull, 1961. Second printing with corrections, 1970, 1979.

제5권 *Symboles of Transformation*

First published by Routledge and Kegan Paul, Ltd., London, tr. by R. F. C. Hull, 1956. Second printing with corrections, 1970.

제6권 *Psychological Types*

First published by Bollingen Foundation, New York, and by Princeton University Press, Princeton, tr. by H. G. Baynes and revision by R. F. C. Hull, 1971, 1974, 1977.

제7권 *Two Essays on Analytical Psychology*

First published by Bollingen Foundation Inc., New York, tr. by R. F. C. Hull. Second Edition revised and augmented by Bollingen Foundation and published by Princeton University Press, Princeton, 1966.

제8권 *The Structure and Dynamics of the Psyche*

First published by Bollingen Foundation, New York, tr. by R. F. C. Hull, 1960. Second Edition by Princeton University Press, Princeton, 1969. Fourth printing with corrections, 1978.

제9권

Ⅰ. *The Archetypes and the Collective Unconscious*

First published by Bollingen Foundation Inc., New York, tr. by R. F. C. Hull. Second Edition by Princeton University Press, Princeton, 1968, 1971, 1975, 1977.

Ⅱ. *Aïon*

First published by Bollingen Foundation and by Routledge and Kegan Paul Ltd., London, tr. by R. F. C. Hull, 1959. Second Edition with corrections & minor revision, 1968, 1974, 1978.

제10권 *Civilization in Transition*

First published by Bollingen Foundation and by Routledge and Kegan Paul Ltd., London, tr. by R. F. C. Hull, 1964. Second Edition by Princeton University Press, Princeton, 1970.

제11권 *Psychology and Religion: West and East*

First published by Bollingen Foundation, New York, tr. by R. F. C. Hull, 1958. Second Edition by Princeton University Press, Princeton, 1969, 1975, 1984.

제12권 *Psychology and Alchemy*

First published by Bollingen Foundation, New York, tr. by R. F. C. Hull, 1953. Second Edition completly revised by Princeton University Press, Princeton, 1968, 1974.

제13권 *Alchemical Studies*

First published by Bollingen Foundation and by Routledge and Kegan Paul, London, tr. by R. F. C. Hull and Princeton University Press, Princeton, 1967, 1973, 1978.

제14권 *Mysterium Coniunctionis*

First published by Bollingen Foundation and by Routledge and Kegan Paul, London, tr. by R. F. C. Hull. Second Edition by Princeton University Press, Princeton, 1970.

제15권 *The Spirit in Man, Art, and Literature*

First published by Bollingen Foundation and by Princeton University Press, Princeton, tr. by R. F. C. Hull, 1966, 1971, 1975, 1978.

제16권 *The Practice of Psychotherapy*

First published by Bollingen Foundation Inc., New York, tr. by R. F. C. Hull. Second Edition revised and augmented by Princeton University Press, Princeton, 1966. Third edition with corrections, 1975, 1977.

제17권 *The Development of Personality*

First published by Bollingen Foundation and Routledge and Kegen Paul Ltd., London, tr. by R. F. C. Hull, 1954, 1965, 1971, 1977.

제18권 *The Symbolic Life*

First published by Bollingen Foundation, New York, and by Princeton University Press, Princeton, tr. by R. F. C. Hull, 1950, 1953, 1955, 1976.

제19권 *General Bibliography of C. G. Jung's Writings*

First published by Routledge and Kegan Paul Ltd., London and Princeton University Press, Princeton, compiled by Lisa Ress with collaborators, 1979.

제20권 *General Index to the Collected Works of C. G. Jung*

First published by Routledge and Kegan Paul, London and Princeton University Press, Princeton, compiles Babara Forryan and Janet M. Glover, 1979.

2. 융 서간집

제1권 *C .G. JUNG: LETTERS*

Selected and edited by Gerhard Adler in collaboration with Aniéla Jaffé, tr. by R. F. C. Hull, Princeton University Press, Princeton, 1973.

Vol. 1. 1906~1950.

Vol. 2. 1951~1961.

제2권 *THE FREUD/JUNG LETTERS*

Edited by William McGuire, translated by Ralph Manheim and R. F. C. Hull, The Hogarth Press Ltd. and Routledge and Kegan Paul Ltd., London, 1974.

3. 융 전집에 포함되지 않은 서적

1) *Conversation with C. G. JUNG*

   Edited by Richard I. Evans, C. B. S. Educational and Professional Publishing, Praeger publishers, 1964, 1976, 1981.

2) *Modern Man in Search of a Soul*

   Routledge and Kegan Paul, London, tr. by W. S. Dell and C. F. Baynes, 1933, 1978.

3) *The "face to face"*

   Interview with J. Freemen for B. B. C. television, ed. by BURNETT, London, 1964.

4. 단행본으로 출판된 융의 저서

1) *Aspects du drame contemporain*

Préface et traduction du Dr. Roland CAHEN, Paris–Genève, Buchet/Chastel et Librairie de l'Université de Genève, 1948, 1970, 1983.

2) *Types Psychologiques*

Préface et traduction d' Yves LE LAY, Paris–Genève, Buchet/Chastel, Librairie de l' Université de Genève, 1950, 1958, 1967, 1977, 1983.

3) *Psychologie de l'inconscient*

Préface et traduction du Dr. Roland CAHEN, Paris–Genève, Buchet/Chastel, Librairie de l' Université de Genève, 1953, 1963, 1978, 1983.

4) *La Guéison psychologique*

Préface et adaptation du Dr. Roland CAHEN, Paris–Genève, Buchet/Chastel et Librairie de l' Université de Genève, 1953, 1970, 1976.

5) *Métamorphoses de l' âme et ses symboles*

Préface et traduction d' Yves LE LAY, Paris–Genève, Buchet/Chastel et Librairie de l' Université de Genève, 1953, 1970, 1973, 1978, 1983.

6) *Introduction á l' essence de la mythologie (avec Ch. KERENYI)*

Traduction d' Henri Del Medico, Paris, Payot, 1953.

7) *L' Energétique psychique*

Préface et traduction d' Yves LE LAY, Paris Genève. Buchet/Chastel et Librairie de l' Université de Genève, 1956, 3e éition entièrement revue et augementée d' un index, 1981.

8) *Le Fripon divin avec Ch. KERENYI et p. RADIND*

Collection: Analyse et Synthése. Trad. S. Arthur REISS, Paris_Genève, Buchet/Chastel et Librairie de l' Université de Genève, 1958, 1984.

9) *Psychologie et religion*

Traduction de M. BERNSON et G. CAHEN, Paris, Buchet/Chastel, 1960, 1974.

10) *Un Mythe moderne*

Préface et adaptation du Dr. Roland CAHEN, Paris, Gallimard, 1960, 1963.

11) *Probléme de l' âme moderne*

Traduction d' Yves LE LAY, Paris, Buchet/Chastel, Paris, 1961, 1966.

12) *Présent et avenir*

Préface, traduction et annotation du Dr. Roland CAHEN avec la coll. de René et Francise Baumann, Paris, Buchet/Chastel, 1962 et Paris, Denoel, 1970.

13) *Psychologie et education*

Traduction d' Yves LE LAY, Paris, Buchet/Chastel, 1963.

14) *Reponse à Job*

Traduction du Dr. Roland CAHEN avec une postface d' Henry CORBIN, Paris, Buchet/Chastel, 1984.

15) *La Dialectique du moi et de l'inconscient*

Traduction et annotation du Dr. Roland CAHEN, Paris, Gallimard, 1964, 1967.

16) *L'Ame et la vie*

Textes essentiels de C. G. JUNG présentés par Joland JACOBI, Traduit par Dr. Roland CAHEN et Yves LE LAY, Paris, Buchet/Chastel, 1965, 1969.

17) *Psychologie et alchimie*

Traduction Henry RERNET et Dr. Roland CAHEN, Paris, Buchet/Chastel, 1970, 1975.

18) *Les Racines de la conscience*

Etudes sur l'archétype. trad. Yves LE LAY, Paris, Buchet/Chastel. 1971, 1975.

19) *Commentaire sur le mystére de la fleur d'Or*

Trad. Etienne PERROT, Paris, Albin Michel, 1979.

20) *La Psychologie du transfert*

Trad. Etienne PERROT, Paris, Albin Michel, 1980.

21) *Mysterium coniuctionis*

2 volumes, trad. Etienne PERROT, Paris, Albin Michel, 1980, 1981.

22) *Aion: Etudes sur la phénoménologie du Soi*

Trad. Etienne PERROT et Mme Louzier-Sahler, Paris, Albin Michel, 1983.

23) *Psychologie et orientalisme*

Trad. Paul KESSLER, Josette RIGAL, Rainer ROCHLITZ, Paris, Albin Michel, 1984.

24) *Synchronicité et paracelsica*

Trad. Claude MAILLARD et Christine PFLIEGER-MAILLARD, Paris, A. Michel, 1988.

25) *La Vie symbolique*

Trad. Claude MAILLARD et Christine PFLIEGER-MAILLARD, Paris, A. Michel, 1989.

26) *Ma Vie: Souvenirs, rêves et pensées,*

recuillis par Aniéla JAFFE. Trad. Dr. Roland CAHEN et Yves LE LAY, Paris, Gallimard, 1966, 1967(융의 생애와 사상, 이기춘, 김성민 역, 현대사상사, 1995).

27) *L' Hommes et ses symboles*

Paris, P. Royale, 1964.

28) Jung, C. G. 상징과 리비도, 한국융연구원 C. G. 융 저작번역위원회 역, 서울: 솔출판사, 2005.

29) _____. 정신요법의 기본문제, 서울: 도서출판 솔, 2001.

5. 융에 관한 저서

ADLER, Gerhard, *Etude de psychologie jungienne*, tr. de Liliane FEARN et du Dr. Jenny LECLERCQ, Genève, Librairie de l' Université George & Cie S. A., 1957.

BAUDOUIN, Charles, *L' Oeuvre de JUNG*, Paris, Payot, 1963.

BONNETTE, Lucie, *Le Fondement religieux de la pensée de JUNG*, Montréal, Editions Fides, 1986.

BRIL, Jacque, *Le Masque ou le père ambigu*, Paris, Payot, 1983.

BROWN, Clifford A., *JUNG's Hermeneutic of doctrine: Its theological Significance*, Chicago, American Academy of Religion, 1981.

Cercle de Psychologie analytique de C. G. JUNG. *Transformation*, Montréal – Paris – Genève –Bruxelles, Editions de l' Aurore, 1977.

CLIFT, W. B., *JUNG and Christianity*, New York, The Crossroad publishing Company, 1982(융의 심리학과 기독교, 이기춘, 김성민 역, 대한기독교출판사, 1984).

COX, David, *JUNG and St. PAUL*, New York, Association Press, 1959.

CORNEAU, Guy, *Absent Fathers, Lost Sons*, Boston: Shambhala, 1991.

_____, *La Guérison du Coeur*, Paris: Robert Laffont, 2000.

Edinger, E. F., *Ego and Archetype*, Boston, Shanbhala, 1992.

_____, *Transformation of the God-Image: An Elucidation of Jung's Answer to Job*. Toronto: Inner City Books, 1992.

FORHDAM, F., *Introduction à la Psychologie de JUNG*, tr. de M. J. et Thierry AUZAS, Paris, Editions Imago, 1985.

FRANZ, von M.-L., *C. G. Jung son mythe en notre temps*, tr. de Etienne PERROT, Paris, Buchet/Chastel, 1975.

_____, *La Voie de l' individuation dans contes de fées*, tr. de F.S. René TAILLANDIER, Paris, La Fontaine de Pierre, 1978.

_____, *An Introduction to the Psychology of Fairy Tales*, New York, Spring Publication, 1973.

_____, *Shadow and in Fairy Tales*, New York, Spring Publication,

1974.

von Franz, M.-L. *Alchimie et Imagination Active*, Edition Jacqueline Renard, Paris, 1989.

＿＿＿＿＿＿＿. *Rêves d'hier et d'aujourd'hui*. Paris: Albin Michel, 1992.

HALL, C. S. et NORDY, V. J., *A Primer of Jungian Psychology*, New York, 1956.

HANNA, C. B., *The Face of the Deep*, Philadelphia, The Westminster Press, 1963.

HOMANS, Peter, *JUNG in context*, Chicago, The University of Chicago Press, 1979.

Homans, P. "C. G. Jung: Christian or Post-Christian Psychologist?", R. L. Moore & D. J. Meckel, *Jung and Christianity in Dialogue*. New York: Paulist Press, 1990.

HOPCKE, R. H., *Persona*, Boston, Shambhala, 1995.

HOSTIE, R., Du Mythe à la Religion, Bruxelles, Desclée de Brower, 1955.

HUMBERT, E. G., *JUNG*, Paris, Editions Universtaires, 1983.

＿＿＿＿＿＿＿, *L'homme aux prises avec l'inconscient*. Paris: A. Michel, 1992.

＿＿＿＿＿＿＿, *Ecrits sur Jung*, Paris, Retz, 1993.

＿＿＿＿＿＿＿, *La dimension d'aimer*, Paris, Cahiers jungiens de psychanalyse, 1994.

JACOBI, J., *La Psychologie de C.G. JUNG*, tr. de V. BAILLODS et de J. CHAVY, Genève, Edition du Mont Blanc, 1964.

＿＿＿＿＿＿, *Complexe. Archétype. Symbole*, tr. de V. BAILLODS et de J. CHAVY, Paris-Neuchatel, Delachaux & Niestlé, 1961.

JAFFE, A., *Apparitions*, Paris, Le Mail, 1983.

＿＿＿＿＿＿, *The Myth of Meaning*, Zurich, Daimon, 1984.

KAEMPF, B., *La Pensée de C.G. JUNG : Son Intéret pour la théologie pastorale*, Thése de Doctorat d'Etat, Université de Strasbourg II, 1984.

＿＿＿＿＿＿, *Réconciliation: Psychologie et religion selon C. G. Jung*, Paris, Caricript, 1991.

＿＿＿＿＿＿, "Trinité ou Quaternité?" in *ETR*, Montpellier, 1987/1, pp. 59-79.

＿＿＿＿＿＿, "Les Types psychologiques: une explication et une remède à la dé saffection des cultes?" in *RHPR*, Strasbourg, 1986/1, pp. 93-108.

Kelsey, M. *God, Dreams and Revelation*. Mineapolis: Augsburg Press, 1974.

KIENER, H., "Convergences de vues chez C. G. JUNG, BERGSON, BERDIAEFF et DOSTOIEVSKI", *L' Essentiel*, 1971/4, Fontainebleu.

＿＿＿＿＿＿, "Le Problème religieux dans l'oeuvre de C. G. JUNG"

MAILLARD, C., "Pour les théologiens quelle psychologie: FREUD ou JUNG?", *RHPR*, Strasbourg, 1987/3, pp. 273-292.

MATTON, M. A., *Jungian Psychology in Perspective,* New York-London, The Free Press, 1981.

MEIER, C. A., *JUNG's Analytical Psychology and Religion,* London-Amsterdam, Feffer & Simon Inc., 1977.

MILLER, D. L.(ed.), *Jung and the Interpretation of the Bible,* New York, Continuum, 1995.

MOORE, R.(ed.), *Jung and Christianity in Dialogue,* New York, Paulist Press, 1990.

Neumann, E. *Depth Psychology and a New Ethic*, Boston: Shambhala, 1990.

PERROT, E., *C. G. JUNG et La Voie des profondeurs*, Paris, La Fontaine de Pierre, 1980.

_____, *La Voie de la transformation d'aprés C. G. JUNG et l'alchimie,* Paris, La Fontaine de Pierre, 1980.

POST, Laurens van der, *JUNG and the Story of our Time*, New York, Vintage Books Edition, 1975.

Raff, J. *Jung and the Alchemical Imagination.* Nicolas-Hays, Inc, York Beach, Maine, 2000.

ROCHEJERIE de la Jacque, *La Symbologie des Rêves,* vol. 2, Paris, Editions Imago, vol. I : 1984, vol. II : 1986.

ROLLINS, G. W., *Jung and the Bible*, Atlanta, John Knox Press, 1983.

SANFORD, J. A., *Healing and Wholeness,* New York, Darton Longman & Todd Ltd., and Doubleday & Company, Inc., 1977.

Sanford, J. A. *Evil,* New York: Crossroad, 1982.

SOLIE, Pierre, *Le Sacrifice: Fondateur de civilisation et individuation*, Paris, Editions Albin Michel S. A., 1988.

STEINBERG, W., *Masculinity,* Boston, Shambhala, 1993.

STERN, p., *C. G. JUNG: The Haunted Prophete*, New York, George Braziller Inc., 1977.

STEVEN, Anthony, *Jung : L'oeuvre-vie,* Paris, Dufélin, 1990.

Tardan-Masquelier, Ysé, *Jung et la question du sacré*, Paris: Albin Michel, 1998.

ULANOV, A. B., *The Feminine in Jungian Psychology and in Christian Theology,* Evanston, Northwestern Univ. Press, 1971.

ULANOV, Ann & Barry, *Transforming Sexuality,* Boston, Shambhala, 1994.

WHTTE, V., *God and the Unconscious*, London-Glasgow, Collins Clear-Type Press, 1952.

김성민. 융의 심리학과 종교, 서울: 동명사, 1998.

_____. "17세기 프랑스 신비주의와 J.-M. 드 귀용의 신비체험에 대한 분석심리학적 고찰", 신학과 실천(제18호), 한국실천신학회, 2009.

이부영. 분석심리학, 서울: 일조각, 1982.

_____. 한국민담의 심층분석, 서울: 집문당, 1995.

_____. 그림자: 우리 마음속의 어두운 반려자, 서울: 한길사, 1999.

이유경. "서양 연금술의 심리학적 의미", 심성연구(제11권 제1, 2호, 통권제15호), 한국 분석심리학회, 1996.

6. 기 타

Aumann, J. 영성신학, 이흥근 역, 왜관: 분도출판사, 1987.

Beit-Hallahmi, Benjamin. "Psychology of Religion 1880-1930: The Rise and Fall of a Psychological Movement", ed. by N.Malony, *Current Perspectives in the Psychology of Religion.* Grand Rapids: Eerdmans Publ. co., 1979.

Benner, David G. 정신치료와 영적 탐구, 이만홍, 강현숙 역, 서울: 하나의학사, 2000.

_____. *Care of Souls: Revisioning Christian Nurture and Counsel.* Grand Rapids: Baker Books, 1998.

Boa, F. *The Way of the Dream: Conversations on Jungian Dream Interpretation with M.-L.von Franz.* Boston: Shambhala,1994.

Caya, R., & Montcalm, H. *Le Principe du Phoenix: Le rêve comme processus de transformation selon la Psychologie de C. G. Jung.* St-Léonard: Editions du Roseau, 1994.

Chamberlain, *Die Grundlagen des 19.* Jahrhunderts.

Clinebell, H. 목회상담신론, 박근원 역, 서울: 예장총회출판국, 1991.

Collins, Gary R., *Christian Counseling*, Dallas: Word Publishing, 1988.

Come, Arnold B. 인간의 영과 성령, 김성민 역, 서울: 대한기독교출판사, 1984.

Delacroix, H. *Les Grands mystiques chrétiennes*, Paris: Félix Alcan, 1938.

Eliot, T. S. *The Complete Poems and Plays of T. S. Eliot*, London: Faber, 1969.

Fairbairn, W. & Ronald, D. 성격에 관한 정신분석학적 연구, 서울: 한국심리치료연구소, 2003.

Frank, K. S., 기독교 수도원의 역사, 최형걸 옮김, 서울: 은성, 1997.

Frankl, V. 로고테라피의 이론과 실제, 이봉우 역, 왜관: 분도출판사, 1980.

_____. 심리요법과 현대인, 이봉우 역, 왜관: 분도출판사, 1979.

Freud, S. 꿈의 해석, 김대규 역, 서울: 동서문화사, 1978.

_____. 정신분석입문, 구인서 역, 서울: 동서문화사, 1975.

Godin, A. "Ecoute et Conseil", *Initiation à la pratique de la théologie*, Paris: Cerf, 1983.

Hircheberger, J. 서양철학사, 강성위 역, 서울: 이문출판사, 1987.

Hunsinger, D. V. 신학과 목회상담, 서울: 한국심리치료연구소, 2000.

Hutin, S. *L'Alchimie*. PUF, Paris, 1981.

Jaspers, K. *Vom Ursprung und Ziel der Geschichte*, 1949.

Kaempf, B. *Introduction à la théologie pratique*. Strasbourg: Presses Universitaires de Strasbourg, 1997.

Leech, K. *Soul Friend*, San Francisco: Harper Collins Publisher, 1992.

May, G. *Care of Mind and Care of Spirit*, San Francisco: Harper and Row, 1982.

_____. *Care of Mind Care of Spirit*. San Francisco: Harper & Row, 1982.

Scopello, M. *Les Gnostiques*. Paris, Cerf, 1991.

St. Augustine, 고백록, 선한용 옮김, 서울: 대한기독교서회, 2003.

Tillich, P. ed. by I. C. Henel, 폴 틸리히의 그리스도교 사상사, 송기득 역, 서울: 한국신학연구소, 1983.

_____. *Systematic Theology* II. Chicago: The University of Chicago Press, 1975.

_____. *Systematic Theology* III. Chicago, The University of Chicago Press, 1963.

Ulanov, A. 영성과 심리치료, 이재훈역, 서울: 한국심리치료연구소, 2005.

Vitz, P. C. *Psychology as Religion: The Cult of Self-Worship*. Grand Rapids: Eerdmans Publ. co., 1994.

Welch, J., & Carm, O. *When Gods Die: An Introduction to John of the Cross*, New York, Paulist Press, 1990.

Winnicott, D. 놀이와 현실, 이재훈역, 서울: 한국심리치료연구소, 1997.

이상은. 퇴계의 생애와 학문, 서울: 예문서원, 1999.

장기근. 퇴계집, 서울: 명문당, 2003.

최영진. 퇴계 이황, 서울: 살림, 2007.

7. 백과사전류

Encyclopédies des Sciences religieuses, sous la direction de F. LICHTENBERGER, Paris, G. Fischbacher, 1881.

Encyclopedia Universalis, Paris, PUF, S. A., 1973.

Encyclopaedia of religion and Ethics, ed. by J. HASTINGS, Edinburgh, T. & T. Charls.

8. 정기간행물

Cahiers de Psychologie Jungienne, Paris.

The Christian Century, Chicago.

Etudes Théologiques et Religieuses(ETR), Montpellier.

The Journal of Religion, Chicago, The University of Chicago Press.

Journal for Scientific Study of Religion, Storrs, University of Connecticut Press.

Revue d'Histoire et de Philosophie Religieuses(RHPR), Strasbourg.

Revue de Théologie et de Philosophie(RTP), Lausanne.

C. G. 융의 연표

1875. 7. 26. 스위스 동부에 위치한 트루가우 주 케스빌에서 출생

1878(3세). 아버지와의 불화 때문에 어머니가 병원에 입원. 장기간에 걸친 어머니의 입원으로 융은 여성적인 것과 사랑에 관하여 불신하게 됨

1879(4세). 지하왕국에 거대한 남근이 있는 원형적인 꿈을 꿈. 이 꿈은 융이 앞으로 겪게 되는 삶의 전반적인 여정을 예시하는 중요한 꿈이 됨

1881(6세). 제수이트 파 신부를 보고 죽을 것 같은 공포를 느낌. 기독교에 대한 융의 태도를 확인할 수 있게 함

1884(9세). 누이동생 태어남. 정원에 앉아서 놀다가 자신의 내면에 또 다른 자신이 있다는 신비적 분유(神秘的 分有) 체험

1882~1884(7세에서 9세 무렵). 연필 끝에 검은 외투를 입은 남자를 새겨서 다락방에 안치해 놓고 마음이 괴로울 때면 찾아와서 개인적이고 신비주의적인 종교 의식을 행함

1887(12세). 바젤의 김나지움에 입학. 학교에서 오는 길에 바젤 대성당을 보고서 이상한 환상을 봄. 낮에 보는 어머니와 밤에 보는 어머니가 다른 모습에서 사람에게는 두 개의 인격이 있다는 사실을 발견함

1895(20세)~1900. 바젤 대학교에서 의학 공부

1896(21세). 아버지 죽음. 아버지와의 갈등이 끝남

1899(24세). 사촌 여동생을 대상으로 영매 현상에 대한 연구. 나중에 이 주제로 의과

대학 졸업논문을 씀

1900(25세). 바젤을 떠나서 취리히의 뷔르괼츨리 정신병원 의사로 초빙받음. 프로이
트의 『꿈의 해석』을 처음으로 읽음

1903(28세). 아내 엠마 라우셴바흐(1882~1955)와 혼인(나중에 4녀 1남을 낳음). 프
로이트의 『꿈의 해석』을 다시 읽고, 자신의 언어연상실험과 프로이트의 자유연
상의 유사성을 발견. 프로이트의 억압이론에 공감함

1905(30세). 뷔르괼츨리 정신병원의 수석의사가 되고, 취리히 대학교 의학부 강사가 됨

1906(31세). 프로이트에게 편지하면서 프로이트와의 교류 시작.

1907(32세). 프로이트가 비인으로 초청하여 프로이트 만나 장시간 환담. 프로이트에
게서 아버지의 이미지 느낌

1909(34세). 미국 매사추세츠 주 워체스터에 있는 클라크 대학교 초청으로 프로이트
와 함께 미국 여행을 하고 클라크 대학에서 명예 박사학위를 받음. 서로가 상대방
의 꿈 해석

1910(35세). 뉘른베르크에서 제1회 국제정신분석학회 개최됨. 프로이트의 추천으로
국제정신분석학회 초대 회장에 피선됨

1912(37세). 포댐 대학교에서 정신분석학 이론에 대해서 강연함. 『리비도의 상징적
변환』을 발표하면서 프로이트와 불화 시작.

1913(38세). 프로이트와 결별하면서 자신의 심리학 이론이 프로이트의 그것과 다르
다는 것을 밝힘. 심한 정신적 고통(1918까지). 취리히 대학교 강사직을 사직하고
자신의 시간을 더 많이 갖기 위하여 개인적으로 환자들을 돌봄

1914(39세). 국제정신분석학회장직을 사임함. 제1차 세계대전 발발과 함께 스위스
군에 의무장교로 복무

1915(40세). 꿈과 신화와 무의식에 대한 연구를 더욱더 깊이 함

1916(41세). 무의식의 구조 발견하고 집단적 무의식, 아니마, 아니무스 사상 개진

1918(43세). 만다라를 그리면서 만다라의 의미를 어렴풋하게 이해하기 시작. 프로이
트와의 결별 이후 생긴 정신적 위기 극복

1920(45세). 자신이 정신적인 위기 기간 동안 체험했던 것들의 본래적인 층을 발견하
기 위해서 튀니지, 알제리 등을 방문. 인간의 생명력은 희생에 의해서 얻은 것이
며, 인간정신의 심연에 원초적인 인격부분이 존재함을 확인

1921(46세). 『심리학적 유형론』 발표

1922(47세). 취리히 호반에 있는 볼링겐에 별장인 '성탑' 세우기 시작

1923(48세). 어머니 죽음

1924(49세). 미국 방문. 애리조나 주, 뉴멕시코에서 푸에블로 인디언 연구

1925(50세). 아프리카 케냐, 우간다 등 방문. 원주민 연구

1928(53세). 리처드 빌헬름(중국학자)로부터 중국의 연금술에 관한 책『태을금화종
　　지』에 대한 해제를 부탁받고 그 안에 자기가 그렸던 만다라 상이 나와 있음을 보
　　고 연금술에 대해서 연구를 시작하게 됨.『자아와 무의식의 관계』 및『현대인의
　　영적인 문제』 발표

1933(58세). 스위스의 아스코나에서 에라노스학회의 첫 번째 모임을 열고 분석심리
　　학에 관해서 정기적으로 강연 시작.

1936(61세). 하버드 대학교에서 명예박사학위 받음. 무의미한 듯이 보였던 연금술에
　　대한 연구에서 결실을 보게 됨.『연금술에서 볼 수 있는 종교적인 사상』 발표

1937(62세). 예일 대학교에서 강연.『심리학과 종교』 발표

1938(63세). 영국의 옥스퍼드대학교, 인도의 힌두대학교, 캘커타 대학교, 파키스탄의
　　알라하바드 대학교에서 명예 박사학위를 받음으로써 기독교, 힌두교, 이슬람교
　　대학에서 모두 학위 받음

1941(66세). 칼 케레니와 함께『신화학의 본질에 관한 서설』 발표.

1944(69세).『심리학과 연금술』 발표

1945(70세). 갑자기 건강이 악화되어 바젤대학교의 강좌를 사임함.

1946(71세).『전이의 심리학』 발표

1947(72세). 볼링겐에 은거

1951(76세).『아이온』 발표

1952(77세).『변화의 상징』,『욥에의 응답』 발표

1955(80세). 아내인 엠마 죽음. 볼링겐의 '성탑' 완공

1957(82세).『발견되지 않은 자기』 발표. 자서전『회상·꿈·사상』 작업을 아니엘라
　　야페와 함께 시작

1961(86세). 죽음

1964. 그가 마지막으로 집필한 '무의식에의 접근'이『인간과 그의 상징』에 수록되어
　　출판됨

찾/아/보/기

《인 명》

《내 용》

저자 소개

저자 **김성민**은 고려대학교와 감리신학대학 대학원을 졸업하였고, 프랑스 스트라스부르 II 대학교에서 박사학위를 받았다(Dr. en Theol). 현재 협성 대학교 교수이며, 미국 뉴욕의 College of Pastoral Supervision and Psychotherapy와 한국융연구원에서 임상훈련을 받았고, 국제분석심리학 회(I.A.A.P.) 정회원으로 C. G. 융학파 국제분석가다.

저서로는 『분석 심리학과 기독교 신비주의』(학지사, 2012년 문화체육관광부 선정 우수학술도서), 『융의 심리학과 종교』(동명사), 『종교체험』(동명사), 『생명과 치유, 그리고 그리스도』(한들출판사) 등이 있고, 역서로는 『C. G. 융의 생애와 사상』(C. G. 융), 『융의 심리학과 기독교 영성』(E. 반 드 빙켈), 『종교체험의 여러 모습들』(W. 제임스), 『인간의 욕망과 기독교 복음』(F. 돌 토), 『죄의식과 욕망』(A. 베르고트) 등이 있다.

분석 또는 연락을 위한 E-mail 주소는 souyou67@uhs.ac.kr이다.

분석심리학과 기독교(2판)

2001년 1월 15일 1판 1쇄 발행
2010년 6월 25일 1판 2쇄 발행
2012년 7월 20일 2판 1쇄 발행
2023년 10월 10일 2판 3쇄 발행

지은이 • 김 성 민
펴낸이 • 김 진 환
펴낸곳 • (주) **학지사**
　　　　　04031 서울특별시 마포구 양화로 15길 20 마인드월드빌딩 5층

대표전화 • 02) 330-5114　　　팩스 • 02) 324-2345

등록번호 • 제313-2006-000265호

홈페이지 • http://www.hakjisa.co.kr
인스타그램 • https://www.instagram.com/hakjisabook

ISBN 978-89-6330-942-2 93180

정가 **20,000원**

출판미디어기업 **학지사**

간호보건의학출판 **학지사메디컬** www.hakjisamd.co.kr
심리검사연구소 **인싸이트** www.inpsyt.co.kr
학술논문서비스 **뉴논문** www.newnonmun.com
원격교육연수원 **카운피아** www.counpia.com